+4-

CW01653294

ETA

OTAN

Nato

PSOE

CESID

secret service

TIEMPO DE MEMORIA 129

ALBERTO OLIART

LOS AÑOS QUE TODO LO CAMBIARON

Memoria política de la Transición

TUSQUETS
EDITORES

1.ª edición: noviembre de 2019

Créditos de las fotografías: el editor hace constar que se han realizado todos los esfuerzos para localizar y recabar la autorización de los propietarios del copyright de las imágenes que ilustran esta obra, manifiesta la reserva de derechos de la misma y expresa su disposición a rectificar cualquier error u omisión en futuras ediciones.

Reservados todos los derechos de esta edición para
Tusquets Editores, S.A. - Avda. Diagonal, 662-664 - 08034 Barcelona
www.tusquetseditores.com
ISBN: 978-84-9066-757-6
Depósito legal: B. 21.764-2019
Fotocomposición: David Pablo
Impresión y encuadernación: Black Print
Impreso en España

El papel utilizado para la impresión de este libro está calificado como papel ecológico y procede de bosques gestionados de manera sostenible.

Índice

Introducción: La Transición política que yo viví 9

1. Un giro de 180 grados en mi vida 21
2. Consejero del Hispano en plena crisis económica . . 27
3. La muerte de Franco y el final del franquismo 71
4. Los Pactos de La Moncloa..................... 167
5. El golpe de Estado........................... 259
6. Ministro de Defensa 273
7. Proceso y juicio del 23-F 331
8. Traspaso de carteras 403

A modo de epílogo 415

Apéndice

Índice onomástico 419

[Fotografías]....................... *[192-193], [320-321]*

Introducción
La Transición política que yo viví

En los libros de memorias hablamos desde nuestra memoria, de lo que en ella se hace presente al recordar el pasado. No es que todo recuerdo sea una recreación, o al menos yo no lo creo así. Sí es verdad que recogemos, rescatamos de ese paso tumultuoso y rápido del tiempo los recuerdos que, cuando los escribimos, son ya presente. En esos recuerdos se aúnan sucesos anteriores, coetáneos y posteriores vividos en momentos en los que las imágenes, ideas, sucesos, informaciones y decenas de fenómenos que perciben nuestra mente y sentidos se han convertido en el material sensible de nuestra vida, incluso de la vida de otros que nos rodean y, todos juntos o por separado, conforman el magma de la memoria.

Todo recuerdo está influido, al menos en mi caso, por dos tiempos: el transcurrido y aquel en el que se recuerda. A mi edad, al recordar hechos y sucesos antiguos, descubro matices y significados que varían a veces sustancialmente con respecto a los que la memoria retuvo y quiso conservar. Para elaborar este libro, además, he recurrido a mis antiguas notas y viejos periódicos que guardaba, olvidados en archivos dispersos; además, he leído libros que no había leído cuando escribí la primera versión de éste y que me han llevado a comprender desde una nueva perspectiva algunos sucesos.

De todos modos, no pretendo someter mi relato a una estricta metodología histórica, sino narrar los recuerdos que conservo de la llamada Transición política española.

La década de 1960 a 1970

La década de 1960 a 1970 trajo consigo importantes sucesos y cambios políticos y sociales; también trajo leyes y disposiciones del Gobierno que intentaban terminar o controlar esos sucesos y cambios, aunque sin lograrlo más que parcial y temporalmente. Al mismo tiempo, el régimen presentaba otras leyes con las que pretendía dar una imagen más acorde y asumible con y por las democracias occidentales.

Entre los acontecimientos políticos que minaban la fortaleza del régimen destaca el Congreso de Múnich celebrado del 5 al 8 de junio de 1962. Se trataba de una reunión entre monárquicos liberales (Joaquín Satrústegui, Íñigo Cavero), socialistas del interior (Félix Pons y Joan Casals), nacionalistas vascos y catalanes, y demócratas como José Federico de Carvajal y Jesús Prados Arrarte, que contaron con la presencia activa de Jaime Miralles, Dionisio Ridruejo, José María Gil Robles y otros muchos, bajo la presidencia de Salvador de Madariaga. El congreso termina con el acuerdo de las agrupaciones políticas presentes para instaurar la democracia en España. El régimen contraataca de inmediato con la publicación del decreto ley 17/1962 —que suspende la aplicación por dos años de la libre residencia de los españoles establecida por el Fuero de los Españoles— y el confinamiento de varios de los presentes en las islas Canarias, especialmente en El Hierro y Fuerteventura. Dionisio Ridruejo y Gil Robles fueron expulsados del país y una campaña de prensa acusó, con grandes titulares, de traidores a todos los asistentes.

En la línea de aparente cambio del régimen, en 1963 se publica la ley por la que se crea el Tribunal de Orden Público, para disminuir las actuaciones de los tribunales militares y someter a su jurisdicción todos los delitos de carácter político, incluido el de las asociaciones de ese carácter. En 1966 Manuel Fraga publica su Ley de Prensa, que concede cierta libertad de creación de revistas periódicas incluso en lenguas vernáculas como el catalán o el gallego, pero sigue manteniendo la censura.

Al año siguiente, 1967, la Ley de Libertad Religiosa permite por primera vez el ejercicio de credos distintos del católico en el interior de iglesias, mezquitas y sinagogas, pero sigue prohibida su manifestación pública o actos contrarios al orden público. Por su parte, la Ley de Seguridad Social extiende el derecho a la sanidad pública, el subsidio de vejez y el de viudedad a prácticamente todos los españoles. Se sigue la política de una de cal y otra de arena.

Todas estas reformas institucionales mantienen ilimitados los derechos del jefe del Estado. La Ley Orgánica del Estado de 1967, a la par que confirma la naturaleza monárquica del régimen, separa la jefatura del Estado de la Presidencia del Gobierno. Amigos como Mariano Rubio habían acordado abstenerse en el referéndum convocado en diciembre de 1966 para ratificarla e insistían en que yo tenía que hacer lo mismo. Les respondí que no estaba de acuerdo, sobre todo al ver que el sobre y la papeleta eran transparentes y que votar era obligatorio para los funcionarios públicos para poder cobrar la nómina del mes correspondiente. Escribí un «NO» con rotulador negro y letras bien grandes; era un no a aquel indigno disfraz de falso libre derecho al voto. Los que votamos no fuimos llamados «antiespañoles» por Carrero Blanco, un calificativo sin sentido al seguir conservando la nacionalidad española.

En 1968, las protestas del Mayo francés preocuparon mucho al Gobierno por la inestabilidad política que provocaron en el país vecino. Durante esos acontecimientos yo estaba en Barcelona, en casa de mis padres. Leopoldo Calvo-Sotelo me llamó para preguntarme si me inquietaba la rebelión de los estudiantes en París. Le contesté:

—Leopoldo, tú eres monárquico y de derechas; yo no soy de derechas y me parece bien que la rebelión de los estudiantes plantee problemas al régimen del general De Gaulle; esa rebelión dejará huella en el futuro de Francia.

En 1969 Franco, «como responsable solo ante Dios y la Historia», proclama en las Cortes presididas por Esteban Bilbao la Ley de Sucesión. Don Juan Carlos de Borbón es nombrado príncipe de España y heredero suyo.

Esta ley incrementó dentro del régimen la ya existente tensión entre «reformistas» e «inmovilistas». Recuerdo que por aquellos días mi compañero de cuerpo López Chávez me comentó que si los «tecnócratas» intentaban salirse o cambiar la naturaleza del régimen, porque «el Genialísimo» padeciera una enfermedad cerebral o moría, ya había militares que estaban perfectamente preparados para sustituirle como jefe del Estado. Nos dijo que, sobre todos ellos, destacaba un comandante de la División Acorazada, amigo suyo, con el que comía por lo menos una vez al mes: Jaime Milans del Bosch. Fue la primera vez que oí ese nombre.

La Ley de Sucesión no terminó con las conspiraciones y movimientos en torno a Franco de los partidarios de Alfonso de Borbón Dampierre. Éste, casado con la mayor de las nietas de Franco, Carmen Martínez-Bordiú Franco, era hijo de Jaime de Borbón, a su vez hijo mayor de Alfonso XIII y la reina Victoria Eugenia, que había renunciado a los derechos al trono a causa de su sordomudez. La comidilla entre los «bien informados» era que la camarilla del Pardo —doña Carmen Polo de Franco, el marqués de Villaverde, el presidente de las Cortes y el médico personal de Franco— querían que se nombrara como sucesor de Franco a don Alfonso de Borbón en lugar de don Juan Carlos. Nunca oí a nadie incluir en esa camarilla de sus partidarios a Carmen, la hija de Franco y marquesa de Villaverde. Sí creo que acabó con las aspiraciones que hubieran podido tener tanto Carlos Javier de Borbón-Parma como Hugo de Borbón-Parma; el primero, como jefe de los carlistas al jurar los fueros de Navarra, y el segundo como descendiente directo de Felipe V. Aunque apareciera en Montejurra y en otras concentraciones tradicionalistas, tuvo sus adeptos en España y se presentaba como un hombre abierto a las reivindicaciones sociales y a los problemas económicos de España y de Europa. Pero por lo menos a mí me quedó claro que, guardando todas las bazas en su mano, Franco estaba dispuesto a restaurar la monarquía en la línea legítima de la reina María Cristina, a la que decían que admiraba, y del rey Alfonso XIII; pero prescindiendo de don Juan de Borbón, al que no perdonaba el Manifiesto de 1945.

Las reformas políticas no podían detener las huelgas reivindicativas, que también eran políticas. Éstas se repiten cada vez con más frecuencia en el decenio y en los cinco años siguientes. También se hacen cada vez más frecuentes las revueltas estudiantiles en las universidades de Madrid, Barcelona, Valencia y Zaragoza, entre otras. Desde 1960 los estudiantes habían creado sindicatos democráticos más o menos clandestinos; imponían sus candidatos a dirigentes de clase en paralelo al sindicato oficial del SEU, que tenía que pactar con ellos, sobre todo en los últimos años de la década y primeros de la siguiente. El movimiento democrático estudiantil logró rebasar, antes de la instauración de la democracia, al sindicato oficial. En enero de 1969, la trágica muerte del estudiante Enrique Ruano, defenestrado, según sus amigos y algunos intelectuales, por los policías de la Brigada Político-Social que lo custodiaban en el edificio donde lo habían detenido tres días antes, provocó violentas huelgas de protesta entre los estudiantes de Madrid que, rápidamente, se contagiaron a otras universidades.

En cuanto a los movimientos de obreros, trabajadores del campo y empleados, los sindicatos oficiales fueron pronto infiltrados por elementos de la oposición democrática. Ya en 1964, a pesar de las detenciones y penas de cárcel, Comisiones Obreras tiene un papel preponderante, y le siguen en importancia la UGT y USO, nacido este último de la escisión de la rama de la HOAC formada al principio por jóvenes de Acción Católica. Como cuento más adelante, los convenios laborales de empresas se negociaban con los representantes de los sindicatos verticales del régimen, pero los acuerdos no se cerraban hasta que eran aprobados por los sindicalistas de Comisiones, UGT o USO, reunidos en cuartos adyacentes a la sala de las reuniones oficiales. Si en un principio las huelgas tenían, como he dicho, un carácter eminentemente reivindicativo, nunca dejaron de tener un aspecto político puesto que se afianzaba el poder de los sindicatos «clandestinos». La politización de las huelgas aumentó de forma muy clara en 1970 y en los cinco años siguientes.

También fue en esa década cuando el terrorismo de ETA cruza la línea de la sangre y se convierte en uno de los más serios problemas del final del régimen y de la posterior Transición política. El 7 de junio de 1968 el cabo de la Guardia Civil de Tráfico José Pardines da el alto a un coche que conduce Txabi Etxebarrieta. Éste, número uno de su curso de bachillerato en el colegio de los salesianos, poeta y estudiante de filosofía y letras y presidente en ese momento de la V Asamblea de ETA, dispara contra el cabo y lo mata. Sale huyendo, le persiguen, el etarra que va con él logra huir, pero él va derecho a la estación del tren de San Sebastián, donde pretende robar un coche y huir a Francia. Sus perseguidores lo rodean cuando intenta salir del coche, disparan y lo matan. El 8 de agosto, un individuo que lo está esperando oculto en el portal de su casa, asesina al comisario de policía Melitón Manzanas. Nunca se ha podido averiguar quién le asesinó aunque también se atribuyó a ETA, pero ésta no lo reivindicó. Se declaró entonces el estado de excepción, primero en Guipúzcoa y después en toda España: el motivo oficial era la necesidad de acabar con el terrorismo y las huelgas. Lo único que consiguieron fue la detención de un grupo de dieciséis etarras, pero al aplicar el sistema de la red, por el que establecieron controles en diferentes sitios y momentos, deteniendo a todos los coches, haciendo bajar a los ocupantes, gritándoles «vascos de mierda» y maltratando a los hombres, pusieron en contra de ellos y del régimen a muchos, y consiguieron que no pocos empezaran a ver con simpatía «a esos chicos de ETA».

El 3 de diciembre de 1970 se inicia el Proceso de Burgos contra dieciséis miembros de ETA. Preside el Consejo de Guerra sumarísimo el teniente coronel Manuel Ordovás González, conocido por su dureza. Se condena a muerte a los dieciséis encausados, que, en un momento dado, cantando el himno de los gudaris, se lanzan contra el tribunal; el presidente y los jefes militares ya desenvainaban sus sables cuando los agentes de seguridad y policía militar presentes lograron contener y reducir a los exaltados encausados. Las dieciséis penas de muerte solicitadas junto con las escasas garantías procesales que se le suponía a un juicio militar sumarísimo —que presenta como presuntos autores de tres asesinatos ¡a dieciséis encausados!, cuando era público que al comisario Manzanas lo había matado un solo individuo y que el asesino de Pardinas ha muerto delante de la estación de San Sebastián abatido por los guardias civiles— provocan una conmoción nacional e internacional. El mismo día que se hizo pública la sentencia, después de hablar con mis amigos Manuel Varela, Pablo García Arenal, Diego Figuera y José María Pérez Prat, puse un telegrama a su excelencia el jefe del Estado pidiendo la conmutación de la pena de muerte; creo que mis amigos hicieron lo mismo. Al día siguiente altos funcionarios de la administración y del Tribunal Supremo me confirmaban que en el Pardo se habían recibido más de cincuenta mil telegramas tan solo durante la mañana en que yo mandé el mío, pidiendo clemencia para los condenados. Las penas fueron conmutadas por distintas condenas de prisión. Parece que tuvo mucho peso una intervención del secretario de Estado del Vaticano y del papa Pablo VI en persona.

En 1969 estalló el caso Matesa, la sociedad creada, junto con otras, por el empresario Juan Vilá Reyes. Este asunto provocó la imputación, por primera vez en el régimen del general Franco, de tres ministros del Gobierno: Juan José Espinosa Sanmartín, ministro de Hacienda, Faustino García Moncó, de Comercio, y Mariano Navarro Rubio, que dimitió de su cargo de gobernador del Banco de España, al ser imputado. También se imputó a la mayoría de los componentes del comité ejecutivo del Banco Industrial, que había aprobado un crédito de 10.000 millones de pesetas en ayudas a la exportación de los telares que Matesa enviaba a sociedades suyas domiciliadas en países hispanoamericanos, aunque en realidad la mayoría de los telares exportados nunca fueron vendidos. Como miembros del comité ejecutivo del Banco Industrial fueron imputados, procesados y condenados el subsecretario de Industria y Tomás Galán, secretario general técnico, a quien yo conocía y con quien mantenía una buena relación. Franco indultó de inmediato a los ministros, que en el proceso comparecieron como testigos, y también, terminado el juicio, indultó al subsecretario de Industria y a Tomás Galán, entre otros.

El escándalo de Matesa fue público y notorio porque el ministro Fraga permitió que durante tres meses toda la prensa hablara libremente del asunto y porque los «inmovilistas», a la cabeza de ellos, entre otros, Girón, aprovecharon el escándalo para atacar a los tecnócratas del Opus Dei y a todos los que como ellos, fuera o no fuera verdad, eran tildados de «aperturistas».

La consecuencia del escándalo fue una crisis ministerial que, muy al estilo de Franco, acabó dejando en su puesto a cuatro o cinco de los implicados y nombrando nuevos ministros a miembros del Opus o que eran claros simpatizantes de la Obra. Se destituyó de sus cargos a Manuel Fraga y a José Solís Ruiz. Los entendidos de Madrid hablaron del triunfo de Luis Carrero Blanco, al que Franco nombra en 1969 vicepresidente de un Gobierno que será calificado de «monocolor». Era bastante evidente que con ese nombramiento Franco quería indicar que cuando él faltara, el presidente del Gobierno debía ser Carrero Blanco. Empezó el ascenso de Torcuato Fernández-Miranda, nombrado ministro secretario general del Movimiento. Desapareció el Banco de Crédito Industrial, transformado en Banco de Crédito Agrícola, y se nombró una comisión de investigación en las Cortes. No dudo de que sería un éxito de Carrero Blanco, como algunos sostienen, pero como éste no hacía nada sin decírselo a Franco, lo cierto es que la solución de aquella crisis se acomodaba exactamente a lo que Franco también hubiera hecho.

Aunque en los años del caso Matesa yo estaba destinado en la Abogacía del Estado del Tribunal Supremo, seguía teniendo muy buena relación con todos mis compañeros del Ministerio de Hacienda. Por ellos y por el propio interesado me enteré de que fue el entonces jefe del Servicio de Vigilancia Fiscal, teniente coronel Víctor Castro Sanmartín, quien levantó el caso Matesa. En mi época de jefe de gabinete del subsecretario de

Hacienda, solíamos reunirnos por las tardes con él y otra gente para comentar las últimas noticias del día y los rumores, que nunca faltaban en aquella ciudad a la que, parafraseando a Carlos Barral, podíamos llamar la Capital Política del Rumor. El acta que levantó el teniente coronel no incluía solo el fraude evidente en el número de telares exportados y no vendidos tras cobrar el crédito a la exportación, sino también el envío ilegal de dinero a cuentas en países extranjeros. También estoy seguro de que Castro Sanmartín se lo dijo antes que a nadie a Álvaro de Lacalle Leloup, el teniente coronel de artillería y subsecretario general del Tesoro, más antiguo en el cargo que él, y que se la presentó oficialmente al director general de Aduanas una vez obtenido el permiso de la superioridad.

Antonio Barrera de Irimo, presidente de Telefónica desde 1965, y José Ramón Fernández Bugallal me contaron que el gran propagandista de Vilá Reyes ante el ministro de Hacienda, el de Comercio y el de Industria Gregorio López Bravo, había sido Valéry Giscard d'Estaing, que por aquellas fechas ya había sido ministro de Finanzas y Economía con Charles de Gaulle, y después con Georges Pompidou. Giscard les habló de Vilá Reyes como de un genio de la industria y el comercio y llegó a decirles que ojalá en Francia hubiera una docena de Vilá Reyes. Hay que decir que el telar que éste fabricaba y vendía era una patente francesa que él había comprado. Dicho telar era capaz de tejer distintas materias tales como el hilo y la lana, pero también el vidrio o el metal. Añadiré que Giscard tuvo siempre una fuerte influencia entre los políticos españoles de la última etapa del franquismo y del Gobierno de la predemocracia, muerto Franco y proclamado rey de España don Juan Carlos de Borbón. El prestigio político de Giscard influyó sin duda en el favor con el que contó Vilá Reyes para conseguir aquel importante crédito a la exportación.

También me enteré, gracias a mi pertenencia a la Abogacía del Estado del Tribunal Supremo, de que cuando se reunió el Tribunal Supremo en pleno, dada la importancia del caso y de los políticos que podían estar imputados, Gregorio López Bravo, el «tecnócrata» del Opus más dotado para la política, ingeniero naval, inteligente, listo y simpático con toda clase de gente, que se declaraba independiente y liberal, se salvó de ser imputado en la votación que tuvo lugar en el pleno por siete votos de diferencia a su favor. También me contaron, con gran secreto, que trece magistrados habían pedido y votado el procesamiento de Carrero Blanco. Cuando se lo conté con el mismo secreto a mi amigo Manolo Varela, éste me dijo concisamente que «cuando los jueces se ponen en marcha, es una rueda muy difícil de parar incluso en una dictadura». En el Gobierno que salió de la crisis, López Bravo fue nombrado ministro de Asuntos Exteriores.

El fraccionamiento de las posturas dentro del régimen y la creciente impresión del lento pero evidente declive físico de Franco, el miedo de los más inmovilistas a que la apertura del régimen llevara a una situación política y social que pusiera en peligro los «logros del régimen» junto con la trama de poder e intereses conseguidos a su amparo, impregnaron el ambiente cotidiano de Madrid, de las provincias vascongadas y de Barcelona y el resto de Cataluña y, quizá con menos extensión, el de toda España.

Un momento crucial en ese final del régimen fue el atentado que causó la muerte, en diciembre de 1973, de Carrero Blanco, eminencia gris del franquismo, y que había ejercido la Presidencia del Gobierno por primera vez en 1972. Por otra parte, a raíz del Proceso 1001, fueron enviados a la cárcel diversos sindicalistas de Comisiones Obreras y de otras procedencias.

El último coletazo del régimen, ya con un Franco que por enfermedad había cedido temporalmente el poder en julio de 1974 al príncipe de España, fueron los fusilamientos en El Goloso de dos etarras y tres miembros del FRAP. Los fusilamientos ocurrieron en septiembre de 1975. En la Europa democrática, las manifestaciones antiespañolas alcanzaron una fuerza impresionante. En un país tan pacífico como Dinamarca, la embajada española fue asaltada; las protestas se repetían en todos los países de Europa, incluidos aquellos a los que queríamos unirnos para pertenecer a la Comunidad Europea. Franco moría el 20 de noviembre de ese año 1975.

El régimen franquista era una pirámide invertida apoyada en el generalísimo; a su muerte, no podría sostenerse, o eso se temía. Caería hacia uno de sus lados, quedando así al fin apoyado en una base sólida: la democracia constitucional y representativa. Eso pensaba yo entonces, mientras el estado de salud de Franco empeoraba rápidamente; creo que la mayoría de los españoles pensaban lo mismo que yo, pero había un temor generalizado a lo que ocurriría cuando Franco muriera, aunque existía un acuerdo tácito muy extendido de que no debía volverse atrás, y mucho menos reproducir enfrentamientos similares a los de la Guerra Civil. En el ambiente flotaba la pregunta de qué iba a ocurrir tras la muerte del dictador. No eran pocos los que formulaban esta pregunta desde el miedo y el deseo de que el Ejército controlara el cambio; pero también muchos tenían su esperanza, voluntad y convicción en la democracia y la libertad; ése era mi caso, el de todos mis amigos y el de todos los que en pueblos y en ciudades, callada o públicamente, lo manifestaban.

1
Un giro de 180 grados en mi vida
Noviembre de 1972

En diciembre de 1972 estaba convencido de que Franco iba a durar solo tres o cuatro años más y de que su sucesor sería Carrero Blanco, que ya era presidente del Gobierno. Yo deduje que, a la muerte del dictador, Carrero utilizaría sus influencias para, con el apoyo de las Fuerzas Armadas, intentar conservar a todo trance las esencias del franquismo como habían sido establecidas en las aún vigentes Leyes Fundamentales.

Una serie de razones me inclinaron a aceptar el cargo de consejero y director general del Banco Hispano Americano. Cuando en julio de 1968 dimití de mi cargo en Renfe junto con Leopoldo Calvo-Sotelo, él de la presidencia y yo de la secretaría general, monté un despacho con mi compañero y gran amigo José María Pérez Prat (el Javier Iturralde de *Días de llamas*) y mi primo Miguel Saussol, con la esperanza de poder vivir de mi trabajo como abogado y lograr así mis inútilmente buscadas independencia y libertad personal. Al poco tiempo de haber montado el despacho empecé a recibir visitas y llamadas; me invitaron a formar parte de diferentes Consejos de Administración. Entre 1968 y 1969 me incorporé a los Consejos de Siemens España, Metro de Madrid S.A., Cross S.A., Tabacos de Filipinas S.A., Seix y enseguida Barral Editores S.L., que me obligaban a ir y venir de Barcelona cuatro veces al mes al principio y enseguida de seis a ocho veces, cuando me fueron nombrando miembro de comisiones ejecutivas, o cuando celebrábamos, a menudo de urgencia, reuniones especiales, todas seguidas de otras tantas comidas, a las que enseguida se empezaron a añadir las cenas con Carlos Barral y sus colaboradores; pronto se añadieron tres Consejos de Administración más y en dos años ¡otros cinco! Llegué a formar parte de once.

El Consejo de Explosivos, luego de Río Tinto Explosivos, en 1973 donde representaba al BHA (igual que en Cross y Tabacos de Filipinas un año después) en rotación con Juan Miró, me llevaba todos los meses a Huelva, adonde en más de una ocasión iba en mi coche desde Mérida con Carmen.

Ambos descubrimos el asombroso itinerario a través de la serranía de Badajoz y Huelva, repleto de encinares, limoneros, olivos, madroños, brezales, jarales y aulagas. Parábamos en Jabugo para comer, pasábamos por pueblos onubenses, rurales, blancos, de ventanas y balcones enrejados llenos de flores, hasta llegar a Huelva. Allí presidía la reunión del Consejo de Administración; tuvimos muchas comidas siempre excesivas en gambas, cigalas, pescados de aquel mar, carnes, jamón, postres, con el añadido del tocino de cielo y yemas de los conventos de monjas de esta o aquella orden; si venía Carmen conmigo, hacíamos la vuelta en nuestro coche por Sevilla a Mérida, donde yo ya había despachado con mi primo José María Estrada las cuentas y veía con él las fincas de San Rafael, La Calera y Bodegones, al día siguiente, volvíamos a Madrid. Si no venía Carmen, iba con los consejeros desde Madrid en avión y en avión volvíamos desde Sevilla.

El final del undécimo Consejo, incluida comisión ejecutiva, representando al Banco Hispano en Astilleros Españoles y sucediendo a Pedro Gamero del Castillo, motivó que Juan Benet me llamara «el Pedro Durán Farell español», y que me pasara a veces una semana entera fuera de España acompañando al director técnico, un ingeniero naval tan cordial como inteligente apellidado Cervera (era nieto del almirante derrotado por la Armada americana en el desastre de Cavite).

Los continuos viajes de Madrid a Barcelona o a Huelva, así como al extranjero; el cambio constante de escenario y temas de trabajo me producían una creciente sensación de dispersión mental y vital y, en ocasiones, un enorme cansancio tanto físico como psicológico que solo notaba cuando en verano llegaba a La Granja a la casa que entonces teníamos alquilada con un enorme jardín y me dejaba caer en un sillón.

Me gustaba mucho mi puesto de abogado del Estado en el Supremo, sobre todo cuando en los últimos dos años, o dos y medio, me pasaron a la Sala Tercera, donde tuve que medirme con los mejores abogados de Madrid en asuntos a menudo difíciles y comprometidos. Llegué a tener una buena relación con los magistrados de la sala, y una gran amistad con don Evaristo Mouzo, el presidente de la Sala de lo Social, donde estuve recién llegado, un gallego que parecía salido de un dibujo de Castelao.

Lo que ganaba como abogado del Estado lo gastaba en la educación de mis hijos y en los primeros quince días de cada mes de gasto doméstico; además de cubrir los otros quince días, tenía que mantener mi despacho y pagar los sueldos de los que trabajaban en él conmigo.

Recuerdo una conversación con Juan Manuel Kindelán, un componente del grupo socialdemócrata. Le pregunté en una ocasión qué haría él si le ofrecieran entrar en un banco, y me contestó que aceptaría sin dudarlo, y cuando le pregunté si no le parecía contradictorio con las ideas que él tenía, me dijo que al contrario, pues le parecía necesario saber lo que era un banco.

Todo eso me inquietaba y me desazonaba y, cuando tenía tiempo, pensaba en cómo dedicarme a un solo trabajo del que pudiera vivir. La independencia que había buscado al montar el despacho —con la ayuda económica de mi amigo Manolo Varela, que me encargó el primer asunto, y de Pablo García Arenal, mi otro gran amigo— se había convertido después de cinco años en la pseudoindependencia de ganarme la vida dedicando mucho tiempo a muchos trabajos diferentes y a ninguno por entero y, por lo tanto, sumergiéndome en una gran dispersión mental y vital.

Al día siguiente de hablar con Pablo y con Manolo, fui a ver a Luis Usera y le dije que aceptaba, pero que necesitaría unos días para poder cerrar todos los asuntos del despacho. Entonces fijamos como día de mi incorporación como consejero y director general del Banco Hispano Americano el 3 de enero de 1973 tras mi nombramiento en el último Consejo. Poco después, dimití de todos los Consejos excepto el de Barral Editores S.L., y el de la sociedad creada por mi abuelo Alberto Oliart Irla.

Un día de diciembre de ese mismo año me telefoneó a mi despacho don Fernando Castiella, que era consejero del banco, con quien tenía una buena y cordial relación, nacida e incrementada por nuestros viajes a San Sebastián todos los meses para asistir al Consejo de Administración del banco. Oí su voz diciéndome: «Han tirado una bomba a Carrero Blanco. Ha muerto». Serían las nueve de la mañana y lo primero que hice al colgar el teléfono fue llamar a mi mujer y decirle, después de darle la noticia, que nuestros hijos, que estaban en casa a punto de salir para coger el autobús de la ruta, no fueran al colegio.

Al igual que el propio Castiella, yo había oído hablar de la Operación Lucero. Ésta consistía en eliminar a entre cuatro mil y ocho mil personas, ya fuera físicamente o en condena de prisión, para evitar así durante al menos diez años cualquier intento de sublevación. Tenía mucho del inicio de la sublevación del 17 de julio, de lo que inmediatamente puso en marcha el general Mola, de deshacerse de los considerados enemigos, de aquellos declarados socialistas, republicanos y socialdemócratas. Castiella conocía como yo el contenido de esa operación. Por suerte, ni ésta ni otras operaciones parecidas se llevaron a cabo, pero el terror desencadenado por grupos de extrema izquierda y extrema derecha infelizmente sí existió.

Aquel mismo día, Castiella me volvió a llamar unos minutos después para decirme que el director general de la Guardia Civil había dado orden de que todos los efectivos del cuerpo debían estar en máxima alerta, que disolvieran cualquier grupo de personas de tres o más componentes y reprimieran, utilizando la fuerza si fuera necesario, cualquier manifestación o desorden público. Antes de las once de la mañana, la orden fue anulada desde la Presidencia del Gobierno.

Comprendí que la muerte de Carrero Blanco trastocaba por completo mi previsión sobre las fechas de los cambios políticos en España. A pesar de que Franco aún vivía y de que su larga dictadura parecía que nunca iba a tener fin, vi muy claro que la cuenta atrás de la dictadura había empezado aquella mañana. Si Franco moría, la transición a otro sistema era, a mi juicio, inevitable.

2
Consejero del Hispano en plena crisis económica

Entré en el banco a las ocho de la mañana, pues me habían dicho que era la hora de entrada de todos los empleados de la sede de la oficina principal de Madrid. Creí que era mi obligación dar ejemplo y empezar a la misma hora que ellos. Llegué a la puerta que daba a la esquina entre la plaza de Sevilla y la carrera de San Jerónimo cuando todavía era de noche. En el vestíbulo, tres ordenanzas sostenían una taza de café en la mano derecha y con la izquierda, uno un churro y otro un bollo. Chicoleaban entre risas con algunas empleadas que entraban. Me dirigí a ellos:

—Sigan ustedes tomando su café, se lo ruego; pero quiero saludarles y decirles que soy el nuevo director general de este banco; me llamo Alberto Oliart. —Por unos instantes la sorpresa les inmovilizó y se quedaron con los ojos muy abiertos—. Como es el primer día, quería presentarme y saludarles.

El ordenanza mayor, que se diferenciaba de los otros tres por su corpulencia, empaque y los galones de su bocamanga, dejó su café y su bollo sobre la mesa que tenía a la espalda:

—Perdone, señor director, nos ha cogido por sorpresa...

—Bueno, pero la sorpresa ya ha pasado, dígame su nombre y estrécheme la mano.

Así lo hicieron los tres, asegurando que era un honor para ellos. Yo les respondí, un poco azorado, que el honor les había costado no tomar caliente su café ni comerse a gusto sus churros y bollos.

El grupo de empleadas y empleados que se habían quedado parados contemplándonos, al terminar mis saludos se volvieron y se encaminaron deprisa hacia el ascensor de doble puerta; me uní a ellos:

—Espérenme, que subo con ustedes. —El jefe de los ordenanzas me señalaba el ascensor de los directivos, en una esquina del patio de operaciones—. Lo sé, pero yo quiero subir en ese otro.

Entré el último en aquel abarrotado ascensor:

—Les saludo a todos y me presento a ustedes, soy el nuevo director general de este banco; mi nombre es Alberto Oliart. Espero poderles saludar a todos en sus puestos de trabajo. Muchas gracias, ascensorista, por haberme esperado, como usted sabe voy al tercer piso.

A la salida del ascensor me esperaba el ordenanza de la planta donde estaban los despachos de la alta dirección: presidente, consejero delegado adjunto y secretario del Consejo de Administración. Le di la mano, me la estrechó y me dijo su nombre.

Teresa Méndez, la secretaria, me recibió sonriente y de pie. Vestía un traje oscuro, su cara, enmarcada por una melena castaña oscura, era la de una mujer de unos cuarenta años. Me impresionó la dignidad de su porte y sus ojos, de acuerdo con su pelo y que brillaban mirándome a los míos con tranquila firmeza. De pronto, me dijo con voz clara y precisa:

—Señor director general, me llamo Teresa Méndez; seré, si a usted le parece bien, su secretaria personal, aquí se incorporarán hoy mismo otras dos, más nuevas y más jóvenes que yo, y está previsto que se incorpore una cuarta si la carga de trabajo lo hiciera necesario; si le parece bien, pasemos a su despacho para que le explique todo lo que me he permitido pedir a la subdirección de compras, ventas y adquisiciones y que está en los cajones de su mesa.

—Ahora por favor cierre la puerta porque quiero decirle dos cosas, Teresa: la primera, no me siga llamando cada vez que se dirige a mí «señor director general». Comprendo que dada la antigüedad de esta casa tiene que haber un protocolo, pero llámeme, por ejemplo, «don Alberto». La segunda, que al verla y oírla supe que es usted una mujer seria, trabajadora y discreta. Creo que me entenderé con usted como persona y secretaria y que usted, Teresa, se entenderá conmigo.

—Haré todo lo posible, don Alberto, para que sea así.

Una de las primeras cosas que me dispuse a hacer era enviar las cartas de dimisión a los once presidentes de las sociedades anónimas de las que era consejero, pues quería dedicarme íntegramente al banco y si tenía una hora libre, hacer lo que siempre había hecho: leer los libros que me interesan, escuchar música, pasear con mi mujer, con un amigo o solo... Pero había dos Consejos de los que no dimití y lo puse como condición cuando hablé con el presidente para aceptar el cargo que me ofrecía en el banco. El primero, el de la Asociación Mercantil Española, S.A., fundada por mi abuelo Alberto Oliart y en la que el único accionista era mi padre. Y el segundo, el de Barral Editores S.L., que unos amigos y yo habíamos impulsado. Carlos Barral Agesta era amigo mío desde los diecisiete años, cuando nos conocimos en la Universidad de Barcelona al empezar el primer curso de Derecho.

A las nueve en punto entraron por la puerta de mi despacho los directores adjuntos Pedro Moriyón y Francisco Urquía; les estaba saludando y agradeciéndoles su puntualidad cuando llegó Julio Tejero, también director adjunto, a quien conocía desde hacía tiempo, como catedrático de Economía y miembro destacado del servicio de estudios del Banco Urquijo, además de por habernos encontrado varias veces en casas de amigos comunes.

Les anuncié que tenía la costumbre de trabajar en equipo, que mi intención era reunirme con ellos todas las mañanas para enterarme de los problemas o los asuntos importantes que pudieran tener cada uno de ellos y así adentrarme en el conocimiento del funcionamiento y los problemas del banco, y en el caso de los problemas, tratar en nuestra comisión de cómo hacerles frente para resolverlos o encauzarlos. Les propuse las nueve de la mañana para tener antes una hora de despacho con las respectivas secretarias de cada uno. Silencio glacial por parte de Pedro Moriyón y Francisco Urquía. Julio Tejero, llamándome por mi nombre, me pidió que les dejara desayunar y los convocara a las nueve y media. Me eché a reír; le di las gracias por su franqueza y así se acordó.

Les pedí que al día siguiente me trajeran escritas y especificadas las competencias que cada uno de ellos tenía en el organigrama del banco, cómo habían organizado esas áreas y quiénes estaban al frente de cada una de ellas.

Durante el desayuno comentamos la crisis económica, la inflación y los tipos de interés y la política de coeficientes que nos imponía el Ministerio de Hacienda a costa de nuestros beneficios.

Firmadas las cartas de dimisión de los Consejos de Administración y redactado, con Teresa, el modelo de telegrama para contestar a los que recibiera de felicitación y otro de carta con el mismo fin, fui a saludar al presidente y contarle lo que había hecho en aquellas primeras horas de mi primer día en el banco.

Entré en el despacho de Luis Usera y éste me señaló el sillón que tenía enfrente del suyo:

—Usted dirá, Oliart.

Le conté que había llegado a las oficinas del banco a las ocho en punto de la mañana, a la misma hora de entrada de los empleados; que a las nueve había tenido una reunión con los tres directores generales adjuntos y que habíamos fijado las nueve y media para los días sucesivos, y le hice un breve resumen de lo que les pedí para el día siguiente; y que había dimitido de todos los Consejos a los que pertenecía para dedicarme íntegramente al banco. Ni me interrumpió ni hizo comentario alguno a mis palabras. Cuando hube terminado, él me aconsejó empezar a visitar nuestras sucursales y conocer a sus directores. Me recomendó comer no solo con el director sino también con su esposa siempre que fuera posible, «cómo sea la mujer dice mucho de cómo es su marido». Ya en pie, le pregunté si me podría recomendar algún libro sobre la banca. Me contestó que los que él había leído estaban ya anticuados. Ya entonces intuí que el presidente no quería comprometerse respondiendo o haciendo un comentario positivo o más o menos negativo de lo que alguien le pudiera contar o comentar. Él mandaba, pero no se comprometía opinando ni comentando. No tardó mucho en tornarse en mí esa impresión en certeza.

A Pedro Gamero le había tratado años atrás. Sobre mi hora de entrada a las ocho me preguntó si lo iba a poder aguantar mucho tiempo. Le contesté que yo me levantaba todos los días a las seis de la mañana y hacía gimnasia hasta las siete; no me costaba nada llegar a las ocho en punto. Sobre mi dimisión de todos los Consejos comentó: iba a tener que quedarme con el de Cross, pues mi sustitución no era fácil. Y sobre la intención de citar a los directores adjuntos para tener una reunión, que se iba a repetir todos los días hasta que yo conociera la organización y protocolos de actuación y problemas del banco, manifestó su acuerdo:

—Desde el primer día tienen que saber que el que manda como director general eres tú y que ellos están a tus órdenes.

Pedro me explicó dos sucesos referentes a Luis Usera, uno del pasado y otro que por las consecuencias seguía siendo presente. El primero era que al conocerse la sublevación en Marruecos y anunciarse por la radio que Franco era su jefe, y casi al mismo tiempo que los militares y civiles se estaban defendiendo en el Cuartel de la Montaña en Madrid de los guardias de asalto, milicianos y voluntarios de los sindicatos, Luis Usera se despidió de su madre, y se fue inmediatamente a la embajada de Chile, en la que estuvo oculto toda la guerra. Solo salió de allí cuando las tropas nacionales hubieron entrado en Madrid. El segundo era que le llamaron porque su madre repentinamente se había puesto muy mal y, cuando se disponía a ir a verla, conduciendo su coche a todo gas (adoraba a su madre) en un giro perdió la dirección del vehículo y se estrelló contra un muro; ambulancia, hospital, pérdida de un ojo, que desde entonces llevaba uno de cristal, Pedro creía que era el ojo derecho.

El Luis Usera posterior a la guerra había cambiado: no fue capaz de superar el miedo de que los milicianos entraran en la embajada y se lo llevaran con otros refugiados como él; luego la muerte de la madre... Luis era una persona muy precavida y de aspecto siempre receloso. Pronto confirmé que su táctica consistía en no comprometer su opinión en nada, para dar tiempo al tiempo, ver cómo me desenvolvía, y porque la última palabra siempre la tenía él como presidente ejecutivo y consejero delegado ejecutivo del banco.

Al examinar el balance de 1971, aprobado en el mes de junio de 1972, me llamó enseguida la atención que figurara una cifra bajo el concepto de «Varios» que suponía un 25 por ciento de los ingresos totales. Pedro Moriyón me dijo que la cifra clave de los «Varios», la cantidad del 95 o más por ciento de esa partida provenía de la venta y compra de acciones de la cartera del banco que se vendían cuando subían y se recompraban cuando bajaban.

—De eso se había ocupado durante todo el año el consejero delegado adjunto don Jesús Rodríguez Salmones, que murió en diciembre, poco antes de entrar usted.

Yo le conocía, era una gran persona, economista y agente de cambio y bolsa. Había estado en su casa y me asombró la biblioteca que tenía, llena de libros de historia, de literatura, novelas, poesía, filosofía, ciencias, matemáticas y economía. Era tan inteligente como culto, sencillo, humano..., un hombre extraordinario en todos los aspectos. Me apenó mucho su muerte repentina.

—Imagino que, si él intervenía, tanto los auditores de nuestras cuentas como la Inspección del Banco de España estaban enterados de estas ventas y compras —dije.

—Desde luego. Además, suelen pedirnos toda clase de detalles.

Yo ya sabía que Pedro Moriyón, por tener bajo su competencia el 75 por ciento de la actividad del banco, era el que, de hecho, mandaba en la casa. Sabía también que en realidad no era la actividad típica de la banca (prestar dinero, recibir depósitos, generar letras...) la que generaba los beneficios del Banco Hispano Americano, sino que éstos procedían en su mayor parte de la actividad irregular recogida en el concepto «Varios».

Por otra parte, tras sendas conversaciones con Moriyón y el jefe de departamento de política de personal, uno y otro se veían incapaces, por el tema de los ascensos, antigüedades y bajas imprevistas, de explicarme con claridad, y menos por escrito, los datos del personal del banco distribuidos por categorías y situaciones. Por último, era consciente de que, tal como se llevaba la contabilidad, era imposible tener el cierre del año hasta el final de mayo o la primera quincena de junio del año siguiente.

Ese mismo día comprendí los objetivos que debía marcarme. El primero se hacía más difícil por la crisis que padecíamos debido al aumento del precio del petróleo de septiembre de 1973, de la que hablaré más adelante, y por el aumento de los gastos de personal, material, servicios de mantenimiento del banco. Pretendía conseguir que de la actividad normal del banco, es decir, los depósitos de nuestros clientes y distintas operaciones (créditos, descuentos de letras, avales, etcétera), pudiera derivarse un aumento de nuestro pasivo y, además, generar excedentes para obtener beneficio, cubrir las previsiones legales de la reserva, cuotas y obligaciones impuestas por el Ministerio de Hacienda o el Banco de España, y repartir el dividendo entre nuestros accionistas.

Debía encontrar también a la persona que con la categoría de director general adjunto se pudiera hacer cargo de la política de personal y de la informatización integral del banco. Había que conseguir una buena secretaría general de estudios que llevara proyectos no solo económicos sino también sociológicos y de comunicación. Y por último, conseguir que la dirección de exteriores, en la parte principal de su organización, se dedicara a ganar dinero para aumentar nuestro beneficio.

En la reunión del segundo día con los directores generales adjuntos planteé el problema de qué podíamos hacer para cobrar más por nuestras inversiones. Urquía explicó que si el Banco de España no nos lo hubiera prohibido, nos bastaría con volver a cobrar el GEI (los gastos de estudio e información), que suponía un tres por ciento más sobre el tipo de interés legal que cobrábamos.

No lo dudé ni un momento:

—Urquía, bajo mi exclusiva y personal responsabilidad, desde este mismo momento no se dará ni se llevará a la comisión de créditos ningún descuento de letras de cambio o cualquier otro tipo de inversión sin añadir el GEI.

Levanté la sesión y le dije a Urquía que se quedara para que pudiera llevarse la orden comunicada sobre el GEI. También le dije que esperaba que el Banco de España, a través de uno de sus directores, me llamara para recordarme su prohibición. Yo estaba seguro de convencerles de la absoluta necesidad de que nuestro banco no tuviera que recurrir a unos ingresos varios más que discutibles en su legalidad y naturaleza.

Antes de un mes recibí una llamada de Ángel Madroñero, uno de los directores del Banco de España. Le había sorprendido encontrarse con el cobro de un gasto que había sido prohibido un año y medio antes. Sentado en su despacho frente a él, le expliqué que debían permitirme cobrar el GEI hasta que se liberaran los tipos de interés o el BHA tendría que pedir ayuda al Banco de España; que si me dejaba seguir cobrándolo hasta ese momento, yo le aseguraba que el banco terminaría el año 1974 con beneficios, todos debidos a la actividad típica bancaria y además aumentando tanto el pasivo como el activo. Al día siguiente, Madroñero me confirmaba que podía seguir cobrando el GEI.

A la mañana siguiente visité en la calle Serrano la torre que ocupaba la dirección de banca exterior que dirigía Julio Tejero. Saludé a todos los empleados y conocí al segundo jefe de departamento, que se llamaba Alejandro Albert Solís. Tuve una reunión con los que Julio Tejero eligió por su categoría o las funciones que tenían encomendadas para poner en mi conocimiento sus actividades. En esa reunión Juan Arias me explicó que su cometido principal era, por encargo de Tejero e incluso del mismo presidente, el contacto con el Commerzbank, el Crédit Lyonnais y el Banco di Roma, para fijar las bases de un acuerdo que en esencia buscaba como objetivos que el Crédit Lyonnais, banco fundamental en la creación del Banco Hispano Americano en sus inicios, fuera nuestro banco de acción en Francia, y lo mismo para los otros dos, en una relación de reciprocidad.

Un mes después de mi toma de posesión de la dirección general, comenzaron a producirse, con una periodicidad creciente, asambleas en el patio de operaciones, que tenía dos puertas de entrada, una delante de la Academia de Bellas Artes y la otra por la plaza de Canalejas. Allí, además, estaba la fila de ventanillas para atender al público.

Estas asambleas, convocadas en el horario de trabajo con el consiguiente alboroto, dificultaban el trabajo en ventanilla de clientes y cajeros. También me enteré de que, simultáneamente, algunos empleados del Banco Central, el Bilbao y el Banesto ofrecían en las puertas de nuestra oficina servicios más tranquilos en las suyas. Llamé a Pedro Moriyón para conocer el motivo de esas concentraciones. Al parecer, la policía no podía intervenir, al no haber disturbios ni daños materiales.

Me contestó que todo eso lo movía un personaje que ni él ni ningún otro director conocían y me lo describió como un peligroso comunista o anarquista que solo actuaba para hacer daño al banco, incluso interviniendo con preguntas «intolerables» en la última asamblea ordinaria del banco, «a la que asistió sin corbata y con el cuello de la camisa desabrochado». Un pequeño paquete de acciones le permitía asistir e intervenir en la asamblea.

Estas asambleas se volvieron más estridentes y continuas. Un día de comienzos de marzo, un centenar o más de funcionarios, formando lo que llamaban «la serpiente», pasaron por el despacho del marqués de Pelayo, por el de secretaría de la presidencia y presidencia, por la secretaría y el despacho de Pedro Gamero, por el despacho del secretario general y también por el mío (yo los vi pasar en absoluto silencio y me impresionaron mucho). Llamé a Paco Torras para preguntarle quién organizaba las asambleas y aquella procesión silenciosa. Me contestó que el personaje en cuestión se llamaba Justo Fernández y que en varias ocasiones había hablado con él para intentar evitar aquellas acciones. Me di cuenta de que ese «Justo Fernández» estaba golpeando para saber cuál era mi respuesta, así que le pregunté a Torras si él podría conseguir que yo tuviese un encuentro cara a cara con Justo Fernández para intentar solucionar la situación. Me dijo que sí y añadió que ya era hora de que alguien de la dirección se atreviera a hacerlo. Decidí con Paco Torras institucionalizar el encuentro y marqué las cinco de esa misma tarde para verle. Solo se lo dije a Teresa, y no al presidente, ni a Pedro Gamero, como hacía en todas las ocasiones, hasta conocer el resultado de la reunión.

Le pedí a Teresa que, con la mayor confidencialidad, me pusiera con el director general de Seguridad, a quien comenté la situación que se estaba viviendo en el banco y el nombre de la persona que estaba organizando asambleas, algaradas y, por último, la serpiente. Diez minutos más tarde me daba esta información: Justo Fernández era de toda confianza, era de UGT. Le di las gracias.

No dejaba de sorprenderme que en el año 1973, con Franco todavía con fuerzas, con Carrero Blanco nombrado vicepresidente del Gobierno y un competente ministro del Interior (Tomás Garicano Goñi), el director general de Seguridad me diera como plenamente seguro un personaje del que era bien sabido que pertenecía a la UGT. En esto se hacía evidente para mí que dentro del régimen personas muy fieles a Franco estaban pensando en un futuro en el que sindicatos extraoficiales como UGT pudieran convivir con ellos y que sabían, igual que yo, que personajes de CC.OO. y UGT se habían infiltrado en los sindicatos oficiales y que, de hecho, tenían más poder sobre los colectivos de obreros con los que estaban en contacto y una capacidad de liderazgo y actuación muy superior a las de los sindicatos oficiales.

A las cinco de la tarde en punto entró Justo Fernández en mi despacho. Era un hombre alto, bien plantado; en cuanto habló supe que era canario; yo estaba de pie y le tendí la mano; me la estrechó.

—¿Quiere un café? Yo me voy a tomar uno o dos. —Me dijo que sí.

Le indiqué que se sentara en un sofá que estaba a la derecha de mi mesa junto a dos sillones dejando un espacio a una mesa más baja entre los sillones y el sofá. Teresa nos trajo la bandeja con las dos tazas y la cafetera, el azucarero, y dos jarritas de leche, una fría y otra caliente.

—Mira, Justo, yo entro de cara en los asuntos y perdóname que te tutee, pero es que se me escapa; tutéame tú a mí; empiezo con el asunto que nos reúne. ¿Qué es lo que queréis obtener con las algaradas, asambleas y la serpiente que habéis hecho esta mañana? Por cierto, que me ha gustado, he admirado que pasara en tan tremendo silencio. Para mí es mucho más eficaz que dar gritos. Ese silencio tenía una fuerza enorme.

Justo desplegó un papel lleno de peticiones. Contenía unas veinticuatro de las que me señaló las catorce que más le interesaban, situadas al final del segundo medio folio. Le aseguré que pondría inmediatamente en marcha las tres primeras, que eran de mi competencia, y me parecían razonables y justas. De las restantes, le dije que trataría de convencer al presidente y a Pedro Gamero y llevarlas al Consejo para su aprobación. A cambio, le pedí contrapartidas: que convocase las asambleas después del cierre de ventanillas. Que me comunicase cuándo iban a llevarse a cabo. Y tercero, que no se manifestaran nunca delante de los otros bancos, para evitar que los clientes, en ese ambiente, se marcharan del nuestro. Se levantó y me tendió la mano, se la estreché:

—Ahora mismo voy a reunirme con ellos, yo creo que las aceptarán. Les diré que tal y como ha transcurrido esta reunión, las debemos aceptar.

Nos levantamos, iba a acompañarle a la puerta de mi despacho, pero me dijo que prefería salir por la puerta de secretaría. Le acompañé igualmente, quedamos en que él daría a Teresa sus teléfonos y le dije a ella que le diera los míos. Volvimos a darnos la mano al despedirnos, el ordenanza del piso nos miró con asombro y luego con una sonrisa al oírnos:

—Adiós, Justo. Te llamaré enseguida.

—Adiós, director, espero noticias tuyas.

Justo cumplió su compromiso y yo también el mío. A partir de aquel momento no hubo más serpientes y las asambleas eran pocas, a las horas convenidas con Justo, y pacíficas.

A propuesta mía, el Consejo nombró a Francisco Torras Huguet director general adjunto para encargarse de todo lo relativo al departamento de personal y a la informatización integral del banco.

A mediados de marzo, aunque yo ya tenía un director adjunto de confianza, me faltaban dos cosas en el banco: que la dirección del negocio extranjero ganara dinero para el banco, y probar con Albert como director general adjunto.

Salí del banco ya de noche; en la esquina de la calle Sevilla con Alcalá me encontré con don José Entrecanales, con quien durante muchos años, después de casarme con Carmen, había mantenido conversaciones y discusiones que él provocaba, porque le gustaba discutir conmigo. Nos paramos los dos. Recuerdo que me dijo que iba a la tertulia del Gran Casino de Madrid:

—Sabe usted, a estas horas procuro visitar dos o tres de las tertulias que se forman porque escuchando siempre se entera uno de algo.

En el recuerdo brota hasta el sonido de su voz cuando me dijo:

—Ha entrado usted ahora en lo que llaman el cuarto del poder. Usted, que tiene juicio crítico y, desde que le conozco, siempre lo ha tenido, pronto se dará cuenta de que en el cuarto del poder no hay más que sombras.

Desde la edad en que redacto estas líneas, una vez más, ahora con la experiencia acumulada de cuartos del poder, sé que don José tenía toda la razón. Desde la edad que tengo puedo decir que, si uno confunde el puesto temporal de poder que tiene con lo que él es como persona, siempre se equivoca.

En otra ocasión, después de hablar con Pedro Moriyón de los problemas de la casa, le dije que una vez dentro de uno de los grandes bancos del país, creía que el poder de éstos del que tanto se hablaba era relativo y menor del que decían que tenían; Pedro Moriyón me interrumpió con tono firme: «Te equivocas, en un puesto como el tuyo se tiene mucho poder, mucho más del que tú crees ahora, ya lo verás», para añadir enseguida: «y no digamos en puestos como el de Pedro Gamero y por supuesto el de don Luis, aquí vienen presidentes de empresas importantes para que les des nombres de personas para que sean consejeros de sus empresas o sociedades, te cuentan sus triunfos y sus fracasos, incluso a veces sus fracasos familiares; tu puesto ahora es un puesto de poder social y económico, eso es innegable». Esa frase de Moriyón la pronunció una de las veces que con más sinceridad me habló, sin envolverse en aquel momento en su habilidad habitual y diciendo lo que realmente pensaba.

Moriyón tenía razón, pero en cambio yo ya sabía que el poder regulador del Banco de España sobre el banco, así como el del ministro de Hacienda, eran suficientemente grandes para hacer que el poder de un banquero español fuera más limitado de lo que él creía. Desde entonces tuve la convicción de que el poder de los banqueros sobre el entorno que les rodeaba era efectivamente muy importante, pero también a mis amigos socialdemócratas y socialistas les decía que no valía la pena nacionalizar los bancos, porque el Banco de España ejercía sobre la banca un poder que, sumado al del ministro de Hacienda, era más que suficiente para regular su actividad.*

* Mi convicción del gran poder regulatorio de banca y banqueros se refiere sobre todo a esa época en que la banca de un país tenía el grueso de sus operaciones en un Estado concreto, no al presente, cuando incluso los bancos están globalizados. Según el informe aprobado en 2008 por la Asamblea de las Naciones Unidas que trata de la crisis actual, dada la globalización de la economía moderna y su planetarización, la regulación si ha de ser de empresas globales ha de hacerse mediante un organismo especializado dependiente de las Naciones Unidas. *(N. del A.)*

Por mi parte, pienso que uno sale del poder como entró y que lo único que vale al dejarlo es que uno sea de verdad persona y lo que cuesta más es llegar a estar conforme con uno mismo.

A mediados de 1973 yo tenía ya un equipo inicial que me solucionaba el problema de personal, con el nombramiento como director general adjunto de Paco Torras desde principios de marzo, el de Alejandro Albert, que empezaba a funcionar como jefe de departamento cumpliendo muy bien los objetivos marcados: levantar el negocio extranjero para aumentar el del banco y sus beneficios, y porque, además, a comienzos de abril apareció Eduardo Punset.

Eduardo Punset había trabajado conmigo en mi época de Renfe y desde entonces pude seguir su brillante carrera en La Sorbona de París, de donde salió licenciado en Ciencias Económicas con mención especial; en la London School of Economics, de donde salió con dos másters también con mención especial, y su etapa de colaborador de la revista inglesa *The Economist,* de presidente de una edición española de la misma revista dirigida a España e Hispanoamérica y luego su incorporación al Fondo Monetario Internacional como economista.

En el momento en que apareció en el banco, llevaba diez años como delegado del Fondo Monetario Internacional en Haití. Le dije que iba a proponerlo como jefe de la secretaría general de estudios con categoría de subdirector general del banco, y que aparte de dos ingenieros industriales y economistas que gracias a Paco Torras se habían presentado para entrar en esa dirección general, quería que él hiciera, poco a poco, los nombramientos de personal técnico de primera calidad: economistas, sociólogos, o gente con otras carreras como los que ya estaban incorporados. Efectivamente, cuando hablé con Luis Usera y le presenté el currículum de Eduardo Punset, no dudó en aceptar la propuesta de llevar al Consejo su nombramiento con la categoría que le correspondía.

Al acabar el año 1973 había conseguido que Luis Usera, Pedro Gamero y el Consejo de Administración no solamente nombraran a Paco Torras director general adjunto, encargado de personal y del objetivo de informatización de la contabilidad del banco y la gestión integrada de nuestras actividades; también a Alejandro Albert Solís, subdirector general encargado de los nuevos productos del BHA en su actividad exterior, de créditos sindicados con bancos extranjeros o créditos en monedas de los países extranjeros occidentales y también del yen japonés; y en el mismo Consejo, a Eduardo Punset Casals, subdirector general y jefe del servicio de estudios del banco.

A propuesta de Paco Torras, el Consejo aprobó que la empresa de ordenadores y programación IBM se encargara de la informatización integrada del banco. El acuerdo incluía la asistencia técnica y la entrega de los dos ordenadores del nuevo modelo 360. Se contrató a un físico, un ingeniero de telecomunicaciones, dos técnicos de la misma especialidad y un ingeniero industrial, y tres jóvenes empleados nuestros, seleccionados por IBM, fueron designados para aprender a programar. También habíamos contratado a dos economistas e ingenieros industriales para el servicio de estudios, y ya en 1974 a dos licenciadas en Economía, y poco después, a finales de 1975, habíamos contratado a otro economista del Banco Mundial, Jorge Hay, como segundo jefe del servicio de estudios y con sueldo de subdirector general.

En 1974 y, sobre todo, durante 1975 la puesta en marcha de los programas informáticos, responsabilidad de Francisco Torras, me permitió presentar todos los meses al Consejo de Administración los cuadernos informativos elaborados por el servicio de estudios para el seguimiento de la marcha del banco mes a mes. La información del crecimiento de los depósitos e inversiones, tanto nacionales como de moneda extranjera, todo con números y gráficos, se entregaban a todos los consejeros al principio tres días antes de la celebración del Consejo de Administración y luego siete días antes. Este documento que reunía muchos, necesarios y significativos datos, elaborado por el servicio de estudios a las órdenes de Eduardo Punset y bajo la responsabilidad directa de Jorge Hay y sus colaboradores, no se hubiera podido realizar sin el notable avance informático mencionado.

Desde el principio Jorge Hay resultó ser un singular personaje, tan profundo en sus conocimientos económicos y financieros y en su hondura de hombre culto, como eficaz, callado, y ajeno a todo afán de protagonismo. Lo sigo recordando, aún hoy, como una persona extraordinaria, más preocupado por hacer cada día mejor las tareas que se le encomendaban o iniciaba, que por lucirse o medrar.

Le encargué a Punset un informe sobre las causas y razones por las que el Banco Hispano había pasado de ser el primer banco de España a ser en aquel momento el tercero y tener al Banco de Bilbao pegado. Con el encargo, le di y repetí instrucciones muy precisas: nadie debía ver ese informe antes que yo. La mañana que me lo trajo, después de leerlo, le pregunté si se lo había enviado a alguien y contestó:

—Sí, se lo he enviado al presidente y al consejero delegado, eso es lo que se hace siempre en Estados Unidos.

Vi en el reloj que eran las once y diez de la mañana. Llamándole «insensato», salí corriendo hacia la secretaría de Usera, esperando que no se lo hubieran pasado. Se lo habían pasado.

Entré inmediatamente en su despacho. Estaba sentado en un sillón con el informe en la mano. Nada más verme, me espetó:

—Es la peor acta de acusación levantada contra mi gestión del banco que nadie ha hecho nunca.

Le expliqué que le había pedido a Punset que me lo mandase a mí solo, que yo lo hubiera corregido; que Eduardo, recién llegado de Estados Unidos, me había explicado que allí, este tipo de informes se mandaba antes que a nadie al presidente. Todo fue inútil, Luis Usera permanecía sentado en el sillón en silencio y con el informe en la mano.

Volví a mi despacho, donde Punset me estaba esperando.

—El presidente no nos perdonará nunca a ti ni a mí ese informe que, en contra de lo que te había dicho, le has enviado. Destruye inmediatamente todas las copias y borra el archivo original.

Esa tendencia al protagonismo de Eduardo no hizo más que acentuarse, no solo mientras estuvo conmigo sino también después. Creo que el tiempo en que ha sido el personaje único de sus programas televisivos y autor único de sus libros y gozaba de popularidad, éxito personal y económico, le ha permitido encontrar el quehacer que mejor cuadraba con su personalidad y la afirmación de su ego.

A los tres meses de mi entrada en el Hispano, Luis Usera me llamó para anunciarme mi nombramiento como consejero del Banco Urquijo en la vacante no cubierta de Jesús Rodríguez Salmones. Mi relación con Juan Lladó, consejero delegado del Urquijo, Emilio Gómez Orbaneja y José Antonio Muñoz Rojas se remontaba, en el caso de los dos primeros, al año en que estaba preparando mi oposición a la Abogacía del Estado, dada la amistad que les unía a ellos y a sus mujeres con Eusebio Oliver y Carmela Teixeira. A José Antonio Muñoz Rojas lo había conocido, también en el mismo año 1953, en casa de Vicente Aleixandre, con el que me unía una buena relación de amistad.

La comida de los presidentes de los entonces siete grandes bancos del país se celebraba en la sede del que aparecía como primero en el ranking. En 1973 nos reunimos para comer en el Banesto presididos por don José María Aguirre. A su derecha se sentaba siempre su consejero delegado, Pablo Garnica; al lado de Garnica, el presidente del Banco de Bilbao, José Ángel Sánchez Asiaín, al que seguía el del Banco Central, Alfonso Escámez. Luego me sentaba yo al lado de Luis Usera, que estaba enfrente de Aguirre; a su izquierda se sentaban el presidente del Vizcaya, Enrique Sendagorta, luego el del Banco de Santander, don Emilio Botín, y el del Banco Popular, Luis Valls.

Mientras estábamos en el salón de entrada nos servían un aperitivo, que al igual que la comida, provenía o era servido por Jockey, en el que no faltaba jamón ibérico de primera calidad acompañado de diversas bebidas alcohólicas, cervezas y alguna Coca-Cola; predominaba el consumo de los finos de Jerez; el único que pedía medio vaso de vino blanco era yo. La comida también era de Jockey. Mientras estábamos en la entrada y comiendo en el comedor, se hablaba de las noticias del día, de los rumores de crisis política, de dimes y diretes propios de una reunión informal, pero servido el café, la copa a quien la quería y los puros cubanos y retirados los camareros, se empezaba a hablar de asuntos bancarios con la máxima reserva, aunque el que después mencionaré era público entre el personal de cada uno de los bancos presentes y de los ausentes, así como del Banco de España y para la suma de los clientes de todos los presentes y adláteres.

Invariablemente, día sí, día también, se hablaba de los extratipos pagados por los depósitos; invariablemente todos negaban darlos, aunque todos los dábamos; el Hispano era siempre el que menos daba y el último en darlos y el Popular era un misterio si los daba y cómo los daba. El misterio se disipaba cuando alguien decía: «Hombre, como es el banco del Opus...».

Recuerdo dos reuniones en las que se puso de manifiesto cómo el presidente Aguirre ejercía la presidencia no solo en las comidas sino también fuera de ellas. La primera fue cuando ya empezando a ser seria o muy seria la inflación que padecíamos, el presidente, que presidía como tal las reuniones del convenio colectivo, tomó la palabra para decirnos que había accedido por «razones que todos ustedes comprenderán» a la petición de los sindicatos de que se subieran los salarios de acuerdo con la inflación prevista para el año siguiente. No me pude contener y dije que aquélla era la manera más segura de aumentar de inmediato la inflación que sufríamos, quizá por encima de la subida de los salarios y que la medida iba en perjuicio de jubilados y retirados, y de los trabajadores en general, porque sus salarios reales bajarían año tras año a causa de la subida inmediata de los precios. Cortó Aguirre cualquier otra intervención diciendo que el convenio ya estaba firmado, de acuerdo con el Gobierno y dada la situación en que nos encontrábamos. Luis Usera se apresuró a decir que si estaba firmado solo nos quedaba apoyar al presidente y no hablar más de esta cuestión. Se levantó la sesión. A la salida, Sánchez Asiaín me dijo en un aparte: «Tienes toda la razón, pero si Aguirre ha firmado el convenio, y estoy seguro de que lo ha hecho por orden del Gobierno, tener la razón ahora no sirve de nada». Yo repliqué: «Señor catedrático de Economía, la próxima vez me callaré para que lo digas tú primero. Todos guardáis la ropa mejor que yo». Me cogió del brazo, «Anda, vamos», y salimos juntos.

Años después, ya muerto Franco, y convocadas las elecciones de junio de 1977, desde la Vicepresidencia del Gobierno se tomaron algunas disposiciones relativas a la financiación de los partidos políticos. Alfonso Osorio, que ejercía dicha vicepresidencia, me había pedido que me presentara como senador por Extremadura por el partido de centro que se estaba formando intentando agrupar en una sola formación política a todos aquellos del Movimiento Nacional que estaban dispuestos a traer la democracia, democristianos, liberales, personas que no se habían significado políticamente, y todos los provenientes del Movimiento Nacional que estaban ya en el Gobierno que había iniciado las reformas, como la legalización de los sindicatos de Comisiones Obreras y UGT. Riéndome le dije que yo no tenía todavía la edad para ser senador. No insistió demasiado y yo no dejé tampoco que lo hiciera.

El Gobierno decretó que aquellas primeras elecciones se financiaran con los créditos que los bancos darían a los partidos políticos, que pagarían con la subvención del Tesoro Público una vez celebradas las elecciones, y que recibirían de acuerdo con el número de escaños obtenidos en las elecciones. Una vez aprobado el decreto, se fueron publicando varias órdenes para aclarar los problemas que su redacción literal planteaba. Lo único que quedó claro fue que si un partido no obtenía los diputados previstos se quedaba sin la subvención esperada y el banco prestatario se convertía en el que subvencionaba al partido. Porque ninguno de los bancos iba nunca a poner un pleito contra un partido para cobrar la deuda.

En una de las reuniones de los siete grandes, Aguirre estuvo claro y conciso: había que volcarse con Alianza Popular, el partido que presidía Manuel Fraga Iribarne. Se produjo un silencio que solo rompió de inmediato Pablo Garnica para casi a gritos maldecir a los traidores que había en el Gobierno y que habían convocado las elecciones, y también a los que les apoyaban y animaban desde fuera. El presidente quiso callarle: «Pablo, estamos en el banco y nosotros podemos pensar lo que queramos, pero no podemos emitir opiniones que pueden perjudicarle en el presente o en el futuro. No somos políticos, somos banqueros». Intervino José Ángel Sánchez Asiaín para explicar que el Consejo del Banco de Bilbao había tomado el acuerdo de, en principio sin fijar cantidades, prestar dinero a todos los partidos legalizados que lo pidieran. Pablo Garnica se levantó furioso y se fue, aunque no tardó mucho en regresar para volver a expresar su desacuerdo total y su indignación con los políticos que, además de ser unos traidores, nos estaban llevando a un desastre. Salí de aquella reunión envidiando a José Ángel Sánchez Asiaín.

Esas primeras elecciones y todas las demás, cualquiera que fuera la situación del Tesoro Público, tuvieron que haberse hecho bien con un crédito especial, que indudablemente iba a aumentar el déficit presupuestario, o inexcusablemente, a mi juicio, con el aval del Tesoro de los créditos de los bancos. Sobre todo, deberían estar permitidas las donaciones a los partidos políticos, siempre que fueran públicas, y en mi opinión sin límite de cuantía, ya sean efectuadas por personas particulares o por personas jurídicas. Todo lo demás lleva inexorablemente, no solo en España, a una situación de hipocresía pública que acaba convertida, al persistir tales donaciones, en casos de corrupción.

Un ingeniero de caminos me explicó, el día en que se jubilaba, que él llevaba los cheques que su empresa daba a dos partidos; uno de ellos siempre le daba recibo en la ventanilla de la sede del partido donde lo entregaba. En el otro partido se lo entregaba a un particular que se quedaba con el cheque y no daba recibo, con lo que nunca supo quién era el último destinatario del dinero.

A principios de 1973 inicié por Mérida, donde yo había nacido, mis visitas a las sucursales acompañado por Daniel Arteaga, subdirector general del banco. A las ocho en punto llegamos a la sucursal, donde nos esperaban el director y los apoderados. Lo primero que hice fue encerrarme con Daniel Arteaga y con el director de la sucursal en su despacho para pedirle a este último que me diera los datos de pasivo y activo de la sucursal y preguntarle qué se podía hacer para aumentar nuestro pasivo, es decir, los depósitos de los clientes, y nuestro activo, seleccionando y buscando las mejores inversiones. También le pedí que me expusiera los problemas que tenía. Arteaga y yo tomábamos nota de lo que nos decía. Le pedí que pensara a cuál de los apoderados podíamos designar apoderado de producción, para que le ayudara a conseguir clientes de pasivo y activo.

Con ese método que puse en pie con Daniel Arteaga, visité las sucursales y regionales de Extremadura, Cataluña, que fue la siguiente en recuerdo de haber cursado allí mi educación secundaria y la universitaria, después las tres provincias vascas, y luego las islas Canarias y Galicia durante las vacaciones de verano. Visitas y reuniones que continué haciendo hasta el año 1976 inclusive y también en la primera mitad de 1977.

El seguimiento continuo del cumplimiento de los objetivos marcados de regionales y sucursales y los premios individuales o colectivos que habíamos establecido, dio lugar a que, a principios de 1975, pudiera anunciar a Ángel Madroñero, al presidente y a Pedro Gamero que el beneficio del año 1974 se debía íntegramente a la actividad típica del banco de recibir depósitos y dar créditos, y que esperáramos un beneficio un 20 por ciento superior al del año anterior a pesar de la crisis económica que padecíamos, gracias, sobre todo, al esfuerzo desarrollado por todos los empleados, apoderados, directores y regionales del banco con pocas excepciones, que estaban siendo corregidas. De todos estos cambios informaba siempre a Luis Usera, a Pedro Gamero y al Consejo de Administración que, según me dijo el marqués de Pelayo, nunca había estado tan bien informado.

El banco de San Sebastián estaba participado por el Hispano Americano al 50 por ciento. El viaje a la sede del banco en la capital guipuzcoana me permitió conocer y entablar enseguida una cordial relación con el consejero del banco, Fernando María Castiella, exministro de Asuntos Exteriores con Franco durante doce años y que había sido previamente embajador de España en el Vaticano y en Washington. Precisamente estando él de embajador en Washington fue cuando España entró en la OCDE, así como también en las Naciones Unidas y en el Banco Mundial. No sabía entonces, y lo supe quizá después de su muerte, que fue catedrático de Política Internacional con veinticuatro o veinticinco años, que era un hombre de prestigio nacional e internacional y miembro del Tribunal Permanente de Arbitraje Internacional de la Haya.

A lo largo de esos viajes se fraguó entre nosotros una auténtica amistad. Pronto me di cuenta de la humanidad de Castiella como persona, y al mismo tiempo, de la altura y profundidad de su formación como estudioso y como hombre de pensamiento y de su visión de los problemas de España en su amplitud nacional e internacional. Al cuarto o quinto viaje que pasamos hablando de la situación de España y de lo que estaba pasando en nuestro entorno, me contó por qué Franco le había cesado como ministro de Asuntos Exteriores. Castiella defendía soluciones a los problemas que teníamos en nuestra Guinea Ecuatorial y en el Sahara diferentes y contrarias a las que sostenía Carrero Blanco. Él preconizaba que debíamos dar la independencia a la colonia y a las islas, incluida Fernando Poo, porque todos los países linderos eran ya independientes y porque la guerra contra las guerrillas que habían comenzado a surgir en la selva guineana era muy difícil de mantenerla y pronto tendríamos que abandonarla, sin que el provecho que España sacaba de la colonia y sus islas justificara el coste económico, humano y político de esa guerra. La declaración de provincia española del Sahara que sostenía Carrero tampoco detendría a las guerrillas saharauis que, apoyadas por Argelia, tenían como objetivo la independencia del Sahara español. Además, Estados Unidos nunca dejaría que llegaran al Atlántico los argelinos, porque Argelia se estaba apoyando en la Unión Soviética para el rearme de su Ejército y Estados Unidos se apoyaría en Marruecos, no en España, porque Marruecos ya era para ellos un país seguro en el Magreb. Me explicó que los fosfatos de Bucraa no eran razón suficiente para mantenerse en el Sahara y que las perspectivas del petróleo eran un futurible que no compensaba una guerra en el desierto. El apoyo de Franco a Carrero Blanco, que por aquel tiempo era vicepresidente del Gobierno, motivó el cese de Castiella como ministro de Exteriores. Los acontecimientos de años posteriores pusieron de manifiesto que Castiella tenía razón.

Luis Usera me convocó un día de comienzos de 1974 para decirme que había cierto antagonismo entre las dos jóvenes promesas del Banco Urquijo, Juan Lladó hijo y Jaime Carvajal Urquijo, marqués de Isasi. Los dos tenían un porvenir claro dentro del Banco Urquijo, pero al parecer habían tenido más de una discusión. Dado mi carácter conciliador y mi edad, Luis propuso que los dos pasasen al Banco Hispano bajo mis órdenes durante un tiempo. Acepté. Los nombramos adjuntos a mí, con la categoría de subdirectores generales. Encargué a Juan Lladó hijo el área de patrimonios, además de ponerle en contacto permanente con el área de informática y tesorería. A Jaime Carvajal le encargué ocuparse del negocio exterior del banco dependiendo de mí pero en relación con Juan Arias y con Albert a fin de que me informase de la marcha del negocio exterior.

Como al tercer mes seguía dando parte de que el trabajo que

cada uno de ellos tenía asignado lo llevaban muy bien, y que las reuniones con ellos dos juntos eran muy cordiales, Juan Lladó y Luis Usera decidieron que yo fuera al Banco Urquijo y que me instalara por las mañanas el tiempo que fuera necesario, en un despacho para reunirme con Jaime Carvajal y Juan Lladó hijo, y además, que despachara conmigo César Alierta, que era quien llevaba todo el tema de Bolsa, gestión de patrimonio y la cartera del Banco Urquijo, para que yo aprendiera sobre el sector.

Al llegar al Urquijo el primer día, Juan Lladó padre me llevó al que iba a ser mi despacho, anunciándome que tendría en el Urquijo el papel de un consejero delegado, tal como había aprobado el Consejo de Administración. Al entrar en el despacho, más pequeño que el mío del Banco Hispano Americano, Juan me preguntó:

—¿Ves ese cuadro que te gustaba tanto? —Me señaló un bodegón de Cossío.

En una exposición en la que habíamos coincidido, Juan me había preguntado si me gustaba el pintor, a lo que yo le había contestado que ese bodegón que yo estaba mirando era muy bueno. «El banco lo compró y aquí lo tienes», terminó.

Aquella misión, que hacía que entrase a las ocho de la mañana en el Banco Hispano Americano para luego ir al Urquijo hasta la hora de comer, fue para mí una experiencia importante; sobre todo, por el conocimiento de esas dos personas: Juan Lladó hijo y Jaime Carvajal y la amistad que se había creado entre cada uno de ellos y yo; fue también importante para mí conocer a César Alierta, del que pude apreciar su gran capacidad para asuntos de Bolsa e inversiones, a la que se unía su rapidez de resolver cualquier problema, en el firme y vasto conocimiento de la materia que tenía.

Hacia finales de la primavera de 1974, Jaime Carvajal me preguntó si podría recibir a dos capitanes del servicio de Estudios e Información de la Presidencia del Gobierno que dirigía el teniente coronel José Ignacio San Martín López, le dije que sí, que al día siguiente podían venir a mi casa a la una del mediodía. Llegué a la una a casa e inmediatamente aparecieron los dos capitanes, Manolo Monzón y Peñaranda.

Me sorprendió cómo abordaron directamente el asunto que los había llevado a conocerme. Creo que fue Manolo Monzón el que me dijo que querían saber lo que pensaban personas como yo sobre lo que podría ocurrir en España a la muerte de Franco. Me sentí con libertad para hacerlo y les dije lo que pensaba: que a Franco le sucedería como jefe del Estado don Juan Carlos de Borbón, príncipe de España, que sería proclamado rey, y que el régimen, que siempre había sido una pirámide invertida soportada en la figura de Franco, de un modo u otro, no tardaría en caer. Les dije asimismo que la sociedad española evolucionaría de forma inevitable hacia una democracia similar a la de los países de Europa occidental con la forma de una monarquía constitucional y parlamentaria, una democracia representativa. Yendo más lejos aún, les expliqué que yo creía que se formaría un partido de derecha en el que no faltarían algunas personas que en ese momento estaban en el Movimiento Nacional. Puse como ejemplo a Adolfo Suárez, que ya había creado una asociación política, y a mi compañero de promoción Federico Silva Muñoz quien, con un claro apoyo de la derecha católica, había creado otra. También estaba convencido de que habría una oposición fuerte en un partido de izquierda socialdemócrata, como ya la había en toda Europa; les dije que el gran problema radicaba en el Ejército con respecto a la legalización del Partido Comunista.

A su pregunta de qué pensaba sobre el reconocimiento del Partido Comunista, les contesté que ese partido debería ser reconocido como tal, porque de hecho ya existía y debía salir de una clandestinidad que lo hacía más fuerte. A mi juicio nunca había sido un partido importante en España, ni siquiera durante la Guerra Civil, cuando su importancia creció más que por ellos mismos gracias a los militares y asesores soviéticos que vinieron a España, y eso porque la ayuda soviética fue prácticamente la única ayuda exterior que el bando republicano tuvo durante la guerra. Incidí en que el Partido Comunista era más peligroso en la clandestinidad que en competencia con los otros; les puse el ejemplo de Grecia, donde al no haber sido reconocido, el Partido Comunista griego había infiltrado a la EDDA socialista, lo que dio lugar al golpe de los coroneles, que acabó ocho años después en el restablecimiento de la monarquía griega y con los ocho coroneles en la cárcel. Quise insistir en que debían tener en cuenta que la sociedad española estaba más preparada para una evolución democrática de lo que podía creerse, que a mi juicio estaba claro que nadie quería volver al pasado; por eso creía que la Transición no sería violenta a pesar del terrorismo de la ETA vasca. No hicieron más preguntas, pero sí agradecieron que les hubiera hablado tan claramente.

Franco, enfermo

En 1974, por las mismas fechas en que recibí en mi casa la visita de los capitanes, Franco había padecido graves problemas de circulación en una pierna y había sido internado en una clínica privada en la Ciudad Universitaria de Madrid, con el mayor de los secretos y después de haber sido tratado en el Pardo. Supe que el doctor Vital Aza, que había sentenciado la urgente necesidad de ingresar al enfermo en un hospital, le dijo a Franco entonces que su enfermedad era lo bastante grave para que su familia tuviera conocimiento, a lo que Franco le contestó tajante: «No tengo más familia, a esos efectos, que el príncipe de España».

En julio de aquel año, Franco fue hospitalizado de urgencia en un hospital privado de Vigo. Las noticias oficiales decían que el Caudillo tenía una «leve embolia» en una de sus piernas y que mientras durara la recuperación, que sería algo lenta, asumiría los poderes de jefe del Estado, «de manera provisional», el príncipe de España.

El 2 de septiembre, Arias Navarro, desde Salinas, en Asturias, dio a conocer a las Cortes que «Su Excelencia, el generalísimo Francisco Franco, jefe del Estado, finalizada su convalecencia, recuperará sus poderes». Todo muy del estilo de «como responsable ante Dios y ante la Historia, mandaré hasta que me muera». La noticia de la recuperación de poderes tranquilizó a los temerosos, pero no hizo que los esperanzados perdiéramos la esperanza, aunque los franquistas y allegados más entusiastas se dijeran: «¡Tenemos Franco *pa'* rato!».

Poco después de la visita de los capitanes a finales de 1974, Jaime Carvajal me pidió que le acompañara a una reunión con representantes del grupo clandestino comunista. Sabía que Pedro Durán Farell lo había hecho en Barcelona y que nosotros debíamos hacer lo mismo en Madrid. Aunque era un riesgo, pensé que, si Jaime podía correrlo, yo también.

Llegamos a un piso en el centro de Madrid; me encontré allí reunidas a cuatro personas que formaban parte, según me dijo Jaime, de la dirección del PCE. A dos de ellos los conocía mucho; el primero era Armando López Salinas, autor publicado por Carlos Barral y al que el propio Carlos me había presentado como coautor de *Caminando por las Hurdes.* El segundo era Tomás García, al que había conocido en París durante mi viaje de novios. Al vernos, Armando y yo nos dimos un abrazo; el saludo con Tomás fue menos caluroso, pero le pregunté por Teresa Azcárate, su mujer, a la que Carmen y yo habíamos conocido también en París durante el mismo viaje, porque era ahijada de mi suegra, Áurea Flórez.

No puedo contar cosas muy importantes de esa reunión; nos dijeron que querían apoyar la democracia y hablar de cualquier cosa que pudiéramos proponerles. Jaime y yo les dijimos que nuestra intención era precisamente escuchar lo que ellos tuvieran que decirnos a nosotros y que para lo demás, habría que esperar.

Ahora bien, el aviso de Pedro Durán y la reunión mostraban que todos estaban ya convencidos de que en España iba a darse próximamente un profundo cambio político y que ese cambio llevaría a la democracia.

Creo que la lucha para llegar a manejar el inglés empezó en cuanto llegué a Ciudad Real y se centró en leer en ese idioma diccionario en mano. En Ciudad Real, como abogado del Estado, conseguí leer, con aprovechamiento e intenso trabajo, *History of Western Philosophy,* de Bertrand Russell, y me di cuenta de que a partir de la página 150 utilizaba cada vez menos el diccionario, hasta conseguir leer páginas enteras sin necesidad de recurrir a él.

Cuando volvimos a Madrid, continuaron mis esfuerzos; desde Buen Suceso, 32, que estaba en el cruce de Almagro con la plaza de Alonso Martínez, iba a primera hora de la tarde a clase de inglés. Toda la ronda era un bulevar con árboles, la mayoría plátanos de las Indias, de hojas anchas que en el otoño caían; era un paseo de algo más de media hora, saludable y maravilloso.

El cambio surgió al mudarnos desde el apartamento grande en Buen Suceso hasta el piso tercero de Diego de León, 60. Ante las dificultades de ir desde allí andando, quise buscar en el Instituto Británico un profesor que pudiera venir a casa a darme una hora de clase particular. Así entró en mi vida y en la de Carmen, porque pronto fuimos todos amigos, Robin Myers, licenciada y especializada en Cambridge en la enseñanza del inglés a extranjeros. Mi amistad permanente con ella dura hasta hoy, cuando escribo estas líneas.

Fui un niño y luego un joven de la guerra y de la posguerra; me fue imposible pasar seis meses, o mejor hubiera sido un año, en un país angloparlante. Cuando intento hablarlo ahora, siempre pido disculpas por no saber hacerlo mejor.

Casi todo lo que he contado sobre la enfermedad de Franco lo supe a través de la prensa inglesa, la española que encontraba en Oxford y las llamadas telefónicas a unos y otros, porque en el verano de 1974, previo permiso de Usera y Gamero, me fui con Carmen y nuestra hija Isabel a Oxford, donde quería perfeccionar mi inglés escrito y hablado y pensaba incluso en un *crash program,* que no hice porque los servicios del banco solo habían encontrado en el mes de agosto para enseñarnos inglés a Mr. Johnson, un estupendo y entrañable personaje, capitán jubilado de la marina mercante inglesa, que había tenido durante años, ya jubilado, un cargo de confianza y vigilancia en uno de los colegios de la Universidad de Oxford.

Su inglés era perfecto, pulquérrimo. Hablaba con nosotros en inglés desde las once de la mañana hasta la hora en que debía volver a su casa para comer. A los pocos días de nuestra llegada empezó a irse más tarde, cuando no se quedaba a comer con nosotros en algún restaurante o pub de los que frecuentábamos. Logramos que aceptara nuestras invitaciones porque «el inglés también se aprende comiendo y eso vale mucho más de lo que cuesta la comida».

Era un viejo alto, grande, fuerte, que siempre tenía la espalda recta, hermoso, guapo, decían Carmen e Isabel; había cumplido ya o estaba cerca de los ochenta años. Iba pulcramente vestido y aseado, su blanco cabello, cuidadosamente peinado, era exacto en sus movimientos y en su disciplinada educación británica; vivía solo en una pequeña casa de su propiedad y era muy raro que cenara con nosotros porque por la noche lavaba y planchaba su ropa.

Nos explicó que en la guerra había pilotado un barco mercante que, escoltado por destructores y otros barcos británicos, integraba un convoy que atravesaba el Atlántico para ir a cargar en Estados Unidos o Canadá y volver a Inglaterra. «Tuve suerte con los submarinos alemanes, que hundieron bastantes de nuestros barcos, aunque en el año de 1942 empezaron nuestros escoltas a hundir más submarinos alemanes y ellos a hundirnos menos.»

Días antes de dejar Oxford nos invitó a cenar en su casa. Él había hecho la cena, toda, incluido un dulce de postre y fresas que había recolectado en su jardín. Carmen, secundada por mí, fue elogiando cada plato y pidiendo la receta de la sopa, del pollo al curry, del postre. El jardín que nos había dado las fresas se resumía en un parterre que circundaba la baja cerca de madera de su casa. El día de nuestra marcha, apareció en el andén del tren que salía para Londres con un ramito de flores y al dárselo a Carmen le dijo: «Son para usted, de mi pequeño jardín».

En un Morris alquilado, en el que tuve que aprender a conducir por la izquierda con el volante a la derecha, hicimos una excursión a Surrey donde pasaban las vacaciones Alejandro Albert con su mujer, Isabel Solana, y sus hijos. Tuvimos ocasión de admirar los prados y sembradíos que se extendían suaves y jugosos a un lado y otro de la carretera. Nos detuvimos ante una casa de campo tan cuidada como antigua, sorprendidos por su antigüedad y las flores que llenaban el espacio entre la puerta del *cottage* y la carretera. Había un hombre a un lado de la casa inclinado sobre la tierra con una herramienta en la mano; se alzó, vino hasta nosotros y nos invitó a pasar; nos confirmó que la casa era del siglo XVII, que a su mujer y a él les había gustado y, como los dos se habían jubilado, habían decidido comprarla con sus ahorros y quedarse a vivir allí. Ante nuestra admiración por la casa, insistió en que entráramos, llamó a su mujer, nos la enseñaron y nos invitaron a tomar el té «de las cinco» con ellos; cuando partimos, tras una grata conversación larga, salieron a despedirnos muy amablemente y asegurando que lo habían pasado muy bien con esos españoles.

Pensaba yo y lo pienso ahora mientras escribo, que es admirable la conservación de las casas antiguas que hay en Gran Bretaña, su respeto y el orgullo que tienen por su propio pasado, algo que no abunda en España, tan iconoclasta a pesar de la obra plural y estupenda de los magníficos maestros españoles, cuyas obras aún hoy pueden encontrarse entre las viejas casas, las ruinas y el olvido de algunos pequeños pueblos con pocos o ningún habitante de nuestras provincias.

Entre los años 1974 y 1975, por iniciativa de Paco Torras, ya director general adjunto, y que apoyé sin reservas ante Luis Usera y Pedro Gamero, montamos con otros bancos el sistema de 4B de cajeros automáticos, en pleno y exitoso desarrollo en Estados Unidos, una iniciativa que, expuesta ante el Consejo de Administración por Paco Torras, se aprobó por unanimidad y con asombradas felicitaciones.

En plena crisis, hacíamos crecer el beneficio bancario tanto interno como externo; gracias al sistema informatizado que había puesto en marcha Paco Torras, teníamos todos los meses los resultados de todas las operaciones de todas las sucursales; el servicio de estudios, en el que participaba Jorge Hay, realizaba los análisis de esos datos para poder discutir con datos precisos los cambios que podían hacerse para mejorar los resultados de las sucursales. Gracias a esos mismos datos pudimos valorar la introducción de nuevos productos para nuestros clientes; los más exitosos fueron los créditos particulares o *scoring credits,* cantidades pequeñas de dinero que se daban a particulares a los que se obligaba a hacer un seguro de vida por el importe del crédito y que tuvieron una gran proliferación y muchos menos impagos a su vencimiento que los previstos en los cálculos estadísticos, y los créditos con garantía hipotecaria. Había enviado a Punset a Norteamérica y luego a Inglaterra a estudiar las entidades hipotecarias, o *mortgage.* La idea nació en mí cuando recibí a los ejecutivos de una empresa estadounidense que quería construir casas con elementos de construcción prefabricados por encima de Aravaca y Pozuelo; buscaban desde el principio un tipo de comprador: parejas jóvenes, normalmente ambos profesionales de clase media, con lo que lograríamos una clientela de calidad desde el punto de vista del riesgo, que quedaría fidelizada por las hipotecas. El precio de la hipoteca se fijaba sobre el 50 por ciento del valor de la vivienda, así que no tuvimos un solo fallido.

En 1974 la inflación crecía en toda Europa, con el consiguiente incremento en el precio de los bienes y en el pasivo, es decir, el precio a pagar por los depósitos de nuestros clientes en el BHA. Los precios del pasivo crecieron más deprisa que la inflación. En este panorama, llegó a ser una verdadera subasta la oferta de potenciales clientes de depositar en nuestro banco grandes cantidades de dinero; por ejemplo, alguien quería depositar en el banco más de cien millones de pesetas; como los depósitos estaban al 24 o 25 por ciento del importe total y la carestía era notable, empezaba la subasta. Fijamos, para no perjudicar el beneficio del banco y no entrar en la subasta, un máximo de entre un 15 y un 18 por ciento del depósito, al tiempo que creamos otras ventajas para los depositantes; acordamos además que el cliente tendría que mantener el montante del depósito al menos dos años para poder darle el máximo tipo de interés que teníamos.

El Fondo de Garantía de Depósitos se crea en octubre de 1977 cuando el Estado intervino para asegurar los créditos menores de cien mil pesetas y evitar que la quiebra del Banco de Valladolid se transformara en una crisis bancaria generalizada. El 50 por ciento del capital era público, del Estado, y el otro 50 lo aportaban los bancos y cajas de ahorro, aunque la mayor cantidad de ese porcentaje del sector privado correspondía a los bancos.

Los bancos que entraban en el fondo, antes de suspender pagos eran saneados por completo, normalmente con fondos públicos; si no, con los créditos del Banco de España. Después salían a subasta y los compraban los grandes bancos. La operación fue un éxito, porque al vender los bancos intervenidos y adquiridos, el coste de cada operación se saldaba con beneficios, en algunos casos importantes. El Fondo de Garantía dependía del Banco de España una vez constituido, como dependía de él asegurar los depósitos del banco intervenido hasta la cantidad de cien mil pesetas. Todo esto llevó entre estos años y los sucesivos a la desaparición de muchos de los bancos que habían buscado el beneficio en inversiones de alto riesgo, ya que habían tenido que admitir depósitos de los que se subastaban a altos tipos de interés. La actuación del Banco de España y sobre todo de Mariano Rubio Jiménez, primero como jefe del servicio de estudios y luego como subgobernador, logró que lo que hubiera sido una ruinosa crisis bancaria para el país se convirtiera, a través de las subastas del Fondo Monetario, en un éxito. A mi juicio, evitó una crisis financiera de graves consecuencias para la economía y las finanzas españolas.

En agosto de 1975 Luis Usera me pidió que, acompañados de nuestras esposas, viajara con él a Nueva York y luego a México. Esta invitación tenía un significado especial, pues era el viaje que solía hacer con el marqués de Pelayo, el principal accionista corporativo del banco desde hacía años. Luis decía que él tomaba un mes de vacaciones al año; la verdad es que a lo largo del año, tomaba una semana de vacaciones al mes durante la que se iba, que se sepa, a Benidorm, donde tenía un piso. Además, libraba un día cada semana.

Durante el vuelo tuvo un detalle también significativo, aunque en sentido contrario. Aproveché que Luis venía por el pasillo hacia mí para llegar a su asiento, me levanté y le tendí un informe de nuestro centro de estudios, muy claro y muy bien redactado —seguramente por Jorge Hay—, que ponía especial atención en las relaciones económicas entre España y México y narraba con todo tipo de detalles el funcionamiento de la economía mexicana. Cuando se lo entregué, le dije: «De nuestro servicio de estudios, merece la pena leerlo»; al oír mis palabras, lo arrojó con fuerza sobre mi asiento mientras su cara reflejaba una expresión de asco y desprecio; me sorprendió mucho esa actitud tan impropia de él. Comprendí que Luis, como le había dicho a Punset, no olvidaba ni perdonaba.

De mi estancia en Nueva York recuerdo que la visita a los bancos se transformaba en una comida bastante protocolaria, si no fuera porque en todas con el café insistían en la pregunta-afirmación de que si en España, dada la edad y el estado de salud de Franco, se iba a repetir lo que estaba pasando en Portugal. Desde la comida en el Morgan, cuyo presidente, Patterson, era asesor personal del presidente de Estados Unidos, hasta la última, presidida por David Rockefeller, la pregunta convertida enseguida en sospecha afirmativa, se repitió en los mismos términos; era evidente que todos los bancos que nos habían invitado a comer habían recibido un informe idéntico, ¿De la CIA, del Departamento de Estado? A todos ellos les repetí las mismas razones por las que no existía ningún parecido, ni de presente ni de futuro, entre Portugal y España. Oliveira Salazar había sido un dictador preocupado por la estabilidad de su moneda y no desarrollista de la economía portuguesa; Franco había sido un dictador desarrollista, con errores y aciertos, sobre todo después del Plan de Estabilización en 1959, el desarrollo español había sido evidente y con él junto al crecimiento de los sueldos de los trabajadores, el crecimiento de la clase media y de sus retribuciones, una clase media que había accedido a las vacaciones veraniegas en la costa, al automóvil y no pocos a una segunda vivienda en la que pasar las vacaciones. La reforma agraria, tan importante en la Revolución de los Claveles portuguesa, en España desde los años sesenta, se había realizado rápida y pacíficamente vía salarios, por la migración interna a los centros industriales en expansión y a las ciudades en rápido crecimiento y por la salida masiva de trabajadores a Europa. Muy importante era la diferencia de un Ejército como el portugués, que regresaba derrotado de sus colonias en África, y el Ejército español en el que la totalidad de sus mandos —generales, almirantes y la mayoría de los coroneles e incluso grados inferiores— habían hecho la Guerra Civil a las órdenes de Franco. El Partido Comunista era un partido pequeño al estallar la Guerra Civil y la Guerra Civil no acabó a tiros entre las tropas al mando de Franco y los batallones comunistas, Madrid se rindió cuando las tropas socialistas mandadas por el coronel Casado, apoyadas por una brigada anarquista, derrotó a los comunistas y metieron en la cárcel a sus mandos y dirigentes. Por último, no se podía olvidar que a la muerte de Franco, su sucesor, como rey de España, heredando todos sus poderes, se convertía en capitán general de las Fuerzas Armadas de Tierra, Mar y Aire.

Solo David Rockefeller al acabar mi exposición, más larga y argumentada, me dijo que le interesaba mucho que yo hablara con su hermano Nelson, en aquel entonces senador de mucho peso. En cambio, tras haberle explicado las mismas razones a Patterson, presidente del Morgan, Luis Usera se apresuró a decir: «Ya ve usted cómo piensan los jóvenes». Con esa afirmación evitaba responsabilizarse de lo que yo afirmaba, y aumentaba el destello de duda desconfiada en la mirada del poderoso presidente del Morgan.

Era de noche cuando llegamos a México Distrito Federal. En la aduana del aeropuerto, mientras Carmen se acercaba al mostrador donde habían revisado mi pasaporte y los de Usera y su mujer; yo estaba hablando con el delegado del BHA en México. De pronto la oí diciendo casi a gritos al policía que había tras el mostrador:

—¡¿Por qué me está pidiendo mi pasaporte si acabo de dárselo?!

Nuestro delegado me dijo que me quedase allí y fue hacia ellos, pasó por detrás del policía, llegó hasta su espalda y le alargó su mano con un montón de papeles. El policía dejó el pasaporte de Carmen sobre el mostrador y luego lo cogió de nuevo y llevó a Carmen hasta donde estaba yo y luego a ambos hacia la salida. Carmen todavía protestaba. El delegado del banco, dirigiéndose a mí y no a ella, dijo:

—Don Alberto, no le grite a ningún mexicano, lo toman como un insulto. Recuérdelo mientras esté en este país.

—Tomaremos buena nota de no gritar ni levantar la voz. Por cierto, usted habrá pagado las tasas del aeropuerto, ¿no?

Se lo dije sonriendo y él, sonriendo igualmente, sacó un fajo de billetes del bolsillo derecho de su pantalón y se lo puso en el de la derecha de la chaqueta:

—Como puede ver usted, venía preparado; para que pasaran rápidos tuve que pagar una tasa especial.

Le dije que en el caso de Carmen habría pagado una muy especial.

—Sí; como se separó de ustedes tres, lo de su mujer lo he pagado aparte. Se alojan ustedes en Camino Real, el mejor hotel de la ciudad.

Ya en la habitación, Carmen me preguntó qué era eso de las tasas especiales, le expliqué que esa tasa en México se suele llamar mordida, «y en España, en muchos casos, también».

El hotel y nuestra espléndida suite, desde la terraza a la que se abrían su salón y el dormitorio, estaban rodeados por un jardín lleno de flores y árboles altos y frondosos. El desayuno empezaba a diario con una bandeja grande llena de frutas tropicales de todas clases. Me enteré pronto de que el Museo

Arqueológico Nacional de las Civilizaciones, que tenía todo tipo de información sobre las civilizaciones precolombinas del territorio mexicano, estaba a menos de diez minutos caminando desde el hotel. La primera cita, con el presidente del Banco de México era a las once y media; la siguiente, con el exministro de Hacienda, sin salir del Palacio Nacional, estaba prevista para una hora después. Desayuné a las ocho y salí corriendo del hotel para visitar un poco el museo.

Me fascinaron la luz y el color de sus salas y el hecho de que las maravillosas piezas de las civilizaciones que habitaban en México antes de la colonización española estaban expuestas didácticamente y muy bien organizadas. Todos los días, mientras estuvimos en México D.F., llegaba al museo cuando lo abrían. Pude verlo entero, sala por sala; el último día repasé el recorrido y volví a visitar las piezas que me habían parecido más extraordinarias. Una de las veces, no habían abierto, pero tuve la suerte de que me dejaran pasar porque ya me conocían; «Por ser usted el español más entusiasta por las antigüedades de nuestra civilización antes de que ustedes llegaran, puede pasar», me dijeron.

Tanto el presidente del Banco Central como después el exministro estuvieron con nosotros atentos e incluso cordiales. Hablamos de nuestro interés por seguir aumentando nuestras relaciones con los bancos mexicanos, y con los mexicanos que venían a España. Al salir admiramos el enorme mural de Diego Rivera que había en el patio de la entrada; aparecían Hernán Cortés y los soldados españoles a sus órdenes, rostros crueles y brutales; Hernán Cortés aparecía deforme, luético, toda su figura, sus ojos y su cara se convertían en la imagen del odio, de la codicia, del enfermizo gozo ante el sufrimiento, la muerte y la esclavización de los indios, derrotados con engaños y esclavizados.

La visita a los dos primeros bancos de México D.F. se convirtió en otras dos o tres cenas en las casas de los presidentes, que eran los principales accionistas, si no propietarios, del banco que presidían. Llegamos a la primera cena en coche; tras el reconocimiento exhaustivo de los dos guardias de paisano y con las metralletas en las manos, abrieron la inmensa puerta, seguramente blindada, a cuyos lados había otros cuatro hombres, dos te miraban cuando ibas a entrar y los otros dos, del lado de dentro, tenían también sus espaldas contra la puerta. Dos de los guardas de la entrada escoltaron nuestro coche hasta la puerta de la casa; a ambos lados de la escalinata, dos hombres sin metralletas que tenían en cambio sendos bultos en los bolsillos; entendí lo que eran. Uno de ellos abrió la puerta, dentro esperaban el mayordomo y cuatro o cinco criados y criadas que se hicieron cargo de nuestros abrigos. El mayordomo nos pasó a un enorme y lujoso salón lleno de luces; tras la puerta el presidente del banco y su mujer nos esperaban para saludarnos. Las joyas que engalanaban las manos, muñecas, cuello y escote del traje de la señora brillaban más que los cristales de las luces del techo, que eran lámparas de cristal de Bohemia. Tras una copa con las presentaciones de rigor de los hijos e invitados, pasamos al enorme comedor. También en él todo brillaba, desde las lámparas de las que colgaban decenas de cristales tallados, al mantel, copas, platos, servilletas, fuentes y bodegones que cubrían las paredes. Me sentaron a la izquierda de la señora de la casa, a mi derecha su hija, «la más pequeña», me dijo ella, «como es usted tan joven...». No la quise desengañar.

La siguiente cena fue en un lugar similar; la casa estaba rodeada de un muro de obra, alto y macizo; dos hombres con metralletas abrieron la puerta de entrada al jardín en el que estaba el camino que acababa en la mansión; a los dos lados del muro había sendas torretas de vigilancia y dentro de ellas pude ver varios hombres con armas en la mano; parecían metralletas.

Franqueada la puerta de la mansión, grande pero no palaciega y entregados nuestros abrigos, desde la puerta del salón se adelantaron nuestros huéspedes, los dos vestidos de negro. La señora lucía pocas joyas y le rodeaba un halo oscuro, como el vestido que llevaba, hubo presentaciones en el salón: invitados, hijas e hijos. La señora de la casa estaba hablando con Carmen, a ellas se acercó la mujer del consejero delegado y yo con ella. La señora le estaba diciendo a Carmen que ella también había tenido seis hijos, pero que uno había muerto hacía seis meses; aquella declaración sonó dentro de mí como el primer golpe de tierra sobre el ataúd, cuando la señora a la que yo me había acercado dijo algo sobre la voluntad divina que nos pone a prueba. Carmen dijo: «Qué horror, señora, qué horror ha vivido usted», y la señora, como una salmodia, seguía contando que el hijo «venía hacia la casa andando, cuando cuatro hombres salieron de un coche y lo raptaron. Pagamos el rescate, pero nos lo devolvieron muerto. Dijeron que había intentado escapar...».

Ya en nuestra suite del hotel, le dije a Carmen:

—¿Ves por qué tienen todos tantos hombres armados a su alrededor?

—Sí, Alberto, pero ¿de qué les sirven si raptan a su hijo cuando está yendo a casa y luego lo devuelven muerto?

Entonces entendimos mejor, tanto ella como yo, por qué insistían en que había que echar el pestillo de las puertas del automóvil aunque fueras por avenidas principales, por qué a mí, en un momento en que decidí ir caminando para ver el Palacio Nacional por detrás, un soldado me había dado alcance corriendo y me había prevenido de ir por allí porque era peligroso. En cambio, nos dejaron ir días después entre mariachis, vendedoras de flores y toda clase de personas a la iglesia de la Virgen de Guadalupe. Estarían seguros de que ni asesinos, ni ladrones, ni malhechores de ningún tipo hacían mal a quien quedara cubierto por la protección del manto de la Virgen Morena.

Nos impresionó mucho la visita a las pirámides de Teotihuacán, a las que subimos Carmen y yo. Pero ¡qué hermosa tierra de México! Aquellos árboles me recordaban a las encinas viejas de mi tierra extremeña; ¡qué hermosos pueblos vimos!, y qué grande y hermoso el rancho del administrador, consejero y consejero delegado de las cervecerías, qué hermoso, ¡bellísimo, el caballo que me hizo montar!

La señora, que era del Opus Dei, le regaló a Carmen un huipil bordado a mano y un libro titulado *La Conquista vista por los conquistados,* es decir por los indios, pensé, pero no lo dije entonces, quizá sí en otro momento, que de los treinta mil hombres con los que Cortés sometió a los mexicas solo mil quinientos eran españoles, el resto eran indios de otras culturas que odiaban a esos mexicas y aztecas mucho más que los españoles, porque antes que los españoles, los habían sometido y sacrificado para su propio beneficio.

Mi huésped, en un aparte, y después de contarle que yo era extremeño, me comentó:

—Oficialmente no se puede hablar bien de Hernán Cortés, pero la verdad es que nuestra organización judicial, la municipal, la de nuestras universidades y el trazado de nuestros pueblos, siguen aún hoy las pautas de lo que Hernán Cortés hizo.

La última reunión de México se produjo en el reservado de un restaurante, nuestros huéspedes, creo recordar que del Banco del Comercio, dijeron que era de los mejores del país por su cocina típica mexicana. Fue todo bastante absurdo. Sospeché que alguno de ellos lo había planeado malintencionadamente; el aperitivo consistió en un plato de chiles picantes acompañado de un plato con sal y limón y vasitos de tequila.

No tomó la palabra el viejo presidente, sino un tipo de media estatura, fornido tirando a grueso, de recio bigote mexicano que caía por las comisuras de su boca. Algo burlón, como su sonrisa, con su acento y hablando en tono bajo, dijo:

—Aquí, en México, hay que empezar con algo picante y un golpe de tequila con su sal, su limón...

Luis se apresuró a decir que él no podía tomar picante, pero que probaría el tequila. Se llevó el vasito de tequila a los labios mientras el tipo de la sonrisa suave, en tono cortante decía: «De un solo traaago, señor don Luis, de un solo traaago». Luis Usera, mirándome con cara de quien va a ser ajusticiado, de un trago se bebió la copa y fue la debacle de toses, de ahogos, de gotas de sudor que resbalaban por su cara roja como un pimiento morrón. Le di un trozo de pan.

—Coma un poco de miga de pan, presidente —le dije.

Luis Usera se lo comió y se fue calmando. Me quede mirando fijo al mostachudo retador que me miraba y sin dejar de mirarle cogí un chile, de un muerdo me lo tragué, cogí el medio limón, le clavé los dientes, un poco de sal a la boca y de un trago bebí la copa de tequila; él hizo lo mismo todavía sonriente, pero la sonrisa fue desapareciendo y transformándose en una mueca de reto y rabia a medida que me fui comiendo el segundo, el tercero y el cuarto, cada uno con el consiguiente tequilazo, previa sal y limón y siempre mirándole desafiante. Al comerme el quinto antes de que él lo hiciera con el suyo, respiró hondo y dijo, tanto más suave el tono cuanto más rabioso el hombre:

—¡Caramba, le gusta el picante y el tequila al joven director español! ¿Se atrevería usted con los más picantes de los chiles?

Sin dar tiempo a mi respuesta, llamó al camarero y le encargó otros chiles del Yucatán. Más sal, más limón y más tequila. Trajeron un plato con unos chiles redondos, verdes, como si fueran manzanitas, que olían a picante desde el plato, mucho antes de metérselos en la boca. Comí el primero y él también; comí el segundo y él también, pero cuando cogí el tercero y me lo comí, él se echó hacia atrás, perdida la dura sonrisa retadora y sudándole la cara, hablando suave, pero ya rendido:

—¡Caramba, me ganó usted...!

Había vengado a don Luis de sus sonrisas de burla y ahora iba a rematar la mía, porque habían querido convertir su invitación en una trampa en la que quedaran los dos españoles sudando y llorando por lo absurdo del entrante. Mientras me comía el cuarto, expliqué:

—No tiene ningún mérito por mi parte, ¿sabe? Yo soy extremeño como Hernán Cortés. Él nació en el castillo de Trujillo, yo a unos treinta kilómetros, en la ciudad de Mérida, ciudad romana. Desde los doce años mi tío y padrino me enseñó y acostumbró a tomar guindillas, como les llaman allí a los chiles de ustedes..., y mi mujer, que tiene sangre extremeña y leonesa, aguanta más que yo...

No volvió a hablar; pasamos a comer y el vencido no abrió la boca salvo para llenarla de comida.

Nos separamos de los Usera en México; Carmen y yo volamos a Caracas. Cuando llegamos al aeropuerto, nos esperaba Carmen Azcárate, prima de mi mujer, que ya era señora de Carlos Caleya. Nos acompañó a casa de sus padres, donde nos alojaron, y donde nos esperaban el tío Justino Azcárate Flórez y la tía Emilia González Uña. Carmen llamaba «abuelos» a los padres del tío Justino. Mi suegra, Áurea Flórez, había convivido de niña con el tío Justino y con su hermana María Azcárate, estando todos bajo el cuidado de la tía Eutalia, mujer de don Cayo Azcárate una vez que éste enviudó de la hermana de Eutalia.

Uno de los días que estuvimos allí, me di un paseo con el tío Justino por la extensa colonia del Country Club donde estaba la casa. Era una urbanización muy grande de grandes casas con extensos terrenos y jardines alrededor. Justino decía que era la colonia donde vivían los ricos de Venezuela cuando estaban en Caracas.

—Yo..., gracias a los Mendoza, que me dejaron un trocito de tierra para que hiciéramos en él nuestra casa, mucho más pequeña, como puedes ver, que las que tiene alrededor.

Justino llegó como exiliado a Venezuela con su mujer y dos hijos (Carmen y Juan Cayo) y no tardó mucho tiempo en empezar a trabajar como asesor del Gobierno venezolano, pronto fue fichado por el Grupo Mendoza. En aquellos momentos era director o presidente de la Fundación Mendoza y asesor personal del mayor de los hermanos, que era jefe del grupo. Carlos Mendoza me invitó a comer con dos de sus hermanos, Justino y uno o dos señores más, que eran directores de distintas empresas de su grupo.

En la copa y aperitivo previo a la comida de Carlos Mendoza, uno de ellos me dijo que después de comer, nada más acabar, volaba a Nueva York. Me preguntó por la situación de España y qué podía pasar si Franco moría. Di mi opinión otra vez, que salvo por el terrorismo de la ETA y algo de pequeños grupos como el Grapo o el FRAP, la Transición se haría sin sobresaltos, como el nombramiento del sucesor de Franco como jefe del Estado, don Juan Carlos de Borbón; que la mayoría de los españoles no estaba dispuesta en ningún caso a volver al pasado, querían seguir viviendo como lo hacían (a pesar de la crisis económica).

De Caracas fuimos con el tío Justino a Barcelona, a casa de Juan Cayo, el hijo mayor de Justino y la tía Emilia. Con él y su esposa estuvimos en una playa en la que los cocoteros llegaban hasta la arena; si en el viaje habíamos visto árboles frutales silvestres de todas clases, bandadas de loros de todos los colores y de otros tantos pájaros tan vistosos como los loros, e incluso bandadas de lo que parecían colibríes, ahora en la playa, a la escueta sombra de los cocoteros admirábamos cómo aquel mulato venezolano trepaba a lo alto del árbol con tremenda habilidad y rapidez para bajarnos un coco con leche y beber su jugo, o uno algo más maduro para comer su contenido, que se deshacía en la boca, o un coco «avellanado», pero tan fresco que solo en el nombre se parecía al que había comido con mi madre en las ferias de Mérida. El que se subía al árbol nos partía el coco con el enorme y pesado machete que colgaba de su cintura y nos hacía de su corteza una cucharita para comer su carne; decía Juan Cayo: «Y con ese machete le cortan la cabeza a uno de un solo tajo».

Cerca de aquella playa nos habían llevado a ver la zona petrolífera de Maracaibo, donde desde tierra, en aguas de escasa profundidad, se apreciaban los aparatos e instalaciones que extraían el oro negro venezolano, su petróleo.

Pero el placer y la sorpresa de lo que veíamos no me hizo olvidar las pobres ropas, algunas casi harapos, que vestían todos los hombres y mujeres que había encontrado por la carretera, campos y pueblos en los que la mayoría iban descalzos y parecían mal alimentados, si no hambrientos. Cuando les dije a Justino y Juan Cayo que me parecía ése un contraste social peligroso, el que había entre esas gentes del campo y los pueblos venezolanos frente al lujo y la riqueza de los del Country Club, Justino me dijo que tenía razón, pero que no era cierto lo del hambre, porque todos ellos podían comer y de hecho comían los deliciosos frutos de esos árboles. Lo peor, me dijo, era el analfabetismo casi total de los que no vivían en Caracas o en poblaciones como Barcelona; que aun en Caracas, eran muchos los analfabetos que vivían en los «poblados de ocupación» que la rodeaban, formados por cientos de miles de construcciones miserables fabricadas con toda clase de material de desecho; me dijo que desde la fundación, Mendoza había impulsado la construcción de algunas escuelas, y las había dotado del mobiliario e instrumentos de enseñanza, también había dotado de maestros y maestras a estas escuelas. La dificultad casi insalvable, salvo en algunos pocos casos, era que asistieran a las clases todos los días, y el mayor problema era convencer a los padres de que obligaran a sus hijos a hacerlo. Le recordé a Justino que el señor Castillejo, secretario de la Junta de ampliación de Estudios, decía a los jóvenes catedráticos que lo primero que tenían que hacer era seguir formándose ellos mismos, lo segundo formar y educar a los padres de los alumnos y que, si les quedaba aún tiempo, podían intentar educar y enseñar a sus alumnos. Justino, que había conocido a Castillejo y había estudiado en la Institución Libre de Enseñanza, me dijo que Castillejo tenía razón y que el problema del analfabetismo y de la enseñanza en Venezuela era mayor que el de España.

3
La muerte de Franco y el final del franquismo

Los primeros síntomas de que se acercaba el final de la vida del general Franco se produjeron en la primavera de 1974. Me contaron que en uno de los últimos Consejos a los que asistió, que aún presidía como jefe del Estado, porque ya había nombrado como presidente del Gobierno a Arias Navarro al morir Carrero Blanco, se produjo una discusión entre varios ministros, y que fue Arias Navarro el que, dirigiéndose a todos en voz muy alta, dijo: «¡Cállense!, el jefe del Estado quiere decir algo». Parece que Franco, con una voz muy disminuida, dijo muy serio:

—Señores ministros, este espectáculo que están dando al discutir entre ustedes faltando al respeto al sitio en el que están y al jefe del Estado que lo preside, no se puede tolerar. Les pido, por favor, que se comporten debidamente, se lo pido por España.

Según me contó uno de los ministros allí presentes, se produjo tras aquella intervención un silencio sepulcral que sonó como una súplica. La llamada al orden de un hombre que solo con la mirada callaba a cualquiera, se convertía en algo más parecido a una súplica que a una orden. Quizá fue ése el Consejo en el que Franco estuvo monitorizado por un sistema puesto de forma secreta y discreta que enviaba sus constantes vitales a los médicos, que se hallaban en una habitación contigua.

Es verdad que en marzo de 1972, el presidente de la editorial Católica, Fermín Celada, con quien yo tenía una buena relación, me había dicho que conocía a Franco desde la niñez, que habían pasado una temporada de alejamiento cuando a él lo nombraron consejero de don Juan de Borbón, conde de Barcelona, pero después volvieron a las buenas relaciones habituales. Me dijo en esa ocasión: «Creo que Franco hoy es una personalidad secuestrada». Más adelante, añadió:

—Ayer, en la boda de Carmen Villaverde [nieta de Franco] todo el mundo comentaba que en España no había autoridad ni orden.

En los años 1974 y 1975 hubo una huelga de la policía en la que aporrearon el techo del coche del subsecretario de Gobernación; un compañero mío que había sido director general de lo Contencioso, su nombre no lo recuerdo, el apellido era muy significativo: España. Aporrearon su coche en protesta por los sueldos que recibían.

Además de ésta, ya eran comunes las huelgas y algaradas de estudiantes en Madrid, Barcelona o Valladolid y en otras universidades, alguna de ellas llegó a ser más grave por haber coincidido con huelgas de trabajadores. Fue por entonces cuando recibimos la orden del Ministerio del Interior de tener vigilantes armados dentro del banco así como un jefe de seguridad que sería comisario de policía, cuya propuesta de nombramiento nos enviaría el director general de Seguridad.

En ese final lento e inevitable de la vida de Franco, los dirigentes del Movimiento Nacional cerraron filas. Ocuparon puestos de poder en ministerios civiles figuras plenamente identificadas con los principios del Movimiento Nacional e incluso Falange; por otra parte, creció la importancia del papel de los tecnócratas del Opus hasta que López Rodó fue nombrado ministro de Exteriores.

Mi amigo Manolo Varela, el ginecólogo que había traído al mundo a los hijos de Carmen Franco Polo, también atendía en estos años a su nieta, Carmen Martínez-Bordiú Franco, lo que motivaba sus frecuentes idas al palacio del Pardo y pudo hablar con Franco un par de veces. Me contó que llegando al Pardo en su Volkswagen, los miembros de la seguridad del palacio le detuvieron para saber quién era y Franco, que salía justo en ese instante, bajó de su coche y les dijo: «Quietos, es el ginecólogo de mi nieta». Después, cuando Manolo estaba viendo al niño, Franco se acercó, y en ese momento Manolo le comentó: «Qué suerte tiene su Excelencia de poder ver la tercera generación», a lo que Franco respondió: «La suerte la tiene él». Y al preguntarle yo cómo estaba Franco en vista de la contestación, me dijo:

—¿Te acuerdas de cómo estaba mi padre con ochenta y dos años, con la cabeza muy bien, pero le faltaba la voluntad de decidir y confiaba en nosotros para hacer las cosas? Pues eso es, a mi juicio, lo que ahora le pasa a Franco; conserva una mente clara, pero tengo la impresión de que le puede faltar la capacidad de decisión que antes tenía.

Sin embargo, tampoco esto era verdad, como contaré después.

Debía de estar amaneciendo; recuerdo que para salir de la finca de La Garganta, Carmen y yo tuvimos que esperar a que uno de los guardas viniera a abrirnos; en esa espera, puse la radio y oímos: «Esta madrugada han sido fusilados en el campo del Goloso dos etarras y tres miembros del FRAP». Era el 27 de septiembre de 1975. Recuerdo que di un grito mezcla de rabia y espanto. La noticia me llenó de furiosa ira. Le dije a Carmen:

—¡Fusilar a cinco personas! ¡Vamos a tener que irnos de este país! ¡Esto es inútil, es inútil! Siempre es lo mismo, chorreando sangre.

Algo más tranquilo, un rato después, le dije a mi mujer:

—Ya verás la que se va a armar en Europa con esta noticia.

Antes de veinticuatro horas estallaban manifestaciones ante las embajadas españolas o sus consulados de París, Londres, Bonn, Frankfurt, Bruselas o Roma. En la pacífica Dinamarca hubo un asalto a la embajada española. Desgraciadamente, ocurrió lo que yo temía que sucediera: España pasó a ser de nuevo para los países europeos un enfermo que entraba en cuarentena.

Pocos días después se organizó una manifestación en la plaza de Oriente. La gente que, como en otras ocasiones, venía en autobuses de distintos puntos del país, llenaba la plaza coreando el nombre de Franco. Como en otras ocasiones, pudimos verlo en el NO-DO. Franco no hablaba porque, se decía, estaba tan emocionado por la gente que le era imposible. En realidad, ya no tenía fuerzas suficientes. Saludaba con su mano derecha sin apenas moverla.

En la Torre de Serrano, la sede de la dirección general de Exteriores del banco, habíamos convocado a los representantes de tres bancos europeos, Crédit Lyonnais, Commerzbank y Banco di Roma, para firmar un convenio de cooperación.

Estábamos en la mitad de la sesión en un comedor del banco donde estaba ya preparada la comida, cuando me llegó de pronto una noticia a través de un teletipo de la agencia de noticias Reuters: Franco había sido hospitalizado y su estado era de extrema gravedad; antes de ingresar, había delegado todos sus poderes en el príncipe de España don Juan Carlos de Borbón de forma permanente. Inmediatamente suspendí la reunión y pedí a todos que abandonasen la sala, a excepción de Juan Rodríguez Arias, el director general adjunto Alejandro Albert y los tres directivos de los bancos extranjeros, para ver qué decisión tomaban los presentes ante la situación. Cuando los demás se fueron, les di la noticia y les pregunté si preferían quedarse en España o querían irse.

Los tres decidieron irse, pero antes quisieron saber qué opinaba yo que iba a pasar cuando muriera Franco. Les repetí lo que ya había dicho otras veces:

—Se va a producir una transición política en la que el príncipe será proclamado rey y heredará todos los poderes de Franco tras la muerte de éste. A mi juicio, esa transición conducirá con mayor o menor rapidez a una democracia, por lo tanto, creo que habrá una monarquía parlamentaria constitucional y representativa. Tendrán un papel importante en esa transición muchos políticos del Movimiento Nacional. Estas personas tendrán que llegar a un acuerdo con una oposición ya existente en la semiclandestinidad. Piensen ustedes que el Ejército español no es un Ejército colonial, es el Ejército que ganó la Guerra Civil y que se pondrá a las órdenes de su capitán general, que ahora ya es el rey. No cabe duda de que a pesar de esta crisis económica que toda Europa está sufriendo, en España se ha creado una clase media que quiere paz y tranquilidad para, en lo posible, vivir como están viviendo y, en ningún caso, ni esa clase ni ninguna otra, quiere volver atrás, menos aún a una situación de violencia. Los sindicatos clandestinos serán pronto legalizados. Y estoy convencido de que esa transición política tendrá el apoyo inmensamente mayoritario de la población, incluso de las izquierdas, del Partido Socialista, que tiene ya el apoyo de los socialdemócratas alemanes y de los socialistas franceses, y creo que tendrá el mismo apoyo de la socialdemocracia italiana y del Partido Laborista inglés. Piensen ustedes que los de este grupo de mando del PSOE han nacido después de la Guerra Civil o justo antes, y eran demasiado niños para darse cuenta de lo que estaba pasando. Además, tengo motivos para creer que la CIA norteamericana ya cuenta para España con ese tipo de izquierda en la que la inmensa mayoría ha nacido durante o después de la guerra».

Les conté que ya había conocido a «Isidoro», como era llamado el líder del Partido Socialista, Felipe González, en un viaje a París donde le esperaba al pie del avión el presidente de la República Francesa, François Mitterrand.

—Como ustedes comprenderán, si Isidoro iba a París en avión, todos los servicios secretos españoles sabían que era Felipe González quien iba.

Me hicieron algunas preguntas, las contesté e insistí en que el Ejército se pondría a las órdenes del rey. De todos modos, ante la gravedad del momento, los tres mantuvieron su decisión de irse.

A partir de ese momento estuve al corriente de la larga agonía de Franco, de la que ya se sabía que no tenía remedio, porque me fueron informando mis amigos Manolo Varela y Diego Figuera. Ambos eran amigos de los médicos que trataban las incontrolables hemorragias internas de Franco en el hospital y, sobre todo, del médico particular de Franco, que era íntimo de Diego Figuera.

Yo seguí acudiendo a trabajar a mi puesto todos los días, pero una mañana me llamó Luis Usera para que fuera a verle nada más entrar en el banco; me dijo que tenía necesidad de contarle a alguien lo que le había pasado por la noche. Me explicó que había soñado que unos milicianos le sacaban de casa apuntándole en la espalda con un fusil. Le tranquilicé diciéndole que él, que era un hombre inteligente y que había vivido mucho, tenía que comprender que la España actual ya no era la de 1936.

—Entonces, Luis, había millones de anarquistas, cosa que no ocurre en esta España de 1975. Sabes por encuestas de campo sobre confianza en las instituciones que en primer lugar está el Ejército, en segundo lugar los jueces y en tercer lugar los bancos.

Comprendí, por lo poco que decía Luis, con la reserva que constituía su forma de ser, supe que le resultaba difícil admitir una transición democrática y que sus esperanzas todas estaban con el Ejército.

Franco murió el 20 de noviembre de ese año 1975. Parece que fue decisivo que su hija, viendo que su padre mantenía un soplo de vida, porque vida ya no era, dijera que era ya bastante, que le quitaran todo y le dejaran morir en paz, para lo que tuvo que enfrentarse incluso a su marido, el marqués de Villaverde. Franco tenía debilidad por su hija, y ésta idolatraba a su padre.

El cadáver de Franco, vestido con el uniforme de gala de capitán general del Ejército, con su cruz laureada, estuvo expuesto en el Palacio de Oriente durante toda la noche. A través del pequeño aparato de televisión que por primera vez entró en mi casa, Carmen, unos amigos y yo oímos que se calculaba que unas quinientas mil personas desfilaron para verle por última vez.

El encargado de dar la noticia oficial de la muerte de Franco fue Arias Navarro, presidente del Gobierno. Como sabe la inmensa mayoría de los españoles, dijo con voz rasgada: «Españoles, Franco ha muerto», y a continuación leyó el documento que éste había escrito dirigido al Ejercito, pidiéndoles que apoyaran al rey y que fueran tan leales y entregados a su servicio como lo habían sido con él.

El 22 de noviembre de 1975 se produjo la proclamación del rey por las Cortes, habiéndolas convocado su presidente, Alejandro Rodríguez de Valcárcel y Nebreda. Estaban presentes todos los procuradores y los componentes del Consejo del Reino. El discurso del rey ante las Cortes se inició con un corto pero obligado elogio a la figura del anterior jefe del Estado, pero entró de inmediato en lo que iban a ser los objetivos de su reinado.

Creo que hay que destacar tres afirmaciones y tres principios de ese discurso por su significado. El primero, que para conseguir un futuro mejor de España era necesario el esfuerzo y el trabajo de todos los españoles unidos; el segundo, que había que tender puentes para que fuera plenamente fructífera esa unión entre el pasado y el futuro que se abría para todos. Yo, en el acto, interpreté que lo que significaba era que había que terminar con las dos Españas que hasta entonces habían existido. Aún más expresivo en esa voluntad de unión y de ir hacia el futuro fue el tercer punto importante de su discurso, cuando habló de «la sagrada diferencia de los pueblos españoles y sus tradiciones» como una riqueza más de la Nación Española.

Me impresionó su discurso; a mi juicio señalaba claramente que el rey quería la democracia e iba hacia ella. Por su parte, en la homilía que pronunció el cardenal Tarancón en la iglesia de los Jerónimos, habló de la separación entre la Iglesia y el Estado con palabras muy claras, favorables a que se iniciara una obra de renovación profunda de la sociedad política y civil para labrar un futuro distinto del pasado del que se partía, que trajera la paz definitivamente a los españoles. A la salida de los reyes, después de su coronación por el cardenal Tarancón, unos «camisas azules» gritaron: «¡Tarancón al paredón!». Sí, seguían vivos los nostálgicos del pasado reciente; con ellos seguía viva la violencia, porque no querían salir de ese pasado y temían por ellos mismos, como Usera.

Los reyes atravesaron en coche descubierto las céntricas calles de Madrid hacia el Palacio Real; millares de personas aplaudían enfervorecidas y daban vivas a los jóvenes monarcas. Pensaba yo que días antes, exactamente habían pasado tres y medio, medio millón de personas, rindiendo tributo o asegurándose de que estaba muerto, guardaron cola largo rato para pasar cerca del féretro del general Franco, y me venía a la memoria ese dicho de «el rey ha muerto, viva el rey»; ya cierta niebla de olvido empezaba a tapar el recuerdo de Franco.

La misma mañana de la coronación escribí una carta al rey, quizá demasiado larga, diciéndole que yo, demócrata desde mi adolescencia, criado bajo la dictadura del general Franco, de ideas republicanas, porque no había conocido la monarquía, dado que al estallar la Guerra Civil iba a cumplir ocho años, después de oír su discurso estaba convencido de que él, como rey, traería la democracia a España, y que por eso Alberto Oliart Saussol se ponía a sus órdenes incondicionalmente como ciudadano para todo lo que pudiera necesitarse de él.

Aquella noche cenaron en nuestra casa Manuel Varela y su mujer Cruz Entrecanales, Pablo García Arenal y su mujer Teresa Rodríguez Mellado, Diego Figuera Aymerich y su mujer Nieves Álvarez y Juan Benet; todos estábamos de acuerdo en que era muy importante lo que Juan Carlos había dicho en las Cortes; Manolo decía que la transición no iba a ser fácil, pero que sí se había comprometido a hacerla. Carmen, Teresa, Nieves y Cruci estaban contentas y creían que aquello iba a ir bien. Pablo, en su estilo zamorano-galaico, dijo:

—Hombre, decirlo lo ha dicho, ahora habrá que ver cómo lo hace; en cualquier caso, los obstáculos no son pequeños.

Juan Benet y Diego Figuera estaban convencidos de que no tenía más remedio que hacerlo, le gustara o no; lo cierto es que a todos nos unía un sentimiento de alegría, de afirmación y de esperanza.

En septiembre del año 1973, después de la guerra de Yom Kipur, los países productores de petróleo subieron el precio del crudo un 300 por ciento, lo que provocó una crisis en la práctica totalidad de los países de la OCDE, países industriales y democráticos de Europa, y también en los de otras latitudes, con la excepción de Estados Unidos, los países productores de petróleo y pocos más. Causó un daño enorme en países como Japón y España, sobre todo porque el 75 por ciento de nuestra energía básica se realizaba a través de la importación del petróleo, lo cual hizo estragos en la balanza de pagos. Después de Japón, fuimos el país más castigado por la subida. El presidente Giscard d'Estaing dijo que aquella crisis estaba poniendo en peligro la civilización de la Europa occidental.

Pero nuestro banco había tenido beneficios a pesar del esfuerzo de patrimonialización hecho. Con el aumento de capital que lanzamos a principios del año, por una cifra de unos cinco mil millones de pesetas, creció.

No me equivocaba cuando le dije a Eduardo Punset que Luis no olvidaría nunca ni nos perdonaría a él ni a mí el informe que Eduardo había hecho sobre la situación del banco y enviado antes de que yo lo viera.

A finales de 1975, habiendo absorbido a Banif y nombrado a petición mía y suya presidente de ésta a Juan Antonio Ruiz de Alda, director adjunto del banco, a los pocos días de su entrada, éste fue a ver a Luis y a Pedro Gamero para decirles que él quería ser director general del banco y miembro también del Consejo de Administración. Casado como estaba con la hija de don Andrés Moreno, hombre que había salvado al Hispano y lo había colocado en el primer puesto de la banca española, su pretensión supongo que estaba sostenida por esta relación y por el paquete de acciones que su mujer debía de tener. A pesar de las advertencias que le hice a Juan Antonio Ruiz de Alda de que no se precipitara, pues yo no me iba a quedar toda la vida en el puesto que estaba, ni era mi pretensión ser presidente del banco, ante la negativa de Luis a acceder a sus peticiones, Ruiz de Alda se fue. Pocos días después, Luis Usera me llamó a solas para decirme que seguía pensando en encontrar alguna persona que le pudiera ayudar con su trabajo, que naturalmente esa persona no podía ser yo por lo ocupado que estaba y que quería contratar a alguien y nombrarlo director adjunto. Le dije de nuevo que, dada la crisis que estábamos atravesando, la grave situación en que estaba el país, era mi profunda convicción que no debía ahora hacer una duplicidad en los puestos de mando del banco; que ese nombramiento sería incompatible, dado el esfuerzo que yo estaba pidiendo a los empleados y la gerencia, con que yo siguiera siendo director general del BHA.

Cuando volvimos de nuestro viaje a Nueva York y México juntos, Luis repitió que necesitaba a alguien en el banco y me dio ya el nombre: Santiago Foncillas, abogado del Estado de la promoción siguiente a la mía. Volví a decirle que yo creía que era el peor momento, esa crisis, para crear un doble mando, porque entonces, ante cualquier disidencia de la persona que mandara en el banco, habría cuatro posibles puertas donde llamar hasta obtener la respuesta deseable o la más deseada. Conocía muy bien a Foncillas, éramos amigos, pero insistí en que, si Luis lo nombraba director general, yo dimitiría como tal, aunque sin dejar el Consejo. Nada más salir de su despacho llamé a Santiago Foncillas, a quien, naturalmente, el presidente ya había llamado con anterioridad. Le conté lo que le había expuesto a Usera, los motivos por los que no podía haber una duplicidad de cargos, y que le aconsejaba que no aceptara ser director general con otro director general.

Mi negativa a admitir una partición del poder y el que estuviera dispuesto a irme, pero permaneciendo en el Consejo, motivó que, durante el año 1976, no de cara al público ni al Consejo, pero sí en la intimidad, la relación con Luis fuera cada día más tirante y difícil. Luis lo ponía de manifiesto con su actitud. Y fue aún más evidente cuando, al preparar la junta general ordinaria de marzo de 1977, me pidió a través de su secretaria (al contrario que otros años) que le mandara el discurso que yo iba a pronunciar, alegando que no quería contradecirse conmigo.

Viaje a Brasil y ofertas para entrar en política

Por aquellas fechas, antes de mi viaje a Brasil, Alfonso Osorio, vicepresidente del Gobierno, número uno de mi promoción, me invitó a aceptar ser senador por Cataluña por parte de la organización política centro democrático que estaba pensando crear. Inmediatamente le dije que no podía aceptarlo porque estaba en el banco y porque no tenía edad para ser ya senador. Agradecí la oferta, pero no la acepté.

Unos días después de esa entrevista emprendíamos Alejandro Albert y yo, con nuestras mujeres, un viaje a Brasil para visitar los bancos más importantes de Río de Janeiro y de São Paulo, con los que habíamos establecido en los dos últimos años una relación creciente. Además, Alejandro y el representante que allí teníamos del banco se encargaron de que me recibieran el ministro de Hacienda y el presidente del Banco Central, equivalente al Banco de España. Durante ese viaje recibí, y Alejandro Albert fue testigo, más de seis llamadas de mi amigo Leopoldo Calvo-Sotelo, que había dejado el Ministerio de Comercio del Gobierno predemocrático para dedicarse plenamente a la formación de un partido de centro democrático. Ese partido lo formaban, entre otros, los democristianos, incluidos los demócratas de izquierdas de Ruiz Jiménez y también el grupo que lideraba Fernández Ordóñez y que empezaba a llamarse socialdemócrata, y quizá el grupo más compacto, aunque fuera minoritario, era el de los liberales, encabezado por Joaquín Garrigues Walker. Además, había gente del Movimiento, muchos de ellos eran ya ministros de los gobiernos predemocráticos, como Martín Villa, que aportaba, él solo, una veintena de diputados.

Todas esas primeras llamadas eran para convencerme de que fuera de número uno en las elecciones como diputado por Barcelona o el País Vasco. Además de negarme totalmente, le dije a mi amigo Leopoldo que si algún día aceptaba ser diputado solo lo haría si fuera para ir por Extremadura, que era la tierra adonde iba continuamente, que conocía y donde había nacido; mi tierra, que no se olvidara que yo era de Emérita Augusta; porque en Cataluña sería un cunero en la tierra que me había formado y donde había estudiado. Recuerdo que fueron tantas las llamadas que Alejandro Albert llegó a preocuparse por si al final aceptaba. Supongo que me divertían las andanzas de Albert, que volvía de la playa de Copacabana con los ojos chispeantes después de ver a tantas mujeres espectaculares. Le tuve que decir que el año 1977 sería para el banco todavía más difícil que el que habíamos pasado, que tendríamos que trabajar mucho, así que debía aprovechar para seguir paseando y que se le hicieran los ojos chiribitas.

Mientras escribo estas líneas, desde la edad que ahora tengo, puedo decir que, con las prisas de unos, el escepticismo de otros y los que desde la oposición a cualquier cambio, quizá empezaron a creer que el rey no iba a hacer cambio alguno en el camino hacia la democracia; en cambio, sin prisas, el rey fue tomando las decisiones que llevarían al objetivo que se proponía; además, que entre uno y otro de los hitos esenciales para llegar a la Ley de Reforma Política, no pasaron más que meses, como mucho, aunque algunos creyeran que eran demasiados.

El primer paso que dio el rey fue nombrar presidente de las Cortes a Torcuato Fernández-Miranda. Éste, en un momento de su mandato como presidente de las Cortes, dijo que cualquier reforma que se hiciera iba a ser: «con la ley y desde la ley para ir a la ley». Entre el mes de mayo y junio, el rey pide al presidente del Gobierno, Arias Navarro, que dimita, porque ha perdido su confianza. Con lo cual, la primera resistencia que pudo tener Arias Navarro no se produjo; dimite y se retira.

Por confidencias que me hicieron Adolfo Suárez y otras personas, sé que el rey empieza a reunirse, además de con otros muchos grupos que le iban a visitar, con socialistas y socialdemócratas. Todavía bajo la presidencia de Arias Navarro de un gobierno en que figuraban como ministros personajes como Fraga, Areilza, Antonio Garrigues Díaz-Cañabate o Leopoldo Calvo-Sotelo, el rey se reunía a veces con Martín Villa y con Suárez. Éste me comentó que solía citarlos para hablar con total libertad, alejados de los escoltas. El rey hacía preguntas pero hablaba poco, según mi experiencia personal.

Un día, adelantándose a los acontecimientos, el rey le dijo a Adolfo que cuando cesara el presidente, el sustituto iba a ser él. También me contó Adolfo que en uno de los Consejos, en un momento dado, el rey guiñó el ojo a Suárez y miró hacia un tapiz en que aparecía el degollamiento de san Juan Bautista, al que después se quedó mirando fijo, con lo cual le quería decir que iba a pedir la dimisión por pérdida de confianza hacia Arias Navarro. Pero la mayor sorpresa ante la forma en que Juan Carlos I iba cumpliendo con los plazos hacia la democracia fue que Torcuato convocara después el Consejo del Reino para dar los tres nombres, que era lo preceptivo según la ley vigente, de los candidatos posibles para presidir el Gobierno. Al entregar la lista al Consejo, Torcuato Fernández-Miranda dijo: «Creo que la lista que ha salido responde a lo que el rey quiere».

Algún tiempo después conocí más al duque de Primo de Rivera, hijo de Miguel Primo de Rivera, que era amigo personal del monarca, y entre lo que me dijo y lo que no me dijo, fui atando cabos con otras informaciones que yo tenía de otras personas, como Pío Cabanillas. Supe que en el Consejo del Reino había sido decisivo el papel de Miguel Primo de Rivera (hijo del hermano de José Antonio Primo de Rivera). La terna sobre la que tenía que decidir el Consejo era: Federico Silva Muñoz, Gregorio López Bravo —los dos, antiguos ministros con Franco— y Adolfo Suárez. Tengo claro que Miguel Primo de Rivera presentó a Adolfo Suárez a los demás comentando que era imposible que estando en la terna dos personas como Federico Silva de Acción Católica y López Bravo del Opus Dei, no estuviera en la lista alguien del Movimiento Nacional aunque no hubiese sido ministro con Franco, y el que menos sospechas levantaba era Adolfo Suárez por su juventud e inteligencia, además de ser secretario general del Movimiento Nacional.

En principio, nadie se explicó el nombramiento de Suárez como presidente del Gobierno. Entre los que no se lo explicaban estaban algunos de mis mejores amigos: Pablo García Arenal, Manolo Varela, sus mujeres, incluso yo..., pero lo que sí dije en una de las conversaciones sobre este tema que tuvimos es que tenía sentido político que fuera el secretario general del Movimiento el que, como presidente, dirigiera la reforma política que nos iba a llevar a la democracia, desarmando así al mismo Movimiento. En una viñeta publicada en el diario *Ya* aparecían dos búnkeres que hablaban entre sí. Al hablar de Adolfo como presidente, uno le decía al otro: «¡Y además se llama Adolfo!». Era evidente que ese búnker se estaba refiriendo a Adolf Hitler.

En el mes de julio, nombrado ya presidente, en el primer discurso que pronunció por televisión, Adolfo Suárez dijo: «Vamos a ir a un régimen de libertades». Todas las dudas, por lo menos para mis amigos y para mí, quedaban despejadas.

Conozco al rey

Jaime Carvajal me dijo un día que tenía que conocer al rey y que él pediría audiencia para presentármelo, a lo que accedí de inmediato. Dos días después, a las once de la mañana, Juan Carlos nos recibía en su despacho a Jaime y a mí.

Nos sentamos. Enseguida el rey me puso una mano en la pierna derecha y mirándome a los ojos y sonriendo, me dijo:

—Alberto, tú y yo, por generación, somos republicanos, ¿no?

Yo le contesté:

—Señor, Vuestra Majestad no puede serlo, y yo sí, pero me he puesto a su servicio desde que oí el discurso que pronunció en su proclamación en las Cortes. Nada más oírlo me convencí de que Vuestra Majestad nos iba a traer la democracia. Tengo el defecto de ser demócrata desde los doce o trece años.

Se echó a reír, me dio las gracias y me preguntó qué opinaba de la situación económica y financiera actual. Me dejó hablar durante al menos media hora con sus ojos fijos en mí y sin intervenir. La despedida fue cordial por su parte y yo, una vez más, quedé a sus órdenes. Me dijo entonces que lo de majestad tendría que usarlo muchas veces, que bastaba con que le llamara señor; «está dentro del protocolo, ¿sabes?».

A la vuelta en el coche con Jaime Carvajal, éste me preguntó qué impresión me había causado. Le respondí que me parecía una persona inteligente y que sabía escuchar, que me parecía que me había estado escrutando, aparentemente más para enterarse de cómo era yo, que para fijar su atención en lo que yo le estaba contando sobre economía y reforma fiscal.

En una ocasión, el presidente del Crédit Lyonnais me dijo en una de nuestras reuniones antes de la muerte de Franco que Juan Carlos le había parecido un político de la cabeza a los pies. Ese día me contó que como jefe de gabinete del presidente Giscard d'Estaing había tenido el deber, en una visita que los entonces príncipes de España habían hecho a la República Francesa, de acompañar a Juan Carlos mientras durara la visita. Como su ayudante permanente, me contó que enseguida se dio cuenta de que era incansable, porque podía estar en conversaciones con gente de las empresas, militares, etcétera, hasta las tres de la madrugada y estar en pie a las siete (como ayudante del príncipe él debía levantarse con él). Me dijo que le sorprendieron las preguntas que hacía a unos y otros, porque le interesaba entrar a fondo en los asuntos que trataba con ellos.

Recuerdo perfectamente que a lo largo ya no solo de los años que estuve en política sino también los posteriores, mis amigas, amigos y yo estábamos convencidos, lo estoy aún hoy incluso más si eso fuera posible, de que don Juan Carlos I ha cumplido su función constitucional de forma intachable. También sigo creyendo que no puede mezclarse el juicio a la función política con la vida personal. Hoy sigo creyendo, con convicción muy firme, que una cosa es el enjuiciamiento de un político y de un jefe del Estado en cuanto al cumplimiento de sus deberes y su actuación como político, y otra cosa es su vida íntima. La confusión entre vida pública y vida privada, entre otros países en los Estados Unidos y en parte de Inglaterra (con un fondo puritano), no debe usarse como arma política.

De acuerdo con las leyes vigentes, el nombramiento de los ministros correspondía al rey, aunque es normal que recibiera alguna propuesta de Adolfo Suárez. Juan Carlos tenía trato continuo con los militares de su promoción, así como con aquellos a quienes recibía habitualmente: los tres ministros de las Fuerzas Armadas, Tierra, Mar y Aire.

Antes de la dimisión de Torcuato Fernández-Miranda como presidente de las Cortes, ya se hablaba de la falta de entendimiento entre éste y Adolfo Suárez, y de que debía de haberse producido un choque de bastante entidad entre ambos para que Torcuato Fernández-Miranda dimitiera después de aprobada la Ley de Reforma Política. Hoy sé que lo más importante es que Torcuato creía que debía dimitir para dejar las manos libres al rey para que éste eligiera al presidente del Congreso una vez aprobada la Ley de Reforma, y es posible que el monarca, viendo que no se entendían Adolfo y Torcuato, se decidiera por Adolfo.

De ese Gobierno y pese a la valía personal de sus miembros, el hecho más notable fue que el ministro refrendario del Decreto, Enrique de la Mata, legalizara los sindicatos, hasta entonces oficialmente clandestinos, aunque eran éstos realmente los que decidían ya todos los convenios colectivos que se aprobaban en España. De la Mata legalizó no solo a CC.OO. y a UGT sino a todos los demás, aunque fueran de reducido número de adeptos con respecto a los dos anteriores, que volvían a salir a la luz, como fue el caso de la CNT. Tras el reconocimiento de los sindicatos, el general Fernando de Santiago, vicepresidente del Gobierno y encargado de los asuntos de Defensa, presentó su dimisión a Suárez.

El rey era el único que podía nombrar al jefe del Alto Estado Mayor del Ejército. El nombramiento de Manuel Gutiérrez Mellado era muy importante para todos los partidarios de que la democracia se consolidara también en el ámbito militar. Son muchos los que entonces no sabían que De Santiago era el jefe del Ejército, al ser el presidente del Alto Estado Mayor; con él y detrás de él estaban los militares partidarios de que una vez establecida la democracia, el Ejército tenía que admitir que dependía de un gobierno civil en todo lo administrativo, pero que en el tema militar e incluso en el político dependían directamente del rey, de manera que los militares que pensaban como De Santiago, que eran muchos de alto rango, podrían intervenir en los asuntos políticos si el gobierno democrático no funcionaba adecuadamente; es decir, admitía la total autoridad del rey pero no la de un gobierno democrático en los aspectos en que ellos podían intervenir porque esa misión estaba encargada al Ejército.

Frente a ellos estaba el general Díaz Alegría, que había sido el presidente del Alto Estado Mayor, y con él, su segundo de a bordo, el general de división Gutiérrez Mellado; ambos defendían un Ejército profesional, que no debía intervenir en política y al que correspondía la defensa de España en las amenazas exteriores pero no ejercer la función de policía, porque debían estar a las órdenes del gobierno nombrado democráticamente o por el jefe del Estado. El nombramiento de Gutiérrez Mellado como jefe del Alto Estado Mayor de los tres ejércitos fue muy importante, porque eran muchos también los que pensaban que el Ejército debía apartarse de la política y ser profesional, con el objetivo de la defensa de España y su territorio y que, como se puso después en las ordenanzas militares, el que quisiera hacer política, podía hacerlo quitándose el uniforme, vistiéndose de civil y presentándose a las elecciones después de aprobada la reforma.

Sé que ese nombramiento fue un mes de septiembre que estaba yo con Jaime Carvajal en Nueva York celebrando la apertura de la sede del banco; tanto Jaime como yo dijimos: «Ahora sí que no hay vuelta atrás, vamos a la democracia», los dos sabíamos lo que significaba el nombramiento del general Gutiérrez Mellado. Lo celebramos pidiendo que subieran una botella de champán e invitando a los que quedaban y brindamos por España, por el rey y por la democracia.

La dimisión de De Santiago se produjo pocos días después de que en el mes de septiembre de 1976 Suárez, junto con Gutiérrez Mellado, se reunieran con un grupo de militares que formaban parte del generalato, si no me equivoco, para exponerles las líneas generales de la Reforma Política. A pesar de que algunos preguntaron qué se iba a hacer con el Partido Comunista, si se iba a legalizar o no, sin dejar de mostrar que eran contrarios a esa legalización, Suárez les dijo que ese asunto habría que planteárselo en su momento, después de saber hacia dónde se iba con la Reforma Política. Por alguno de los asistentes supe que esa reunión fue un éxito y que incluso uno de ellos gritó en algún momento «¡Viva la madre que te parió!» a Adolfo, y que no era verdad lo que algunos más tarde alegaron diciendo que se les había engañado con respecto a la legalización del Partido Comunista. Dijera lo que dijera, conociendo a Suárez, y creo que le conocí bastante bien, él lo que hizo al hablar de la legalización fue no comprometerse.

Pero tras la dimisión del general surgieron en algunos medios comentarios como «Al final van a gobernar aquellos a los que vencimos en la Guerra Civil». Y a finales de septiembre de 1977, surgió también una campaña del Movimiento Nacional contra Suárez, mencionando cómo «algunos que han traicionado sus juramentos». A Gutiérrez Mellado se referían como «un tal señor Gutiérrez», es decir, comenzó el ataque de los involucionistas contra un Gobierno nombrado de acuerdo con la Ley de Reforma Política.

Suárez disponía continuamente de encuestas de opinión y es muy probable que hubiera empezado a pensar en la probabilidad de cierto acuerdo entre el Centro Democrático y el eurocomunismo para frenar al Partido Socialista, al que las encuestas ya estarían asignando muchas posibilidades de convertirse en el primer partido de la oposición.

El cantante Víctor Manuel, miembro del comité ejecutivo del PCE, sentado a mi lado en una cena celebrada en el homenaje a Santiago Carrillo, presidida por éste y sentado a su derecha Martín Villa y quizá a su izquierda Alfonso Guerra, me contó cómo el secretario general del Partido Comunista se comprometió a aceptar la monarquía constitucional, la bandera nacional y el himno nacional, tras una conversación de dos horas con Suárez y otra de igual envergadura con el rey.

Carmen y yo pasamos unos días muy felices con unos amigos catalanes muy queridos en nuestra tierra extremeña. Carmen les conocía desde que, siendo novios, fuimos los dos a casa de mis padres en Barcelona en el año 1954. Paco, Francesc Casares, unos meses mayor que yo, era mi amigo desde tercer curso de bachillerato, y Juan, Juan Reventós, era muy amigo desde que entré en la universidad. A Carmen Roca Junyent, esposa de Paco, la había conocido en la universidad como estudiante de filosofía y letras y desde entonces era amiga mía. A Pepa Rovira, la mujer de Juan, la conocimos Carmen y yo siendo su novia, tiempo después.

El otoño de 1976 fue realmente extraordinario para Extremadura. Las lluvias de septiembre habían caído oportunas, hacia primeros de octubre, para que las dehesas estuvieran verdes; de un verde intenso como un humo verde que salía del suelo; las encinas ya enseñaban las bellotas que las poblaban de un color amarillo tirando a marrón y el campo profundo de la dehesa exhalaba esa dulce, olorosa, penetrante realidad que se huele y se ve como invasora vida, que llena los ojos y el alma de quien sepa verla o vivirla intensamente como vida propia de ese ámbito vegetal, arbóreo y del ganado que siempre ha habitado en la dehesa. La oveja merina, el cochino ibérico, la vaca de carne, pacían en el medio que siempre había sido suyo, desde hacía milenios, y de la vida silvestre que abarca en ella desde el jabalí, el zorro, el ciervo o el venado, la jineta, la garduña, hasta las primeras palomas torcaces o zuritas o las perdices o las liebres que revivían del verano. El otoño suave, dorado, cubierto el suelo con el fuerte halo verde de la hierba que naciendo segura lo cubría, tenía la llave de un año que no podía empezar mejor.

Carmen llamó a las mujeres y yo a mis amigos para que conocieran Extremadura en ese otoño extraordinario; además, a mis amigos les dije que les mostraría la Extremadura profunda para que conocieran lo que solo con Carmen y conmigo para ellos era posible llegar a conocer; que llegarían a Madrid en avión a las cinco de la tarde; allí les esperaría el coche mío del banco y les llevaría al hotel de Cáceres en el que Carmen y yo les estaríamos esperando; dejarían su equipaje y después de cenar en el Figón, restaurante que estaba enfrente del hotel, iríamos a ver de noche algo del Cáceres secular Patrimonio de la Humanidad.

A las nueve en punto llegaron a la puerta del hotel en la plaza de Sanjuán. Allí estábamos esperándolos Carmen y yo. En el momento de salir, Paco Casares con su amable ironía habitual le dijo a Juan: «Juan, te va a ser difícil presentarte a las elecciones como secretario general del Partido Socialista Catalán después de que te haya recibido el coche oficial del consejero director general del Banco Hispano Americano y que en su coche hayamos venido hasta aquí y ahora con él y su mujer vayamos a cenar».

Entramos en el Figón donde ya estaba preparada la mesa que yo había encargado para seis. El primero que más sorprendido nos miró a todos fue el camarero, pues sabía quién era yo y reconocía a Juan como cabeza de aquel Partido Socialista Catalán, porque entonces todo el mundo estaba pendiente de la televisión y de los personajes políticos. Así que tuve que levantarme para presentarles a mis amigos de Barcelona. Lo hice en voz alta, porque me había dado cuenta de que la mayor parte de las personas de las mesas cercanas estaban vueltas para ver lo que pasaba; me conocían a mí y a Carmen y habían reconocido a Juan Reventós. Trajeron los primeros entremeses y el vino que habíamos pedido y en ese momento entró el director de la sucursal principal de Cáceres del Hispano Americano, rodeado de tres o cuatro de los principales clientes y puso la misma cara de asombro que el camarero, que los dueños del restaurante y los comensales de alrededor. Les presenté a mis amigos y a sus mujeres.

Me di cuenta una vez más de cómo el régimen de Franco había creado entre cacereños de familias conocidas o no, el temor no ya a lo que había ocurrido sino a lo nuevo, el qué pasaría a partir de ahora. Querían aferrarse a una aparente seguridad y tranquilidad en la que habían vivido cada uno a su modo, el que era terrateniente quería seguir pudiendo vivir de las rentas, y el comerciante quería poder seguir viviendo de sus ventas y temía que los cambios pudieran llevar a que la crisis se hiciera mayor y pudiera vender menos. Es decir, ese miedo al cambio era la réplica a la desaparición repentina, antes incluso de la muerte de Franco, del régimen.

Después de la cena, enseguida, al salir, las señoras y yo tuvimos que abrir los paraguas porque estaba empezando a llover. Al cruzar el arco de la Estrella, aquel Cáceres lleno de palacios de distintos siglos, de calles débilmente iluminadas, todavía era, si cabe, más fantasmagóricamente bello, misterioso, y tan misterioso como emocionante, más velado y más intenso. A Juan Reventós le salió lo mucho que tenía en su aspecto y en su manera de payés del Vendrell: ató las cuatro puntas del pañuelo que llevaba en el bolsillo y se lo puso en la cabeza mientras recibía aquella lluvia de otoño extremeño. Llegué hasta él y le dije: «Juan, ¡que te estás calando!» y al mirarle vi que no eran solo gotas de agua lo que le corría por la cara, eran también lágrimas. Sin dejar de mirar lo que en aquel momento estábamos viendo en aquella plaza, me dijo en catalán que no se había podido contener, que le había emocionado profundamente lo que estaba viendo, que se le caían las lágrimas de emoción. Tuvimos que andar bajo la lluvia hasta llegar al hotel. Pero vimos Cáceres de noche.

Al día siguiente dejamos Cáceres y fuimos a San Rafael, abrimos el cortijo, que estaba tal como lo había dejado mi madre años atrás junto con mi padre, que ya había muerto. De todos modos, lo que sí enseñé a mis amigos fue, aparte de la casa que iba a empezar a entrar en obra, la finca, dándonos un paseo por toda ella; finca que yo llevaba ayudado por mi primo Fernando. Sobre todo, lo que quise que vieran era la perspectiva que desde fuera del cortijo tenía la finca, desde la cual se veían treinta o cuarenta kilómetros de encinares, toda la extensión de la dehesa.

A las Mezquitas, la finca de tía María y tía Pilar Delgado de Torres Quirós y que llevábamos en arrendamiento Carmen y yo, llegamos todavía con luz suficiente para que pudieran nuestros amigos quedarse asombrados de aquel enorme cortijo en lo alto de un cerro en medio de todos aquellos encinares y desde donde el cortijo más próximo no se veía. Les recibimos en ese cortijo con todas las limitaciones de una construcción de mediados del siglo XIX. Ya de vuelta del paseo por la finca, en el que también vimos el gigantesco eucalipto que entre los seis que íbamos no conseguíamos abarcar, la cena nos estaba esperando. Consistió en una sopa de tomate extremeña hecha con pan y tomate de la finca, y unos conejos asados en la misma chimenea del comedor que iban siendo embadurnados con un aderezo de aceite y ajo, para finalizarla con unas deliciosas natillas hechas con los huevos recogidos esa misma tarde de las gallinas que junto al cortijo se criaban.

A la mañana siguiente, después del desayuno de migas cortadas por el guarda de la finca con chocolate por un lado o con café para los que prefirieran, y de los pimientos choriceros y la panceta de cerdo ibérico nuestro y los huevos fritos, salimos. Yo había hecho que el mayoral, Quico, tuviera preparado el rebaño de 1.500 ovejas en una explanada para bajar a verlo. Los dos mastines, *Pirata* y *Bocanegra,* vinieron ladrando y corriendo para saludarnos; tanto Pepa como Carmen se asustaron cuando les vieron avanzar hacia nosotros mientras me adelantaba para cogerles por el collar y hablarles. Quico se acercó para hablar con nosotros y saludar a mis amigos al mismo tiempo que les decía que ese era el rebaño de don Alberto y doña Carmen. Juan, como buen socialista, señalándome, le preguntó:

—Entonces, ¿qué tal es con ustedes este empresario?

Quico, mirándole fijamente, le respondió:

—Mire usted, no sé si habrá alguno igual a él, pero mejor imposible.

Yo me eché a reír y le dije a Juan:

—Juan, que en cosas de campo soy yo más progre que tú.

Antes de salir hacia Guadalupe queríamos enseñarles una zona completamente llana llena de encinas de unas cuatrocientas fanegas que se llamaba Las Serillas, donde les expliqué que Manolo Sánchez, el guarda, hijo del anterior, el señor Narciso Sánchez, una noche en la que estaba paseando por aquella zona vio un objeto luminoso que se aproximaba hasta posarse delante de él y del que salía una luz en forma circular mientras que él se tumbaba asustado en el suelo (era la época de los platillos volantes) y que con la misma velocidad que había llegado se había marchado. A los dos días cuando yo llegué por la finca, Manolo el guarda me llevó hasta aquel lugar y me mostró las tres marcas que aquel objeto había dejado al posarse; bien era cierto que al tocarlas tenían un tacto húmedo grasiento y para mí estaba muy claro que aquello a lo que llamaban platillos volantes eran objetos voladores que alguna potencia, como podían ser los Estados Unidos, estaba probando en España. Manolo Sánchez, que nos había acompañado hasta allí, también les contó lo que una vez nos había pasado, muy temprano, cerca de aquel mismo lugar; estaba en toda esa parte de Las Serillas el suelo negro de los millares de palomas torcaces que se habían posado; a pesar de que Manolo y yo nos tumbamos rápidamente, aquella masa de aves comenzó a levantarse, y el ruido que hacían era tan ensordecedor que ni apretándome con las manos las dos orejas conseguí librarme de él; cuando, oyéndose todavía, pero más atenuado aquel barullo, pudimos dirigir nuestra mirada hacia la nube, vimos que era inmensa y negra y estaba formada por millares y millares de palomas.

Seguimos el viaje, y cerca de Guadalupe, antes de llegar a donde empieza el Puertollano, hay un momento en que se ve muy bien una de esas obras tan españolas que se inician porque constituyen el objetivo de un determinado gobierno, en este caso el de Primo de Rivera, que quería unir el nudo ferroviario de Mérida con Valencia y que como tantas otras veces ha ocurrido, al cambiar el gobierno, se quedan inacabadas, el ministro de Obras Públicas y Primo de Rivera hicieron un proyecto ferroviario que por primera vez no pasaba por Madrid. Al principio del Puertollano había un punto en que, entre las ramas de los árboles que crecían al borde de la carretera, se veía el Monasterio de Guadalupe; allí paré. Desperté a Juan y preguntó si habíamos llegado. Le dije que no, pero que tenía que ver aquella maravillosa vista de la mejor obra del mudéjar español. Se incorporó y dijo: «Caramba, ¡qué vista, qué monumento!». Seguimos hasta Guadalupe, y acabada la cuesta del llamado Puertollano, que de llano tiene muy poco, llegamos a la plaza donde está el monasterio para que volvieran a quedarse asombrados nuestros amigos, lo mismo que me había quedado yo la primera vez que lo visité con quince años, y para ver después el templo, del que destaca la reja, que es una obra de arte, y los Zurbaranes que están en su sacristía. Dimos un paseo por el pueblo ante el asombro de nuestros amigos y amigas y cenamos en el Parador que estaba construido donde habían estado antes dos Colegios Menores. Al visitar el templo, el párroco, que me conocía porque habíamos tenido ocasión de hablar de música, tocó el órgano para nosotros.

Se abre el camino a la democracia

Entre el momento en que despedí a mis amigos en octubre de 1976 y Año Nuevo, se habían multiplicado los síntomas del «cierre de verjas» del reconocimiento de partidos existentes, la celebración de elecciones libres y, por lo tanto, el camino hacia la democracia constitucional. Fue decisiva la aprobación por referéndum, el 15 de diciembre de 1976, de la Ley para la Reforma Política. Con una participación total del 77,8 por ciento, el sí obtuvo un 94,17 por ciento; el no, el 2,56 y las abstenciones supusieron un 22,2 de los votos emitidos. Fue un triunfo para los que habían redactado y negociado el proyecto de ley y demostraba que la mayoría del pueblo español apoyaba la apertura hacia la democracia, y un triunfo para el rey, que había marcado que ese era el objetivo a cumplir. Y un triunfo para «el Joven capitán», Adolfo Suárez, sin olvidar a Torcuato Fernández-Miranda, porque «desde la ley y con la ley» se había ido «a la ley»; pero esa mayoría era una «mayoría» casi absoluta, si se tiene en cuenta que algunas abstenciones se atribuían a ciertos componentes de la Plataforma de Organismos Democráticos y a los que acabarían siendo votos del PSOE.

Esto dio lugar a las apariciones en la televisión pública de Felipe González, el líder del PSOE; la aparición sin peluca de Santiago Carrillo, del que todos sabíamos que era el secretario general del Partido Comunista, y también de algunos cristianodemócratas y liberales que habían sido desterrados a distintos lugares de España, especialmente a las islas Canarias y dentro de ellas a las islas de El Hierro y Fuerteventura después del Congreso de Múnich. Era el caso de Satrústregui o Íñigo Cavero. Se añadieron a esa aparición pública los que habían constituido la Plataforma de Fuerzas Democráticas de España, donde estaban representados los socialdemócratas, como Francisco Fernández Ordóñez, o algunos de los liberales cristianos y cristianodemócratas de izquierdas o de derechas que habían sido antes figuras conocidas en la época de Franco, como Joaquín Ruiz Jiménez o el director de *Cuadernos para el Diálogo,* Pedro Altares.

Entre esas fechas de despedida de mis amigos y febrero, mes en el que ya se reconoce al Partido Socialista, nos llaman nuestros amigos, Juan Reventós y Paco Casares y sus respectivas mujeres para que vayamos a Barcelona Carmen y yo. Entre otras cosas recuerdo unos maravillosos *calçots* que comimos cerca de El Vendrell y que tomamos con el correspondiente babero hasta las rodillas. Desde allí Juan nos llevó a mí, Carmen y a nuestra sobrina Ana Jessen y nuestra hija Isabel, que estaban allí con los Casares, al Teatro de El Vendrell donde cantaba Lluís Llach, cantante extraordinario del que oímos sus canciones catalanistas, entre ellas *La estaca.* Recuerdo que cuando cantaba esa canción en catalán: «Tirar de la soga, una y otra vez, la estaca al fin caerá», mientras sonaba todo el teatro se balanceaba al unísono, unidos hombres y mujeres por los hombros, Carmen, mi hija, mi sobrina, y yo también con el brazo derecho sobre los hombros de Juan, y el izquierdo sobre los de Casares lo hacíamos también; fue para mí emocionante. A final, lo que la canción decía y lo que yo desde hacía tiempo vaticinaba, estaba ocurriendo: ¡íbamos desde el franquismo a la democracia!

Una vez más, comprobaba, como ocurrió con mis amigos del instituto cuando tenía trece y catorce años, que la política del nuevo régimen de Franco al pretender españolizar a Cataluña había fracasado, y digo en el instituto porque mis amigos eran todos catalanistas, ya desde los trece años. Además, después del desembarco estadounidense en Normandía, a más de un delegado de curso que pertenecía al Frente de Juventudes le oí hablar catalán; lo que llaman catalanismo es el amor a su lengua, a sus canciones, tradiciones, literatura, grandes pintores y escultores, arquitectura, y todos los valles del Pirineo, sobre todo el de Boí. Todas esas tradiciones seguían vivas a lo largo de los años aunque se prohibiera bailar la sardana los domingos en la plaza de la catedral de Barcelona.

Mi salida del Banco Hispano Americano

Yo trabajaba en el banco con plena dedicación y hacía continuos análisis acerca de lo que podría ocurrir en 1978, debido al alza de la inflación y la grave crisis económica que estábamos sufriendo y lo que aún estaba por aumentar. Yo defendía que el banco no debía entrar en política, que era una empresa de servicios públicos que debía aceptar lo que el pueblo español decidiera en unas elecciones democráticas y, sobre todo, que nosotros debíamos lealtad al jefe del Estado, que era el rey.

En ese último periodo en el banco, mi relación con Luis era cada vez más difícil, no porque dijera algo contra mí en los Consejos mensuales del banco, al contrario, siempre se unía con rotundidad a cualquier elogio de los consejeros, a la presentación de las nuevas informaciones impresas que yo había dado al secretario para repartir o si, como yo hacía con frecuencia, hacía entrar en el Consejo, previo permiso de éste y del presidente, al director adjunto o subdirector general responsable del asunto que se iba a tratar para que fuera él quien informara al Consejo.

Los desencuentros se producían siempre que yo organizaba algo con directores regionales y directores de sucursales importantes del banco, aunque de todas ellas hubiera informado a Luis Usera y a Pedro Gamero cuando las tenía en fase de proyecto.

Tres cosas vinieron a confirmarme que no quería seguir con Luis encrespado conmigo y con la responsabilidad de ser consejero y director general del banco. La primera fue ir a hablar con el marqués de Pelayo al despacho que tenía al lado del de Luis Usera. Le dije claramente que no entendía lo que le ocurría a Luis, pero que yo no quería seguir en aquella situación, entre otras cosas, con nombramientos de personas muy cercanas a Luis con las que yo no concordaba ni podía concordar porque no estaba de acuerdo con que el banco lo dirigieran tres o cuatro personas a la vez. El marqués me dijo: «Luis es muy hábil en la representación internacional del banco, lleva muy bien las asambleas, pero el que está cambiando el banco es usted, y hacía mucha falta». Cuando le dije que no era solamente yo, sino el equipo de gente con la que trabajaba, volvió a decirme: «Mire, déjese del equipo que ha formado. En una orquesta puede haber muy buenos violinistas, contrabajistas, lo que usted quiera, pero si falla el director de la orquesta... falla la orquesta». La segunda fue el día que comí con el que había sido director general de lo Contencioso, Ollero de la Rosa, también consejero del banco. Le comenté igualmente la situación que estaba viviendo con Luis. Él me contó una conversación que había tenido con el presidente en la que le dijo: «Luis, cuando tú me has planteado que Alberto se opone a que nombres una codirección con personas de confianza, hablaste con todos los consejeros, conmigo también y todos hemos dicho que si Alberto no está de acuerdo, no debías nombrar al codirector y que Alberto y tu presidencia eran y son esenciales en el banco». La tercera fue, pasados varios días, la llamada que recibí de la esposa de Luis para decirme que quería verme pero fuera del banco, en la tienda de su hija en la calle Serrano, porque quería hacerme saber que a Luis le gustaría mucho que su hijo Luis fuera nombrado director de alguna área importante del banco. Para rematar, después de dos veces de intentar hablar con Luis Usera de la situación que los dos estábamos viviendo, y que fuera imposible hablarle, sobre todo la última vez, cuando me lo encontré por la calle le dije:

—Luis, no podemos seguir así, si quieres nombrar a alguna persona, a tu hijo, o a quien sea, como director adjunto, acepto el nombre que tú me des, pero sería para estar como mi adjunto.

Su respuesta no pudo ser más violenta en gesto y en tono de voz, gritándome:

—Eso te lo ha dicho a ti mi mujer. —Y, volviéndome la espalda, se fue.

Al volver al banco hablé con Pedro Gamero y le dije claramente que no podía seguir en aquella situación, que si era por el miedo que Luis pudiera tener a que yo aspirara a la presidencia, estaba muy equivocado, yo no quería ese cargo, no quería ser presidente del banco; que dimitiría de mi cargo como director general, que la única salida digna que yo veía era quedarme en el Consejo hasta que recuperase el despacho que había tenido hasta mi entrada en el banco; entonces, Pedro me dijo, con mucha habilidad y sin decirlo claramente, que algunos de los que yo había retirado de sus responsabilidades o aquellos a los que no les había propuesto a las que aspiraban, habían formado un grupo que se reunía con Luis Usera y aseguraban que mis innovaciones iban a llevar al banco a la ruina.

Desde la edad que tengo, al recordar la figura de Luis Usera, pienso que no solo él, sino también su hermano, su mujer o sus hijos, tenían un sentimiento de propiedad del cargo de Luis y, por tanto, en cierta medida, del banco, de modo que después de tantos años no podían admitir que un recién llegado amenazara lo que ellos sentían como una propiedad privada, como si fuera suyo el banco. También me doy cuenta de que tal como yo tomaba mis decisiones, podía resultar difícil para personas habituadas a no aceptar nunca un riesgo, que yo no tuviera miedo a correrlo y menos aún si todo lo que hacía lo había hablado previamente con el presidente y se llevaba al Consejo, que lo aprobaba; máxime cuando el resultado de mis propuestas se traducía en más ingresos netos y en mejores beneficios, y necesitaban creer que no eran ellos los equivocados, sino yo, porque veían en peligro, después de toda una vida profesional basada en la cautela y haber llegado a donde habían llegado, el puesto y el poder conseguidos.

El propio Luis, su familia, los que con él se reunían ante el cambio tan rápido que sufrió la sociedad y la economía españolas después del año 65 con el Plan de Estabilización, era especialmente cauto y conservador en todas sus actuaciones, posiblemente creía que los peligros de aquellos cambios eran más grandes que la necesidad de hacer lo que otros bancos habían empezado a hacer antes de mi nombramiento o habían hecho cosas que en el BHA, por su tradición, él no veía necesario hacer. Mi nombramiento fue sobre todo motivado por el exceso de ambición que mostró Pedro Moriyón al que me he referido en páginas anteriores, al sugerirle a Luis Usera que dejara a él y a Urquía encargarse de la dirección del banco.

Andando el tiempo, cuando me encontraba a Luis en las juntas del Hispano y me acercaba a saludarle y hablaba con él, ya hacía años que había sido cesado por el Banco de España como presidente del Banco Hispano y su trato conmigo era afectuoso y cordial. Sí seguía en el Consejo. A mí me tocó hacer frente una crisis tras otra en el banco, empezando por la de Luis. Se acordó en el Banco de España que la edad máxima de los presidentes fuera setenta y cinco años y él ya había superado los ochenta. Por otra parte, el mismo Banco de España pidió que en el BHA se formara una comisión ejecutiva en la que los participantes no debían superar tampoco los setenta y cinco años. Tanto Luis como el marqués de Pelayo quedaban fuera, así como otros miembros del Consejo de Administración.

El 8 de febrero de 1977 se aprueba el decreto ley sobre el Derecho de Asociaciones Políticas con los requisitos que la ley marcó para inscribirse en el Ministerio del Interior, y por lo tanto, inmediatamente, no solo quedaba legalizado el PSOE, que tenía como secretario general a Felipe González, sino también los otros casi cien partidos. Se inscribieron muchas asociaciones y la culminación fue el 9 de abril de 1977, durante la Semana Santa, cuando se legalizó por sorpresa al Partido Comunista; Adolfo tomó la decisión, con el conocimiento del rey, cuando las encuestas que manejaba y que conocían ambos, daba como partidarios de esa legalización a más de un 75 por ciento de los españoles encuestados. Ya había inscrito Fraga también su partido, Alianza Popular, y Blas Piñar el suyo, Fuerza Nueva.

La dimisión de Torcuato Fernández-Miranda como presidente de las Cortes me sorprendió, dado que yo tenía muy buen concepto de él, como también lo tenía de Suárez, a pesar de las informaciones que circulaban del choque que habían tenido. A Fernández-Miranda le sucedió Antonio Hernández Gil, un jurista de prestigio.

Dando un salto en el tiempo, quiero decir desde mi edad que recientemente he visto en algún periódico que la democracia se debía a Adolfo Suárez porque había rechazado una propuesta de Constitución de Torcuato Fernández-Miranda, catedrático de Derecho Político. Debo decir que no sé si Torcuato había presentado al rey o a Adolfo Suárez tal propuesta, sobre todo referida al Senado, pero sí debo decir en honor a lo que yo creo que es la verdad que estoy convencido de lo siguiente: primero, que la Constitución que tenemos y el Senado regulado en ella, se debieron a los llamados ahora «padres de la patria», una comisión de políticos nombrados por los partidos que habían salido con número suficiente de diputados después de las elecciones generales del 77. Segundo, que éstos trabajaron sobre un proyecto que presentó el Gobierno, y que no creo que salvo en materias políticas muy concretas fuera Adolfo Suárez el redactor de la Constitución. Tercero, que si fuera cierta, la propuesta de Senado que hubiera hecho Torcuato Fernández-Miranda, dada su experiencia como catedrático de universidad y de Derecho Político, seguramente habría sido algo mejor que lo que se hizo. Para mí uno de los defectos de la Constitución es precisamente que el Senado se ha quedado como «cámara de segunda votación y lectura»; cuarto y sobre todo, vuelvo a insistir en que mucho le debe la democracia española al instinto político y la enorme habilidad mostradas en las decisiones tomadas, desde que el rey nombra a Torcuato presidente de las Cortes y a Adolfo Suárez presidente del Gobierno, hasta que en las elecciones de 1977, con la redacción de la Constitución se da vida a una auténtica monarquía constitucional, democrática y a una democracia representativa de verdad, al igual que las demás democracias occidentales de Europa, e incluso del mundo anglosajón. Y por último, quiero decir una vez más que es mi convicción que el gran impulso a la democracia hoy ya reconocido hasta por aquellos que le critican, fue del rey de España, don Juan Carlos I. Sin la audacia, valentía y firmeza del rey y de cómo ejerció los plenos poderes mientras los tuvo, así también como fue el jefe supremo de las Fuerzas Armadas, la Transición del régimen anterior no hubiera podido hacerse como se hizo.

En esa precipitación hacia las elecciones, Leopoldo Calvo-Sotelo me citó en su pequeño despacho y me contó lo mucho que le estaba costando reunir un grupo de personas para hacer un Centro Democrático del que ya había en cambio conseguido el consenso de grupos socialdemócratas, liberales, y creía que también de parte de la democracia cristiana. Estaba claro que cada grupo quería tener una fuerza y él debía buscar un acuerdo, lo que me parecía difícil. En la conversación con Leopoldo le dije que la gran fuerza que en ese momento había, a pesar de los choques de intereses que tenían los grupos, era el interés común de no volver para atrás, de huir de las divisiones y rupturas que había habido en España y que nos llevaron a la Guerra Civil.

En medio del entusiasmo, la confusión y el temor, no en mi caso, a que conducía acudir a las primeras elecciones generales, recuerdo dos cosas: la primera, que fui con mis tres hijos mayores, Antonio, Isabel y Alberto, que querían acompañarme para verme votar, y yo voté, después de leerme el programa económico de Unión de Centro Democrático (UCD), el partido presidido por Suárez. En su programa, el Partido Socialista hablaba de nacionalizaciones y se declaraba como partido marxista. Me convenció más el programa de la Unión de Centro Democrático y a él confié mi voto.

Fuimos con Manolo Varela, Cruci, su mujer, Carmen y yo a la sede del periódico *El País,* de donde iban saliendo las informaciones de los resultados. Aún recuerdo que al entrar, en un sofá, estaba sentado Felipe González y a su lado, Alfonso Guerra. Con Felipe intercambié algunas palabras. Viendo el cuadro de los resultados de las elecciones se colocó a mi lado Luis Solana, que al ver cómo avanzaban los resultados del escrutinio me comentó:

—¡Si estamos ganando, Alberto! ¿De dónde vamos a sacar tantos gobernadores civiles, ministros y directores generales para cubrir todos los demás puestos?

—No te preocupes, que encontraréis gente dispuesta a serlo de sobra.

Creo que no nos quedamos hasta el final del todo, pero ya los datos que estaban saliendo iban equilibrando la situación entre UCD y el Partido Socialista. Nos fuimos porque los últimos datos no saldrían de verdad hasta el día siguiente, pero antes de llegar a casa, por la radio del coche ya sabíamos que había ganado UCD (aunque fuera con mayoría minoritaria parlamentaria ya que obtuvo 165 diputados) y que el Partido Socialista de Felipe González era la principal fuerza de oposición con 118 diputados.

La semana anterior a la formación definitiva del Gobierno de Adolfo Suárez, los rumores en Madrid iban y venían y también llegaban a la mesa de mi despacho de director general del banco. De esos días, recuerdo la llamada de Rafael Ansón, que era director de Televisión en aquel momento, para decirme que él quería que saliera en televisión para comentar las declaraciones del presidente del Central, que había afirmado que si el Gobierno le daba 10.000 millones de pesetas, él haría subir la Bolsa, que en aquellos momentos estaba desplomándose. Recuerdo que convencí a Luis Usera de que debía aceptar esa propuesta de entrevista y me dijo que sí. Cuando me preguntaron en televisión por qué estaba bajando la Bolsa, les dije que las sociedades que cotizaban en Bolsa disminuían de una manera notable sus beneficios debido a la grave crisis que estábamos sufriendo, igual que en toda Europa, por la inflación y la balanza de pagos; había que hacer una reforma financiera y fiscal. Creo que es posible, con 10.000 millones, levantar la Bolsa por un tiempo, pero que la causa principal de esa caída era la crisis misma, que las empresas tenían menos beneficios.

El domingo 3 de julio, Carmen y yo habíamos decidido no ir a Extremadura, en un viaje que teníamos previsto, para ver lo que ocurría con esas elecciones y la nueva democracia. El viernes 1 me había llamado Paco Fernández Ordóñez, me preguntó si iba a quedarme en Madrid y me dijo que a ver si teníamos tiempo para vernos. Yo conocía a Paco desde que había llegado a Madrid y era ya vicesecretario de la Secretaría General del Ministerio de Hacienda, y también supe de él como colaborador de *El Ciervo,* una revista europeísta y cristiana cuyo presidente era Lorenzo Gomis, y uno de cuyos principales redactores era Alfonso Carlos Comín, con fama de ser profundamente cristiano y comunista. En esa revista había publicado Fernández Ordoñez algunos artículos, pero lo que más recuerdo fue la publicación de dos sonetos suyos francamente buenos. Paco había cesado como presidente del INI después de una conversación por teléfono que fue grabada por los servicios de información del Ejército; conociendo a Paco, estaba convencido de que lo había hecho expresamente para que lo echaran.

En el momento en que me llamó le pregunté sobre la Plataforma para la Democracia que habían formado varios partidos, porque él estaba de líder de los socialdemócratas.

La verdad es que tuve siempre la convicción de que Paco era demócrata e incluso socialdemócrata. Desgraciadamente, murió en plena madurez política y habría sido importante para el país que hubiera vivido más años; era un político que olía lo que había que hacer en cada momento en política lo mismo que un marinero que huele el viento.

Ese domingo por la mañana estábamos Carmen y yo solos comiendo, mis hijos estaban fuera; tomábamos el café cuando sonó el teléfono; Choni, la mujer que estuvo en nuestra casa durante cincuenta años, se acercó para decirme que el secretario personal de Adolfo Suárez estaba en espera al teléfono para hablar conmigo. Lo cogí y el recado sonó inmediatamente claro y determinante: «Alberto Oliart, el presidente Adolfo Suárez quiere hablar contigo, a ser posible hoy a las cuatro y media de la tarde». Le dije que para poder ir a esa hora, le pedía, si fuera posible, que me enviase un coche porque yo no sabía cómo llegar a La Moncloa. Quedamos en que a las cuatro estaría el coche en la esquina de la calle Madreselva. Le dije a Carmen que teníamos que salir y darnos un paseo. Aunque era verano y hacía calor, salimos a la calle. En ese paseo le dije a Carmen que si el presidente del Gobierno me llamaba, siendo yo en ese momento director general de un banco, no era para ofrecerme ser director general ni subsecretario en algún ministerio, que si me llamaba era evidente que era para ofrecerme un ministerio. Eso iba a suponer, si lo aceptaba, que nuestra vida cambiaría radicalmente, no solo con respecto al dinero que iba a ganar, que sería muy inferior a lo que estaba ganando en ese momento en el banco, sino también porque era una decisión que iba comportar un riesgo de vida para mí que podría venir tanto de la extrema derecha como de la extrema izquierda, y lo que más me importaba es que también podía serlo para ella y para nuestros hijos; que ella y yo habíamos vivido la Guerra Civil y ambos sabíamos lo que eso era, y que ni ella ni yo queríamos que nuestros hijos vivieran algo parecido si fracasaba la restauración democrática, y quería saber su opinión. Sin vacilar, me dijo, mirándome fijamente: «Alberto, haz lo que tú creas que debes hacer». Nos dimos un beso y volvimos a casa.

Nada más llegar a casa llamé por teléfono, primero a mi amigo Juan Reventós Carner y después a Paco Casares Potau. A ambos les conté por qué les llamaba; Juan fue tan rápido como determinante en su respuesta:

—¡Tienes que aceptarlo, a todos nos conviene que tú seas ministro, a todos!

La respuesta de Paco Casares fue casi la misma:

—En estos momentos, después de las primeras elecciones generales libres, debes y tienes que aceptar ese puesto.

A las cuatro en punto bajé a la esquina muy cerca de mi casa, después de despedirme de Carmen, y ya me estaba esperando el coche para llevarme a La Moncloa. Cuando llegué, el mismo secretario que me había llamado me acompañó hasta el despacho de Adolfo Suárez. Entré, Suárez se puso de pie y le dije cuánto me alegraba de conocerle personalmente por todo lo que el rey y él habían conseguido en tan poco tiempo. Adolfo, riéndose, me dijo: «Alberto, pero si nosotros ya nos habíamos conocido en una comida organizada por Joaquín Garrigues en la Liga Financiera». Me reí y le dije que qué principio estaba teniendo nuestro encuentro, al haberme olvidado que él estaba en aquella comida, era verdad que habíamos coincidido, yo llegué cuando estaban todos sentados y tuve que salir antes de que terminase porque tenía que ir a una importante reunión, cosa que ya le había dicho a Joaquín cuando me invitó. Adolfo, con una simpatía que brotaba en él con sus palabras, me dijo:

—Pues es verdad lo que dices, pero sentémonos.

Mi entrada en política
Ministerio de Industria
(5 de julio de 1977 - 28 de febrero de 1978)

Adolfo se sentó en un sillón justo después de indicarme que me sentase en un sofá que estaba a su derecha. Acto seguido me dijo:

—Alberto, te he llamado porque quiero que aceptes ser ministro de Industria y Energía de este primer Gobierno de la democracia; me gustaría mucho poder contar contigo.

—Presidente, he oído que va a ser vicepresidente económico una persona que conozco, Enrique Fuentes Quintana.

Me respondió que sí, entonces le dije:

—Presidente, para aceptar este puesto, necesito hablar previamente con él para ponernos de acuerdo en las medidas económicas, fiscales y financieras que yo creo que hay que tomar inmediatamente debido a la situación que tenemos y que conozco demasiado bien desde mi puesto de trabajo en el banco, para evitar que el paro crezca en plena transición política y que la inflación siga subiendo, lo que haría cada vez más difícil la situación.

Me respondió que lo mejor era que hablase con Enrique Fuentes directamente; levantó el teléfono y pidió que le pusieran con él. En cuestión de minutos entró el secretario para decirme que el mismo coche que me había llevado hasta allí estaba preparado para llevarme a casa de Enrique Fuentes Quintana. Nos levantamos, Adolfo me dio la mano y me dijo al mismo tiempo:

—Que vuelvas rápidamente para decirme que sí.

Ya en su piso, Enrique Fuentes me hizo pasar a su despacho; me pidió que le expusiera las medidas que yo creía que había que tomar inmediatamente. Le dije que la primera era la de devaluar en el acto la peseta para ponerla de acuerdo con el valor al que ya estaba hacía seis meses devaluado en la City de Londres, en Nueva York y en todos los grandes centros financieros, que era un 23 por ciento menos del valor peseta/dólar fijado por nosotros. Segundo, las medidas que había que adoptar para contener en lo posible la inflación y evitar el aumento del paro, que se estaba disparando con las graves consecuencias que esa situación podría suponer para aquel momento crucial de transición democrática. Tercero, para contener y luego, si era posible, bajar esa inflación; es decir, que era necesario tomar al mismo tiempo las medidas necesarias para evitar la salida de capitales, que ya venía produciéndose y también aquellas que condujeran a un crecimiento no inflacionista de la demanda interna y externa para luchar contra el paro.

Me contestó, con cara de preocupación y aspecto abatido, que realmente la situación era gravísima y que estaba de acuerdo con todo lo que yo le había dicho. Entonces le dije: «Vicepresidente, estaré a las órdenes directas tuyas y también a las del presidente Adolfo Suárez». Acompañándome hasta la puerta me dijo: «Ministro, que lo serás dentro de poco, no creas que no me asusta la responsabilidad en la que me he metido, como en la que te vas a meter tú; me sorprende tu tranquilidad». Yo le dije que ya había hecho frente a estas situaciones como director general del banco. Con un apretón de manos nos despedimos y me encaminé de nuevo hacia La Moncloa.

Suárez me estaba esperando otra vez de pie, pero muy sonriente. Nada más entrar me dijo:

—Os habéis entendido, ¿no? Lo sé porque ya me lo ha dicho Enrique, estaba muy inquieto por saber lo que decidías.

—Pues entonces ya sabes, estoy dispuesto a ser ministro de Industria y Energía, presidente, estoy a tus órdenes y a las órdenes de Enrique Fuentes. Ahora, Adolfo, lo que tengo que hacer es hablar con Luis Usera para decirle que dimito de mi puesto.

—Alberto, si quieres le llamo y a cualquier cosa que tú quieras que él haga, él me va a decir que sí.

Se lo agradecí pero le dije que tenía que ser yo en persona quien hablase con Luis Usera y también con Pedro Gamero, que quería salir del banco igual que había entrado: fueron ellos los que me llamaron y, al aceptar, me fui de mi despacho y entré sin pedir nada; ahora iba a dejar el banco también sin pedir nada. Esto había que especificarlo, porque era costumbre en esos puestos seguir percibiendo un sueldo de la empresa después de marcharse de ella. Adolfo levantó el teléfono y dio orden a su secretaria para que llamase a don Luis Usera y al mismo tiempo, que el coche estuviera preparado para llevarme a su casa.

Se puso inmediatamente Luis y le dije:

—Luis, quiero hablar contigo y con Pedro Gamero de la decisión que acabo de tomar.

Luis me respondió que fuera a su casa, que allí me estarían esperando los dos.

Iba a levantarme cuando Adolfo me dijo: «Mira, Alberto, lo que yo quiero es que el día que entre Felipe González por esa puerta por la que tú has entrado, no pase nada». Me abrazó y me acompañó hasta la puerta de La Moncloa.

Llegué a casa de Luis Usera en muy poco tiempo porque vivía en Somosaguas. Un criado que me estaba esperando me hizo pasar a un pequeño salón donde estaban sentados Luis Usera y Pedro Gamero, que me miraban azorados. Les dije que acababa de aceptar ser ministro de Industria y Energía, que lo había hecho dadas mis convicciones democráticas que los dos ya conocían y porque el rey y Adolfo Suárez estaban instaurando esa democracia que yo deseaba para España, por lo tanto sentía como un deber ineludible aceptar la oferta del presidente Suárez para participar, a sus órdenes y a las del rey, en esa transición democrática y pacífica.

Les aclaré que mi dimisión significaba que no volvería nunca a la línea ejecutiva del banco, de modo que ese puesto lo debían cubrir con quien ellos quisieran. Los dos, muy preocupados, me preguntaron cómo podrían hacerlo en tan poco tiempo. Les respondí que no iba a poder asistir al Consejo de Administración para comunicar mi dimisión, porque tenía que jurar el cargo al día siguiente; tendrían que ser ellos los que nombrasen a mi sustituto, pero como insistieron, les dije que si querían mi opinión, estaba pensando en dos personas que eran capaces de desarrollar muy bien las que habían sido mis funciones, la primera, Paco Torras, un hombre de edad y experiencia que había demostrado ya lo mucho que era capaz de hacer y muy bien; el otro, Alejandro Albert, era más joven pero con una excelente trayectoria en el área de Exteriores.

Me despedí de ellos diciéndoles que esperaba volverles a ver y comer juntos para hablar con más tranquilidad. Salí de aquella casa como había entrado en el banco, ni pedí nada cuando entré, ni pedí nada cuando salí.

Llegué a casa y Carmen me estaba esperando, le dije lo que había pasado, que había aceptado y Carmen me dijo:

—Estaba segura de que ibas a aceptar, así que he llamado a nuestros amigos y he preparado una cena con ellos en casa. Les he dicho que tenías algo importante que decirles.

Aparecieron pronto nuestros grandes amigos Manolo Varela y Cruci Entrecanales, Teresa Rodríguez Mellado y Pablo García Arenal, y Diego Figuera y Nieves Álvarez. Las mujeres me abrazaban y felicitaban. Manolo me dijo que me felicitaba pero que en buen lío me había metido. Pablo estuvo más contenido en su felicitación por el difícil momento que estábamos viviendo. Diego quería saber qué me había dicho Adolfo Suárez; se lo conté.

Llegaron Antonio, Isabel y Alberto, mis hijos mayores, contentos como si aquella reunión fuera una fiesta, pero todavía asombrados; las radios estaban dando nombres ya de los que podían ser ministros y a mí me estaban nombrando como ministro de Industria y Energía. La cena fue animada, se entrecruzaban preguntas, respuestas; todos coincidían en que, aunque fuera difícil, aquellas primeras elecciones democráticas en España después de tantos años eran un éxito increíble. Ya al despedirse, alguno de ellos me dijo: «Ahora ya no nos veremos con tanta frecuencia». Les respondí que no, que se equivocaban, que esa nueva situación no iba a cambiar mi vida ni nuestras cenas, ni las que teníamos con ellos y otros amigos. Y así fue.

A la mañana siguiente, al salir de mi casa hacia el palacio de la Zarzuela, donde estaba citado a las nueve de la mañana para jurar el cargo de ministro de Industria y Energía, me esperaban en la puerta el coche oficial, un Dodge Dart, el conductor, Ángel y el escolta asignado, que era comisario de policía.

Al llegar, me fui encontrando con los compañeros que iban a formar parte del primer gobierno democrático; a alguno de ellos ya lo conocía previamente: Enrique Fuentes Quintana, vicepresidente segundo y ministro de Economía, Paco Fernández Ordóñez, ministro de Hacienda, Rodolfo Martín Villa, ministro del Interior, Joaquín Garrigues Walker, ministro de Obras Públicas y Urbanismo, con el que me di un abrazo, Manuel Jiménez de Parga Cabrera, ministro de Trabajo, al que me había presentado Juan Reventós recién llegado a Barcelona como catedrático de Derecho Político, Juan Antonio García Díez, ministro de Comercio y Turismo, al que había conocido y tratado en Renfe y en casa de los Bustelo, Pío Cabanillas Gayas, ministro de Cultura y Bienestar, con quien ya había comido cuando era subsecretario en el Ministerio de Información y Turismo con Fraga. Conocí en ese acto al general Manuel Gutiérrez Mellado, vicepresidente primero y ministro de Defensa; al presentarme y darle la mano le dije lo que me alegraba conocerle, que había brindado con Jaime Carvajal, marqués de Isasi, cuando nos enteramos de su nombramiento como jefe del Alto Estado Mayor por lo que eso suponía para la incipiente democracia, ya que la aseguraba; a Marcelino Oreja Aguirre, ministro de Asuntos Exteriores, a Landelino Lavilla Alsina, ministro de Justicia, a Iñigo Cavero Lataillade, ministro de Educación y Ciencia, a José Enrique Martínez Genique, ministro de Agricultura, al abogado del Estado José Manuel Otero Novas, ministro de la Presidencia, a Enrique Sánchez de León, extremeño como yo, ministro de Sanidad y Seguridad Social, a Manuel Clavero Arévalo, ministro adjunto para las Relaciones con las Regiones, y a Ignacio Camuñas Solís, ministro adjunto para las Relaciones con las Cortes. De todos los presentes, los únicos que no pertenecíamos a UCD y entrábamos como independientes éramos Enrique Fuentes y yo.

Ocupamos cada uno nuestro sitio según el protocolo, entró entonces el presidente, Adolfo Suárez, que nos había saludado a cada uno de los presentes con un apretón de manos y un comentario, tras él entró el rey, acompañado del jefe de la Casa Real, el marqués de Mondéjar. Suárez nos presentó uno a uno al rey. Dio comienzo la ceremonia de la jura de los cargos de ministro. En la mesa del juramento había un crucifijo y unos evangelios al lado del texto que teníamos que leer. Yo juré, como he hecho siempre, porque siempre he creído que el juramento tiene una fuerza de compromiso mayor que la promesa desde tiempos inmemoriales, o lo tenía para mí, y no por las creencias que yo pudiera tener en materia religiosa sino por mis conocimientos de la historia del derecho. Adolfo nos advirtió de que el primer Consejo de Ministros sería el siguiente viernes a las diez de la mañana en el palacio de La Moncloa, que comeríamos allí y por la tarde seguiría el Consejo hasta su fin. Terminado el acto me fui al Ministerio de Industria, que estaba en Serrano esquina con Ayala.

Allí se desarrolló el traspaso oficial y entrega de la cartera. Palabras del ministro saliente, Carlos Pérez Bricio, palabras mías recordando los años en que Pérez Bricio y yo nos encontrábamos en el Ministerio de Hacienda y en que ya Carlos tenía fama de ser uno de esos que no levantaba la cabeza de los papeles ni para saludar (risas); abrazos entre los dos, tras ellos: presentación de los asistentes, más abrazos, felicitaciones...

Al comisario de Energía y a los directores generales reunidos en mi despacho les dije que todos ellos quedaban confirmados en sus cargos mientras yo fuera ministro y ellos se entendieran conmigo y yo con ellos, que hiciera cada uno de ellos un informe conciso y claro de los problemas más importantes y urgentes que tuvieran planteados.

A las cuatro en punto de la tarde empezó la reunión de todos los ministros económicos con Fuentes Quintana. Nos recibió y la presidía el gobernador del Banco de España, José Luis López de Letona, que, sin más preámbulos, nos dijo que la situación no podía ser más grave; no teníamos ni un dólar para pagar la factura de nuestras importaciones de petróleo que vencía en los primeros días de agosto. Fuentes dijo que había que devaluar la peseta, acuerdo que teníamos que adoptar en la sesión que estábamos celebrando. Cuando se discutió la cuantía de la devaluación intervine para advertir y decir que no podía ser inferior al 23 por ciento porque ese tanto por ciento era el descuento que ya se hacía para la peseta en la City en Londres desde el mes de diciembre del año anterior y estábamos en julio; tras un breve intercambio de opiniones, yo insistí en que no hacerlo llevaría a una salida de dólares y a una no-entrada de dólares en España. Resultó que estaban de acuerdo López de Letona y sus acompañantes, entre ellos Luis Ángel Rojo y nuestro presidente económico Fuentes Quintana, y desde aquel mismo día entró en vigor la medida de devaluación de un 23 por ciento.

Fuentes empezó diciendo que la devaluación tendría efectos inflacionarios, que según los cálculos suyos y de su grupo de estudios, si no lográbamos contener la inflación, a fin de año podría llegar a un 34 por ciento; nadie discutió esta afirmación; la discusión se produjo cuando Fuentes afirmó que en el próximo Consejo de Ministros llevaría para su aprobación el decreto de creación de la comisión encargada de la fijación y vigilancia de los precios y la lista de los artículos sobre los que intervendría la comisión.

Aunque la discusión no duró mucho, quedaron fijadas dos líneas de política económica y también políticas, que al releer ahora mis notas de aquellas reuniones, veo que son las mismas con las que hoy se enfrentan en todos los países occidentales de América y de Europa, como se enfrentaron en la comisión delegada presidida por Fuentes Quintana desde julio de 1977 hasta el día en que se firmaron los Pactos de La Moncloa. Una era la línea liberal en lo político de Joaquín Garrigues y en lo monetarista en gran medida también liberal, personificada por el extraordinario economista que ya era Luis Ángel Rojo; la otra era la socialdemócrata, personificada por un político nato, Francisco Fernández Ordóñez, y los de su grupo, Juan Antonio García Díez y Martínez Genique, por ejemplo, que no eran neo-keynesianos, pero sí partidarios de la intervención del Estado en la economía, si hacía falta, y de una política fiscal claramente progresista. Mi amigo Paco Fernández Ordóñez era tan político, tan listo, maniobrero, inteligente y culto que podía hacer parecer cierto lo que a él le conviniera hablando con el interlocutor que tenía delante, en este caso, Fuentes Quintana, en un segundo plano López de Letona y Luis Ángel Rojo; Fuentes Quintana, que se movía bien entre los dos, aunque estoy seguro de que respetando mucho a Ángel Rojo, se entendía mejor con Fernández Ordóñez. Yo creo que en aquella época era, siempre lo he sido, equidistante entre los dos y por suerte para mí, amigo de todos ellos.

Volví al Ministerio de Industria con el tiempo justo para saludar a todos los componentes de la secretaría: tres secretarias más, y a la que iba a ser mi secretaria personal, enterarme de las docenas de cartas que estaban llegando de felicitación, y de los nombres de los que a lo largo del día habían estado llamando. Al día siguiente fueron unas trescientas. Le dije que lo veríamos con el detalle que pudiera a las nueve en punto de la mañana, porque a las diez tomaría posesión de su cargo de secretario general Eduardo Punset, acto al que asistirían los directores generales y el comisario de Energía, porque a continuación me reuniría con todos ellos en la sala de reuniones del ministerio.

La secretaria, que tenía experiencia como me demostró, me dijo que si no me importaba había redactado un modelo de telegrama para los más urgentes y para evitar tener que responder las cartas; lo leyó y le dije que sí, después me dijo que se había atrevido también a escribir un modelo de carta de agradecimiento y me pareció también bien.

A medida que iban pasando los días de aquel mes de julio, los problemas provocados por la grave crisis a la que nos enfrentábamos, más la inflación, más el déficit presupuestario, más el paro, huelgas y manifestaciones y las discusiones sobre un posible programa económico del Gobierno, a los que después me referiré, hicieron que a los pocos días yo expusiera mi convencimiento de que ni el Gobierno ni el partido que lo sostenía podían hacer frente en solitario a tantos y tan graves problemas, sobre todo a la crisis económica; que ante esta situación era necesario o un Gobierno de Concentración Nacional, con el PSOE, desde luego, y con todos los partidos que quisieran unirse, o por lo menos un Programa Económico acordado de forma imprescindible con el PSOE y en este caso con todos, si fuera posible, los partidos políticos presentes en las Cortes, más los sindicatos y los empresarios.

Mi propuesta fue rechazada por todos los miembros del Gobierno, con alguna matización de Fuentes, que dijo que el acuerdo sería deseable pero que era tan difícil que no podía pensarse en conseguirlo en aquellos momentos. Me extrañó la tajante oposición de Paco Fernández Ordóñez por conversaciones que había tenido con él antes de estar juntos en aquel Gobierno, por la reforma del Impuesto sobre la Renta de las Personas Físicas que preparaba y de la que yo tenía noticias, por amigos que estaban más o menos unidos al grupo de los socialdemócratas que él lideraba, esos amigos y yo creíamos que Paco era partidario de formar un Gobierno de coalición con los socialistas.

Al redactar estas líneas me doy cuenta, una vez más, de que Paco manejaba los tiempos con una habilidad y un olfato político que solo da, además de la inteligencia que tenía, el hacer de la política un medio de alcanzar el poder, un verdadero oficio, o tenerlo sin quizá estar en el primer puesto.

Había cierto desorden en la presentación de los problemas que cada miembro de la comisión presentábamos, las discusiones que se producían, que incluían ocurrencias de alguno, como la que tuvo Jiménez de Parga que, en una de esas revueltas comisiones, se arrancó proponiendo que dejáramos discusiones y acuerdos para septiembre y descansáramos durante el mes de agosto; la ocurrencia desató las risas de todos los presentes y al mismo tiempo logró sacar de su preocupado mutismo a Enrique Fuentes, que rápido y enérgico dijo que de ninguna manera se podía aplazar la lucha contra la inflación, el control de los precios, las medidas contra el fraude fiscal, la salida de capitales al extranjero y la reforma fiscal.

No era raro que Enrique Fuentes tuviera días de intervenciones enérgicas, claras e inteligentes y otros en que se sumiera en un silencio tan preocupante como cansado y con apariencia de estar ausente. Al comentarlo con un médico, muy amigo mío y que lo conocía bien, me dijo que Enrique Fuentes era bastante ciclotímico; le dije que por otra parte, Fuentes era un trabajador infatigable, que no había reunión en la que él no se hubiera leído todos los papeles que le habíamos mandado, y que además en aquel momento la responsabilidad que tenía era tan grande como la crisis en la que estábamos metidos desde finales de 1973; comprendía perfectamente que, ciclotímico o no, tuviera aquellos momentos de bajón físico y de ánimo porque al ser vicepresidente económico, la primera responsabilidad pública la tenía él.

En uno de mis despachos con Adolfo Suárez le comenté los cambios de ánimo de Fuentes Quintana y le pedí que, como él podía presidir todas las comisiones, presidiera un día nuestra Comisión Económica. Estaba seguro de que su presencia sería muy positiva para Fuentes Quintana y para todos los componentes de la comisión. Adolfo conocía mi posición, así me lo dijo, sobre la imposibilidad del Gobierno frente a la crisis económica, y que yo era partidario o de un Gobierno de Coalición, le aclaré que una coalición lo más amplia posible, o de un acuerdo con todos los partidos políticos, siendo en los dos casos imprescindible la presencia del PSOE, más el acuerdo con los sindicatos y los empresarios. Según mis notas, que iba tomando en cada comisión, la que presidió Suárez debió de ser el 20 de julio de 1977.

En ella, Fernández Ordóñez expuso la necesidad de redactar un documento para poder negociar con la oposición, con medidas que debían ser aprobadas previamente por el Consejo de Ministros; proponía hacer una presentación ante las Cortes con la intervención parlamentaria del presidente y que el problema que había que resolver era la negociación con el PSOE y las centrales sindicales; conociendo a Paco pensé: «Tú ya has tenido contactos, por lo menos con el PSOE, y con los sindicatos».

Mi amigo Joaquín Garrigues dijo que el momento no era el de la política, que era el momento de enfrentarse con el problema económico; que estaba de acuerdo con Ángel Rojo en sus propuestas sobre política monetaria, aunque no estaba de acuerdo en dejar quebrar a las empresas todas o declarar a España en suspensión de pagos; que el Gobierno en aquel momento tenía credibilidad para imponer las medidas necesarias por duras que fueran, pero que ya no tendría esa fuerza en el mes de septiembre; que el documento que se redactase tenía que servir, en primer lugar, para que nosotros supiéramos lo que queríamos: «Frente al PSOE tenemos que defender aquello en lo que creemos, no otra cosa, y el documento tiene que decir lo que queremos».

Según mis notas, el catedrático José Barea, que estaba presente, defendió la libertad de tipos de interés a más de un año y la necesidad de subirlos un punto después; además, añadió la necesidad de un pacto salarial con los sindicatos y empresarios.

José Lladó, después de declarar su acuerdo con todo lo expuesto, dijo que había que presentar un documento con un paquete de medidas fiscales, monetarias y salariales.

Intervine yo para insistir, una vez más, en la necesidad de un acuerdo con los partidos de la oposición, bien con un Gobierno de Concentración Nacional, o bien con un acuerdo sobre las medidas económicas y políticas, acuerdo que podía basarse en un documento aprobado y presentado por el Gobierno como base de partida, pero que las medidas económicas, fiscales o laborales, como había dicho Lladó, tendrían que discutirse y aprobarse por todos y cada uno de ellos; se trataba de buscar el pacto y el acuerdo de todos los intervinientes, no de imponerles las propuestas del Gobierno; también, como he dicho, habría que llegar a esos mismos acuerdos con sindicatos y patronos.

Dije, además, que si llegábamos a ese acuerdo con las fuerzas políticas de la oposición, la inflación podría dejar de crecer o incluso bajar algo antes de fin de año, y que ese acuerdo crearía un clima siempre beneficioso para los problemas laborales y económicos.

Quiero destacar dos intervenciones por el significado de los políticos que las hicieron, una la de Juan Antonio García Díez, que en el Gobierno se consideraba como un socialdemócrata del grupo de Fernández Ordóñez. Mis notas literalmente dicen: «Hay que consumir un turno de negociación pero lo más breve posible; limitar los salarios por ley, hay que hacerlo con autoridad, pero también se necesitaría (emplear) la fuerza; se hace necesario el establecimiento de una política monetaria (estricta), la flexibilización del despido y Seguridad Social hay que congelarla, plantearse el cuadro de las prestaciones, pasar (el costo) de la Seguridad Social a los precios a través del documento (aprobado)».

Paco Fernández Ordóñez, en su segunda intervención, empezó diciendo que lo del papel, dudaba dárselo a la oposición ya que el tema de la moderación de las rentas salariales ha de hacerse en un debate público; (vuelve a lo del papel del Gobierno), porque la oposición pide el papel. Fuentes le interrumpe, no es partidario de entregar el papel; sigue Paco: «¿Cómo gobernar si la izquierda no admite un pacto sino un Gobierno de coalición, y la salida de la crisis pasa por una moderación de salarios?». La norma de moderación de salarios tiene que tener rango de ley y hay para llevarla a buen término; tres modelos de actuación: 1.° Ir a la Cortes con la ley, hacer un debate entre público y autoridad; 2.° Negociación y si no se triunfa, medidas monetarias; 3.° combatir en cualquier caso la inflación.

Las dos intervenciones coinciden en lo de la «autoridad», sinónimo de que el Gobierno tiene que imponerla, pero Paco

Fernández Ordóñez ha introducido por primera vez lo del «Gobierno de Coalición», diciendo que era la izquierda la que lo pedía. No solo me convencí de que Paco era partidario de ese Gobierno de coalición sino que me pareció evidente que, dada su habilidad y sus amplios y numerosos contactos, ya había hablado del tema directa o indirectamente con gente del Partido Socialista y posiblemente el Comunista.

A continuación se lanzaron en tromba el gobernador del Banco de España y Ángel Rojo. El gobernador, López de Letona, taxativo, señaló:

—El Gobierno tiene una ideología económica, ya pública, la economía social de mercado socialmente avanzado; pero la oposición quiere el poder y no dará facilidades; y es la indefinición lo que impera en el mundo sindical y laboral. —Acabó en el mismo tono enérgico—: Hay que dejar a la oposición frente a sus responsabilidades, y el Gobierno debe imponer su programa y ganar las elecciones.

Ángel Rojo, que ya había repartido el documento insistiendo en una política de restricción monetaria, con subida de tipos de interés, y en dejar a las empresas que quebraran, e incluso si era preciso «la suspensión de pagos del Estado español frente al exterior; todo ello excede del ámbito de los precios y (haría necesario) un debate nacional, antes de concluir el verano». A todo esto añadió:

—Como el PSOE no quiere llegar al Gobierno, el Gobierno tiene que gobernar y de acuerdo con un programa duro y enérgico [...] Problema básico [es la] política monetaria restrictiva con negociación o sin negociación [...] Flexibilizar normas de despido [...] los empresarios tienen que quebrar, en Alemania van a quebrar ocho mil empresas.

No figura en las mismas notas porque en un discurso corto que realicé no tenía tiempo de tomar nota, pero recuerdo perfectamente que en ese momento pedí la palabra y dije dirigiéndome a Ángel Rojo:

—Ángel, tú sabes que somos amigos desde hace mucho tiempo; que no afecte a nuestra amistad si te digo que tu exposición ha sido perfecta, y desde el punto de vista de política monetaria no tiene contradicción posible; pero sabes mejor que yo que estamos hablando de política económica, es decir: también tenemos que pensar en las circunstancias políticas en las que estamos y con la misma convicción que tú digo que este Gobierno está gobernando en el inicio, después de las primeras elecciones libres tras cuarenta años, del tránsito de una dictadura a una democracia; que en estos momentos y con dos millones de parados, las medidas que propones causarían el paro de otros dos millones, tú lo sabes, y ese paro no lo aguanta ni este Gobierno, ni esta recién nacida democracia. Frente a medidas que tomar antes del verano que podrían curar al enfermo en un plazo que no tenemos, yo propongo el gradualismo de ir tomando las medidas que podemos tomar, que ya se han tomado algunas, y estoy convencido de que de aquí a fin de año vamos a frenar la inflación, que incluso puede ir bajando gradualmente y va a aumentar nuestra reserva de divisas; así, el enfermo no se va a curar del todo, pero no se va a morir, seguirá vivo.

Fuentes alabó el trabajo hecho por Luis Ángel Rojo, que además ya llevaba un borrador de documento, aunque admitió la dificultad de aplicarlo en aquel momento. De hecho, tanto el Gobierno como la comisión adoptaron una política gradualista, que continuó incluso después de aprobados los Pactos de La Moncloa, cuando quizá ya no era tan necesario que fuera tan gradualista porque, ya con el acuerdo, todos los participantes estaban dispuestos a sacrificarse, los empresarios disminuyendo sus beneficios personales como los trabajadores lo estaban a aceptar la congelación temporal de sus salarios.

A partir de esta comisión, los altibajos de Fuentes Quintana, aunque se moderaron claramente, ya desde mediados de septiembre, al escribir estas líneas me doy cuenta, y quizá entonces empecé a notarlo, de que ya habían empezado y se iban incrementando los contactos con alumnos suyos de los distintos partidos políticos, especialmente con Ramón Tamames, discípulo suyo tanto en la preparación de técnico comercial del Estado, como antes en la universidad, y después al presentarse a las oposiciones, que ganó, de catedrático de Estructura Económica; contactos que iban dirigidos a preparar el consenso, que yo estaba defendiendo desde el primer momento y con el que estaba totalmente de acuerdo. Por otra parte, la presencia de José Luis Leal, que llegó a ser en la vicepresidencia económica creo que secretario de Estado, fue para Fuentes muy beneficiosa.

Aunque como ministro de Industria y Energía yo procuraba, siempre que él podía atenderme, tenerle al corriente de los problemas con los que me enfrentaba y de cómo procuraba ir resolviéndolos o mitigándolos, en el mes de octubre conmigo ocurrió un incidente que supuso un cambio de su actitud hacia mí. Fue a mediados de octubre. Lo cuento porque el incidente fue tan absurdo que no creo que fuera para un cambio de su actitud hacia mí.

Jaime Urquijo, entonces presidente de Fiat, con el que tenía una buena relación personal desde que lo conocí, me había invitado a comer en su finca y tirar el sábado por la tarde unas perdices en dos ojeos, lo que me permitiría estar de vuelta en mi casa a las ocho. Aunque era sábado, asistí a la Comisión Económica que Fuentes había convocado, pero al entrar le dije que yo me iría a la una y, por un exceso de sinceridad, le conté el motivo de mi marcha; aunque era frecuente que más de uno de los asistentes se levantara y sin más explicaciones se fuera, para volver más tarde o no, cosa que era habitual en Paco Fernández Ordóñez. El lunes Joaquín Garrigues me llamó para decirme que debía hablar con el presidente, porque Enrique Fuentes, aparte de decírselo a otros componentes de la comisión, había llamado al presidente para decirle que yo era un vago, que había abandonado la comisión un sábado por la mañana para irme de caza. Llamé a Suárez, que me recibió enseguida, le conté lo que había pasado, que yo no había aceptado ir a una cacería sino a una comida con Jaime Urquijo, pero aquella misma mañana me había llamado para decirme que él y el grupo de amigos habían decidido dejar dos ojeos para la tarde, para que yo pudiera disparar unos tiros. Adolfo me dijo que no me preocupara porque tenía todo el derecho a descansar una tarde; que ya conocía a Enrique Fuentes. Luego añadió:

—Lo raro es que la última vez que vino a verme para pedirme que aceptara su dimisión, al decirle yo que no era posible, que no tenía a nadie para sustituirle, me dijo que podía nombrarte a ti, porque eras siempre el más seguro en tus intervenciones, el más firme a la hora de defender los objetivos que defendías y el que, consciente de los graves problemas que teníamos, nunca daba muestras de inquietud o de pesimismo.

—Pues ahora ha cambiado y cree que soy un vago que se va de caza un sábado por la tarde, en vez de trabajar —respondí yo.

Fui a ver a Enrique Fuentes, no fue fácil la entrevista. Él, en tono profesoral, me dijo que todavía no le había presentado un plan, insistió «no un informe, sino un plan por escrito», sobre lo que había que hacer y en borrador las disposiciones a adoptar para salir de la situación en que estábamos «o en la que estás tú como ministro de Industria y Energía». Algo molesto le contesté que debía recordar que el Ministerio de Industria se había separado de Fomento en la época de Franco a la medida de Suanzes; que a diferencia de lo que pasaba en su vicepresidencia, en el Ministerio de Hacienda o en el de Obras Públicas, yo no tenía en el ministerio un grupo de trabajo ni existía una secretaría general con gente preparada y suficiente para hacer los planes que me pedía, que eran distintos por la diversidad de las industrias; en este primer mes estábamos dedicados, yo el primero, a redactar el informe con medidas que tomar en el sector eléctrico y energético por su primordial importancia para la balanza de pagos.

—Este vago —proseguí— corrige lo que como borrador escribimos en el comité ejecutivo compuesto por Magaña, el recién nombrado jefe de mi gabinete, Eduardo Serra Rexach, abogado del Estado, y Eduardo Punset. Este vago el domingo se levanta, como todos los días, a las seis, hace gimnasia hasta las siete, desayuna, y saca cuatro o cinco horas de trabajo, no solo en la corrección sino también en la redacción de nuevas ideas sobre el mismo tema. Terminaré diciéndote que en mi vida ni como estudiante, ni en ninguno de los sitios en que he trabajado, nadie me ha llamado vago y te pido que después de meditarlo por lo menos rectifiques lo que dijiste al presidente; y no te quepa duda de que hagas lo que hagas yo seguiré trabajando como hasta ahora mientras sea ministro de Industria y Energía.

Dijo algo que sonó a queja más que a acusación, mientras pareció que iba a levantarse. Le dije que no se levantara, que conocía el camino de salida, y me fui.

Pensé entonces y después, con más razón, que alguien estaba malmetiendo a Enrique Fuentes contra mí. No sabía quién ni por qué, ni tampoco me interesaba demasiado saberlo.

Por aquellos días, una mañana que iba yo por la Castellana camino de mi ministerio, estaban sentados en una mesa de uno de los chiringuitos al aire libre que entonces había Paco Fernández Ordóñez y Pío Cabanillas; Pío, al verme, sonriente me llamó: «Mira, Paco: Alberto Oliart, el Llanero Solitario». Hablé un momento con ellos, recuerdo que les dije que si lo de Llanero Solitario lo decían porque no pertenecía ni a lo que ya era Unión de Centro Democrático, ni a ningún otro partido, y que era un ministro independiente, rápido Paco dijo:

—Yo creo que Pío lo dice porque nunca llamas a tus amigos, como nosotros, que somos tus amigos, para charlar un rato.

—¿Y cuándo tengo yo tiempo?, si me paso el día trabajando y me faltan horas. Llamadme un día para comer y veréis qué pronto os digo que sí a los dos, os tengo por amigos y os admiro por lo listos que sois para sacar tiempo de donde yo saco solo trabajo y más trabajo o visitas y más visitas. Ahora no puedo quedarme con vosotros que es lo que me apetece, sino que tengo que salir zumbando porque dentro de diez minutos recibo al embajador de Suiza en mi despacho; os llamaré yo a los dos para que vengáis a cenar a mi casa o a comer juntos en donde sea.

Dos meses tardé en saber hasta qué punto el ser un Llanero Solitario y para colmo tener la independencia personal como uno de los objetivos esenciales de mi vida, y con ella mantener mi libertad de pensar por mí mismo y la de expresarlo de palabra y por escrito, cuando lo creía necesario, hizo que la mayoría de mis compañeros, sobre todo los que entendían la política como una lucha o actitud permanente por el poder, empezaran a preguntarse qué me proponía yo jugando aquel extraño papel de Llanero Solitario. Era verdad que yo no pertenecía a UCD ni a ninguno de los grupos políticos provenientes de Juntas ni Plataformas, ni tampoco a ninguno de los conciliábulos integrado por unos pocos políticos desde tiempos atrás ligados por un conocimiento y un pasado común, que fueron muy importantes en la pre-transición y después en la transición iniciada después de junio de 1977. Sin ellos hubiera sido muy difícil, por no decir imposible, realizarla.

Fuentes Quintana estaba en la misma condición de independiente de grupos y conciliábulos; pero él estaba en contacto permanente con el presidente, con Paco Fernández Ordóñez, y con todos los agentes económicos que habían sido discípulos suyos en la universidad, o en la preparación de la oposición a Técnicos Comerciales del Estado. Además era verdad que en el Ministerio de Industria no tenía tiempo más que para trabajar, recibir visitas, llamadas de teléfono, contestar las pendientes, viajar en mi condición de ministro por España, comer con mi mujer siempre que podía, ver a mis hijos tarde por la noche al cenar o dar un beso a las dos pequeñas que ya dormían en su cama.

Hoy sé que efectivamente algunos estaban muy preocupados con Fuentes Quintana y conmigo; en el caso de Fuentes Quintana, no impedía su poder que él dimitiera ante Adolfo cada tanto tiempo, pero alguien o algunos de los servidores de Adolfo urdió la trama de la cacería y movió los hilos para que Fuentes Quintana y yo nos enemistáramos; querían aprovechar el impulso contra Alberto Oliart porque no entendían lo que pasaba conmigo, que todo el mundo se hacía lenguas de mí y les preocupaba mi posible voluntad de poder. Esta creencia de ellos en mi gusto por el poder estaba impulsada por ciertos rumores que venían sonando y que decían que el siguiente presidente del Gobierno iba a ser yo.

He comprendido que he estado en el centro de algunas conspiraciones que querían alejarme del primer término de responsabilidades en aquel Gobierno, porque a Fuentes Quintana me lo encontré mucho tiempo después por la calle y se me echó a los brazos diciéndome:

—Alberto, qué gusto verte, ¡cómo nos han engañado a ti y a mí!

Mis primeros días en el ministerio

El primer Consejo de Ministros estuvo presidido por el rey y se celebró el 9 de julio de 1977. Recuerdo la larga duración de esos Consejos; empezaban a las diez de la mañana y rara vez terminaban antes de las once de la noche, muchas veces pasadas las once y las doce; alguna vez también hemos salido cayendo la noche hacia la madrugada horaria; creo que además de tratar asuntos importantes, nos podíamos pasar horas discutiendo sobre temas como el del precio de la pera limonera, o el impacto en el precio de nuestro aceite de oliva y los aceites de otros tipos.

Por esas fechas, *El País* publicó una noticia pequeña, metida entre otras, en mi memoria tendría poco más de diez líneas, que venía a decir que el actual ministro de Industria y Energía, Alberto Oliart, podría ser el sustituto de Adolfo Suárez. En cuanto mi jefe de gabinete me trajo el periódico y me enseñó la noticia llamé directamente a Adolfo y le dije que estaba indignado —lo estaba— y dispuesto a desmentir tal noticia, que jamás me había pasado por la cabeza tal absurdo, que estaba convencido de que aquello era un ataque contra mí y que le pedía que él no diera crédito a semejante falsedad y disparate. Adolfo, con un tono tranquilo y calmado, me dijo que no me preocupara y que no se me ocurriera desmentir la noticia, pues con eso sólo conseguiría que el periódico volviera una y otra vez sobre ese mismo tema, y comprendí que tenía razón.

Hoy dudo si aquello fue un globo sonda o, lo que creo más probable, en aquel Madrid que mi amigo Carlos Barral había bautizado como la Villa del Rumor, lo que pasó fue que alguien cogió por los pelos ese rumor y se lo dijo a algún periodista de *El País,* primero, para hacerme daño ante Adolfo, y segundo, para hacérmelo ante mis compañeros de Gobierno.

Recuerdo con especial afecto, por el lugar en el que lo pronuncié, Gijón, mi primer discurso, en mi primer viaje, por la inauguración de la vigésima Feria Nacional de Muestras de Asturias, 6 de agosto de 1977.

Siempre he tenido por la ciudad de Gijón un admirado interés, por ser la patria de don Gaspar Melchor de Jovellanos, el hombre que más influyó desde el campo con la Ley de Amojonamiento, que acababa con los privilegios de las mestas.

Ahora iba de nuevo a Gijón como ministro de Industria, pero con poco tiempo, porque nada más comer tenía que volver a Madrid para participar en la Comisión Económica Delegada presidida por Fuentes Quintana, a la que quería llegar aunque fuera tarde.

Visité la feria y allí encontré un bullicio y animación que me impresionaron y así se lo comenté a las autoridades que me acompañaban que, naturalmente, eran las máximas autoridades asturianas; venía el ministro de Industria y Energía, que aunque fuera un ministerio de reciente creación, para ellos tenía una importancia especial, primero, por las industrias importantes que allí había, entre ellas la siderurgia que se iba a montar en Avilés, la minería del carbón, y todas las industrias derivadas de esas o de otras que los empresarios asturianos habían puesto en marcha.

Yo iba entre el gobernador civil de la provincia, el presidente de la Diputación, el alcalde y, entre otros, el presidente de la feria; les felicité a todos. Llegó el momento de contestar a la prensa en un aparte y de explicar los objetivos esenciales del Ministerio de Industria y Energía. Resumiendo mucho, dije que todos conocían que estábamos en una crisis que afectaba a Europa occidental entera por la subida del precio del petróleo, que había pasado de cien a cuatrocientos el barril. Además de las dificultades de suministro, ese precio había perjudicado muy seriamente la balanza de pagos de la economía española, puesto que la práctica totalidad del petróleo que consumíamos venía de importación y se pagaba en dólares, en un momento en que la inflación, que seguía creciendo, había hecho bajar en un 23 por ciento el valor de la peseta. A mi juicio, la inflación se combatía evitando que los salarios crecieran a un ritmo superior a aquélla, porque entonces iba creando inflación esa subida y se falseaba por la subida de precios que originaba, pero los empresarios, que habían montado esa magnífica feria que me había asombrado, y por la categoría de la propia feria y de la gente, tenían que comprender que solo con el sacrificio de todos podríamos salir adelante en aquella crisis que afectaba a todos los países industriales de la OCDE. Expliqué la reforma fiscal y dije que lo más importante era que tuviéramos un impuesto sobre la renta, por fin, equiparable al de los demás países occidentales, que era de justicia que se hiciera, pero que no debían tener miedo los empresarios ni a esa reforma ni tampoco al impuesto del patrimonio que se había creado al amparo de la crisis; que no era una amenaza contra nadie. Dejaba para el final el que para mí era el problema más importante: el paro. Estábamos casi consiguiendo frenar su aumento, pero entre los más jóvenes, que se querían incorporar al mercado laboral, el desempleo seguía siendo muy elevado. Por lo tanto, para todos los que me escuchaban y para mí, era una situación que los empresarios estaban obligados a tener en cuenta en cualquier reforma que hicieran de sus empresas; yo les pedía que siempre que fuera posible se fijaran, sobre todo, en no aumentar el paro y siempre en dar la misma prioridad a crear empleo para la gente joven.

En las reuniones de la Comisión Delegada Económica era frecuente que el vicepresidente y algunos de los presentes se desataran en improperios contra los principales gestores y dueños de acciones de las sociedades eléctricas españolas; según ellos, el precio de la electricidad era más que suficiente para el beneficio que a ellos les daba el ser dueños de acciones o de ser gestores y, además, también recibían beneficios por las series de empresas que vivían en torno y de las empresas eléctricas. Con lo cual todos ellos encontraban más que justificado que esos precios se congelaran en la situación económica y de control de precios en la que estábamos. Yo, en cambio, desconfiaba de los llamados precios políticos, es decir, precios tarifados desde el poder público sin tener en cuenta la realidad de la que estaban cifrando el precio. Yo defendía que para juzgar los precios, antes debíamos conocer muy bien si era verdad o no que cubrían costos fijos, costos variables y daban un razonable beneficio, y que detrás de las exclamaciones que oía nunca había un estudio a fondo y exhaustivo de los costos que llevarían esos precios; en el caso de las eléctricas, de una manera evidente, no había tales estudios, así que tomé dos decisiones; una, ordenar que por parte de la Comisaría de Energía, con los medios que tenía, a los que se añadían el pequeño grupo de trabajo y estudio que habíamos organizado en la Secretaría General, se hiciera un trabajo exhaustivo sobre tales precios; en segundo lugar, quise hablar con José María Oriol, que era presidente de Unesa desde los tiempos de Franco, llevaba en el puesto quince o quizá hasta veinte años. Se comentaba entre mis compañeros de la comisión que era tal su poder que tres decretos preparados por el ministro de Industria, Gregorio López-Bravo, firmados ya y en poder de Franco para que los firmara, y habiendo dado el acuerdo de esos decretos el propio Franco, logró pararlos José María Oriol en una entrevista que inmediatamente le concedió el general, y en un cajón todavía dormían el sueño de la espera.

Me pareció que era conveniente, en un momento político como aquél, y dada la edad que ya tenía don José María de Oriol y Urquijo, hablar directamente con él con toda franqueza y con el máximo respeto a su edad y a la obra ingente que suponía Hidroeléctrica Española. Me propuse, por tanto, exponerle la conveniencia de que él dimitiera y apareciera al frente de Unesa una figura nueva, joven y no comprometida con la política anterior, cualesquiera que fueran sus ideas. Recuerdo que no se enfadó ni puso mala cara, sino que mirándome fijo me dijo: «Bueno, eso quiere decir que ha llegado la hora de mi relevo y que usted como ministro de Industria y Energía desea que ese relevo se produzca». Le contesté que más exactamente, lo que yo quería era quitar todas las asperezas que pudiera, que continuamente estaban saltando en contra de mi opinión sobre el tema, cuando se hablaba de las eléctricas en la comisión delegada, especialmente entre algunos de sus componentes nuevos, nuevos también en la política, y que creía que una cara nueva y joven ayudaría a limar esas asperezas, incluso empezaría a cambiar la idea que de Unesa y de las eléctricas en general tenían esos compañeros míos; que yo no iba a dar nunca sus nombres. Muy tranquilo, me preguntó: «¿En quién piensa usted, señor ministro?», y le dije: «Mire, don José María, usted debe saber mejor que yo quiénes son sus compañeros, pero ya que me pregunta, le diré que me parece que una persona adecuada, usted sabrá si lo es o no, sería Juan Alegre Marcet, no crea usted que pienso en él porque además es como yo o ha sido como yo abogado del Estado; él está casado con una hija de Roca, empresa que usted conoce perfectamente, pero, en fin, es un hombre joven, y lo que sí es verdad es que es un empresario sin pasado político alguno». Me contestó: «Bueno, yo tengo que reunir a los miembros de Unesa, los presidentes de las eléctricas y jugar con el nombre que usted me ha dado, y la verdad es que tal y como usted lo plantea, pues no encuentro otro mejor». Nos despedimos, no sin hablar un rato y al marcharse, se volvió para decirme:

—Tiene usted una ventaja como persona, no sé si como político, que habla claro, dice lo que piensa y, además, con guante de seda y una mano que no estoy seguro de que hecha un puño sea blanda.

Efectivamente, a los pocos días me llamaba don José María Oriol Urquijo para decirme que se había celebrado la reunión, que él había dimitido como presidente y que el nuevo era Juan Alegre Marcet, yerno de Roca.

El segundo hito fue, que enterándome por el director de industrias varias, entre las que estaban los fabricantes de cemento, que estábamos exportando a todos los países europeos, incluso a los países de más allá del telón de acero que lindaban con Rusia y pertenecían al Pacto de Varsovia, como Hungría, Rumanía, también Bulgaria, e incluso a países latinoamericanos como Venezuela, quise enterarme del porqué de ese fenómeno tan extraordinario, dado el peso y el volumen de lo que se exportaba, y cómo era nuestro precio mejor que el de todos los demás fabricantes de cementos del mundo que abarcaban nuestras exportaciones.

En el examen salió la verdad oculta del porqué de ese triunfo y era que en todas esas fábricas, más o menos grandes, más o menos antiguas, más o menos modernas, el 50 por ciento del coste de las materias primas que empleaban era el gasóleo, producto derivado del petróleo, y que estaba subvencionado por el Estado en la mitad de su valor. Estábamos subvencionando lo que a nosotros nos costaba más del doble del precio final del producto que exportábamos, porque también tenía beneficios fiscales la exportación.

Inmediatamente hice llamar a todos los grandes productores de cemento y a los que no lo eran. Reunidos en presencia no solo del director general sino también del subsecretario y del secretario general del ministerio, les dije que les daba un plazo de tres meses, que solo prorrogaría por causa muy justificada y que estudiaríamos con toda atención, para que cambiaran el combustible que necesitaban para producir el cemento del gasóleo a algo que tuviera un precio que no hubiera tenido un aumento del 400 por cien. El que destacaba entre todos, que si no recuerdo mal era propietario o presidente de una gran fábrica de cemento que había entre Madrid y Toledo, me contestó que si se les forzaba a quedarse sin la subvención, porque el Estado no estaba dispuesto a mantenerla debido a la situación en la que se encontraba, tendrían que recurrir al carbón. Le contesté que ellos eran los técnicos y los que sabían cómo hacerlo pero que, desde luego, la subvención, ya había hablado con el vicepresidente económico, estábamos absolutamente dispuestos a quitarla en el plazo de tres meses de una manera gradual, es decir, a lo largo de esos tres meses, bajando la cantidad de dinero que recibirían, saldría un decreto ley si fuese necesario imponiendo la supresión de la subvención; el ministerio no tenía dinero para pagarla y el Estado en aquel momento, haciendo frente a la crisis económica que ellos conocían perfectamente pero de la que habían salido muy airosos, no podía seguir con tan injustificable subvención.

Ahora, desde la edad que tengo pienso que realmente fue increíble que se tardara el tiempo que se tardó en quitarla. En mi viaje a Venezuela, al que después me referiré, el propio presidente de la República Venezolana me comentó que no salían de su asombro porque ellos, al otro lado del Atlántico, estaban importando cemento español y que les parecía casi un milagro que los españoles consiguieran ofrecer un producto tan pesado y voluminoso para transportar a un precio que ningún otro competidor podía ofrecer. Le dije que en muy poco tiempo, debido a un decreto que ya se había aprobado, la subvención que hacía posible la exportación iba a desaparecer. No estaban los tiempos, por la crisis económica, ni tampoco por el precio del petróleo, que yo me alegraba que beneficiara tanto a Venezuela, para permitir continuar con aquello.

Gracias sobre todo a los directores generales del ministerio y al propio comisario de Energía, supe muy pronto que en nuestra balanza de pagos se podía rastrear con toda certidumbre cómo el avance tecnológico de la mayoría de nuestras empresas se debía a que cada una de ellas estaba pagando cantidades importantes que les cobraban las empresas americanas, inglesas, alemanas, francesas, suecas, por la utilización de las patentes en los bienes que fabricaban.

Ante esa realidad de la que hablé con el vicepresidente de la Comisión Económica y de la que también hablé con el presidente del partido, Calvo-Sotelo, el presidente Suárez e incluso con el rey, pensé que debíamos tomar las medidas necesarias para prevenir que se pagara tanto y, sobre todo, para, sin descuidar la investigación básica, fomentar de una manera clara y decidida, e incluso subvencionada, la investigación de tipo técnico para que el número de patentes de ese tipo que figuraban en nuestros registros aumentaran considerablemente.

Se daba el caso de que para una patente norteamericana, el invento fuera de un catalán, el famoso señor Casablancas, que lo había inscrito en Estados Unidos, y de ésas había varias. Los españoles tenían que irse al extranjero para tener realmente una eficaz protección.

Todo empezó cuando quise visitar el Instituto Geológico y Minero Español. Se lo dije al director general de Minas, que me acompañó; de entrada me esperaban en la puerta no solo el director del instituto, sino también los demás jefes; nos presentó a todos y subiendo la escalera hacia su despacho —había un ascensor, pero me dijo que era más seguro subir a pie porque era un edificio muy viejo—, me dijo que le asombraba mi presencia porque era el primer ministro de Industria, desde que se había creado el instituto, que quería visitarlo y enterarse de lo que allí se hacía. La visita al instituto fue para mí una fuente de informaciones tan variadas como profundas e interesantes. La parte negativa: la falta de continuidad en proyectos de la administración pública, que interesaban al país, que se iniciaban con ilusión, con medios y con técnicos de primera clase, como eran los ingenieros de minas, o los geólogos que allí trabajaban, o los especialistas en aguas subterráneas y medios en las diversas actividades propias del Instituto Geológico y Minero. Había geógrafos estatales y buenísimos, gente toda de primerísima calidad; pero, por ejemplo, el Mapa Minero de España estaba prácticamente detenido desde hacía años y solo se podía hacer poco a poco con algún rabo de los créditos que sobraban por falta de un crédito explícito y claro en el presupuesto del Estado para el instituto dentro del presupuesto del Ministerio de Industria.

Me pareció que tener el mapa minero de España iba a ser difícil, un tema complicado dado que el terreno español está partido por unos plegamientos que se realizan entre la mitad del terciario y casi el final de este periodo, y que habían quebrado todos los terrenos anteriores salvo en zonas muy concretas de la meseta y algún valle de ríos grandes como la vega del Guadalquivir y ciertos valles de los más caudalosos como el Ebro, el Duero, el Tajo o el Guadiana.

Jaime García Añoveros, ministro de Hacienda, me adelantó diez millones de pesetas para que el instituto pudiera seguir con el Mapa Geológico y Minero, que sumados a los cinco que obtuve del crédito para subvenciones, entusiasmó al presidente del instituto cuando le llamé por teléfono para decírselo. Al salir del instituto, el presidente me regaló unos cristales de cuarzos ahumados que tengo todavía en la casita de Galicia en la que busco de vez en cuando tranquilidad, sosiego, bienestar y paz.

También es reseñable el caso de un ingeniero de minas especializado en aguas subterráneas, que había vivido dos o tres años en Israel estudiando cómo aprovechaban los israelíes las aguas freáticas subterráneas, para obtener agua que utilizaban en formas de riego muy estrictas y pensadas, como el riego gota a gota, que luego se ha hecho extensivo a otros países, también España, para no desperdiciar ni un mililitro de agua, ni una gota, mezclándola además con los elementos necesarios para curar enfermedades de los árboles que regaban o para abonarlos, pero en la cantidad estrictamente necesaria, lo cual era una obra realmente extraordinaria. Él me explicó todo lo relativo a las grandes reservas hidráulicas de España y el requisito básico que faltaba en su utilización: medir las aguas que entran y desaparecen, como ocurre con el río Guadiana en las lagunas de Ruidera, y todo el agua que hay en la zona de La Mancha debajo de una gruesa capa calcárea, por lo que en realidad, se podría llamar a la zona «un enorme aljibe», en el que entraba el agua que discurría por las lagunas de Ruidera; ese ingeniero conocía perfectamente mi actuación como abogado del Estado defendiendo que el agua que transcurría por las lagunas de Ruidera era de dominio público, porque eran aguas que entraban y salían y acababan en caudales públicos; en realidad entraban en ese aljibe y se repartían por toda La Mancha, pero salía una parte de ellas importante no solamente en el río Guadiana sino también en otros arroyuelos que existían alrededor de ese enorme aljibe que ocupaba la zona de La Mancha, por ejemplo los humedales de Daimiel. Pero me dijo que en España en realidad ni se sabía el agua que entraba ni tampoco se medía la que salía; sin esas dos medidas se podía hacer un uso abusivo, como ya se estaba haciendo en ese momento, en el año 1977, de manera que podrían desaparecer humedales tan importantes desde todos los puntos de vista, especialmente el biológico, en lo que se refiere a la variedad de aves, incluso variedad de pesca, como los de las Tablas de Daimiel. Éstas no eran lagunas sino que eran en realidad floraciones de agua de ese gran aljibe y que ahora ha costado hasta el trasvase de un río para evitar que desaparecieran del todo con el consiguiente desastre para la naturaleza de España tal como la conocemos.

Un día me llamó Fernando Abril Martorell, vicepresidente tercero del Gobierno. El primer vicepresidente era don Manuel Gutiérrez Mellado, el segundo, económico, era Enrique Fuentes Quintana, y el tercero era él, como vicepresidente político. En realidad, el grupo que se reunía para jugar al mus y que resolvía problemas políticos y hablaba de todo era el que conformaban, por lo menos para el mus, Gutiérrez Mellado, Suárez y Fernando Abril.

Fernando Abril en un tono bastante autoritario, que era el que solía utilizar entonces, en esa llamada me dijo que yo tenía que cambiar a un funcionario que había en mi secretaría general. Dio un nombre, que era socialista; en cuanto me lo dijo le contesté: «Fernando, yo no sé si tú has sido funcionario público o no, yo sí, muchos años; un funcionario, si es como debe ser y me enteraré de si lo es en este caso, es ante todo funcionario público y después tendrá las ideas que quiera. Y te voy a decir algo más: si eso era así en mi época, cuando vivíamos en un régimen dictatorial, ahora que vivimos en democracia te puedo adelantar que, salvo que de la investigación que voy a hacer yo mismo sepa que ese chico está pasando información al partido socialista, o a otros, no se va a mover de donde está;

Fernando, esto es una democracia y si algo soy yo es demócrata y, desde luego, ni aunque me lo digas tú o me lo ordene el presidente cambio yo a un funcionario público que está bajo mis órdenes porque tenga ideas socialistas o porque tenga las ideas que tenga». Fernando me dijo que no podía ser, que el partido tenía derecho a tener gente suya en puestos como ése.

Le contesté que no siguiera por ahí, que iba a hacer la investigación y que si tenía interés le llamaría cuando la acabara, pero que tenía que ser muy evidente que fuera un funcionario desleal a la función pública y al ministerio en el que estaba trabajando, no a mí personalmente, que me importaba poco, para quitarlo, y si no, no lo iba a quitar. Colgó furioso. Yo hice la pertinente investigación y no quité al funcionario; al preguntar, incluso al secretario general que había dimitido al entrar yo y al subsecretario anterior, me dijeron que era un trabajador magnífico y que no tenían ninguna sospecha y menos pruebas de que fuera una persona que estuviera filtrando cosas al partido socialista; que sí era socialista y que lo había dicho con toda claridad. Yo no conocía a aquel funcionario, seguramente le había saludado como a todos en los primeros días, pero no dio lugar mi estancia de meses en el Ministerio de Industria para que yo lo conociera personalmente, que yo recuerde.

Años después, un día fui a saludar a quien era ministro de Industria y cuando salí de su despacho y me encaminaba al ascensor acompañado por un ordenanza, de un despacho corriendo salió un hombre joven, alto y bien parecido y vino hacia mí diciendo mi nombre:

—Sí, soy Alberto Oliart —dije yo volviendo la cabeza.

—Ministro, yo soy el funcionario que usted no dejó que saliera del ministerio cuando recibió la llamada del vicepresidente pidiendo mi cese porque al preguntar usted le dijeron que yo era un buen funcionario y un hombre leal a la función pública, y entonces dijo usted que era demócrata y que bastaba eso, que con la información que tenía, mientras usted estuviera allí, yo no me movería del sitio tuviera las ideas que tuviera

Luego me explicó que entonces era el subsecretario del ministerio y quería agradecerme lo que yo había hecho por él. No lo he vuelto a ver, pero no puedo olvidar su saludo y el afecto con que me habló.

Muy a principios de septiembre estalló una huelga de panaderas y panaderos en Madrid. La razón que daban era que los fabricantes de harina habían subido el precio de ésta hasta el punto de que no podían seguir vendiendo el pan al precio que lo habían estado haciendo y que, además, si tenían que satisfacer los precios que exigían los fabricantes de harina, les era imposible venderlo. Me llamó inmediatamente el presidente Suárez para decirme que había que solucionar la huelga y le dije que ya había llamado al gobernador civil de Madrid, que era Juan José Rosón, y que le estaba esperando en el despacho y que ya le diría las medidas que había que adoptar para acabar con esa huelga, que opinaba lo mismo que él, que había que acabarla cuanto antes.

Reunido con Rosón y con los datos que me dio la gente del ministerio, propuse que él y yo recibiéramos a la comisión de panaderas y panaderos y luego a la comisión de los fabricantes de harina por separado para oír sus razones y después tomar entre los dos la solución que nos pareciera más acertada.

En la reunión con la representación de los panaderos de Madrid, fueron muy claros y dijeron que al precio que había costado la harina aquel año, alegando los costos del transporte, alegando los costos del trigo..., en fin, las alegaciones que explicaban la subida del precio de la harina que les habían dado a los panaderos no podían seguir vendiendo el pan; y reunidos con los fabricantes de harina, la verdad es que en lo que dijeron también había razones que escuchar, efectivamente la subida de la gasolina y del gasoil, por tanto del transporte, habían subido los precios del proceso, y que también había sido un año no demasiado bueno en la cosecha de producción de trigo en Castilla y en otros sitios de España, como ciertas zonas de Andalucía y Castilla-La Mancha.

Ante la situación en la que nos encontrábamos, la decisión debía ser rápida y había razones porque la alternativa de tener el pan al mismo precio que antes exigía bajar el peso de las barras lo suficiente para que un alimento básico y de primera necesidad no causara el problema, que ya empezaba a manifestarse en las panaderías entre el público que acudía a comprar el pan, donde ya algunos querían venir al ministerio... Como era cuestión de atajarlo cuanto antes, yo pregunté a los panaderos qué ayuda necesitaban para mantener el precio hasta que se resolviera con algo más de plazo el tema de fijarlos, que debía tratarse con más calma; me contestaron que, según sus cálculos, para compensarles la subida de la harina necesitarían para una semana 50 millones de pesetas, que había que repartir entre las distintas panaderías.

Terminadas las dos entrevistas y reunido con Rosón le dije:

—¿Qué te parece, Juan José?, yo creo aquí no hay más remedio, primero hay que acabar con esto de momento, y después encerrarse con la gente del ministerio que pueda tener algo que ver con la fabricación de pan de entre mi gente y con quien tú dispongas del Gobierno Civil, para hacer de verdad el examen de esos precios; mi impresión y como persona muy acostumbrada al campo y a los conflictos harineros en el Aljucén y otros que he vivido, es que aprovechando los factores que realmente son ciertos, los harineros han tomado, por así decirlo, un margen de seguridad más que suficiente de que no iban a perder dinero; creo que hay que acabar con ese exceso de subida de los harineros para acabar con el conflicto, pero ahora lo urgente es conseguir cincuenta millones de pesetas, así que si te parece voy a llamar al presidente para decirle que proponemos dar esa cantidad y que del reparto en las distintas panaderías se va a encargar el Gobierno Civil de Madrid, es decir, que tienes que ser tú, Rosón, quien controle eso con la policía que está a tus órdenes y hacerlo de manera inmediata y por lo menos ganamos, como nos han dicho, una semana. En esa semana el Ministerio de Industria te dará la valoración de los harineros y cuál debe ser el precio tasado al que tendremos que llegar con el vicepresidente económico.

Serían en aquel momento las diez o las once de la mañana, como mucho. Hablé con Suárez, le dije que iba a disponer de

50 millones de lo que tenía para el ministerio y que ya hablaría para que el ministro de Hacienda me lo diera como crédito extraordinario pero que yo paraba la huelga; que eso era lo primero porque ya empezaba a agitarse la calle; tener a las señoras soliviantadas con el pan era casi peor que una huelga medio revolucionaria, porque estaban revolucionadas; así que al mismo tiempo que lo hacíamos, rogué a Rosón que con todos los medios a su alcance actuara según habíamos acordado; se lo comunicamos a los panaderos él y yo, después él se fue inmediatamente al Gobierno Civil con dos o tres de los representantes de los panaderos para que pudieran comprobar por sí mismos cómo se empezaba a repartir el dinero a las distintas panaderías; todo eso, calculando la cantidad de pan que cada una de ellas vendía; efectivamente, se paró la huelga, se empezó a vender el pan y se comunicó que el Gobierno había actuado con toda la rapidez posible, teniendo en cuenta que había que escuchar a las dos partes y, salvo alguna señora que seguía protestando porque se le había hecho esperar, todas las demás se fueron satisfechas con su pan. Así se resolvió aquella huelga que amenazaba con manifestaciones, principalmente de mujeres, en las calles de Madrid.

Yo había conocido algunas manifestaciones de mujeres que fueron de Mérida andando a la fábrica de Aljucén para protestar por la subida del precio del pan. Es verdad que se puso al frente de aquella manifestación de las mujeres el alcalde, que era contrapariente nuestro, y es verdad que él iba siempre con una enorme cantimplora que llamaba «la leona» y una pequeña que era «la leoncita», ambas cargadas con vino peleón, y el alcalde, ante la llegada de las mujeres que sitiaron el ayuntamiento por la plaza de España, cuando salió y preguntó: «Pero bueno, ¿qué pasa aquí?» y contestaron: «Que nos han subido el pan y estamos aquí dispuestas a que eso no ocurra», el alcalde les dio la razón, salió del ayuntamiento y declaró: «Señoras, yo al frente de ustedes nos vamos a Aljucén»; era pleno agosto pero él, viejo, andaba lo que fuera, y por el camino fueron cayendo las mujeres del calor que hacía, hasta que las últimas se quejaban: «¡Ay, por Dios!, usted nos mata; vaya usted y dígales lo que tenga que decirles». Se disolvió la manifestación, pero los dueños de la fábrica tuvieron también que ceder algo y limitar la subida de la harina. Se negoció, la mitad para unos y la mitad para los otros. Pues algo semejante ocurrió con la huelga del pan en Madrid; al Estado le costó 50 millones de pesetas pero tuvimos una semana de plazo en la que se resolvieron las cosas hablando con los harineros para que comprendieran que no se podía subir el precio de la harina tanto como ellos querían.

Viaje a Venezuela (4-11 de septiembre de 1977)

Recibí una llamada del presidente Suárez en la que me dijo que debía irme a Venezuela:

—Alberto, quiero que vayas a Venezuela y prepares el posterior viaje del rey y tienes que ir a verle porque quiere saber qué contratos y ventas serán más importantes conseguir con Venezuela durante su próximo viaje.

—Sé que se está moviendo mucho CAF, pero después de eso no sé, tendré que informarme —le dije.

Construcciones y Auxiliares de Ferrocarriles (CAF) era en aquel momento una antigua y acreditada empresa de material metalúrgico rodante para los ferrocarriles españoles, como lo fue después para los primeros metros.

Llamé a Marcelino Oreja y me insistió en que «el rey dice que tienes que ir antes de que él tenga que viajar a Venezuela a verle para preparar su viaje». Fui a ver al rey a las doce, reuní a los consejeros relacionados con los temas más importantes en relación con Venezuela. El más importante era el ferrocarril, después el astillero, que veía muy realizable, y la pesca, si se creaba una empresa conjunta; tercero, se hablaba de la posibilidad de crear también una empresa de aluminio (Astano). El rey, en nuestra reunión, me dijo que si se podían firmar el de los ferrocarriles y el de los astilleros eso sería suficiente para que él los firmara con el presidente de la República.

—El ferrocarril tendré que pelearlo porque los canadienses también están intentando hacerse con el contrato; en cuanto a los astilleros, recomendaría el astillero de Santander y los vascos, creo que se puede firmar y creo que sería bueno que delante del señor y del presidente se firmaran las cartas de intención por parte del ministro de ellos y el nuestro; me he enterado de quién es el ministro secretario de Presidencia y resulta que es amigo mío y que le conocí siendo consejero del Hispano Americano siendo él también entonces banquero; es muy listo.

—Mira, tú lo que tienes que hacer es meter la cuña sobre todo en el ferrocarril.

—Me va a ayudar este amigo, seguro.

—¿Cómo estás tan seguro si no le has visto en mucho tiempo?

—No hace tanto, pero hubo entre los dos eso que llaman química.

—Sí, ya sé a qué te refieres.

Llegué a Venezuela sabiendo que tenía que contactar con Carmelo Lauria, el ministro secretario de la Presidencia, de quien me había hecho amigo cuando viajé al país como director general y consejero del Hispano Americano. Al poco de llegar llamé a tía Emilia González Uña, casada con Justino Azcárate Flórez, los dos tíos de Carmen y como le hacía ilusión verles, Carmen vino al viaje y se quedó en su casa mientras yo permanecía en un hotel en Caracas.

A mi llegada a Caracas me esperaban nuestro embajador, el técnico comercial del Estado y el secretario primero de la embajada; les saludé, les expliqué la razón de que yo estuviera allí y le dije al embajador que esperaba la ayuda que yo iba a necesitar e inmediatamente me puse en comunicación con Lauria desde el hotel, que me saludó efusivo:

—¡Alberto Oliart! ¡Qué bien! Ya te dije que acabarías en política, estoy muy interesado en verte, el presidente quiere recibirte también, quiere saber qué va a querer firmar el rey.

Comí con él.

—Lo primero es naturalmente el ferrocarril, en España tenemos una fabricación de vagones, de máquinas tractoras, muy importante, CAF es una vieja empresa harta de hacer vagones de primera, de segunda y de tercera para el ferrocarril español y para otros, pero también para metros. Ahora con la crisis está más o menos parada, pero sigue trabajando en otros países y espero que aquí lo consiga. El rey le ha dado mucha importancia, como también al astillero; quizá si le ha dado importancia a éste último sea porque yo, Carmelo, he sido consejero durante años y con verdadera afición de la empresa de construcción Naval Española, que además construye barcos de guerra... y de todo tipo, pues estos constructores hicieron torpederos, acorazados, de todo...

—Esto le interesará a nuestro presidente.

—Como ahora tenemos poco dinero construyen menos en estos tiempos, pero había un programa muy interesante de fragatas nuevas. ¿Sabes quiénes eran los Cervera?

Así se llamaba el que a mí me acompañaba a los viajes: y así también se llamaba, pues era familiar suyo, el almirante que destruyeron los acorazados americanos, que disparaban a mayor distancia que nuestros barcos.

Este almirante Cervera, cuando recibió la orden de salir y atacar la flota norteamericana, dijo que desde el punto de vista militar eso era un disparate, pero sacó los barcos contra los americanos disparando como quien mata patos.

—Caray, chico, ya sabes lo que dicen en México, los Estados Unidos tan cerca y tan lejos de Dios. Lo que pides de Canadá y lo que pide tu rey, eso hay que conseguirlo con el presidente porque de otro modo no se mueve, prácticamente lo tienen dado y hay que empezar a machacar para que entréis vosotros; ahora, si tú le dices al presidente que el rey lo quiere firmar con él, eso hace una fuerza muy grande; claro, tenéis buena competencia en los canadienses, y aunque la reina de Inglaterra es reina de la Commonwealth, no tienen un monarca como el español, que ha llevado la democracia a su país y está cambiando todo.

El presidente de la República de Venezuela, Carlos Andrés Pérez, me recibió al día siguiente. Lauria me dijo que ya había hablado con él y que estaba «muy interesado en la visita del rey y en la firma de acuerdos». Lauria insistió en que en la visita al presidente le hablara principalmente de los contratos en los que estaba más interesado el rey para firmar.

Lauria me acompañó en la visita al presidente. Me recibió cordial y amablemente y me trató con sencillez. Hablé en primer lugar del contrato de ferrocarriles, en el que el rey estaba directamente interesado; dije que dentro de ese contrato cabía también un contrato con la empresa CAF, especializada en material rodante.

Le hablé también de otro asunto que podía tener para ambos mucho interés y que podía ser bien de carácter militar, bien civil e incluso los dos, que era la construcción de un astillero con el apoyo de técnicos españoles «trabajando codo con codo como hermanos que son España y Venezuela» hasta que pudieran hacerse cargo de ellos los técnicos venezolanos.

El presidente, ese mismo día, me comunicó que debía preparar los contratos del ferrocarril, el de CAF y el de un posible astillero con los técnicos de su Gobierno, y me dijo que eso había que conseguirlo para España y que él se enorgullecería de poderlos firmar con el rey, insistiendo reiterativamente en que esto era para él muy importante.

El rey Juan Carlos llegó a Caracas el 8 de septiembre; yo debía haberme ido antes, pero recibí la doble orden de la Casa del Rey y de Adolfo Suárez de quedarme para insistir de nuevo en lo que en aquel momento seguía estando más discutido: la participación en la construcción del ferrocarril. La prensa venezolana habló de la visita de «Juan Carlos de Borbón, el primer rey que visita Venezuela», destacando mucho que «es el motor de la democracia en España», en lo cual no se equivocaban nada.

En su discurso de recepción, el presidente resaltó la atención que en el mundo «suscita hoy la España a la que este rey ha llevado a la democracia», que quedaba registrada en aquellas palabras que él estaba pronunciando con tanta emoción como alegría por recibirle en Caracas. «Le recibimos en nuestra tierra venezolana con alegría y satisfacción profundas», y recalcó mucho también «la significación de un asombroso periodo de tiempo en la presencia de una nueva España que tiene una gran importancia para toda América del Sur y que significa un aporte ético para Europa»; «los venezolanos sentimos hondamente el proceso histórico de España porque nuestros pueblos se unen en una gran hermandad; sean bienvenidos a esta tierra patria del libertador Simón Bolívar».

El rey me citó al día siguiente para que le contara cómo iban los acuerdos que se iban a firmar. A la hora indicada, en el lugar donde se alojaban los reyes y algunos miembros más del cortejo regio, el rey puso en marcha el ventilador, tanto por el calor como para impedir que terceros oyeran la conversación.

—Señor, está hecho, hemos conseguido que se firme el acuerdo del ferrocarril, que es importante y que va a suponer para España prestigio y un beneficio neto para las empresas de cuatrocientos millones de dólares; además, se va a firmar el contrato para un astillero español en el que tiene muchísimo interés Carlos Andrés Pérez, así como uno de pesca. Para conseguir ese contrato tuve que improvisar, pero tuvo éxito tanto con mi amigo Lauria como con el presidente; así que si el señor quiere, se firmará el acuerdo de cooperación pesquera creando una sociedad al cincuenta por ciento hispano-venezolana y comprometiéndonos nosotros a que aquellos que enviemos serán técnicos de pesca con el título más alto que haya de patrón y de técnicos de navegación españoles que trabajarán codo con codo con técnicos venezolanos para enseñarles a pescar en el Atlántico sur. Y además se van a firmar varias cartas para la obtención de acuerdos sobre otros asuntos. Yo pediría, señor —proseguí—, que se distinguiera a todos los ministros que han estado presentes en la reunión con el presidente que yo he tenido, pero sobre todo al secretario general de Presidencia, Carmelo Lauria, que tiene categoría de ministro, se le dé una condecoración importante porque gracias a él hemos conseguido los ferrocarriles. Era amigo mío de antes y, como le dije a Su Majestad en Madrid que ocurriría, nos hemos entendido muy bien y él me ha apoyado sin reservas para que consiguiera las distintas cosas que yo le planteaba. Queda pendiente para el futuro, señor, que España pueda construir aquí una fábrica de aluminio; queda pendiente porque es un proyecto que se encargará a Aluminio España y que habrá que trabajarlo muy seriamente para que podamos hacerlo; en este momento yo diría que está conseguido, pero ya veremos cuando llegue la ocasión si está el mismo presidente y si Carmelo Lauria sigue teniendo el mismo poder político que ahora tiene.

Marcelino Oreja y el ministro de Exteriores venezolano, en un acuerdo ratificado también por el rey de España y el presidente de la República de Venezuela, firmaron por la cooperación técnica un contrato que incluía un plan de formación de técnicos venezolanos por parte de un cuerpo de profesionales técnicos españoles elegidos para la labor.

Todos estos contratos y acuerdos firmados por el rey y el ministro de Exteriores, como las cartas de intención para proyectos recientemente puestos en marcha, suponían en torno a tres mil millones de dólares.

Aquella tarde se iba a producir el suceso, a mi juicio, más espectacular e importante de la visita de los reyes a Venezuela, muestra del entusiasmo del pueblo venezolano por la visita de un rey de España. Don Juan Carlos había hablado antes en las Cortes venezolanas, donde pronunció un discurso que todos los parlamentarios en pie aplaudieron durante un tiempo exagerado, un tiempo excesivo, diría yo, pues hubo que salir del Parlamento entre aplausos. Pero aquello quedó en poco al lado de la que se organizó cuando el rey fue a hablar ante el pueblo venezolano. Carlos Andrés Pérez continuó con su propio discurso en la plaza del Libertador donde, por cierto, estaba su casa y la casa del Libertador; cuando la vi, porque quiso enseñármela Lauria, le dije: «Esto es como si viera una casa-palacio de las que hay en Extremadura, una casona de Badajoz, es completamente española, es completamente extremeña, es curioso», y recuerdo que él me dijo: «No es nada raro, en el siglo XIX posiblemente, los maestros de obras y arquitectos trabajaban aquí y también en España».

La plaza estaba llena de gente y además, gente que no cabía en la plaza se amontonaba en las calles aledañas; al llegar el rey aquello fue un griterío unánime en el que solo resonaban vivas al rey gritados por una multitud de decenas o de cientos de miles de venezolanos y venezolanas. Me dijo Lauria después que había venido muchísima gente de fuera, de todas partes del país. Yo recuerdo desde luego la entrada del rey y empezar ese grito que no terminaba hasta que subió el rey a la tribuna, preparada para que el presidente y él hablaran, y mientras subía ver cómo llegaba corriendo una mujer y se acercaba a él para darle un beso y, sobre todo, recuerdo una señora mayor que se acercó y le gritó: «¡Que yo también quiero besarle, rey de España! ¡Viva el rey!». Yo estaba en ese momento al lado de don Carlos Andrés Pérez; el rey vio a la señora, la esperó y se agachó para darle un beso y aquel griterío ya fue tal que a mí me parecía que me iban a estallar los oídos; y el presidente venezolano me dijo: «Bueno, a juzgar por este entusiasmo yo soy ahora el presidente de una república que tiene un rey y ese rey es don Juan Carlos de Borbón, es decir que este pueblo lo elige rey y yo paso a ser presidente del Gobierno, nada más», lo decía riéndose pero emocionado también; también había gritos de «¡Viva la reina de España!», pero lo del rey fue apoteósico. El rey alzó las dos manos para pedir un poco de silencio y habló al pueblo venezolano y cuando acabó, los aplausos tampoco cesaban y el presidente Pérez tuvo que pedir de nuevo que se acallaran los vítores y los aplausos para contestar al discurso de Juan Carlos. No recuerdo lo que dijo el rey, pero sí que unos lloraban, otros le vitoreaban. Fue realmente una comunión de los monarcas españoles con la gente allí presente.

El rey se iba al día siguiente y estuve en su despedida. Al darme la mano me dijo:

—Enhorabuena, ministro, porque se ha conseguido lo del ferrocarril y porque del astillero no solo se ha conseguido lo que yo había pensado sino también lo que tú has sacado de más. ¡Enhorabuena, ministro, lo has hecho muy bien!

Mirando a Marcelino Oreja, le dio las gracias por haberle contado durante el viaje las cosas que yo había estado haciendo en Venezuela. «Muy bien los dos, os lo agradezco.»

El 26 septiembre de 1977 viajé a Bruselas para visitar al comisario de Industria y Energía con el propósito de enterarme de cómo pensaban enfrentarse las autoridades comunitarias al problema que toda Europa occidental tenía, y España quizá en mayor grado que los demás, debido a la carestía del petróleo. El petróleo se había convertido en una fuente de energía esencial de todos ellos, pero en el caso de España suponía además el 75 por ciento de las importaciones energéticas. España y Japón eran los más afectados en su balanza de pagos.

Tenía que alojarme en la embajada española con Nuño Aguirre de Cárcer, embajador de España en Bruselas, que me esperaba a pie de avión con su coche oficial. Tras saludarnos, me preguntó si quería pasar por la embajada; le dije que no, que quería visitar la CEE lo antes posible.

—Bueno, ministro, es que va a haber esta noche en la embajada una recepción en su honor a la que no puede venir el presidente porque su visita le ha cogido de viaje, pero sí el vicepresidente de la Comunidad; estarán también los comisarios interesados en temas de España, que son la mayoría, y personal español y empresarios importantes. Usted va a tener que estrechar muchas manos.

—Ante todo, ¿por qué no me llama por mi nombre: Alberto?

—No, no, yo le llamaré ministro como usted a mí embajador.

—Al menos, vamos a tutearnos.

—Eso sí, encantado de poder tutearte, ministro. Lo primero que quiero decirte es que te van a recibir muy bien, porque eres el primero que viene a la Comunidad Europea como ministro de la España democrática, el primero, y eso les tiene a todos contentos, que haya un ministro de esa nueva España que viene a verles para enterarse de lo que ellos hacen o piensan hacer.

Hablamos también de pesca, ya al final. La tarde antes de viajar, me llamó Adolfo:

—Que me dice el ministro de Agricultura y Pesca que te manda una nota con las cosas que, si puedes, debes abordar con el comisario de Pesca.

—Claro que lo haré, pero lo de la energía es lo primero; voy a enterarme de lo que ellos piensan hacer y de lo que se puede hacer.

Efectivamente, la recepción no pudo ser más cordial y, en nombre del presidente de la Comunidad, y en su representación, salió a esperarme el vicepresidente de la Comunidad Europea, Lorenzo Natali; en la puerta estaban también el jefe de protocolo de la Comunidad, el comisario de Energía, Guido Brunner, y el comisario de Pesca, porque yo había advertido que me habían dado una nota con problemas sobre la pesca y que quería hablar de ello, pero que mi gran interés era saber qué pensaban ellos que se podía hacer como Comunidad Europea, en la que algún día estaríamos nosotros, para hacer frente a la crisis derivada de la subida del petróleo.

Efectivamente, el vicepresidente Natali casi repitió la bienvenida que me había hecho el embajador, diciendo que yo era el primer miembro del Gobierno de la España democrática que visitaba la CEE; que le daban a eso toda la importancia que tenía, que suponían que detrás de mí, otros ministros españoles irían a Bruselas.

Me di cuenta de que estaban preocupados por los posibles cambios en el funcionamiento de la Tierra que podrían derivarse de la contaminación de la atmósfera. En la conversación les recordé el estudio del famoso Grupo de Roma sobre los problemas que algunos usos humanos habían generado en la atmósfera, que se había iniciado por la preocupación por el agujero de la capa de ozono en el Polo Norte. Me confirmaron que habían estudiado el tema del calentamiento global con gente del Grupo de Roma y que estaban de acuerdo en que había que tomar medidas; me dijeron que, en la necesidad de combatir la crisis, habría que volver al uso del carbón, medida contraria a su preocupación por los daños en el planeta, pero la carestía del petróleo, que en cambio no afectaba a Estados Unidos, porque tenía reservas propias que cubrían la demanda del país e incluso daban para exportar, les obligaba a buscar una alternativa rápidamente; mencionaron otros países, como Venezuela, que estaba viviendo una época dorada; hablamos de la alternativa de importar gas líquido, lo cual implicaba la construcción de buques para su transporte u oleoductos, porque por carretera era realmente peligroso y en tren, éstos estarían siempre en riesgo de explosiones tremendas.

Hablamos de las energías alternativas; estaban muy interesados en la prueba que ya había iniciado una empresa alemana en España, en una instalación que ocupaba 20 hectáreas en la provincia de Almería que investigaba el uso del sol como fuente de energía; el comisario de Energía me pidió que les diera información al respecto; yo les conté todo lo que sabía de esa primera fase: consistía en recoger energía solar en grandes espejos que, efectivamente, podían producir electricidad por calentamiento, que el problema estaba en los conductores y en el almacenamiento de la energía sobrante cuando los días de sol eran tan intensos y la penetración de los rayos solares era tan fuerte que podían producir excedentes. Les dije que una empresa particular, no la alemana, cuyo nombre no debía decir hasta que se vieran los resultados, estaba anunciando una posibilidad que a mí me parecía mucho más fácil de controlar, que consistía en utilizar un segundo juego de espejos para proyectar el calor del rayo de sol que el primer juego de espejos recogía sobre un receptor que, a su vez, al llegar a la temperatura adecuada, hacía hervir el agua de un depósito al que estaba conectado; ese vapor que producía el agua al hervir se llevaba directamente a una turbina que en realidad lo que hacía era repetir el famoso invento de la máquina de vapor que fue el inicio de la Revolución Industrial. La ventaja es que era limpia; pero estaban estudiando otras, haciendo pruebas para acumular los excedentes en grandes pilas y para intentar recoger el calor para otros usos sin hacer hervir agua, investigando sobre hasta dónde podían transportar ese calor si se utilizaban nuevos conductores que lo conservaran para poder utilizarla para calentar naves industriales e incluso pequeños pueblos; lo que sí estaba claro y ya se había experimentado era que si con el vapor de agua ponían en marcha una dinamo experimental, se podía hacer con dinamos grandes. Les expliqué que yo estaba convencido de la necesidad del desarrollo de esas energías; «Es verdad», les dije, «que hasta ahora los cálculos de costo son elevados, son más elevados que una instalación eléctrica con gasóleo o con derivados del petróleo. Lo que ya tenemos en estudio es aumentar el uso del gas natural que es una energía más limpia que el carbón y el petróleo, pero el problema es el traslado hasta el lugar de consumo»; se habían abierto ya ciertos tanteos en conversaciones con Argelia acerca del gas, pues ellos tenían grandes bolsas de gas. Según mis informaciones y las de ellos, que coincidían, los suecos estaban trabajando en un diseño para un barco que pudiera transportar el gas. Yo les conté que los técnicos navales con los que había hablado decían que se estaba pensando en licuar el gas y transportarlo así con todos los problemas que había para que llegara a puerto y en el puerto tener el gaseoducto.

También hablamos de la energía eólica, con la que había muchos problemas que años antes de redactar estas líneas ya se han resuelto, estando España en estos momentos prácticamente a la cabeza del resto de Europa en materia de energía eólica y ellos hablaron de la energía marítima, que en España se había ensayado.

El tercer problema era la energía nuclear; todos teníamos centrales pero todos también nos encontrábamos con la total oposición de los ecologistas y de una parte de la población crecientemente atemorizada por los peligros de lo nuclear sobre todo en Alemania y Francia, que eran los países con mayor número de centrales. Llegamos a la conclusión de que había que iniciar el camino de investigación para seguir adelante con las energías limpias pero que, de momento, no podíamos abandonar la energía nuclear y que lo que había que estudiar y mejorar era la seguridad de las centrales, porque un accidente podía tener consecuencias altamente desastrosas y, sobre todo, porque la palabra «nuclear» asustaba a la gente. «Es verdad», les dije yo, «que tengo noticias de que los árabes, amos de los petrodólares, están financiando muy a gusto la campaña antinuclear, sobre todo, seguro, porque lo que quieren es frenar cualquier propuesta que suponga la reducción del consumo de petróleo.»

Nadie me felicitó por el viaje, Fuentes Quintana me dijo: «Si has hablado de todo eso y te han dado datos y están dispuestos a dar más, te digo que has tenido una gran idea yendo a Bruselas». Fue el único. Los demás, que ya empezaban a estar molestos por mis iniciativas, no dijeron nada. Yo animé a todos los ministros a viajar a Bruselas. «Debéis ir todos, incluso tú, Paco, porque con la reforma fiscal europea, a lo que aspiran es a la coordinación si no a la igualdad de los países de la Comunidad, en la que queremos entrar, pero eso depende de la economía de cada país. Sí quieren una armonización de los sistemas fiscales porque si no la Comunidad Europea no sería una completa comunidad.»

El 4 de febrero de 1977 fui a París para asistir a una reunión de la Agencia Internacional de la Energía, de la que formé parte con los ministros o representantes que cada gobierno mandó.

El precio del petróleo había experimentado una subida del 400 por ciento, esto forzaba una subida de precios de casi todos los demás productos que apoyaban su producción en el petróleo y derivados de éste. Esto era un gran problema para el desarrollo económico de Europa. En la reunión, argumenté que subiendo aún más los precios, cosa que algunos preconizaban, lo que se conseguía era castigar a las economías más débiles y a las más necesitadas, y que en el caso de las empresas de productos y servicios habría que medir mucho este tema, ya que esto podría causar un incremento en los precios que implicaría una subida de la inflación.

Propuse un ahorro que se podría hacer en el campo de la producción de la electricidad. Basaba este comentario en los estudios que habíamos llevado a cabo en España, en los que se había detectado que se podía ahorrar:

1. En la conducción de la electricidad a los usuarios.

2. En un cambio de la transmisión de la electricidad por los cables. Según nuestros estudios en España estos dos cambios supondrían un ahorro de entre el 15 y el 20 por ciento de

pérdida eléctrica. Se podía realizar con un cambio en el traspaso de la alta tensión a la baja tensión para el consumo de la electricidad. Esto supondría un ahorro de, por lo menos, un 20 por ciento.

Según nuestros cálculos, en España todas estas modificaciones supondrían un ahorro de entre 10.000 y 15.000 millones de pesetas y lo más óptimo sería llevar el plan de ahorro a cabo en seis años, aunque en realidad es muy probable que para hacer todas las modificaciones necesarias se requiera un periodo de entre quince y veinticinco años.

La opción nuclear presentaba varios problemas:

Por una parte, había que asegurar la provisión de uranio enriquecido para poder llevar a cabo la combustión que produce esa energía. Por otra, había que contar con los problemas derivados de la gestión de los residuos, que pueden durar miles de años.

En aquella época Francia iba a la cabeza con cuarenta centrales nucleares. Nosotros teníamos diez y un proyecto para llegar a doce.

Dije también que habría que fijar muy bien los principios para la creación de este tipo de centrales, porque había ya una opinión pública creciente en contra de su construcción. Pero, claro, los países que ya tenían centrales no podían prescindir de ellas... España propuso crear un plan para ir cerrándolas de manera paulatina a medida que se obtuvieran otros medios de producción de energía.

En Estados Unidos ya existía el aprovechamiento de la energía solar en lo que ellos llamaban *solar farms,* que eran, en realidad, edificios y construcciones dedicadas a la producción propia de electricidad o calefacción... de una explotación agropecuaria.

En España íbamos a la cabeza en los centros de prueba. Ya teníamos uno, como he contado, en Almería, hecho al 50 por ciento con técnicos españoles y alemanes.

Ahora estábamos proyectando una gran instalación también en Andalucía para promover la utilización de la energía solar tanto para la producción de la electricidad como quizá para el calentamiento. Este proyecto entusiasmó tanto a la Asamblea que se decidieron a entrar al 50 por ciento en su construcción.

Otra de las energías limpias que tener en cuenta era la eólica. Estaba en estudio qué tipo de molino podía recoger con su movimiento la energía eléctrica y permitir la distribución desde el molino y su transporte a otros centros de distribución. El problema era que el precio del kilovatio era alto, y habría que bajarlo. Nosotros ya estábamos haciendo planes de construcción de estos molinos con vistas a reducir los precios.

Por último, habría que tener en cuenta la energía hidráulica. Países como Noruega ya empezaban a descubrir que era posible el aprovechamiento de la energía procedente del Mar del Norte.

Lo más importante del viaje fue que nuestras propuestas fueron aceptadas por la Agencia Internacional de Energía y también después por la OCDE. Todos estuvimos de acuerdo en que lo más importante sería que se pudiera dominar para la producción de energía el hidrógeno por ser el más barato y el más limpio... Pero eso es algo que aún no se ha conseguido.

En el otoño de 1977 realizo un viaje rápido a Barcelona para reunirme con el gobernador civil, el delegado de Industria, el representante del ministerio en Cataluña y el consejero de Industria de la pre-Generalitat. Tras una breve reunión con ellos para tener conocimiento de los problemas de la industria catalana de aquel momento, habían preparado otra con Fomento del Trabajo, a la que asistirían los representantes de las doce empresas más importantes de Cataluña. En esta reunión tuve que contestar las preguntas que me hicieron sobre los objetivos del Ministerio de Industria y los míos, pero incidían especialmente en la reforma fiscal y en la creación de un impuesto sobre el patrimonio.

Contesté a todas sus preguntas; les dije que la reforma fiscal obligatoriamente debía tener en cuenta el cambio social, económico y político que implicaba la composición del Parlamento y su Gobierno preconstitucional y que, con la llegada de la democracia a España y la monarquía constitucional y representativa se había dado; les dije también que el rendimiento de ese impuesto sobre el patrimonio era mucho menos importante que la preocupación y molestias que causaba, y que era necesario por las circunstancias de los cambios que antes les había expuesto. Pero que, además, podía afirmar que tanto el presidente del Gobierno como el Gobierno del que yo formaba parte teníamos el gran interés de conseguir superar la crisis económica que padecíamos por el incremento del precio del petróleo, y que pretendíamos estimular por todos los medios una actividad industrial y de empresas de bienes y servicios, y de todo sin excepción para conseguir al mismo tiempo ir disminuyendo la inflación y crear el máximo de puestos de trabajo para disminuir el paro que teníamos, poniendo especial atención al juvenil.

He contado ya en el tomo primero de mis memorias la amistad profunda que desde niño mantuve primero con Jorge Folch Rusiñol y luego, por lo tanto, con su padre Joaquín Folch Girona y su madre, Rita Rusiñol, sobrina de Santiago Rusiñol e hija del senador Alberto Rusiñol. A consecuencia de esa amistad, Alberto Folch, hermano mayor de Jorge, me llamó siendo yo ministro en el otoño de 1977 para decirme que un grupo de empresarios querían tener una reunión conmigo:

—Alberto, no te asustes, pero son más de doscientos; que yo conozca, al menos cien, y el resto se han ido apuntando enseguida cuando se ha corrido la voz de que tú podías venir si yo te invitaba para comer y hablar con ellos. Si aceptas, el encuentro se desarrollará en la masía que yo tengo cerca de San Cugat del Vallés.

Alberto me confirmó que entre otros temas les preocupaba especialmente el impuesto sobre el patrimonio aprobado por el Gobierno.

Alberto Folch tenía una enorme masía cuyas paredes, del primer piso al tercero, estaban cubiertas con la mejor colección que yo haya visto de cerámica española. Yo no he visto nunca más la cantidad de piezas de Talavera especiales que allí había, que llegaban a calidades parecidas a las de la gran cerámica italiana de los siglos XIV, XV y XVI. Era una cosa increíble, cientos de metros de pared cubiertos de cerámicas de arriba abajo.

Alberto había organizado el encuentro de tal manera que me pudieran escuchar desde los tres pisos con aparatos acústicos. Cuando fueron llegando, los invitados fueron distribuidos por todos los pisos y Alberto Folch habló para introducir la comida y la conversación:

—No tengo que presentaros a Alberto Oliart como ministro de Industria y Energía, pero sí os contaré que lo conocí de niño. Yo era amigo de sus hermanas y después de la guerra nos íbamos a bañar juntos al mar. Lo cierto es que Alberto fue un hermano para mi hermano Jorge, cuya muerte temprana vivimos como una tragedia yo y mis padres, quienes querían a Alberto como a un hijo.

Hice un resumen que ya había hecho ante Fomento Nacional y varias veces más ya y sobre sus causas. Hablé del Yom Kipur, la carestía del petróleo, la gravedad de la situación en España. Después, les dije que no había que olvidar que en 1973 habíamos pasado a ser la décima potencia industrial del mundo gracias en parte al Plan de Estabilización, que había impulsado la entrada de capitales extranjeros en el mercado español; que además, en España había ya ingenieros punteros en todos los campos, y que solo faltaba acabar con el analfabetismo en todas las zonas rurales con la excepción de la casi totalidad de Cataluña.

Me preguntaron:

—¿Y eso para qué sirve ahora si el Gobierno nos arruina con impuestos y con la bajada de la demanda ya no se vende como antes?

—Les voy a decir lo siguiente: la situación fuerza a que ustedes hagan un desarrollo tecnológico de sus empresas, necesario y conveniente para poder afrontar no solo esta crisis sino cualquier imprevisto en el futuro. Sean ustedes competitivos y, a ser posible, exporten sus bienes y servicios.

»Aquí habrá algún industrial textil y sé muy bien que hay tres o cuatro empresas catalanas que no solo están produciendo ya tejidos que tienen un éxito extraordinario en España, sino que están exportándolos al extranjero. ¿Qué ha pasado en esas industrias? Pues que han hecho un cambio tecnológico de lo que estaban fabricando y hoy producen el mismo tipo de tejidos que los italianos, los ingleses, los franceses o lo alemanes... ¿Cuál es el misterio que encierra esto? Pues que tecnológicamente han dado tal salto que, por lo que sabemos, salvo a los italianos, han pasado a todos y que se está produciendo un tipo de tejido de lana auténtica que es casi seda, de una finura y con unos acabados tan perfectos que pueden competir con cualquier otro productor del mundo, siendo además competitivos con los salarios alemanes, franceses e ingleses. No diré que en toda la industria lanera y de hilo de España y, en particular la catalana, que es tan fuerte, se pueda hacer ese desarrollo tecnológico, pero sí en muchas de ellas; y lo mismo ocurre con la industria química. Resulta que en medio de esta situación yo he podido informar a Su Majestad el rey de que había una empresa en León que producía el 30 por ciento de los antibióticos que se consumen en Europa, como hay una industria en Navarra que construyendo los tetrabrik ya tiene el 20 por ciento del mercado europeo, y con estas podría citar varias industrias de Madrid hacia el norte y alguna en Andalucía que están exportando sus producciones.

»Pues señores, lo que tienen ustedes que hacer es mantener en mente continuamente la i grande de investigación, absolutamente imprescindible, la i pequeña de tecnología y la d, que se corresponde con la aplicación de esa tecnología a la producción. Si ustedes se reúnen en grupos de trabajo para plantear estas evoluciones y en grupos económicos para realizarlas, serán capaces una vez más de dar un salto adelante. Si no lo dan ustedes, los industriales catalanes ¿quién lo va a dar? ¿No fueron ustedes los primeros en industrializarse casi totalmente y ser un país industrial y avanzado en medio de una España más bien rural, con la excepción del País Vasco y parte de Valencia y Málaga?

Sobre las preocupaciones que me transmitieron acerca del Partido Comunista en España, les dije: «Ni ha tenido éxito ni ha sido un partido mayoritario, ni lo será; el español puede ser anarquista, de eso saben ustedes mucho en Cataluña porque el anarquismo tuvo mucha fuerza aquí, pero no es comunista. En cualquier caso hoy ya no hay movimientos como aquéllos. Se acabó la Guerra Civil, han pasado cuarenta años y es imposible, estoy convencido, que aquella situación se repita».

En octubre de 1977 acompañé a los reyes en su viaje a Arabia Saudí. Juan Carlos quería comentar directamente con el rey saudita los problemas generales de política que afectaban a todo el complejo mundo del Medio Oriente. Pero pensé entonces, y ahora que ha pasado el tiempo lo veo más claro todavía, que el rey quería hacer un acto de manifestación poderoso por el que, siendo él quien iba a visitar al rey de Arabia Saudí, se colocaba en un plano inferior. Era un acto de cortesía del rey y la reina españoles hacia la corona de Arabia Saudí. Sabía que eso le daba una fuerza especial para tratar los problemas. Este viaje le daba al rey una posición muy favorable en el caso del petróleo; quería asegurarse de que no nos iba a faltar suministro aunque fuera al precio del mercado.

Los monarcas viajaban en un apartado del avión. Nosotros íbamos en otro salón, donde podíamos descansar; en la parte trasera del avión viajaban seis periodistas.

La peculiaridad del viaje era que íbamos directamente a Riad, la capital, donde no recibían a casi nadie, pero sí a los reyes.

En un momento en que el rey hablaba con los periodistas que venían con nosotros, la reina me llamó aparte y me preguntó qué opinaba yo del misticismo. Parece que le habían comentado mi interés por este asunto y que algo sabía de las religiones orientales. Estuvimos hablando tanto de misticismo hindú como de misticismo sufí, de los santones y faquires indios y del misticismo de santa Teresa y de san Juan de la Cruz. De pronto me preguntó, cuando le expuse lo que sabía del hinduismo, cómo era capaz de cazar; me dijo que sabía que yo cazaba porque había tenido el honor en una ocasión de cazar con Su Majestad el rey; le dije que sí, que cazaba, y que además tenía fama de tirar poco pero bien.

—Soy un cazador dominical, pero hay razones para ello: he nacido en Extremadura y cazo desde los doce años, que maté por primera vez una avecilla.

—¿Y no te dio pena? —me preguntó.

—Sí, señora.

Le expliqué que me había acercado a aquel cuerpo inmóvil y que en aquel momento hubiera dado lo que fuera porque no estuviera muerta; «pero luego, mis tíos, mi abuelo, mis primos, todos cazaban y me llevaban con ellos, y señora, los hombres tenemos dentro y las mujeres también, no Vuestra Majestad, algo primitivo, que es ir a hacernos con la presa que se come después, y eso está muy bien recogido en un ensayo de Ortega y Gasset en el que habla de la caza y de esa tendencia a coger la presa, que era la base de la alimentación; de manera que he caído en ese primitivismo, pero lo que ocurre conmigo es que tengo dentro una doble sensibilidad porque he nacido en Extremadura y desde pequeño me la han inculcado, así que tengo también la que hace que me hiera ver el animal muerto, y sobre todo, verlo sufrir si está herido, prefiero matarlo».

Se acabó la conversación cuando el rey volvió.

Mientras el avión descendía para aterrizar en Riad, me impresionó el espectáculo de las tiendas de los beduinos, que en número de dos millones vivían en Arabia Saudí en aquel entonces. Delante de las tiendas estaban aparcados lujosos coches americanos. En una de ellas, que debía de ser la del jefe, había un Cadillac. Pero igualmente enseñaban su ganado, encerrado o libre, las cabras, las ovejas, que tenían en menor cantidad, y los camellos, que no estaban todos, según me contaron cada uno tenía muchos más de los que había cerca de la tienda, porque eran muy importantes para un beduino; me contaron que dentro de esas tiendas se podían encontrar las mejores neveras eléctricas y todos los adelantos con generadores eléctricos estaban tapados para que no se vieran y conducciones subterráneas; vivían como príncipes, pero seguían viviendo dentro de sus enormes jaimas. Había jaimas para los hombres, otras para las mujeres del harén, las esclavas y otras para los hijos, que vivían aparte.

En Riad nos recibió el príncipe heredero, Fahed bin Saúd, y lo primero que hizo fue besar la mano de la reina, dándole un abrazo y dos besos al rey Juan Carlos; habló un perfecto inglés con los reyes, aunque luego no volvió a hablar inglés y menos con nosotros, los dos ministros españoles. Al rey le llamaba primo.

Otra sorpresa. Yo tenía un apartamento asignado. No era un piso, sino un pequeño palacio dentro del palacio; disponía de un dormitorio, al lado un saloncito con televisión, muy discreto, después otra habitación, dos enormes salas o salones uno detrás de otro y después el cuarto de baño. Habían puesto debajo de mi cama un orinal que, eso sí, era de plata dorada o de oro, algo increíble. Pesaba de verdad.

Aquella misma noche teníamos una cena de gala en el desierto a unos pocos kilómetros de Riad y solo para hombres. El rey nos llevó en su coche al ministro de Exteriores y a mí porque éramos, para ellos, cortejo real. En la cena yo estaba sentado a la derecha de Fahed y Marcelino a la izquierda del rey. Me había llevado antes una mala impresión al venir a buscarnos el jefe de la guardia real. Habían preparado un coche para el rey y otro para nosotros, pero el monarca dijo que fuéramos con él y nos montamos en su coche. El jefe de la guardia real iba vestido con una túnica extraordinariamente blanca con correajes bordados en oro, con una gumía al cinto, el puñal curvo que tenía la empuñadura de oro y el estuche. Eso sí, también con una metralleta que llevaba colgando del hombro derecho. Dos esposas de segundo rango del rey Jálid habían ido a buscar a la reina, mientras la primera la esperaba en palacio, como requería el protocolo del reino. Ante mi sorpresa, cuando la reina se acercaba al rey para despedirse y darle un beso, el jefe de la guardia real la apartó de un empellón; es decir, que el estatus de la reina había cambiado desde su llegada al aeropuerto de Riad, donde fue recibida como reina, hasta su llegada ya a Riad, donde ya tenía estatus de mujer y por tanto no podía acercarse a los hombres; la apartó de un empujón y la cogieron las dos mujeres que habían ido a buscarla y las señoras que acompañaban a la reina; tuve que hacer un verdadero esfuerzo para contenerme. Luego, cuando los reyes acudieron a la costa del océano Índico, donde se encontraban las grandes instalaciones de los pozos de petróleo, allí sí la recibió el poderoso jeque que presidía las reuniones de los representantes de todos los países productores de petróleo, que la saludó besándole la mano. En Riad, la reina de España no era más que «la mujer» del rey.

Durante todo el viaje admiré la soledad de ese desierto, y sobre todo el cielo, absolutamente estrellado, que me tenía maravillado. La luna brillaba poco y el fulgor de las estrellas iluminaba todo el cielo. Al cabo de casi una hora de viaje, a la izquierda del coche vi lo que me pareció un resplandor que salía de la tierra y 500 metros más allá el coche empezó a girar por un camino que descendía y en el que pude ver un estallido de luz. Me impresionó llegar en pleno desierto a una enorme jaima de sedas con una alfombra inmensa que tapaba el suelo del desierto. En la tienda había al menos cien hijos del rey Abdulaziz bin Saúd, padre del rey Jálid, un hombre mayor —solo tenían derecho al trono siete herederos directos—. Fahed era el heredero de Jálid bin Saúd; y luego, seis más.

Era impresionante y la comida también, el lujo y el oro que brillaba en adornos y dondequiera que miraras. Llegó la comida, una especie de albondigones de cordero y entonces, Fahed, heredero al trono, con su mano cogió una y me la puso en el plato, se limpió después con una servilleta tan blanca como sedosa y yo tuve que comerme aquel albondigón. Estaba hecho con la carne de un cordero que ya había padreado; olía y sabía más a carnero que a cordero. Supe que el principal exportador de corderos a Arabia era Australia, donde se criaba a los corderos en rebaños libres en las enormes praderas y fincas, y que los corderos, que los pastores separaban de los rebaños (de veinte mil ovejas y más) a caballo, tenían ya dos años o más.

Intenté hablar con Fahed y rápidamente se me acercó el traductor, que estaba detrás de nosotros y que hablaba un español perfecto, «Perdón, ellos no hablan más que árabe». Lo que quería decirme es que aunque yo le hubiera oído hablar inglés en el aeropuerto, el príncipe heredero no puede contestar a una persona que no sea de sangre real. Para dulcificar todo el tema de la noche, porque de vino, ni hablar, de pronto el rey Juan Carlos se asomó por encima del rey Jálid, me miró, yo me asomé para ver qué me quería decir:

—Alberto, tómate ese zumo de granada, que es lo que más se parece a un vino rosado nuestro —dijo.

Cogí la copa, le hice un gesto de asentimiento al rey y bebí, lo cual impresionó a Fahed; creo que fue cuando decidió darme la croqueta. El rey me había dedicado expresamente unas palabras. Fahed no se podía creer eso de que el rey hablara así al ministro de Industria que, protocolariamente, estaba muy por detrás del de Exteriores. De las bebidas que no fueran el agua, lo que más me impresionó fue un vaso de cristal transparente de leche de camella y otro de yogur de camella.

Después de la cena, por estar el rey, los otros cinco descendientes de Bin Saúd, y delante de ellos el que parecía más joven, bailaron la danza de los sables, que tenía como acompañamiento chirimías y ruido de tambores, tocados por varios de los comensales. Calculé que en la tienda debía de haber más de cien personas y me dijeron que todos eran hijos de Saúd, que algunos eran hijos de las mujeres del harén y que los que contaban eran los de la primera mujer; después contarían los de la segunda, pero que había entre ellos algunos de color bastante más oscuro, casi negros, que estaban aparte porque eran hijos del rey padre y esclavas.

Volvimos a Riad para dormir. Entre unas cosas y otras, me acosté entre la una y media y las dos, me puse el pijama y me quedé dormido; tenía un teléfono pegado a mi mesita de noche y de pronto sonó, miré el reloj, las tres de la mañana, encendí la luz porque supuse que era el rey; efectivamente, me dijo:

—Alberto, ¿estabas dormido o qué?

—Señor, estaba a punto de meterme en la cama.

—¿Puedes bajar? Subirá a buscarte una persona, tienen que traerte donde yo estoy, porque en este palacio te pierdes.

—Muy bien, señor, estaré preparado.

Me puse un traje gris y una camisa; me quité únicamente la chaqueta del pijama y debajo del pantalón del traje dejé el pantalón del pijama y bajé; entré y me encontré ya a Marcelino. El rey me estaba esperando, vi que tenía un vaso de whisky y al llegar yo me dijo:

—Te digo lo mismo que a Marcelino, no se te ocurra decir aquí que hemos entrado un par de botellas de whisky de extranjis; lo tomo a estas horas porque así no me ve la reina, porque si no la que me riñe es ella. Duerme al otro lado del palacio.

El rey tenía el discurso que iba a leer al día siguiente, estaba escrito a mano; nos dijo a Marcelino y a mí que lo leyéramos e hiciéramos las observaciones que creyéramos. Lo leímos, Marcelino le dijo que estaba muy bien, yo, pensando en lo que más nos interesaba conseguir de esa recepción, le propuse algunas correcciones y escribí mi propuesta en un bloc que estaba en la mesa alrededor de la cual estábamos sentados, entonces el rey la leyó y dijo que sí y cogió su discurso y, tachando la que estaba escrita, escribió la que yo proponía; vi que la letra del discurso entero y de lo que acababa de escribir eran la misma.

Después Marcelino y yo nos tomamos un whisky con él. El rey fumaba un puro habano.

—No digáis que fumo, que la reina me lo tiene prohibido, pero cuando estoy solo me fumo estos puros que me envía Fidel Castro.

Sorprendido, me reí y respondí:

—Vaya, el comandante le envía estos cigarros, pues es toda una atención al rey.

—Como he pedido que se conserve el avión que va directamente de España a La Habana y no solo he dicho que se conserve, sino que si me autorizan, mando dos, y llevamos medicinas para los cubanos; seguramente van a pedirme que compremos aviones de más capacidad y mandemos más medicinas, ya les he dicho que Iberia intentará comprar un avión de más capacidad.

Mientras los monarcas se dirigían al golfo Pérsico para visitar las grandes instalaciones de su oro líquido: el petróleo del que Arabia Saudí tenía la producción y las mayores reservas mundiales, yo me reunía en Riad con el ministro de Hacienda de Arabia Saudí para tratar de la instalación en España de un banco árabe-saudí. La entrevista no fue muy larga, me dijo que estaban absolutamente decididos a abrir en Madrid un banco con el compromiso de hacerlo antes de un año. Añadió que querían que ese banco árabe tuviera uno español como socio, con una participación de alrededor del 50 por ciento. El ministro era alto, delgado, tan elegante en su porte como en su manera de hablar y de sonreír. Le di las gracias en mi inglés por el ambiente de cordialidad que él había creado a lo largo de nuestra entrevista.

De ahí tenía que ir a ver al ministro de Defensa. No se presentó a la hora convenida y había dejado recado de que yo le esperara, así lo hice. El ministro de Defensa era prácticamente negro, no era como los príncipes que había visto la noche anterior, no era sunita, al parecer era hijo de Saúd y de una esclava negra. Me hizo un pedido muy detallado de armas, empezando por bombas de aviación; yo le dije que la venta de esas bombas dependía de la aprobación de una comisión en la que estaba el ministro de Defensa, pero presidida por el ministro de Asuntos Exteriores, pero teniendo en cuenta las excelentes relaciones entre ambos monarcas, estaba convencido de que no habría ningún problema para aprobar el pedido de esas bombas. Entre preguntas de él y explicaciones mías se hizo un poco tarde y me disculpé para irme a comer con los reyes.

Llegué y ya estaban sentados a la mesa y habían tomado el primer plato; el rey, riendo, le dijo al camarero que «para el segundo plato, al ministro, que ya nos dirá por qué ha llegado tarde, le sirve más cantidad».

Terminada la comida, el rey vino hacia mí y dijo:

—Fíjate lo que nos han regalado, a la reina joyas, y a mí un libro sin encuadernar, viejo; ¿tú sabes qué libro es? —me preguntó.

Lo miré, lo abrí. Al ver la fecha le dije:

—Señor, puedo equivocarme, pero estoy casi seguro que este libro es una edición príncipe de la segunda parte del *Quijote.*

Volviéndose a la reina, Juan Carlos exclamó:

—Ya te dije que este ministro lo sabría. —Y a continuación me preguntó—: ¿Qué mérito tiene este libro, aparte de ser una edición príncipe de la segunda parte del *Quijote?*

—Señor, por ser una edición príncipe de la segunda parte del *Quijote,* este libro, en el mercado de Londres vale más trescientos millones de pesetas, quizá mucho más, si es la edición príncipe que yo creo.

—¿De verdad, Alberto?

—De verdad, señor.

Al día siguiente, salimos muy temprano de vuelta a Madrid. En el viaje, el rey estuvo especialmente divertido, llevábamos un buen rato volando, estábamos comentando los regalos que les habían hecho, a la reina un aderezo entero de esmeraldas y brillantes, y me lo enseñó diciendo:

—No sé cuanto se habrán gastado en esto, ¿tienes idea, ministro?

—Señora, esto vale, con la firma, que es de París, al menos quinientos millones de pesetas.

Era un conjunto: una especie de corona, una diadema, collar, pendientes, pulseras, todas con una composición de brillantes y esmeraldas de tan buena calidad como grandes.

—Qué lástima, tanto gasto, pero todo esto lo damos a Patrimonio Nacional. Son joyas de la corona, no para mí, ¿te imaginas que apareciera en la mesa petitoria de la Cruz Roja luciendo esto?

—No, señora, no me lo imagino.

Lo más divertido del viaje fue que el rey decía que no sabía dónde había metido la túnica, el regalo que le habían hecho a él. Era una túnica como las que llevan ellos, con su manto; de lana, pero tan fina que parecía seda y el rey bromeaba con ponérsela en verano. Yo ya sabía por qué era tan fina; esa lana se la compraban los italianos a los australianos, que tapan a las ovejas para conseguir una lana que era como seda.

Aterrizamos en Madrid, naturalmente los reyes son los últimos o los primeros en bajar. En este caso, como había dos ministros y estaban esperando abajo el presidente del Gobierno, el presidente del Congreso, el del Senado y los ministros del Gobierno y las autoridades militares, los dos ministros bajamos detrás. Pisé tierra, anduve unos pasos y de pronto me rodearon ocho o diez reporteros y periodistas con cámaras de televisión; les dije que no podía atenderles. «Solo díganos cómo ha ido la visita.» «Todo ha ido muy bien», les dije. «Sobre el petróleo», me preguntaron. «Nos han asegurado que a nosotros no nos faltará suministro, eso es todo lo que puedo decir; de lo demás no puedo decir nada porque está todo por desarrollar y ahora déjenme porque me tengo que incorporar.» No había manera..., hasta que les dije: «¡Perdonen!, les recibo en cualquier momento, pero no aquí», y me fui. Me impresionó la cara de irritación y enfado manifiesto que tenía Adolfo Suárez porque yo llegaba después que el ministro de Exteriores; fui a saludarle y me dijo:

—Incorpórate inmediatamente, ¿por qué te has detenido ahí con esa gente?

—Porque me han rodeado, no me dejaban pasar, presidente, ¿qué le voy a hacer?

Fui al puesto que me correspondía; me quedó grabado el enfado de Adolfo, me sorprendió. La ceremonia se desarrolló como estaba previsto, con una compañía de honores para el rey y la reina, después el rey se marchó sin despedirse más que del presidente Suárez, los presidentes de las Cortes y el capitán general. Los demás nos fuimos paulatinamente.

La prensa publicó lo del banco árabe-saudí y que había un contrato importante sobre armamento y nada más, pero dio importancia al viaje, destacando la presencia del ministro de Exteriores y que «en este viaje ha vuelto a ir el ministro de Industria». Supongo que también molestó al ministro de Defensa que consiguiera lo del contrato sobre armamento. Sí puedo decir que a partir de aquel viaje, no sé si por un exceso de recelo que no era propio de mi carácter ni mi manera de ser, se enrareció algo el ambiente en torno a mí en la Comisión Delegada de Asuntos Económicos y creí notar en algunos ministros una actitud distinta; me trataban cortésmente pero la familiaridad anterior había desaparecido; no hice comentario alguno y después, al cabo del tiempo, me olvidé del cambio. Adolfo, en cambio, volvió a tratarme días después como si no le hubiera molestado que los periodistas se abalanzaran sobre mí y no sobre el ministro de Exteriores. Yo me sentí obligado a decirle a Marcelino Oreja que yo no había convocado aquello, que me asaltaron. No le dio mucha importancia. Al mes de esto, el propio Adolfo me llamó para decirme que se iba a celebrar la reunión para firmar el pacto de un acuerdo económico con todas las fuerzas políticas. Le di la enhorabuena en el acto. Ya lo sabía por otro lado, porque me lo había comentado Fernández Ordóñez.

El 1 de noviembre de aquel mismo año, día de todos los santos, viajé a París. El ministro francés de Industria había mostrado su interés en entrevistarse conmigo. En el aeropuerto me esperaban no solo el subsecretario de Industria del ministerio, sino también nuestro embajador de la Unesco, Raimundo Pérez-Hernández, el de París, Francisco Javier Elorza y Echániz, y algún funcionario más. Saludé a todos y fuimos al Ministerio de Industria a ver a René Monory. En la conversación previa a la comida entre Monory y yo solos había un intérprete, y como yo hablaba francés, Monory de pronto me dijo: «Habla usted tan bien francés que no hace falta intérprete».

—Usted decide —respondí—; yo no he traído intérprete para hablar con usted. La verdad es que el francés lo aprendí de niño en París durante la Guerra Civil española y nunca lo he olvidado. Después, además, empecé a leerlo cuando estudiaba bachillerato y eso me hizo reavivar todos mis recuerdos del idioma; desde entonces he mantenido esa costumbre, de manera que su idioma se ha convertido para mí en la lengua de la libertad... en la España que me tocó vivir, eran los libros franceses que podía comprar los que no se encontraban normalmente en España, esa lectura permanente de libros ha hecho que pueda hablar en francés, no sé si correctamente pero sí lo suficiente para entenderlo a usted, siendo el único que me habla, y para que usted me entienda a mí.

Me comentó en primer lugar mi visita a Bruselas y yo le dije:

—Ya que saca esa cuestión; sé que usted defendió ante la posibilidad de una gran manifestación contra las centrales nucleares, que se llamara a la gendarmería, lo que llevó a que ahí hubiera, si no me equivoco, más de cincuenta gendarmes con armas largas.

Monory asintió:

—¡Qué me va a decir...! Fue una desgracia, lo de la descarga y las muertes, entre ellas de la organizadora. El teniente dio un aviso para que los manifestantes detuvieran inmediatamente la marcha con el altavoz, advirtiendo de que la orden era la de disparar si seguían adelante, la chica animó a la gente a continuar y la gente la siguió; el teniente dio el segundo aviso y cuando ya estaban cerca los manifestantes, volvió a advertir que iban a abrir fuego y les gritó que les quedaban cinco segundos para volverse por donde habían llegado; siguieron adelante y los gendarmes cuando el teniente gritó «¡Fuego!», dispararon; bastó una descarga, cayeron los diez primeros y los demás salieron corriendo.

—Caramba, cómo defienden ustedes las centrales nucleares; yo hago eso en España y me procesan a mí y, desde luego, el teniente lo pasa mal.

—Mire usted, para nosotros nuestras centrales son cuestión de soberanía nacional. En estos momentos podemos exportar energía a España, creo que lo hacemos, y si se arregla lo de la comunicación de líneas, exportaremos más, porque nos sobra electricidad. Eso nos da la garantía de nuestra soberanía nacional, primero; y segundo, nosotros sabíamos perfectamente, como usted está ya en el Gobierno y sabe lo que es un secreto de Estado no le puedo decir cómo, pero sabíamos acerca del dinero árabe que había, organizando primero y pagando después, detrás de esa marcha. Ellos están en contra de la energía nuclear, y no solo están sufragando una marcha, sino que además están financiando muchas organizaciones de defensa de la naturaleza y del medio ambiente. Los intereses rusos coinciden en ellas, que aunque son distintos parece que están animando a la gente a luchar por la paz también.

Ésa era la misma información que yo tenía.

—Bueno, pero usted no me ha llamado para que hablemos de la energía nuclear, ¿no? Con la misma confianza que usted me está hablando le digo yo que usted quiere hablar de otra cosa...

—Sí, así es, y que me ha llamado la atención en nuestra balanza de pagos en relación con lo que denominamos la línea blanca, que quería que usted me explicara de verdad. Lo cierto es que estamos muy sorprendidos de que por primera vez desde hace muchos años en esa línea, en la exportación a España, el saldo es deudor con ustedes y además sigue creciendo nuestra deuda. Es decir, que está a favor de ustedes, que exportan más de esa línea blanca a Francia de lo que nosotros exportamos a España.

—Mire usted, con mucho gusto he venido a París, porque París en mi recuerdo ha sido siempre una ciudad impresionante, desde que llegué con ocho años, habiendo salido de Barcelona a un París maravilloso en el que se estaba celebrando la Exposición Universal de 1936-1937; recuerdo el asombro de la expo, el asombro de la torre Eiffel, el asombro del Arco de Triunfo y de tantas cosas que viven en mí como algo que me tienta, y lo que dice esa canción, que París se lleva siempre dentro, es verdad para mí. También le voy a decir que ya era hora de que la industria española pudiera aventajar a Francia en algo tan concreto e importante como es la línea blanca. Además, los igualamos a ustedes por lo menos en calidad, quizá incluso, en algunos productos, que si usted tiene interés podemos empezar a tratar específicamente, los superamos en la calidad, quizá poco, pero lo suficiente para, por todas esas razones, poder exportar a Francia más de lo que importamos de ella en esa línea; piense que, en realidad, es casi de justicia que en algo compensemos porque hay muchas otras cosas que ustedes nos importan y con las que nosotros no podemos competir. Ministro, váyanse preparando porque en España se está desarrollando la democracia y va a hacer que se desarrollen más la economía y los salarios...

En ese mismo viaje, fue también muy grata la visita a la Unesco; España ya había entrado en el organismo. La parte cultural de España tiene varios siglos que pesan mucho y ya lo saben ellos, los franceses, con un Goya que se ha adelantado a todo y después un Picasso que hizo lo mismo con el cubismo. Y para colmo, el Fidias del cubismo para ellos y para mí, y para tantos, es Juan Gris, otro español... En fin, pero no solo en materia pictórica, en muchas otras, España es de una riqueza cultural valiosísima.

Me recibió no solo el embajador español en la Unesco, Raimundo Pérez-Hernández, sino también el director general, el senegalés Amadou-Mahtar M'Bow, que me dijo que no tardaría mucho un español en ser director general de la Unesco porque la cultura española aportaba lo suficiente, «a pesar de la Guerra Civil y a pesar de todo lo que han tenido ustedes con Franco, la verdad es que las creaciones literarias, así como las creaciones pictóricas, esa escuela de Madrid, son muy importantes; además fue un español el que escribió el *Quijote*».

4
Los pactos de La Moncloa

Tengo apuntes con todas las propuestas que hice y que, como siempre, fueron desechadas o discutidas y habían quedado pendientes para su acuerdo por parte de Enrique Fuentes, que era quien paraba lo que yo decía, sobre todo respecto a mi insistencia en una idea fija que tenía: que era imposible hacer frente a la grave crisis en la que nos encontrábamos a no ser que llegáramos a un acuerdo con el principal partido de la oposición y las demás fuerzas políticas, crisis dentro de la cual la mayor de las preocupaciones era el paro y la posibilidad de que aumentara.

A la salida de un Consejo de Ministros de principios de octubre, Suárez me llamó para hablar conmigo un momento y me explicó que después de una serie de entrevistas con las principales fuerzas políticas de la oposición y todas las que estaban en el Congreso, se había llegado a la conclusión de que se iban a reunir. El primer encuentro sería el día 8 de octubre. Faltaban dos o tres días para el inicio de esas reuniones y me pidió que estuviera presente en ellas como ministro del Gobierno; me anunció que Paco Fernández Ordóñez y yo iríamos como ministros representantes del Gobierno y los dos vicepresidentes, Fernando Abril como vicepresidente tercero político y Enrique Fuentes como vicepresidente segundo económico, en el que en realidad caería el peso de las discusiones de tipo económico y fiscal, aunque naturalmente yo podría intervenir si lo estimaba oportuno pidiendo la palabra.

Para mí, los Pactos de La Moncloa fueron un momento esencial en el asentamiento y camino hacia la democracia; fue el verdadero inicio de la época del consenso que hizo posible que en ese ambiente no solamente pudiéramos llegar a unos pactos económicos de trascendental importancia para aminorar los efectos de la crisis que padecíamos, sino también, conseguido esto, que pudiéramos abrir el camino para la aprobación de la Constitución que nos regiría después, al menos hasta el momento en que escribo estas memorias, ya que las modificaciones que se han introducido son mínimas. Por lo tanto, me parece que no es exagerado decir que los Pactos de La Moncloa abrieron un periodo histórico que duró desde esa fecha, el 8 de octubre de 1977, hasta el momento en que escribo.

Alrededor de la mesa estaban presentes: Paco sentado a la derecha de Abril que, a su vez, estaba sentado a la derecha del presidente Adolfo Suárez, en una de las cabeceras de la mesa, con Fuentes Quintana a su izquierda y yo a la derecha de Paco; luego, alrededor, los representantes de los partidos políticos presentes en las Cortes, como Leopoldo Calvo-Sotelo, que era el portavoz parlamentario de UCD, sentado casi enfrente de Fuentes, y detrás de él los diputados de UCD que acompañaban a Leopoldo; después, el Partido Socialista con Felipe González, Juan Reventós en representación de Convergencia Socialista de Cataluña; estaban también Enrique Tierno Galván por el Partido Socialista Popular, Santiago Carrillo del Partido Comunista de España, Josep Maria Triginer en representación de la Federación Catalana del PSOE, Juan de Ajuriaguerra del PNV, Miquel Roca de CiU, Manuel Fraga por Alianza Popular, todos ellos firmantes de los pactos, a quienes acompañaron otros miembros de los respectivos partidos durante las sesiones.

Abrió la sesión el presidente del Gobierno diciendo que aquella reunión tenía el sentido claro de cambio hacia la verdadera democracia, porque lo que se pretendía era que llegáramos a un pacto político para lograr un acuerdo consensuado sobre el programa económico necesario para hacer frente a la crisis y que, con más detalles, iba a exponer el vicepresidente económico, Enrique Fuentes Quintana.

Fuentes empezó diciendo que el programa económico era muy extenso debido a la gravedad de la situación en la que estábamos inmersos y por lo tanto entraba directamente en él, que proponía una manera de luchar contra los desequilibrios económicos. El programa se basaba ante todo en:

a) Reducir la tasa de inflación que padecíamos, tema que era «condición inexcusable para que España pueda seguir adelante» y alcanzar, cuando hubiera reducido esa tasa, un camino de mayor facilidad fiscal, crediticia y de todo tipo.

b) Reducir y acabar en cuanto pudiéramos con el desequilibrio exterior; el déficit exterior que teníamos era insostenible. Las medidas que ya se habían adoptado de devaluación de la peseta habían conseguido reducir sustancialmente el déficit e incluso en ese momento teníamos ya en perspectiva de días tener una reserva de divisas de 800 millones de dólares.

c) Empleo: el Gobierno empezó con un paro que podía calcular en dos millones de personas, preocupación que se concentraba en nosotros en el caso del paro juvenil; si se conseguía un crecimiento de la economía del cuatro por ciento en 1979, ese paro se habría reducido de una manera ostensible; dijo que las medidas ya tomadas significaban el inicio del restablecimiento del empleo que se había perdido.

El programa «exigía inexorablemente el reparto justo de sacrificios y cargas a repartir entre todos» para que fueran visibles y realmente se iniciara una recuperación económica en España, con dos grandes núcleos: el primero, un saneamiento coyuntural que debíamos tomar como tal y que era necesario; segundo, las medidas de alcance de reforma institucional.

En las medidas de saneamiento coyuntural:

Era necesario mantener el cambio y, para ello, la flotación libre de la peseta; en la cuenta de caja eso suponía en aquel momento 2.000 millones de dólares.

Había que hacer una reforma financiera adecuada a la crisis y medidas presupuestarias tanto del Estado como de la Seguridad Social cuyas cuantías estarían determinadas precisamente por lo que en esas reuniones se acordara; dijo que tendrían que ser medidas de crisis, es decir, que habría recortes de créditos del Estado, entre otros.

Medidas necesarias que tendrían que acomodarse a la situación política monetaria; vino a decir que nada de alegría en la emisión de moneda.

Una política justa y, por tanto, que tendría que imponer forzosamente límites para repartir la carga de los sacrificios, rentas y precios.

Medidas sobre el presupuesto nacional: el gasto cuantitativo que tiene que figurar en el presupuesto tenía que ajustarse al incremento del producto interior bruto monetario, lo cual reducía a más de la mitad el crecimiento vegetativo de ese PIB el año en que estábamos hablando, 1977; el resto, si lo había, se iba a destinar a aumentar el empleo. Fuentes Quintana explicó que debía dedicarse a gastos de inversión un 30 por ciento del presupuesto, a fin de incrementar el empleo y bajar la cifra de parados.

Había que reducir el déficit presupuestario. El objetivo era bajarlo de 80.000 que teníamos entonces a 20.000 millones, y Fuentes dijo que, por lo tanto, se estaba obligando a que los ingresos públicos aumentaran lo que llamó «su productividad», es decir, era preciso acabar con el fraude.

En cuanto al presupuesto de la Seguridad Social, el programa se proponía: conseguir una reducción de los costos del trabajo, con lo cual las cuotas de la Seguridad Social tendrían que aumentarse a costa del presupuesto. En cualquier caso, su incremento no podía ser superior al 18 por ciento.

Los gastos de la administración cuantitativos no pueden crecer más que el aumento monetario, como se ha dicho del PIB, así que los gastos de personal debían tener, en principio, un incremento del 30 por ciento para repercutir en la demanda agregada de consumo de bienes y servicios, animar la economía y luchar contra el desempleo; todo esto necesitaba un ajuste permanente para que el equilibrio entre gastos e ingresos que nos proponíamos se cumpliera.

En cuanto a la política monetaria: se exigiría moderación en el incremento de las magnitudes monetarias como la emisión de moneda, los créditos y todo lo que produce dinero, pero se haría paulatina y gradualmente para ir pasando del 19,5 que ahora tenemos de inyección de moneda en el mercado al 17,5. Queríamos obtener un incremento solo del 12 por ciento del crédito interno bancario para que la economía funcione, y del exterior no recibir más del uno por ciento.

Se procedería además a una limitación de los recursos al Tesoro, «de acuerdo con los principios de magnitudes a tener en cuenta que he ido exponiendo»; limitar también el crédito oficial «a que sea una excepción en estos momentos», para administrar con eficiencia el ahorro que se pueda producir financieramente. «Habría que conseguir que ese ahorro, que son unos 190.000 millones de pesetas, se administre con eficacia y se utilice para alimentar las exportaciones, que son muy importantes para la mejora de nuestra balanza de pagos, y apoyar mucho a la agricultura, la construcción de vivienda, la pesca, y a la pequeña y mediana empresa.»

En el capítulo de rentas y precios, se someten a precios autorizados los productos estratégicos y los precios monopolísticos «tienen que tener un límite que será el que oficialmente se fije».

Respecto a los aranceles, el objetivo era conseguir una mayor competencia, por tanto una baja de los precios de las importaciones. En cuanto a las rentas a percibir por los ciudadanos, los criterios serían: la fijación de un incremento de salarios no superior al 5,5 por ciento, con lo que conseguiríamos en el año 1977, con los convenios ya aprobados, que los salarios se contuvieran y no aumentaran más del 4,6 por ciento. Se excluye el incremento de plantillas y la antigüedad, normas que se imponen también a la Administración, y no es deducible fiscalmente el cinco por ciento; no se computa en cambio el 4,6 por ciento.

Las empresas que, por sus circunstancias, pierdan dinero, podrán pedir créditos y mantendrán fijos los salarios, pero quedarían afectadas las exenciones.

Se impondrán techos salariales a los cargos del Estado y de las empresas públicas y cambios también en las sociedades basados en la competencia, la justicia y la equidad.

Reformas: «Se basan, primero, en que se distribuyan equitativamente los costos de la crisis; segundo, en mejorar el sistema económico y social españoles y para ello es necesaria una política fiscal que se va a basar en la reforma fiscal ya aprobada y en una política de Seguridad Social que tendrá que ajustarse a los principios que he expuesto, y el gasto público tiene que tener la productividad que se ha dicho en relación con la transformación de un régimen a otro que estamos viviendo». Segundo, reformas presupuestarias, «tendrán preeminencia, dada la situación, la educación, la vivienda y el urbanismo».

La Seguridad Social. En primer lugar, será sometida a un control directo por parte de la intervención general del Estado, en segundo lugar habrá mecanismos de control en prestaciones para distintos fines sociales que se pondrán en marcha en 1978 y se van a aumentar; en tercer lugar, «tenemos como objetivo que de la financiación de la Seguridad Social pueda llegarse a financiar desde el Estado hasta un 20 por ciento de su coste para aligerar la carga en las empresas, y en cuarto lugar, conseguir mayores y mejores servicios públicos en todos los sectores. Así:

a) Política educativa, los escolares y preescolares, se habla de unos 80.000 millones, habrá un capítulo de deuda excepcional de 40.000 millones de pesetas, y revisión de los gastos educativos para recortarlos en todo lo que se pueda.

b) Vivienda y urbanismo, primero agilizar trámites; segundo, las corporaciones locales deben entrar también en la solución de los problemas de la vivienda y el urbanismo; tercero, dar prioridad a los sectores de la sociedad más modestos o enfermos para obtener viviendas sociales; cuarto, revisión de la fiscalidad; quinto, deshacer los obstáculos para que exista un mercado de hipotecas ágil pero regulado; sexto, crear fondos de inversión inmobiliaria y regularlos cuidadosamente.

Fuentes habló asimismo de la reforma sindical en la empresa, «tenemos que enfrentarnos con los problemas del patrimonio sindical que fue absorbido por el Estado anterior y también regular adecuadamente el derecho de huelga», aunque éste era un derecho que estábamos seguros de que contemplaría la Constitución que se iba a redactar.

Regular el empleo adicional de trabajadores para abrir más posibilidades de empleos, «en los nuevos contratos vamos a proponer que haya libertad de despido con la consiguiente indemnización —de un mes por año trabajado— para impulsar que haya más contratos»; «abonar el 50 por ciento de Seguridad Social para la creación de nuevos puestos de trabajo».

En cuanto a las acciones sectoriales, se refirió sobre todo a la agricultura, que en aquel momento era una de las principales fuentes permanentes de exportación.

Política industrial: reestructuración de los sectores industriales de acuerdo con la realidad en la que nos encontrábamos; creación de un plan energético nacional y la necesidad de que al lado de las empresas privadas existiera la pública.

Política comercial: habló por una parte de la regulación y por otra de la mejora en la regulación de la política comercial interna, y en cuanto a la externa remitió a lo que ya había dicho de fomentar las exportaciones.

El presidente Suárez abrió entonces el turno de las intervenciones. La primera fue la de Enrique Tierno Galván, quien dijo que «realmente nos encontramos con un panorama nuevo respecto a otras declaraciones. Se nos presenta un plan global no del todo desarrollado pero sí presentado, lo cual me produce una gran satisfacción». Sobre la reunión dijo que su importancia «la da la confianza de que estemos aquí los políticos que representamos a los ciudadanos» y «esta reunión, a esos efectos, puedo decir que es más fiel que lo que ocurre en Italia, es una manera de cortar o impedir la desesperanza».

«En la parte ejecutiva es de primera importancia que los ciudadanos se sientan protagonistas del esfuerzo común. Los sacrificios simbólicos que se piden en el proceso de ejecución así lo evidencian, y no se trata de responsabilizar un programa aceptable y bueno, sino de ejecutarlo.»

Interviene Fernando Morán, quien elogia a Fuentes Quintana, aunque señala que el modelo presentado «responde al modelo social de mercado»; cree que hay un desequilibrio entre las medidas financieras y monetarias cuantificadas respecto a otras medidas que interesarían a otros y de las que no se habló; sobre el sacrificio de la clase obrera, habló de «molestias» para el grupo a la hora de luchar contra la inflación, el paro y las medidas sobre salarios y pagos, «no se corresponden con otros sacrificios fiscales de otras clases sociales», y añadió que «las clases deben tener su compensación por la participación en las medidas y en el control en las empresas». En este sentido habló de que «es preciso el Estatuto del Trabajador, del que no se ha hablado, y también la regulación amplia de las huelgas». En cuanto al control y racionalización de la Seguridad Social, dijo que le parecía poco el límite del 25 por ciento a la hora de subir la aportación del Estado, y en su opinión «la fórmula debería ser del 50 por ciento y que se cuantifique», también apuntó a «la necesidad de la mejora del equilibrio de las economías y diferencias regionales» y criticó los programas sectoriales, que calificó de «vagos e inconcretos»; «con respecto al suelo hay que adoptar medidas y mucho ojo con la especulación». Sobre política comercial, «es vago lo que se ha dicho, sobre todo su incidencia en la política de precios» y terminó diciendo que «se ganaría mucho en colaboración si se precisara más».

A continuación, tomó la palabra Emilio Gastón, en representación del PSA (Partido Socialista de Aragón) y como portavoz del Grupo Mixto en el Congreso, afirmando que «el Gobierno ya ha tomado medidas en relación con lo que ha dicho Fernando Morán» y añadió que «se van a necesitar libros regionales y nacionales sobre producción de energía y tarifas de distancias, y en este punto hay que ser muy cuidadosos».

Tomó entonces la palabra Santiago Carrillo, en representación del PCE, quien empezó saludando la iniciativa de la reunión. «El país necesita partidos políticos que den la sensación de tener plena conciencia de la gravedad de la situación y la voluntad de resolverla con cooperación, sin objeción de la autonomía de las fuerzas políticas»; «significa esto la consolidación de la situación política y económica; dar al país la sensación de que la reconciliación y las dificultades empiezan a ser superadas». Siguió diciendo que «se nos pide cooperación democrática, me parecen excelentes las palabras de Suárez que dicen que no se trata de acaparar protagonismo ni por parte del Gobierno ni de los partidos; esto supone el protagonismo colectivo de los partidos que forman el arco constitucional». Resaltó la voluntad de llegar a un acuerdo en un programa de mínimos sin perjuicio de la diversidad y división y lucha de clases como lógica del capitalismo. «Se trata de que la lucha ande por un terreno que no anime las posibilidades del paro ni las de los obreros, que están tan interesados en que no se hunda España económicamente como los empleadores.» Respecto al programa de Fuentes, «está pensado con medidas aceptables y también como base para discusiones; es un programa duro y suscitará reservas y dudas en diversos sectores, pero es bueno». Carrillo se refiere a España como país capitalista y político, «que el país tenga la impresión neta de que los sacrificios van a conducir en un plazo de dos a tres años a una economía organizada más racionalmente que lleve al país a una situación de bienestar y promesa de mejor futuro». Acepta la «profunda impresión de que se quiere lograr bajar el paro y mejorar la vida obrera». Sobre las reformas estructurales: «están presentes de una manera general que hay que aceptar, pero a continuación de esta reunión debe haber una elaboración pluralista para las reformas a estructurar ministerio por ministerio». En cuanto a la contrapartida a los sacrificios económicos de los trabajadores y otros sectores, dijo que «los momentos de democratización de las estructuras quedan claros, y se aprueban —Banco de España, Instituto de Industria y otros organismos del sector público, la Seguridad Social—; esto dará más confianza y seguridad entre los trabajadores de clase media; mejorarán las administraciones de estos sectores; el suelo urbano necesita lo ya expuesto como se necesita la modernización de la agricultura desde el punto de vista económico y social, y ahí sí piden estas medidas más precisión». Se refirió además a «la página 81 en el segundo párrafo del programa prácticas monopolísticas», «a la que tengo que referirme para advertir de los circuitos monopolistas entre el productor en el campo y el consumidor en la ciudad». El Estatuto de los Trabajadores en la empresa «es muy importante, debe promulgarse lo más rápidamente posible el «Derecho de Miradas» de vigilancia sobre inversiones en las empresas, sobre la contabilidad, y la organización interna, la distribución de puestos de trabajo y sobre el despido; que los trabajadores sean algo más que los subordinados de los empresarios; pero dándoles una visión más realista de lo que pueden y no pueden reclamar, porque los trabajadores están interesados en que la empresa no se hunda; se debe flexibilizar el seguro del paro, que no alcanza a todos actualmente», y destacó el «temor del subsidiado que se emplea de dos a tres meses y no más»; así como se mostró partidario de la «reducción de sueldos e ingresos de los altos cargos de la Administración del Estado, que debe empezar por el Gobierno».

Intervino a continuación Ramón Tamames, también desde su posición del PCE, quien dijo que «el programa del Gobierno consiste en previsiones que pueden provocar la resistencia o la colaboración de la sociedad, es distinto al programa de julio porque aquel era estabilizador y sin colaboraciones; hoy ya coincide mucho con los programas de los partidos presentes». Sobre la crisis, «hay que hacer coincidir su superación con el cambio de modelo, pasar del modelo oligárquico a una mayor liberalización; hay que contener la inflación, pero no es solo cuestión de medidas monetarias y fiscales sino también de psicología social». «Se necesita la participación obrera» y «el trato al poder financiero e inmobiliario debe ser tan duro como el que se da a la clase obrera». A su juicio, «la reforma fiscal es lo más alentador del programa»; sobre el gasto público pidió hacer «más énfasis en acabar con el derroche e ineficacia, eso es tan importante como recaudar más y hay que dar más importancia a los interventores para que sean verdaderos auditores». En relación con el seguro del paro, «no hablar de libertad de despido sino de cortes de actividad de empleo; hay que flexibilizar el nivel de empleo», y sobre participación en la empresa, «tienen que evitar un programa si se llega a consenso; los comités no deben ser lo que son actualmente, y los consejeros laborales deben participar en ellos». En política agraria, «coincido con lo expuesto, pero hay que hacer la revisión de los arrendamientos, fomentar la explotación en común y poner en aprovechamiento las fincas mejorables». El estatuto de la empresa pública «se debe hilvanar con los de la empresa privada, pero el Estado tiene que dar un paso adelante», dijo citando los malos ejemplos de Unosa y Enasa. «Hay que democratizar el INI, el Banco de España, el ICO, las cámaras agrarias y dar entrada a fuerzas sociales»; también habló de la necesidad de contar con un órgano delegado «como forma política de instrumentalización para lo que se va a hacer», y en cuanto al método de trabajo se mostró partidario de «suscribir algún documento; lo pide a gritos el país y preocupa a todos, como preocupa la amnistía a los grupos minoritarios» y finalizó hablando de «una limitación temporal del acuerdo hasta que salga la Constitución».

El siguiente en hablar fue Jordi Pujol, quien de entrada advirtió que su intervención sería más política que técnica. «El documento me ha producido de entrada un buen efecto», y dijo coincidir en admitir que era necesaria la responsabilidad de todos «porque en el caso de no salir adelante se derrumba la democracia»; «los dos planteamientos hechos para resolver en corto plazo los desequilibrios de nuestra economía y estrangulantes, así como las medidas sobre las problemáticas de fondo que son más superficiales, no se podrán deslindar; los primeros tienen costos muy altos y por eso son mayores los sacrificios, por lo que hay que ponerse de acuerdo con lo que se va a hacer después; todos los estamentos van a sufrir, luego tienen que ver la salida». En su opinión «hoy no se puede llegar a un acuerdo pleno, pero por cómo se reparten los sacrificios, se nos invita a un acuerdo político importante; sin embargo, hay una crispación de estamentos sociales, no solo de los obreros sino también de los empresarios», y subrayó que «no están presentes los sindicatos, las organizaciones empresariales ni tampoco las organizaciones campesinas» en la reunión. Pidió que «a cada uno se le diga hasta qué punto se le puede pedir responsabilidad y corresponsabilidad frente a los compromisos que se requieren». Así, añadió que «la responsabilidad del salario no la tienen solo empresarios y trabajadores, sino también el Gobierno, de lo contrario pueden salir resultados contrarios al interés general». «Segundo punto, es difícil si no se ve claro el futuro de las organizaciones sindicales o la democratización de la empresa» y dijo que él no tenía inconveniente en hablar de un pacto social acompañado de un pacto político. «Habría que profundizar en decisiones posteriores sobre todos estos temas para llegar a un fin más aceptable para todos.» Sobre las reformas estructurales dijo: «Por ejemplo, hay que saber la actitud de ayuda del Gobierno a los sindicatos porque la debilidad de éstos es hoy un problema». Respecto a las empresas: «Hay que precisar las cosas muy rápidamente para eliminar incertidumbres; a las clases y a las regiones se les pide un esfuerzo y un sacrificio que no son pequeños, y nosotros, en cuanto nacionalistas catalanes, somos sencillos; si los acuerdos no entran en una política de lucha contra los desequilibrios regionales de España, hay que institucionalizar algún mecanismo que responda a un acuerdo que dure, de lo contrario dentro de tres o cuatro años estaríamos destrozados». Recordó que «los italianos han llegado a un acuerdo con un país destrozado; nosotros tenemos un fin más sano», y a su juicio, «una reforma rápida llevaría al hundimiento empresarial y sería el provecho de las multinacionales». En cuanto a las alternativas, se limitó a preguntar si los vascos las asumían.

El siguiente en intervenir fue Juan Reventós, que expresó una actitud positiva y programática por parte de los socialistas de Cataluña. Expresó su preocupación «por el desarrollo de estas conversaciones» interesándose por la «metodología de las conversaciones del futuro», afirmando que «se inicia un proceso de comunicaciones que nos ha de ayudar a salir de la crisis»; a su entender, «el documento mejora la declaración del Gobierno, la parte más elaborada es la de la política monetaria y financiera y los socialistas», dijo, «nos damos por satisfechos»; «en cambio he observado generalidades y falta de concreción en lo que respecta a la Seguridad Social, puede que sea una falta de información; así, las contrapartidas de lo que se da a la Seguridad Social no aparecen, se necesita un control de la Seguridad Social a cargo de las fuerzas sociales y especificar cómo se llegará a ejecutar ese control». Sobre fiscalidad: «la tributación de la renta, de las ventas... no se cuantifican y se necesita saber bien los tipos, los resultados esperados y que se nos dé información de eso». Habló de la política educativa para lamentar que «no se concretan las enseñanzas a que se refiere el programa y cómo va a funcionar la educación en los tres grados». Respecto a la política de precios y rentas, que es la política más dura, advirtió del «abanico de las diferencias salariales», precisando que «habrá que ver cómo queda ese abanico»; «creo haber visto en lo que se ha dicho sobre vivienda y urbanismo un esquema más liberal que en las otras propuestas y poco definidas las medidas cautelares». En política sectorial «encuentro vaga la política que se refiere a la agricultura, a la energía y al comercio». En cuanto a las medidas laborales, «echo de menos el cálculo sobre la cuantificación del despido; no se dice nada del empleo, y en lo que se ha dicho del Estatuto de los Trabajadores no se dice nada de la ley de huelga». «Por lo tanto, nuestra posición es de acuerdo parcial sobre las medidas para luchar contra la crisis; creo que hay que tener un control técnico eficaz sobre el Instituto Nacional de Industria; hay que fijar también en estas conversaciones el estatuto público de la televisión pública española, y sobre el estatuto público que ya hay sobre otro tipo de instituciones públicas y las cajas, se necesita de una ley alternativa, así para el Instituto Nacional de Previsión, el Banco de España, las mutualidades y el Consejo Superior de la Seguridad Social». «Echo de menos que no hay ninguna referencia a las haciendas autónomas, además debe haber comisiones de encuestas parlamentarias sobre política sectorial, política de empleo juvenil y regional, especialmente en el caso de Andalucía y Canarias, y también una comisión de encuesta parlamentaria sobre la economía política»; advirtió finalmente de que «la planificación económica es una reivindicación socialista».

Carlos Güell, en nombre de la derecha catalana, se preguntó si podría cumplirse el programa que había sido expuesto, añadiendo a continuación que creía que se necesitaba la confianza del país y varios años para resolver los problemas y desarrollar el documento. «La comparación de servicios públicos habría de hacerse y cómo se administrarían, y en especial el tema de la vivienda»; advirtió de la existencia de un ambiente de crispación en el mundo empresarial y dijo que «hay que estimular las mejoras de productividad, que no se ha hablado de ello, y de la emisión de deuda para los gastos de educación y pensiones, así como es necesario precisar bien la financiación de la pequeña y media empresa».

Tomó la palabra Manuel Fraga, quien fue muy preciso en su exposición:

«1. Falta un papel con el orden del día.

»2. No ha habido más que declaraciones de principios generales», y aseguró que su partido respetará las reglas del juego. Se quejó de que el documento lo recibió el día anterior, «me parece muy de libro».

»3. La política monetaria me hace preguntar qué va a ocurrir con las (empresas) que se van a hundir.

»4. La situación es explosiva, hay un colapso del aparato productivo, estamos en estado de quiebra exterior de la economía, que hundirá al Gobierno y otras cosas.

»5. Sube el paro al siete por ciento, los precios no suben al 25 por ciento como se ha dicho sino al 30 por ciento y la OCEDE dice que debe bajar al 10 por ciento; la inversión desciende.

»6. El Gobierno ha hecho dejación de los temas económicos en el último año; estamos en pleno desorden y anarquía social.

»7. Hay un evidente deterioro de las empresas.

»8. Y encima una reducción de los beneficios empresariales.

»9. El plan que se nos propone es de centro izquierda, lo que lleva al socialismo».

A continuación, inició otro bloque diciendo:

«1. Hay que marcar prioridades a tiempo y no se ha hecho.

»2. La inflación hace imposible corregir el paro y desde luego el déficit exterior.

»3. La distinción de medidas a corto y medio plazo, a corto plazo solo hay una, reducir la inflación a límites soportables con medidas monetarias, política bien hecha de renta y precios y gasto público recortado o lo que haga falta».

Sobre el ajuste dijo que consideraba «equivocada» la política cambiaria y propuso «rehacer las expectativas públicas de ahorro y del ánimo de los empresarios». «El crecimiento previsto para 1979 solo se consigue si se rehace el margen de autofinanciación de las empresa.»

Esta última intervención le llevó a tomar la palabra a Adolfo Suárez, quien lo primero que dijo fue que la posibilidad de un acuerdo existía, que «el modelo presentado para salir de la crisis es el que de una manera u otra llevan todas las sociedades industriales occidentales modernas»; segundo, en cuanto al valor de las expectativas, «hay que distinguir las expectativas de las ilusiones o de la degradación a que llevarían según las expectativas que se fijen». «Las medidas son a la vez conservadoras y reformistas, tenemos que salir de lo que se llama una *stagflation*, es decir, una inflación con depresión económica y eso es lo que creemos que vamos a conseguir con estas medidas.» Afirmó que el orden y la autoridad significaban coherencia en todo lo que se hiciera (y continuidad), que a su juicio era lo que se necesitaba; que «la economía internacional en lo económico data de diez años y parece que hace falta un plan de dos años, periodo en que el país se juega su destino, y de cinco a diez años para que el empresario tenga ya certidumbres fundamentadas de lo que va a ser su empresa; el compromiso que proponemos es a esos ritmos, que son los occidentales de todos los países industriales, como he dicho, un periodo a corto y un periodo a largo». Explicó que la política monetaria «es una cuestión de circunstancias y conveniencias, no se puede aplicar con la rigidez de otros países, dado que estamos en plena transición política, pero sí, esa política monetaria debe permitir que los valores de las empresas puedan entrar en las bolsas; sobre la política fiscal, lo que hay que preguntarse es si es operativa cuando se aprueba y partiendo de que no se pueden hacer todas las cosas al mismo tiempo», nos dijo que «la equidad y el pragmatismo» aconsejan una amnistía fiscal; en cuanto al temor al déficit presupuestario, «el presupuesto es hijo de la historia que se vive en cada momento histórico y nosotros pensamos que vamos por el buen camino para disminuirlo, incluso diría que mucho»; sobre la devaluación «se ha hecho la que marcaban los mercados internacionales, pero es una medida peligrosa por sus efectos sobre los precios y otros efectos colaterales; en cuanto a la política comercial interior, creemos que se puede actuar sobre ella rápidamente»; sobre la política salarial y laboral, «o se corrigen o tenemos que aumentar la posibilidad del despido por parte de las empresas; y décimo, en cuanto a la función pública, la reforma es discreta pero creemos que eficaz, no se debe ir mucho más allá de momento».

Tras el presidente del Gobierno habló López Rodó para decir que «el plan del que nos han hablado es igual al preconizado por Alianza Popular»; «este plan no saldrá adelante por desconfianza del ahorro y del empresario»; «no hay una sola medida a favor del ahorro y la inversión»; «la reforma fiscal que se ha hecho va contra la Bolsa»; «Francia e Italia han emitido bonos de caja anónimos, aquí no hemos hecho nada»; «es más que dudosa la aceptación por parte de los trabajadores porque no tienen interlocutores válidos ante el Gobierno ni ante empresarios»; «la política social y laboral está poco definida, no señala medidas que favorezcan claramente a los trabajadores, como ha dicho Juan Reventós»; «se necesita una política a medio y largo plazo que sirva de nuevo al empresario y además le dé tranquilidad, y eso solo se consigue con la planificación económica»; López Rodó defendió en cambio el plan de desarrollo (sus planes de desarrollo); a su juicio «faltan medidas para incrementar la productividad»; «hay mucho que podar de los presupuestos del Estado»; lamentó la «falta de transparencia e información en las actitudes del Gobierno, hay ya señales de alerta en la sociedad»; «hay maquillaje del déficit presupuestario que inició el Gobierno anterior con fraude evidente a la opinión pública»; también pidió «un envío normal del saldo recaudatorio y del saldo de la cuenta del tesoro en el Banco de España; «hay que poner cuál es el montante del endeudamiento exterior público y privado»; «el programa habla de una reserva ya de 2.000 millones de dólares, es fundamental que sepamos lo que hemos de satisfacer al exterior y además sería conveniente que el plan incluyera una estimación del número y volumen de las empresas que van a cerrar de aquí a fin de año».

Tras López Rodó intervino Felipe González, quien comenzó diciendo que la reunión era una «iniciativa muy positiva e ineludible»; habló de la «preocupación del Gobierno por lo inmediato, no por lo mediato; nos ha podido dar un modelo económico de los que rigen en Europa porque de otro modo no habrá cambio ni en los próximos cinco ni en treinta años»; «no hay que discutir el documento pero sí decir lo que le falta»; «tenemos que tener en cuenta que debemos llegar a acuerdos de tipo económico y político»; «representamos intereses no homogéneos sino divergentes y tenemos que tener en cuenta que iniciamos la democracia en uno de los periodos peores desde el punto de vista económico»; «estamos tratando de llegar a una cota de síntesis de acuerdos»; «estoy convencido de que se puede llegar a cierto acuerdo pasando una etapa de austeridad y dureza»; «no tengo inconveniente en apoyar medidas económicas, pero sí puedo decir que tales medidas son insuficientes y hay medidas del Gobierno con las que el PSOE no estará de acuerdo»; «me parece que se está poniendo en contra el grado de representatividad de las centrales sindicales, y hay una crisis de confianza en los empresarios; durante años hemos vivido con el empresario bien tranquilo e intranquilo el mundo obrero»; «hay que dejar claro en el plan qué se espera de la perspectiva de beneficio del empresario y las contrapartidas que se le va a pedir al trabajador»; «ha de desaparecer cierta forma de capitalismo y especuladores, que son inseparables, que no se dan en estos momentos en otras naciones de Europa occidental»; «los socialistas estamos de acuerdo en llegar a un pacto no solo con el Gobierno sino también con los empresarios»; «no consta una estimación de las reclamaciones industriales porque no hay un mecanismo válido de negociación entre trabajadores y empresarios ni entre empresarios y sindicatos; toda central sindical o empresarial que nace se modera porque necesita medios para prestar servicios»; «la Administración sigue siendo extremadamente cerrada». «Acabo como empecé, insisto en que tenemos una esperanza limitada y razonable en estas cuestiones.»

Paco Fernández Ordóñez intervino para defender la reforma fiscal, tanto desde el punto de vista de la renta, que había aumentado algo pero no excesivamente, como del impuesto sobre el patrimonio, que era mínimo y cuyo tipo no podía ser un agravio para nadie que tuviera un patrimonio importante.

Yo intervine para negar la debilidad del modelo propuesto, era el único que se podía aprobar en ese momento de cambio político, tan importante y tan rápido, posible gracias al coraje del rey y del presidente del Gobierno Adolfo Suárez, dije, por todo lo que habían estado realizando, así como de todos aquellos que habían intervenido hasta llegar a las elecciones libres, cosa que había sorprendido tanto a los españoles como a todo el mundo exterior sin excepciones.

En cuanto a las expectativas, consideré importante decir que, como he contado, habíamos devaluado la peseta un 23 por ciento de acuerdo con el valor que le daba la City de Londres y, como consecuencia de ello, los mercados internacionales más importantes. Esto nos había llevado: primero, a detener la referida inflación, que estaba próxima al 30 por ciento; segundo, a que la proyección para final de año, en lugar del 30 o más que algunos habían predicho, apuntaba ahora a un 13 por ciento por haber adecuado las medidas a un gradualismo que precisamente se imponía por la rapidez y profundidad de la transformación política que vivíamos, que tanto se admiraba fuera y que yo esperaba que algún día admirara también a los de dentro.

—Si se aprueba un plan económico de austeridad y de sacrificios compartidos por todos —continué—, tendrá que ser evitando en lo humanamente posible cualquier injusticia relativa; y en cuanto a las expectativas de futuro, tenemos ya en este momento dos mil millones de reserva que naturalmente responden a medidas futuras, pero dejamos bien planteado un inmediato presente que abre un futuro mejor.

Después, Abril Martorell se levantó para hacer un resumen de los acuerdos, pero no dijo nada de los desacuerdos y se limitó a comentar que esperaba que en las siguientes sesiones se avanzara en los acuerdos.

De nuevo tomó la palabra Felipe González para insistir en que se debía hablar de las contrapartidas que se iba a dar a la clase obrera —aunque el Gobierno ya había hablado de ellas— y propuso un método para los diálogos consistente en hacer un catálogo básico de medidas propuestas y discutirlas partiendo de ese catálogo.

Entonces intervino Adolfo Suárez: «Tengo una decidida voluntad de llegar a una coincidencia de todos los presentes por las medidas a tomar ante los temas más graves del país», «los ajustes se considerarán en las medidas de saneamiento a corto plazo», «la ponencia que se hará para llegar a un acuerdo con todos queda para mañana».

Habíamos entrado a las nueve de la mañana, no se había interrumpido la reunión, para comer nos habían servido unos bocadillos, agua y zumos de fruta. Suárez se había tomado su tortilla como una suela de zapato y le habían servido cafés con leche mientras a nosotros nos servían café si hacíamos una seña a alguno de los camareros que rápidamente entraban y salían; los camareros no permanecían en la estancia, no estaban presentes durante las intervenciones; entraban, servían café, salían. Salimos a las diez y media de la noche, más cerca de las once. Los grandes problemas y las actitudes de los presentes habían quedado planteados en esa primera reunión.

Segunda reunión para los Pactos de La Moncloa

El segundo día, 9 de octubre, fue el de las ponencias. Adolfo Suárez entregó a los asistentes el catálogo de cuestiones que había pedido Felipe.

Pidió la palabra en nombre de Alianza Popular Federico Silva Muñoz para agradecer la convocatoria y pidió que la reunión no sustituyera los debates parlamentarios; en orden, destacó e insistió más tarde en la dificultad de acuerdo sin la presencia de los empresarios y sindicatos; dijo que estaba de acuerdo con Fuentes Quintana en revisar no solo los tipos en materia fiscal sino también las bases; discrepó con el informe respecto al aumento del coste de vida, «porque no es del 25 por ciento, es mayor».

A continuación, Tierno Galván insistió en que debía objetivarse el esfuerzo de cooperación: «La conferencia de cooperación tiene sentido y debe tener cierto grado de permanencia y actuación porque todos debemos tener el sentido de la corresponsabilidad; es una conferencia que no sale del nivel del poder ejecutivo»; «no es anómalo que, por ejemplo, se intente ampliar la información de los grupos políticos dado lo grave del momento»; «es verdad que faltan obreros y empresarios en estas reuniones, es cierto el problema, pero tiene que haber una cronología, tiene que haber unos criterios propios ya establecidos entre nosotros»; propuso delimitar el compromiso al ámbito de problemas y soluciones «en otro caso, obreros y patronos reunidos se confundirían, no sabrían a qué atenerse».

Santiago Carrillo habló a continuación y empezó diciendo que «hay que entrar en el orden del día»; dijo estar de acuerdo con Silva en que faltaban agentes en esa reunión, «pero se puede llegar a importantes acuerdos que no han de comprometer forzosamente la política de todos los partidos pero sí les compromete en puntos concretos»; «no debemos privar al Parlamento del debate; pero debemos ir con el aire constructivo que el país necesita ver cuanto antes»; «indirectamente están representados empresarios y trabajadores, para saberlo basta repasar las intervenciones de ayer, lo importante en este tema es la decisión política de llegar a un acuerdo».

Después tomó la palabra Felipe González: «Hay dos niveles que pueden ser paralelos; el primero, ver si se llega a acuerdos grandes. Estamos comprometidos a obtener la credibilidad del consenso; hay que partir de la implicación de partidos y centrales sindicales»; «en paralelo se puede intentar conseguir un compromiso general con las centrales sindicales y la patronal, sirviendo el Gobierno como orientación en las negociaciones concretas», que serán las que se discutieron tras la firma de los pactos y a las que asistí.

Después fue el turno del presidente Suárez: «Estoy de acuerdo en coordinar voluntades; nada quitamos al Parlamento, tenemos que tener la conciencia de las dificultades del país y dar una respuesta política, paralelamente se mantendrán reuniones con patronos y centrales sindicales»; «es muy importante lo que estamos haciendo en estas reuniones porque al mismo tiempo que llegamos a acuerdos estamos construyendo la democracia».

Por su parte, Fuentes dijo que «además, vamos a evitar ese 25 por ciento de aumento del costo de vida y el 34 por ciento de inflación que unos y otros señalan para finales de año y que nosotros tenemos planteada como posible, aunque creo que vamos a acabar en una cifra aceptable».

Fernando Morán defendió las medidas a corto plazo, «que hay que distinguir de las medidas de reforma» y dijo que «el acuerdo sobre las primeras depende también de las segundas».

Ernest Lluch, del Partido Socialista, insistió sobre lo mismo, las medidas a corto plazo.

Adolfo Suárez añadió que «el análisis incluye unas y otras medidas, pero al final el acuerdo es global».

Seguidamente, Fernández Ordóñez entregó el resumen de los acuerdos que se habían conseguido ya sobre política presupuestaria.

Tanto el día anterior como en toda esta segunda sesión, Fernando Abril no hacía más que salir y entrar en la sala; yo, que estaba sentado a su lado, en un momento le pregunté: «Pero Fernando, ¿qué estás haciendo que continuamente entras y sales?», y me contestó: «Estoy intentando embridar a Paco [Fernández Ordóñez]», porque Paco no dejaba de salir de la estancia como siempre hacía en cualquier reunión.

Siguiendo con las intervenciones, Fraga habló para insistir en que «hay que revisar el presupuesto, también los servicios concretos, la televisión española y la agencia EFE». Ramón Tamames corrigió a Fraga, y dijo que «el presupuesto se va a discutir en las Cortes y éstas se reservarán el derecho de hacer transferencias entre capítulos».

Pujol, por su parte, insistió en que «tal y como está planteada la reunión difícilmente se llegará a un acuerdo». Añadió que «en líneas generales, las cuestiones planteadas por el Gobierno son acertadas, pero creo que las medidas económicas se aprobarán en las Cortes, habrá que discutirlas cuanto antes por lo que hay que establecer un mecanismo para discutir las propuestas a fondo».

Ramón Trías Fargas abundó en la idea de Pujol, añadiendo que le gustaba el plan de Fuentes Quintana: «Es completo desde el punto de vista técnico»; «el plan de austeridad exige sacrificios y ofrece compensaciones»; se preguntó en voz alta si lo que se ofrecía como seguro de desempleo, la Seguridad Social, etcétera, sería suficiente para convencer a «nuestra gente», «el plan como tal no es discutible».

Abril apoyó lo que Fernández Ordóñez dijo sobre las medidas presupuestarias.

López Rodó habló de «fijar la atención en la diferencia entre gastos corrientes y gastos de inversión», y recordó que «en 1927 se dispararon los gastos corrientes».

Tamames insistió en su idea de que la reunión del Parlamento no debía ser sustituida por ésta; su partido estaba de acuerdo, dijo, «con los principales principios establecidos».

Felipe González afirmó que «hay que ver las medidas de los puntos 2.°, 3.° y 4.° que recoge el catálogo».

Joaquín Leguina intervino en nombre del PSOE para indicar que «hay dos soportes básicos del Gobierno: la restricción de créditos y la restricción de salarios. La de créditos es fuerte y es dura»; habló de la diferencia entre el incremento monetario del PIB y el crédito, añadiendo que «es fuerte la medida que se propone y algunas empresas cerrarán»; pide que la restricción se haga con justicia, que no se perjudique a las pymes y que se abra un debate sobre la reforma de las cajas de ahorro que mejore al nuevo estatuto; sobre el otro soporte, la restricción de los incrementos salariales: «es forzoso que se tengan que admitir contrapartidas»; como medida precautoria, que los precios se pudieran disparar y no los siguieran en ese aumento los salarios; «no solo debe tenerse en cuenta el índice del coste de vida, también que no suba éste ni otros conceptos y medidas del Estado del bienestar y que el incremento medio se redistribuya; el Gobierno puede redistribuir el sector público y ejercer presión sobre las empresas vía convenio; debe elevar el nivel de negociación dentro de la empresa, consiguiendo cualquier posible aumento de salarios; debe favorecer la inversión productiva, prevenir la fuga de capitales productivos y que se conviertan en especulativos; sobre la flexibilización del empleo «en realidad se abre el despido libre con estas medidas, la subida al cinco por ciento es muy dura, se ha hecho en Inglaterra pero no es posible en este país»; «hay que ponerse de acuerdo y acordar más medidas».

Tomás García dijo que su partido estaba de acuerdo con la política presupuestaria y de la Seguridad Social y habló de contrapartidas y de la participación de empresarios y trabajadores en la elaboración de la política de vigilancia y su ejecución; sobre la política monetaria añadió: «Si se toman medidas para proteger a la mayoría de las empresas y se influye en la banca para que no le falte dinero a la pyme, aunque nosotros preferimos coeficientes, estamos de acuerdo»; con respecto a las reformas de las cajas de ahorro, defendió que hay que ir más lejos, que debían ser bancos regionales, que el Consejo de Administración fuera elegido democráticamente porque si no serían apéndices de la gran banca; defendió la democratización de las cajas rurales; si con las medidas no se pueden contener los precios hay que aumentar salarios; habló de la extrema gravedad de la autorización del cinco por ciento, «hay que pensar en la flexibilización de plantillas; hay que tener contrapartidas»; comentó el impacto que tendría en la clase obrera el despido libre, subordinarlo a un buen seguro de desempleo; «hay que crear un régimen especial para la nueva contratación laboral; los cauces de la resolución del contrato deben ser especificados y revisados por los comités de empresa».

Tamames se refirió a la política de precios para decir que estaba «muy de acuerdo, pero cuidado con el suelo urbano y urbanizable, hay que regularlo»; hay que dar publicidad a la cuenta del Tesoro del Banco de España; los precios y salarios tienen que tener una revisión trimestral»; «hay que tomar medidas sobre control de créditos porque los bancos y grupos financieros que forman el consorcio superior bancario hay que vigilarlos, así como hay que reformar el estatuto del crédito oficial».

Fernando Morán retomó la palabra para pedir flexibilidad; preguntó si no sería mejor no fijar las cifras con tanta rigidez, podría haber un criterio de porcentajes o un criterio a cero y estimó necesario que todo esto se hiciera con la participación de las centrales sindicales.

Miquel Roca se refirió a las rentas salariales que, a su juicio, «constituyen un 50 por ciento del aumento global y se imputan a aumentos lineales»; dijo que para el estímulo de creación de nuevos puestos de trabajo debía hacerse «una contratación temporal en exclusiva para los trabajadores que están en el seguro de desempleo y, en este caso, habrá que ir a una supresión de las cotizaciones para la Seguridad Social» (por parte de las empresas y de los trabajadores, que entonces pagaban ambos la Seguridad Social).

Manuel Fraga, hablando de los conceptos de Seguridad Social y de seguros de desempleo, dijo que «hay que evitar las desviaciones»; en cuanto a los precios y rentas: «El plan no me parece serio ni tomado con la energía con que se toman estas reuniones», y «lo que hay que lograr es que los salarios se distribuyan de la forma más justa posible pero conectándolos con la productividad»; respecto a la política monetaria, insistió en saber si se habían cuantificado las empresas que cerrarían y preguntó si la pequeña y mediana empresa iba a poder subsistir; «hay circuitos privilegiados de crédito y medidas inmediatas para subir los tipos de interés en el plan presentado, y eso incide en la Bolsa y en el mercado de capitales: no se puede pensar tan ligeramente sobre la Bolsa, hay que tomar medidas inmediatas»; «el recurso del Tesoro al Banco de España debe ser público».

José Lladó: «Es preciso el acuerdo sobre el diagnóstico de la situación en la que estamos, que es grave, pero hay que evitar el catastrofismo», dijo refiriéndose a opiniones en este sentido (parece que de Alianza Popular); «tiene que haber medidas a corto plazo»; «por otra parte, el ejecutivo se compromete a redactar un decreto sobre la regulación de las cajas»; «hay que utilizar los instrumentos propuestos porque no hay otros en este momento del capitalismo»; «hay que dar créditos a las corporaciones locales»; destacó «las desigualdades por sectores respecto a las medidas salariales»; «no se pueden juzgar las disponibilidades líquidas a denuncia de parte»; las medidas sobre salarios «no están mal» pero compartió la opinión de Leguina y de Roca: «El abanico salarial existente debe reducirse»; «la sindicación masiva es lo necesario y el Gobierno debe favorecerla»; «parece frustrado el sector agrícola, que tiene problemas urgentes como las plataformas reivindicativas de campesinos y obreros, el problema de las cámaras agrarias, los precios de los productos agrícolas y la Seguridad Social de los trabajadores»; está a favor de otras «utilizaciones de los recursos e ingresos»; habló sobre el empleo juvenil y del problema económico, político y social que creaba, «el paro en algunas zonas es muy grave», dijo refiriéndose a Reventós. En cuanto a la Seguridad Social, defendió la libre elección de médico y centro médico; se mostró partidario de la coordinación de los títulos privados de empresas que están en manos del Estado, como las eléctricas, «hay que coordinar todo esto, no puede seguir como está»; calificó de «imprescindible el plan energético y una reforma urgente de las transferencias tecnológicas y el examen de las tecnologías intermedias».

Carlos Güell estuvo de acuerdo con los socialistas sobre que los niveles más bajos debieran crecer más que los demás; de los créditos presentados por el plan dijo que «las cifras son prudentes, pero hay que ver cómo se van a llevar a la práctica porque la solución tiene que ser lo más equitativa posible, aunque hay que tener en cuenta la situación precaria de la pequeña y mediana empresa»; defendió el estímulo a la inversión productiva; sostuvo igualmente que «hay que ir a la flexibilidad de plantillas, es un tema complejo pero hay que hacer todo lo que sea por este camino porque es un estímulo para ampliar plantillas» (comentario: el pensamiento no ha cambiado y en definitiva proponía lo mismo que se defiende en la actualidad, que se realice una flexibilización de plantillas a través de los ERES, facilitando así el despido).

Sobre precios, López Rodó comentó que «los de carácter político hay que revisarlos y si es posible suprimirlos», se refería a los precios de tarificación cuando ésta la hace el poder público; en cuanto a salarios y otras rentas, preguntó si los jubilados y los pasivos se «van a subir de cuantía».

Santiago Carrillo intervino para puntualizar que «todo lo que se está hablando no se pueden llamar medidas a corto plazo; todo lo tratado se redacta en la misma sesión y se lee el documento a las siete horas».

Manuel Fraga expuso la condición para la participación de AP: que se firmara «este documento y no otro» y que «en vez de alternativa democrática, se hable de programas».

Ramón Trías Fargas pidió que se hiciera constar que «todo se aprueba en un sistema de economía de mercado», y sobre este aspecto discutieron él y López Rodó hasta que Suárez les pidió que dejaran la discusión entre ambos para otro momento.

Santiago Carrillo dijo estar de acuerdo con la inversión y Felipe González también.

Fiscalidad

En una de las sesiones en las que se abordaba la fiscalidad, Felipe González tomó la palabra para hablar del impuesto que gravaba las actividades sobre la producción de bienes, que iba recargándose sobre cada una de las fases de producción de un bien o servicio y pedir una subida de los tipos, aunque al final lo pagaran la sociedad y el consumo.

Yo pedí permiso al presidente para intervenir y me concedió la palabra; hice constar que en el caso de bienes de primera necesidad de demanda inelástica o medio inelástica, lo que hacía el impuesto de la tarifa tercera era hacer crecer el precio del producto en perjuicio de éste; era un impuesto, por tanto, con grandes desventajas para productores y consumidores. Añadí que la reforma fiscal debía completarse con el impuesto del IVA, propuesta que Paco apuntó que había que estudiar muy bien.

27 de febrero de 1981. Palacio de la Zarzuela. Alberto Oliart jura su cargo como ministro de Defensa en presencia del presidente del Gobierno, Leopoldo Calvo-Sotelo, los reyes Juan Carlos y Sofía, y Nicolás Cotoner y Cotoner, marqués de Mondéjar, jefe de la Casa del Rey (a la derecha). Archivo del autor.

Cena familiar (Madrid, enero 1978). Archivo del autor.

Ante la Acrópolis de Atenas en un viaje familiar a Grecia en diciembre de 1979. Archivo del autor.

Junta de accionistas del Banco Hispano Americano: El entonces nuevo titular de la entidad, Alejandro Albert, presidió la junta. Alberto aparece sentado detrás de él (Madrid, 26 de junio de 1983). © Svb / EFE.

Con Jaime Gil de Biedma y otras personas sin idenficar. Reunión del Consejo de Tabacos de Filipinas en Barcelona, 1976. © Povedano.

Luis Usera y Alberto. Comida de los presidentes de los entonces siete grandes bancos, celebrada en 1973 en la sede de Banesto. Archivo del autor.

Alberto en un mitin de UCD en Badajoz (Extremadura), durante la campaña electoral de las elecciones de 1979. Archivo del autor.

Como presidente de la Fundación Procine, con el rey Juan Carlos y directores de cine y productores. Entre otros: Luis García Berlanga, José Luis Borau y Antonio Giménez-Rico, y Álvarez del Manzano (entonces alcalde de Madrid) y Esperanza Aguirre (23 de enero de 1993). Archivo del autor.

Alberto Oliart, Yvonne Hortet y Juan José Laborda en el Senado con motivo de la presentación de *Los diarios 1957-1989,* obra póstuma de Carlos Barral (11 de mayo de 1993). © Povedano.

Feria de Zafra, 1992. Alberto interviene en presencia de Narcís Serra (entonces vicepresidente del Gobierno del PSOE), Mario Conde (entonces presidente del Banesto), Pedro Solbes (ministro de Agricultura, Pesca y Alimentación) y Luis Yáñez (exsecretario de Estado de Cooperación Internacional y para Iberoamérica), entre otros. Archivo del autor.

Carmen, Manolo Varela, Emilio Benavent, arzobispo castrense y Alberto en visita a un buque de la Armada (1981-1982). Archivo del autor.

Felipe González no dijo nada, pero al acabar la sesión se acercó a mí y me preguntó por qué había dicho eso sobre la inconveniencia del impuesto de la tarifa tercera sobre bienes de producción y servicios. Le contesté:

—Mira, Felipe, es un concepto básico de primero de economía, es muy sencillo: hay una demanda inelástica cuando el tipo de producto que se vende lo compra todo el mundo porque lo necesita, como el pan; en este caso, el precio final se ha visto aumentado porque el impuesto lo ha ido gravando en cada una de las fases de su producción: la elaboración de la masa, el horneado, la preparación para la venta; pero en este caso se gravan por triplicado; por lo tanto el consumidor paga el precio de tres momentos en los que el impuesto ha ido aumentando parcialmente. De manera que el tipo impositivo se repite tres veces a lo largo del proceso, esto aumenta el precio considerablemente. Ahora, cuando nos referimos a productos no necesarios, como un coche, lo que llaman demanda elástica, no es lo mismo porque el consumidor puede decir «no me compro el coche porque es demasiado caro»; claro que incluso en ese caso, si la persona necesita el coche de verdad, acabará comprándolo a un precio elevado por la sucesión de impuestos parciales incluidos a lo largo de la producción del vehículo. Para eso es preferible el IVA, que grava el precio total del producto al final; los franceses ya lo han puesto en marcha y la Comunidad Económica Europea está estudiando imponerlo, pero con tipos diferentes en función de la elasticidad de la demanda». Felipe me dio las gracias y no volvió a hablar de la cuestión.

Hubo dos tipos de reuniones, que yo recuerde, consecuencia de los Pactos de La Moncloa, que se desarrollaron entre el día que se firma el pacto, el 25, y la nueva fecha, el día 18, que se presenta para la firma de los pactos económicos y políticos; en esas reuniones se impuso la idea de Fernando Abril, que organizó los encuentros dentro de La Moncloa en salas separadas, alguna incluso en la sala del Consejo de Ministros. En estas reuniones se discutieron los temas concretos que al final se fijaron, creo yo, en un acuerdo entre Fernando Abril y Enrique Fuentes, y de éste con Ramón Tamames y con algunos de los especialistas económicos del PSOE, especialmente Luis Carlos Croissier, que era inteligente y hablaba bien, conocía bastante los aspectos de la organización de empresas y se había preocupado en estudiar la empresa pública.

Existían puntos de vista muy diferentes entre la derecha y los socialistas o los comunistas, a quienes sobre todo les preocupaba que los comités de empresa en los Consejos de las empresas públicas fueran poco activos y escucharan poco a los obreros. Pedían control en las empresas públicas, en lo que socialistas y comunistas coincidían, pero el control que pedían difería del que los partidarios de la libertad de empresa podían admitir en la empresa pública. Personalmente, defendí en las conversaciones que tenía con ellos terminadas las sesiones, que el INI era un aparato de control para las empresas.

Las empresas municipales estaban controladas por los ayuntamientos; los catalanes de CiU querían crear un control desde las administraciones regionales, que acabaría saliendo cuando se aprobara la Constitución, como que pudiera existir una organización municipal.

Lo que no noté en aquella toma de contactos y que había sido importante para llegar a acuerdos con unos y otros, era que se diera tanta importancia a todo aquello como al plan de recíprocos sacrificios que se consiguió en los Pactos de La Moncloa. De hecho, fue menos importante que las dos reuniones que yo presidí en el Ministerio de Industria y que tuvieron la asistencia de todos los partidos políticos; por parte de los socialistas apareció Centeno, que era experto en materia eléctrica, por parte de los comunistas apareció en principio Ramón Tamames, pero luego creo que le sustituyó Tomás Gómez, que era menos conocedor de los temas, y en cambio por UCD apareció gente que sabía de verdad sobre los temas de electricidad e industria. De ahí salieron acuerdos concretos, y recuerdo que ya tuve con Centeno una discusión que poco después, en febrero del año siguiente, dio lugar a una crisis que yo esperaba; insistió mucho en la nacionalización de las redes de alta tensión. No sé de dónde venía exactamente esa obsesión; la verdad es que la preocupación que yo tenía era por las pérdidas que tenía la alta tensión en el transporte y la distribución de la energía; para esas pérdidas, mientras fui ministro de Industria, establecí un pequeño comité para que estudiara qué podía hacerse, cuánto costaría y hasta qué punto debía recaer el gasto sobre el presupuesto del Estado o los presupuestos municipales en las grandes ciudades, y qué podría hacerse en los pueblos. Además, me preocupaba mucho iniciar la electrificación de las zonas rurales para que la gente que vivía en el campo pudiera permanecer allí; me preocupaba porque sabía lo importantes que son esas incomodidades en el campo; por eso en cuanto pude instalé en mi casa de San Rafael un sistema de generación de electricidad con un motor para riego. Este método me resultó más barato que cuando llegó la electricidad y no tiene las pérdidas ni los accidentes por el viento que tienen las líneas. Hablamos también de si convenía o no el control de las empresas eléctricas y cómo debía establecerse. Los socialistas pedían un control más fuerte del que existía que tampoco pudieron llevar a cabo cuando llegaron al gobierno. Sí tomé de ellos la idea de ejercer cierto control, pero era una forma para que no se quejaran tanto los socialistas como Fuentes Quintana y el grupo de economistas que le rodeaban, que decían que no se puede uno fiar de las grandes empresas eléctricas, por lo que se presentó en el plan el nombramiento de un delegado del Gobierno.

Yo no era muy partidario de los controles, ni tampoco de fijar tarifas de precio, porque siempre se falsificaba la realidad, pero comprendía que había cierta agrupación de las empresas eléctricas y que el precio del kilovatio se calculaba dentro del precio marginal más adecuado para el conjunto de empresas; es decir, que el Estado tenía que intervenir quisiera o no, porque la otra salida era nacionalizar las empresas y yo estaba convencido de que la economía española debía ser una economía de empresas públicas y privadas. Sin embargo, no me pareció mal que constituyeran Enasa como empresa pública para aprovechar los saltos hidráulicos de los afluentes del Ebro. Era una empresa que manejaba sobre todo energía hidroeléctrica y tenía un margen de beneficio muy grande y sobrada potencia hidráulica para competir y muy bien con el resto de las privadas.

Asistí también a la reunión de Educación porque quise; cuando quise intervenir, Abril me dijo que por qué intervenía en una cosa que no conocía y tuve que decirle que se equivocaba, que no solamente pertenecía a un Consejo especial formado por las tres directoras del colegio Estudio con Jimena Menéndez-Pidal a la cabeza y el profesor José Luis Bauluz, y que teníamos una reunión semanal y, a veces, dos; sino que además de eso, era presidente de la fundación del colegio Estudio que se reunía de vez en cuando con los padres para darles cuenta de la marcha del colegio. Me permití decirle que no se equivocara demasiado en creer que era necesario en todos los colegios e institutos hacer una comisión de padres para opinar sobre los programas de educación del colegio o el instituto en cuestión, porque los padres, y eso sorprendió y molestó a Fernando Abril, no son los mejores educadores de los hijos; hablé de mi experiencia personal en el instituto y también antes en un colegio de escolapios pero, sobre todo, en el instituto Jaime Balmes; lo mejor del instituto para mí fue precisamente que dentro de una libertad que no existía en el colegio privado (en el instituto se repetía esa falta de libertad del colegio privado solo por las mañanas, cuando se hacía la formación en el patio, alzamiento de la bandera y algún discurso sobre el espíritu nacional hecho por alguien de la Falange), pude relacionarme con los catedráticos, como todos los alumnos en una integración total; dio la casualidad de que al acabar el primer curso de la universidad, casi todos los alumnos que tuvieron matrículas eran del instituto Balmes; esto, creo yo, porque habíamos aprendido a estudiar con una responsabilidad propia y no una vigilada, aunque sí estimulada, claro, incluso con concursos.

Volvió a llamarme la atención que Jordi Pujol insistía siempre en sus intervenciones en que «sí que se pueden firmar los pactos», pero que había que tener en cuenta la diferencia entre los problemas que Cataluña tenía y los que podían tener los demás; lo decía de forma encubierta y daba una gran importancia a las diferencias lingüísticas. Fernando Abril siempre contestaba: «Este tema será tratado cuando haya acabado esta situación de emergencia y se inicien las negociaciones para llegar a un acuerdo sobre la Constitución, que empezaremos inmediatamente después de este pacto, y tenemos pensado poner la idea de las autonomías en marcha, ya están previstas».

Aquel era uno de los objetivos marcados por el rey y ya aparecía en el discurso de proclamación, cuando habló de las sagradas diferencias de los pueblos de España dentro de la unidad de España. Esa insistencia obligaba a que mi amigo Juan Reventós, secretario general del PSC, defendiera la diferencia lingüística pero siempre diciendo que se podía llegar a un acuerdo en lo económico, porque al final los problemas consistían también para Cataluña en la inflación y el paro, «que es para nosotros [los socialistas] el problema más importante».

Pujol acabó firmando, pero como ha hecho a lo largo de todas sus actuaciones políticas, insistiendo en el «hecho diferencial», cuando su frase preferida era, en el desarrollo de su política, «de momento lo que tenemos que hacer es hacer país *(fer país)*», es decir, que los catalanes se enteren de que son una nación.

Digno de tomar en cuenta entre los nacionalistas era Juan de Ajuriaguerra, que se limitó a recordar los intereses vascos en un sector que no se había tocado y que él creía que era de verdadera importancia: la pesca, unida a la agricultura y que interesaba a toda España; se mostró preocupado por los pescadores vascos, dijo que estaban especialmente interesados en que no se dejara de regular de manera clara y apoyándola a la industria de la pesca, y habló de los problemas que tenían las tres provincias vascas en sus empresas en crisis y las que tenían problemas de demanda de productos importantes, pero dijo que él estaba plenamente de acuerdo en que para solucionar el desempleo era necesario el sacrificio de todos y, por lo tanto, entendía que se debía hacer una reforma fiscal de la cual los que ganaban más pagaran más y de la clase obrera dijo que bastaba con pedir que, durante el tiempo que duraran los Pactos de La Moncloa y hasta que se aprobara la nueva Constitución, sus salarios quedaran congelados.

Ajuriaguerra fue realmente un hombre discreto. Algunos nos dimos cuenta de que si no hubiera sido por su precaria salud, habría sido el Tarradellas del País Vasco. Aparentaba ochenta años de edad, aunque solo tenía sesenta, de los que había pasado treinta en la cárcel. Había salido de la celda enfermo..., muy enfermo, y murió al poco tiempo, en agosto de 1978. De no ser así, como digo, el Tarradellas del País Vasco, el hombre que, habiendo superado muchas cosas, tiene un prestigio incuestionable, de tal forma que es posible incluso que la ETA hubiera tomado otro camino si Ajuriaguerra hubiera estado en el poder como lehendakari. Sí, yo creo que tenía un prestigio grande, le respetaban y ETA también. Era sagrado; un hombre que se bajó de un barco, tuvieron que transportarle en una lancha hasta la costa y dejarlo allí para que se presentara y dijera: «Aquí no se fusila a nadie más, el único responsable de todo soy yo»; tras esto lo condenaron a muerte, pero el Vaticano se volcó y se asustó hasta Mola; los requetés le dijeron: «Oye, si el Vaticano interviene...» y Mola al final le dijo a Franco: «A éste no le podemos fusilar, lo metemos en la cárcel y ya se morirá allí, pero fusilarlo no podemos».

Después de la última reunión anterior a la firma oficial de los pactos económicos, el 20 de octubre, hubo un extraño encuentro ya por la tarde. Nos quedamos tomando una copa en grupo Leopoldo Calvo-Sotelo, Paco Fernández Ordóñez, Juan Reventós, Santiago Carrillo, Felipe González y en algún momento quizá Landelino Lavilla o Juan Antonio Ortega. Carrillo miró a su alrededor y dijo:

—Puede que ustedes no se den cuenta, yo he estado en muchos lugares del mundo occidental y de los otros y les digo que la reunión que estamos manteniendo en este momento el secretario general del Partido Socialista, el secretario general del Partido Comunista, el portavoz de UCD, etcétera, aunque ustedes la vean como algo normal porque hemos logrado llegar a un acuerdo en un tema difícil, es algo absolutamente imposible hoy en el mundo; en ninguna de las democracias europeas que conozco, en Italia, Francia, Holanda, Bélgica, Alemania..., podría llevarse a cabo una reunión como ésta; no es posible. En cambio, miren cómo estamos..., ¡hemos llegado a un acuerdo, a un consenso! Y es histórico.

Los demás nos quedamos callados un momento y después yo comenté:

—Pero nos lo hemos buscado. Es extraordinario, pero algunos de los que aquí están presentes han tenido que volcarse para que esto pudiera ocurrir.

Años después, coincidimos de nuevo Carrillo y yo para hablar del Estatuto vasco convocados por la Fundación que presidía la viuda del socialista asesinado por ETA Fernando Buesa. Allí me reencontré con mi viejo amigo del PNV que fue después socialista, Emilio Guevara, impulsor del Estatuto, con el secretario general de UGT, Nicolás Redondo, y con el dirigente del PSOE, Txiki Benegas; todos ellos me saludaron efusivamente para sorpresa de la viuda de Buesa.

En esta reunión yo dije que los Pactos de La Moncloa habían sentado el precedente para la Constitución y que sin ellos habría sido difícil llegar al consenso de los partidos políticos que participaron en ella; dije también que si se había llegado a esos grandes acuerdos había sido porque ninguno de los que habíamos participado queríamos volver atrás; es decir, que se había podido llegar al consenso por la amenaza de que las cosas pudieran en España acabar en algo siquiera parecido a lo que habíamos tenido que vivir los que habíamos nacido antes de la Guerra Civil. Santiago Carrillo me dijo:

—Es difícil no estar de acuerdo contigo en casi todo lo que hablas, pero no estoy de acuerdo. Si fue posible llegar a acuerdos fue porque habían pasado ya cuarenta años desde el inicio de la Guerra Civil y son ya muchos años.

Yo le contesté:

—Es verdad que hablar a la gente joven de la Guerra Civil es como que me hablen a mí de la Guerra de Cuba del 98, que me queda lejos. Es posible que tengas razón, porque la mayor parte de los presentes en los pactos eran jóvenes y es probable que a esa gente del partido comunista y socialista no les movieran el miedo a la Guerra Civil o las ganas de hacer una revolución, pero a mi modo de ver estaba también presente la idea de no volver atrás. Podemos llegar a otro acuerdo tipo Pactos de La Moncloa.

Nos dimos la mano sonriendo. Seguía vivo entre nosotros el espíritu de consenso, tan vilipendiado y tan necesario para pasar de un régimen dictatorial a una democracia.

Presento mi dimisión

Como me habían pedido, no una semana sino diez días antes, tenían todos los ministros el Plan Energético Nacional que habíamos elaborado en el ministerio y que era un estudio voluminoso de doscientos o trescientos folios con datos e incluso, como le gustaba a Fuentes Quintana, con propuestas de leyes y decretos y de órdenes ministeriales ya redactadas; trabajamos muy en serio: yo, Punset y toda la secretaría general, y se lo mandé con tiempo a todos para que lo leyeran. Se fijó que se presentaría en el Consejo de Ministros del 30 de diciembre. Tuve que pasar por alto que ante una petición mía a Suárez de cambiar al presidente del INI, por primera vez él me dijera que no; me dijo que la persona que yo proponía no era la adecuada porque el que ya estaba era de su confianza y también de la del rey, y que el que yo proponía había dicho cuando Juan Carlos era príncipe que no llegaría a ser rey; a mí me parecía que el que estaba en ese puesto era un político hábil, pero no el presidente que necesitaba el INI. Yo había pensado en alguien que fue después un hombre muy conocido y se lo llevaron las empresas cazatalentos, que fue presidente de Seat; y no era verdad lo que dijo Suárez sobre el rey, sería lo que fuera antes de la democracia, pero luego era íntegramente monárquico.

Llegó el día del Consejo y yo entré con mi cartera. Decidió Suárez despachar unos cuantos asuntos previos y después iba a dedicar el resto del Consejo y el tiempo que hiciera falta a la propuesta y discusión del Plan Energético Nacional para su posterior aprobación. Cuando llegó ese momento, el espectáculo fue realmente increíble porque empezó hablando del tema el vicepresidente primero, Manuel Gutiérrez Mellado, quien dijo que se abstenía porque él era militar. «No voy a opinar sobre el estudio; el Estado Mayor ya me dirá qué opina»; se excusó y dijo que estaba de acuerdo con lo que dijera el presidente; después habló el ministro de Asuntos Exteriores, Marcelino Oreja, para decir que creía que no se podía aprobar; el siguiente fue Paco Fernández Ordóñez, que dijo que lo sentía pero que tenía que rechazarlo, alabó el esfuerzo que «evidentemente han hecho no solo en el ministerio sino también el ministro, que está muy bien presentado, pero se lo he mandado al subsecretario de mi ministerio y a mis directores generales y dicen que no se puede aceptar; no puedo aceptarlo»; y a partir de entonces, los siguientes ministros dijeron «no». No, no, no, no, no..., uno detrás de otro; recuerdo eso, no, no, no, no, no..., hasta el final. Llegó el turno del presidente y éste dijo: «Ruego al ministro que, con el vicepresidente económico, vuelva a examinar el plan y corrijan, revisen y cambien todo lo que haya que cambiar, a ver si se puede hacer algo». Se quitó de en medio. Evidentemente, si algo tuve claro es que ese «no» unánime era imposible sin el previo acuerdo de Adolfo Suárez, si no había salido de él mismo que se rechazara el plan. Yo dije que de acuerdo con lo que decía el presidente, lo revisaría, aunque no dejaba de sorprenderme la unanimidad que, por favor, constara en acta mi sorpresa. El Consejo siguió, yo estuve sentado ahí todo el tiempo, no me levanté. Al acabar, el ministro de la Presidencia, Otero Novas, que también había dicho que no, se acercó a mí y me dijo: «Alberto, tengo que decirte una cosa que no sé si te servirá de consuelo, el Estado

Mayor del Ejército ha mandado un escrito diciendo que está totalmente de acuerdo con tu plan y que se ponga en vigor cuanto antes». El Estado Mayor del Ejército lo tenía porque se lo había mandado el vicepresidente primero, Gutiérrez Mellado, que dijo que era un magnífico plan. Yo bajé el número de instalaciones de centrales nucleares de veinte que me encontré propuestas a doce; por tanto solo se construirían tres más, que me parecían suficientes para los cálculos de consumo de energía que habíamos hecho.

En aquel momento, al acabar el Consejo, salí de La Moncloa y me fui a casa; no fui al ministerio, llamé para decir que el Consejo había durado mucho y que no me esperaran, que me iba a casa y nada más. Avisé de que al día siguiente nos reuniríamos temprano porque el plan había sido rechazado y que teníamos que ver por qué razones y si se podía corregir o no.

En el despacho de mi casa cogí mi máquina y redacté una carta de dimisión como ministro de Industria y Energía. Decía en la carta, dirigida al presidente del Gobierno, que en vista de que el plan había sido rechazado, a pesar de que a mi entender era lo que había que hacer más urgentemente para lograr dejar de depender tanto del petróleo, que suponía el 75 por ciento de la energía básica que se consumía en España; que en vista de la unanimidad, consideraba que como ministro de Industria y Energía yo había agotado mis posibilidades, porque estaba convencido de lo que había hecho.

Al día siguiente llegué al ministerio y conté que habían rechazado el plan, que teníamos que volver a examinarlo, volver a calcular la demanda y que había que rehacerlo de acuerdo con la vicepresidencia económica del Gobierno; entonces alguien me preguntó qué iba a hacer yo y contesté que iba a seguir trabajando como siempre; «en democracia no importan nada estas cosas, somos cargos eventuales y yo tengo siempre mi maleta hecha, aquí el presidente decide que no está de acuerdo contigo y quizá te tienes que ir, pero de momento no me ha echado, así que no os inquietéis».

Esa misma mañana, antes de esa reunión había ido a ver a Suárez. Le había llamado la tarde anterior desde mi casa, me pusieron con él en el acto, y le dije que quería verle al día siguiente. «No faltaría más», me contestó, y me dijo que fuera a tomar el café con él; quedamos a las nueve. A esa hora estaba en La Moncloa, y le llevaba a Suárez la carta de dimisión abierta.

—Mira, presidente, yo he hablado siempre muy claro; soy ministro porque tú me llamaste y por lo tanto, si crees que debo irme, lo haré y así lo entiendo con el no unánime recibido por el Plan Energético. Comprenderás que tengo demasiada edad para no saber que tú sabías que eso iba a ser así; ¿me lo debiste decir antes? Pues no, comprendo que no, no me lo dijiste y ya está; ahora, ¿cuál es mi reacción? Pues la única que creo que es digna y decorosa, la única que debe ser: aquí tienes mi carta de dimisión —y se la puse delante—; léela antes de decir nada.

Le dije que era una dimisión irrevocable. Me contestó entonces:

—Yo no te puedo admitir esta carta, no puedes dimitir, no quiero que dimitas, el rey tampoco quiere que lo hagas.

—¿El rey por qué sabe lo que ha ocurrido?

—Se lo he tenido que contar, yo he supuesto que igual te ibas a querer ir —me contestó.

—No, no has supuesto, has sabido que me iba a ir aunque haya estado correcto, saludé al irme a todos los ministros, hablé con Otero Novas, que me dijo que el Estado Mayor está de acuerdo con el plan, pero sabías que me iba a ir.

Adolfo estaba preocupado; supongo que el rey le dijo que no permitiera que yo dimitiera. Sabía por Alberto Folch que el rey había recibido la visita de los empresarios catalanes alabando mi labor como ministro. El caso es que Adolfo insistió en que no dimitiera y le dije:

—Como no he venido aquí a ponerme medallas, ahí tienes la carta, la guardas y si quieres me dimites tú cuando quieras; pero si tardas mucho, la haré pública; y esta carta no solo la tengo yo, sino también quienes van a hacerla pública; así se lo he pedido si pasa de finales de febrero. Es decir que en marzo no soy ministro. También te digo que voy a volver al ministerio y a trabajar como si no hubiera pasado nada. Supongo que sabes que Fuentes Quintana celebra en su ministerio o en el INI unas sesiones para ver qué se puede hacer con las industrias, porque no se fía de mí. Me dijo que mandara a alguien, aunque muchas veces voy yo; lo que me dicen los presidentes de las comisiones es que no hay nada que hacer, cosa que yo sabía; no quiero cerrarlas, pero todas quieren que el Estado las subvencione y no tenemos dinero para hacerlo. Bueno, yo he dimitido, tú haces lo que quieras, como te he dicho yo no he venido aquí a ponerme plumas; no las he necesitado ni las necesito; yo soy yo hasta el final de mis días y considero que en este momento, no movido por la rabia, pero después de un Consejo en el que todos mis compañeros han actuado de forma unánime contra mí, y convencido de que no habrían tomado esa postura si no lo hubieras hecho tú antes y de que la conocías, debo irme. Cuanto menos, he perdido tu confianza y la de mis compañeros. Tú me dirás que no, pero da igual; yo considero que sí, y dimito. Te respeto como presidente, pero, Adolfo, las cosas están muy claras, esto es una invitación a que me vaya y yo me voy. Tú decides cuándo es el mejor momento, pero no pases del 27 de febrero. Además, ahora que empiezan las vacaciones de Navidad, me voy y no vuelvo hasta después de Reyes, y ya puede pasar lo que sea.

—No faltaría más, tómate el tiempo que quieras, pero no puedes dimitir —insistió.

En aquel momento parecía que mi dimisión le importaba muchísimo.

Pocos días antes del 28 de febrero de 1978, Serra y Punset vinieron a verme alarmados por la declaración de Fuentes Quintana, que había sido recogida por todos los periódicos y me dijeron que el Ministerio de Industria tenía que pronunciarse. «Decid que el ministro asegura que mientras él siga al frente del Ministerio de Industria y Energía, no aceptará esa nacionalización y no se hará. Que para hacerla se requieren al menos estudios técnicos previos y estudios de costes.» Se dieron tal maña, que todas las agencias de noticias publicaron a las dos o tres horas lo que yo había dicho.

Me encontraba en una reunión para abordar los problemas de la minería del carbón en León, a pesar de lo cual, entró la secretaria para decirme que llamaba Fuentes Quintana: «Es tan urgente que antes de salir a hablar con la prensa se lo tiene que comunicar a usted». Ante mi asombro dado el carácter de Enrique Fuentes, salí a coger el teléfono; me dijo:

—Ya me ha llegado la noticia de que has dicho que mientras tú seas ministro de Industria no se va a hacer ninguna nacionalización cuando yo había dicho que nosotros vamos a nacionalizar la red nacional de alta tensión.

Yo le pregunté:

—«Nosotros», además de tú, ¿quiénes sois?

Y me respondió en un tono muy imperativo:

—¡A ti te basta con que sea yo! Si quieres guerra la vas a tener.

—Mira, Enrique —repliqué—, yo no quiero guerra, pero no estoy dispuesto a quedarme callado si se hacen cosas serias como nacionalizar la red eléctrica de alta tensión, que es además de mi competencia, y se anuncia sin contar conmigo y sin haberme convencido de que es preciso y que los estudios técnicos y económicos para llevarlo a cabo están hechos.

—¡Basta, basta! Ya tienes bastante con lo que te he dicho. —Y me colgó.

Llamé de inmediato al presidente, le conté la conversación y le dije:

—Tú tienes mi carta, supongo que esto es una crisis seria, porque imagino que Fuentes habrá ido a verte y te habrá contado lo que iba a hacer.

—Mira, Alberto, no te voy a contar lo que ha pasado, pero efectivamente esto es una crisis importante; ya te diré lo que sea cuando sepa lo que voy a hacer.

—Bueno, presidente, tú sabes que he trabajado como si no hubiera pasado nada, pero también que pensaba irme antes del último día de febrero; tengo mi decisión tomada.

Adolfo me dijo que él tenía que tomar la suya.

Cuando le dije eso a Adolfo le recordé que tenía mi carta: «Si tú prefieres cesarme a que yo presente mi dimisión, no hay ningún problema, salgo cuando y como quieras, a mí que tú me dimitas no me importa porque sé que yo he dimitido, y debes saber que si salgo será agradecido por haber sido llamado para ser ministro, como siempre, lo que lamento es que se hayan creado malentendidos, porque nada tengo que ver con ellos, bien lo saben mis amigos y mi familia».

El 27 de febrero me llamó Adolfo.

—Alberto, lo siento pero te voy a cesar como ministro de Industria; vas a salir en el BOE de mañana. Has trabajado muy bien, pero creo que es lo que tengo que hacer.

—Adolfo, no te preocupes en dorarme ninguna píldora, yo ya había dimitido; he estado trabajando igual porque no quería que se supiera lo que había decidido. Ahora mismo voy a comunicárselo a mis altos cargos del ministerio; Adolfo, como siempre, te consideraré como un hombre que ha hecho cosas muy importantes, que personalmente te agradezco como ciudadano español y como demócrata. Un abrazo.

En aquel momento estaba convencido de que la causa esencial de que Suárez hubiera querido prescindir de mí como ministro eran los malintencionados rumores de que el rey me podía nombrar a mí presidente en sustitución de Adolfo; yo, francamente, eso no lo creía, ni lo pensaba, ni estaba en ello, y en cambio sí creía que Adolfo quería que yo saliera del Gobierno porque yo pesaba demasiado para el rey, que lo había hecho manifiesto llevándome con él de viaje, y quizá hasta le había dicho a Suárez que no quería que yo dimitiera.

Años después, cuando ambos ya estábamos alejados de la política, un día coincidí con Fernando Abril. Hablamos de que tanto él como yo estábamos mucho más tranquilos en la vida privada. En aquellos momentos —debía ser la época del gobierno del PP con Aznar—, se hablaba mucho de corrupción política y él me dijo:

—Ya sabes que soy muy amigo de Alfonso Guerra, que cuando le conoces a fondo te das cuenta de que es un hombre tan dedicado a su labor política que vive para eso y no tiene horas.

Le interrumpí para decirle:

—Las veces que me he encontrado con él, me ha dicho que tú te pasabas noches sin dormir trabajando; la verdad es que todos sabíamos que tú y él deshacíais los nudos para resolver los debates entre los padres de la patria durante la elaboración del texto de la Constitución y que os encontrabais en un restaurante para hablar sentados a una mesa.

Él siguió:

—Sí, pero Alfonso cometió un error y cuando me lo contó se lo dije; y es que cuando iban a celebrarse las elecciones municipales de 1979, como vicesecretario del PSOE, hizo llegar a todos los ayuntamientos en los que gobernaban ellos una circular en que decía que el tres por ciento de las licencias de obras era para el partido, que estaba sin un duro; cuando me contó esto, le dije: «Pero ¿qué has hecho, Alfonso? ¿No comprendes que con esa solución se vuelve imposible evitar que haya gente que te engañe y cobre en negro y que estás poniendo en manos de miles de funcionarios municipales que ganan poco la tentación de ganar algo más por firmar o colocar en sitio preferente un papel? Es muy difícil que todo el mundo se comporte con honestidad como podamos hacerlo tú o yo...». Para las elecciones yo recibía el dinero que daban las eléctricas; cuando estuviste en política de nuevo como diputado por Badajoz, recibí mil quinientos millones de pesetas; bueno, si yo me quedaba con el dinero, había corrupción, pero no la había en cambio si hacía lo que hice, que fue repartirlo en el partido, siempre de acuerdo con Adolfo y con el secretario, Rafael Arias-Salgado; las cuentas de UCD se pueden consultar.

Me di cuenta de que quizá Suárez no se había movido solo por esos rumores que me acercaban tanto al rey, sino que seguramente había tenido la influencia de las eléctricas, que podían incluso haber ido a ver al monarca para decirle que era inadmisible que me hubiera atrevido a intentar una reforma en la que proponía colocar delegados del Gobierno en las compañías para establecer cierto control en la regulación de precios y el funcionamiento de esa industria, esencial para el país; la verdad es que nunca sabré por qué pasó todo aquello; si lo pongo aquí dada la edad que tengo, es porque creo ahora que pudo tener influencia en la actitud de Adolfo respecto a mí en esos tiempos y porque en aquel entonces no llegué a pensar en ello. Después de las cosas que he ido viendo como diputado en Cortes y luego como ministro de Sanidad y Seguridad Social, cuando me relacioné con las grandes industrias farmacéuticas, sé que existen los grupos de presión, los lobbies; es probable que Adolfo fuera objeto de una gran presión ejercida por las eléctricas y la derecha española, que probablemente consideraba ofensiva la figura de los delegados del Gobierno, como publicó *Abc*. La verdad es que la figura del delegado fue pensada para contrarrestar, precisamente, lo que Fuentes Quintana y algunos de su equipo decían: que los empresarios del sector eléctrico sacaban dinero de donde podían, no importándoles moral alguna, y que andaban siempre discutiendo las tarifas del kilovatio.

Debo advertir, respecto a los 1.500 millones de pesetas que dieron las eléctricas a Fernando Abril —y que prácticamente pagaron las elecciones de 1979— que no era corrupción, a pesar de lo que tan a menudo se dice.

En torno a la financiación de los partidos, la verdad es que Alfonso Osorio, amigo y compañero mío de promoción, cometió desde el principio un grave error. Podían los partidos financiarse con dinero del Estado, que lo repartiría según los resultados presuntos de las siguientes elecciones, o bien dejar su financiación a donativos privados que se podrían hacer de forma ilimitada y libre haciendo públicas las cantidades. El resultado de esto fue que los bancos financiaran a los partidos, con lo que o los bancos distinguían entre partidos y se politizaban, o no lo hacían y daban por igual a todos los partidos. En realidad se les estaba subvencionando, porque al terminar las elecciones, los bancos no iban a reclamar el crédito a aquellos que hubieran obtenido representación parlamentaria; podían hacer gestiones para intentar cobrarlo, pero no lo iban a reclamar: ¿qué banco se va a enemistar con partidos importantes llevándolos a los tribunales para que devuelvan el dinero que el banco les dejó en crédito por influencia del Estado? Así pues, la banca, que debe ser por completo ajena al mundo político, entró en la política. Otra cosa sería que los banqueros o consejeros del banco, como opción personal, donaran a algún partido dinero para financiarlo; a esto no le veo ningún problema, pero que el banco como tal, en una comisión de créditos, los aprobara para unos y no para otros partidos en función de simpatías...; se hizo esta reforma en contra de mi voto y pedí que así constara. Yo creía que se debía dar una cantidad de dinero sin grandes diferencias a todos los partidos que concurrían a las elecciones. Luché para que se diera dinero a los socialistas, que resultaron ser el principal partido de oposición, o a los demás partidos: liberal, demócrata-cristiano, comunista... No teníamos ninguna razón para poner 20 millones a favor de Alianza Popular y cuatro o cinco o ninguno para los demás. No era posible. Por eso protesté y pedí que constara en acta mi protesta en la comisión de créditos del BHA, en el que por primera vez, desde que yo entré estaba presente continuamente Luis Usera por miedo a mi posible influencia en la comisión.

Ésa fue la primera equivocación. La segunda, que se hizo una ley sabiendo que era imposible que con ella los partidos se presentaran a las elecciones sin donativos; y la tercera equivocación es que cuando se ha querido regular, se ha hecho con cifras de 60.000 pesetas... y ¿qué juez va a condenar a quien diga: «Mire usted, como yo podía dar 60.000 pesetas, las di tantas veces como quise al partido al que quise dárselas y si quisiera podría dárselas a dos de ellos».

Por tanto, en España la corrupción de los partidos en ese aspecto viene de una equivocación radical en la manera de plantear su financiación. Mi opinión personal, valga para lo que valga, es que lo único que no tiene tacha de corrupción es lo que se hace en Estados Unidos de Norteamérica, donde un multimillonario como Warren Buffett pudo decir que había donado 20 millones de dólares al Partido Republicano, o George Soros puede decir que ha dado 10 millones al Partido Demócrata de Obama. Se acabó la corrupción, claro, porque la ley lo permite y todo el mundo sabe que si Obama lanza una suscripción popular recibirá dinero, también de estudiantes que donan un dólar y dejan su nombre. Fuera de eso, hágase lo que se haga con la financiación de los partidos, habrá corrupción; no me meto ahora en lo que haga cada diputado, cada ministro..., eso ya que los jueces lo investiguen; pero ha sonado demasiado la palabra «corrupción» en torno a un error que existe desde el principio de la democracia española y como estoy convencido de lo que digo, lo digo con toda tranquilidad.

Grecia

Tras mi dimisión, Carmen y yo pasamos un par de noches en Londres, donde estaba trabajando mi hijo Antonio, hicimos algunas compras y después regresamos a Madrid, pasamos por casa y volvimos al aeropuerto para coger el vuelo a Atenas, donde embarcamos para Mikonos, visita que nos había recomendado nuestro amigo Carlos Barral porque había estado en verano y había disfrutado mucho.

Descubrimos muy pronto que habían abierto el hotel para nosotros dos, porque ante cualquier visita así lo hacían, ya que el turismo era esencial en la vida de la isla. En mi recuerdo era muy simpático ir a comer y a cenar andando carretera abajo a un restaurante muy bueno que estaba a tres o cuatro kilómetros del hotel, en la costa. En una de esas cenas vimos un día una boda, había un pequeño barco vigía de guerra en la costa; los marinos bailaron el sirtaki con los habitantes de la isla, y tuve que hacer esfuerzos para que Carmen no se lanzara a bailar con ellos, que es lo que hubiera hecho, aunque no es tan fácil bailarlo como puede parecer. Tengo un recuerdo muy especial de nuestra visita a la isla de Patmos.

Después de unos días de pacífica estancia, Carmen y yo volvimos a Atenas y allí nos quedamos en un hotel aceptable. Vimos El Pireo, que yo ya conocía, el Museo de Atenas, que aún estaba desordenado, e hicimos un viaje maravilloso en un Seat 127 que alquilamos y que nos llevó por todo el Peloponeso. Tras visitar Esparta, volvimos después por la costa para quedarnos en un hotel desde el que se veía el castillo de los Catalanes y luego pasamos por Olimpia sin parar (la conoceríamos tranquilamente años más tarde con todos nuestros hijos); volvimos por el estrecho de Corinto y nos dio tiempo de ir al Olimpo y ver algunas de las maravillosas esculturas, como la famosa del niño quitándose una espina del pie. Regresamos a Atenas casi de noche. En Sunion, subimos al templo dedicado a Zeus. No pudimos ir a Salónica porque teníamos que volver a España, ya había pasado más de un mes; además, yo estaba ya dispuesto a irme a Inglaterra por varias razones. Quería asistir a un curso en la City sobre el control de la banca y también mejorar mi inglés.

Londres

Tras pasar unos días en Madrid con nuestros hijos y algunos amigos, volé a Londres, donde me trataron de una manera especial por haber sido ministro en la Transición política española y fueron muchos quienes quisieron que les explicara cómo había sido posible ésta; incluso quiso recibirme el gobernador del Banco de Inglaterra, al enterarse de que estaba allí.

Cuando llegué a Londres ya se había puesto en claro la deuda que Juan Lladó me había dicho que tenía el Banco Urquijo conmigo. Una vez fuera de la política, condición *sine qua non* porque pensaban que yo no la aceptaría, como he contado, empezaron a pagarme mensualmente una cantidad. Mi hijo Antonio, que trabajaba en el Banco Urquijo en Londres, me había buscado un apartamento muy pequeño, a dos pasos de la librería del British Museum, que visité varias veces.

En la capital británica visité al director general del banco, que había sido director adjunto mío, Alejandro Albert, casado con Isabel Solana, amigos ambos de Carmen y míos. Me recibió en su despacho y me sorprendió mucho cómo lo hizo. Nada más vernos me dijo que tenía el encargo del presidente de decirme que podía por supuesto, por ley, volver al banco, pero si lo hacía, los otros consejeros no me iban a dar la mano. Por otra parte, el presidente le había pedido que me dijera que se me aplicaría en mí la ley de forma estricta. Albert me dijo que los otros Consejos de Administración en los que yo había participado (Banco Urquijo, Río Tinto Explosivos) estaban ya cubiertos por otras personas y me aconsejó que hiciera oposiciones a inspector de Servicios, que seguro que las ganaba, cosa, explicó, que también le había dicho el presidente.

Me sorprendió la actitud seca y la forma en que Albert me transmitió el mensaje, que tan amigo mío había sido; sobre todo me irritó que insistiera tanto en que los otros no me iban a «dar la mano». Pregunté a Alejandro cuándo se reunía el Consejo de Administración. Precisamente yo le estaba viendo un miércoles y el Consejo se celebraba el primer viernes siguiente a las diez de la mañana.

—Mira, Alejandro, venía dudando mucho si seguir siendo consejero de este banco y más bien pensando en decirte que iba dimitir y que me iba del banco como había entrado, sin pedir nada. Pero por lo que me acabas de decir iré a la reunión de este viernes del Consejo de Administración; dile al presidente que lo hago para saber quiénes son los consejeros que no me van a dar la mano; dile también que hacer otras oposiciones me lo ofrecieron nada más entrar en el cuerpo de Abogados del Estado, pero amigos de verdad. Transmítele este recado al presidente, ya que él te ha dado a ti el suyo. Adiós, Alejandro, ya nos veremos.

Aquel viernes, efectivamente, me presenté en el Consejo. Todos los consejeros me dieron la mano, muchos me preguntaron cómo estaba, y más de uno me dijo que se alegraba de verme por allí.

Solo me cabe decir del banco, además de esto, que a partir de entonces tuve que intervenir, cada vez de manera decisiva, en todas las crisis de presidencia por las que pasó. La primera de estas crisis le costó a Usera la presidencia del Consejo de administración e hizo que tuviera que dimitir poco tiempo después también como consejero del banco, porque la comisión ejecutiva, a la que me llamaron, adoptó un acuerdo consistente en limitar la edad a los ejecutivos a los setenta y un años y la de los consejeros a los setenta y cinco.

Cuando acabó aquel primer Consejo, volví a Londres; mi estancia allí llegó a ser larga, duró cuatro meses, y solo la interrumpí para asistir una vez al mes, excepto en agosto, al Consejo de Administración. Carmen estaba encantada repartiendo su tiempo entre Madrid y Londres y diría que pasó conmigo allí dos tercios del tiempo que yo estuve. Además de hacer un curso en la Universidad de la City, vi mucho teatro y leí y trabajé mucho para aprender inglés. Viví un tiempo en el apartamento que mi hijo Antonio me había encontrado allí, pero acabé por instalarme en un piso más cómodo, porque el primero era un apartamento de estudiantes donde había que esperar con la toalla al hombro para entrar en el baño a ducharse.

Quería abrir un despacho de abogados entre septiembre y octubre. Al volver a Madrid, lo primero que hice fue ir a ver al director general de lo Contencioso para presentarle mi dimisión, porque quería abrir el despacho habiéndome liberado de ser abogado del Estado. Él no aceptó mi dimisión, me dijo que se iba a formar un Consejo Superior de Hacienda y que yo estaba ya nombrado para él de acuerdo con el ministro de Hacienda y su secretario.

Carmen y yo nos pusimos a buscar un piso para montar el despacho, pero Cruci Entrecanales se adelantó, como siempre, y nos dijo que tenía uno en la calle Castelló que podía utilizar; allí monté el despacho que abrí en septiembre de 1978.

Al poco tiempo de empezar mi actividad como abogado, vino a verme Eduardo Punset. Me propuso varias ideas que podíamos llevar a cabo en el despacho; le dije que solo iba a contratar abogados, pero me contestó:

—Yo me apaño en la parte de la cocina y el office que no utilicéis, pongo una mesa y unas sillas con un teléfono y allí trabajo. —Le dejé hacerlo, le estaba agradecido por su trabajo en el ministerio.

Me llamó mi cuñado Juan Antonio para decirme que a un sobrino de su mujer, Juancho Narváez, que ya había terminado la carrera, le haría mucha ilusión trabajar conmigo porque me admiraba mucho. Hablé con Juancho, vi que era listo y simpático y entró en el despacho. Enseguida entró otro chico, Gálvez, que me fue recomendado y del que me dijeron que era pariente de Gutiérrez Mellado.

Inmediatamente empecé a llevar asuntos de empresas importantes. Uno de ellos, con IBM, supuso un cambio en la legislación, pues se logró que los contratos de larga duración con la Administración tuvieran un mayor periodo de vigencia. En concreto, IBM pedía que, si tenía que hacerse cargo de vender ordenadores a la Administración y además de su mantenimiento, el contrato debía durar el tiempo suficiente.

La Administración Pública seguía con la pesadez en su capacidad de innovación. En ella pesa mucho el precedente y de lo que yo hablaba no había precedente, ésa era toda la contestación que recibía, así que les dije: «Vais a tener que abrir un precedente, porque la Administración está invirtiendo cada vez más dinero en sistemas muy complejos que requieren construcciones especiales para ser mantenidos. Eso cuesta mucho dinero y es deseable para la Administración que, si lo ha hecho una empresa, sea esa la que lleve el mantenimiento y se comprometa a hacerlo durante el máximo tiempo posible. En este caso es IBM la empresa que ha instalado los ordenadores; es la primera empresa de ordenadores del mundo y están diciendo que ellos mismos los mantendrían tres o cuatro años si la Administración les concediera la responsabilidad por contrato durante un mínimo de tres; si no, no llevarán el mantenimiento. Además, los ordenadores los ha hecho IBM así que no hay mayor experto que ellos en el mantenimiento de sus sistemas». No conseguí lo que quería; llamé a Fernando Asúa, el director general de IBM España, y se lo dije:

—Cancela el pago al despacho inmediatamente, yo no saco esto adelante; se limitan a decir que no hay precedentes, contestan así en cuanto se lo planteo; creo que al final lo van a hacer y tenéis que seguir insistiendo, pero no me pagues más, porque no lo puedo sacar. Personalmente, cada vez que hable con ellos les voy a echar en cara que no pueden seguir así.

La Administración acabó haciendo un proyecto de ley que fue aprobado y en el que se recogía mi idea.

Unos meses después trasladamos el despacho al número 15 de la calle Miguel Ángel. Colocamos una placa en la portería que rezaba: Despacho de Abogados Oliart.

En el interregno de mis vidas políticas, aunque ya tenía despacho y no pensaba volver, Adolfo Suárez se puso en contacto conmigo en diversas ocasiones. En primer lugar, a los pocos días de producirse la crisis de Gobierno, me llamó para ofrecerme la embajada de Washington. Le respondía que era difícil aceptar teniendo seis hijos, que se lo agradecía porque el puesto era muy bonito, pero que yo tenía una serie de problemas familiares; no le conté que el mayor de ellos era mi madre. Le dije también que él no tenía ninguna obligación de buscarme un puesto por el hecho de haber sido yo ministro. Me ofreció unos días después ser presidente de Telefónica. Repliqué que no estaba para meterme en esas cosas, que me iba a dedicar a mi profesión de abogado y que se lo agradecía mucho; en fin, fue un rosario de ofertas. Recuerdo que en la última, le dije:

—¡Pero bueno, Adolfo!, no querrás ahora ofrecerme un puesto tan poco grato como el de fiscal general del Estado...

Le di las gracias, pero le dije en plan de broma que no, que yo valía para abogado y para juez, pero no para fiscal. Me ofreció ser ministro de Trabajo; le contesté:

—Mira, hay dos ministerios que me costaría mucho aceptar, uno es el que me ofreces; el único notable que tengo en la carrera es en Derecho laboral —bromeé.

Lo rechacé a pesar de que él me comentó:

—Pero, Alberto, si de ti habla igual de bien la derecha que la izquierda, lo harías estupendamente; los sindicatos hablan de ti como si te conocieran.

Diputado por Extremadura

Antes de las elecciones de junio de 1979 Suárez me propuso encabezar la lista de UCD en Cataluña: porque tenía apellido catalán y estaban seguros de que podría conseguir mejores resultados que otros candidatos. Le respondí que, no siendo catalán, no podía aceptar aquella propuesta. En cambio, aceptaría ir por Extremadura, que era mi tierra y a la que iba constantemente.

Suárez me respondió que el candidato era Enrique Sánchez de León, que también era extremeño y había sido ministro. Yo no pedía ir de número uno, no me importaba nada ir de número dos, pero no conté con que a Sánchez de León le horrorizaría que yo apareciera.

Suárez habló con Enrique Sánchez de León y éste aceptó que yo fuera de número dos. Enrique Sánchez de León había montado un aparato de poder en Extremadura aprovechando que había sido director general de Interior a las órdenes de Martín Villa; los dos eran parecidos en eso. Sánchez de León me había llamado a Londres para ofrecerme ser presidente de la preautonomía; le dije que si no era compatible con vivir en Madrid donde estaban mis hijos, no quería el cargo.

Le dije a Suárez que sí y me presenté como número dos en la lista de UCD en las elecciones generales del 1 de marzo de 1979 con la idea romántica de trabajar por Extremadura. Haciendo campaña en la provincia de Badajoz, descubrí de forma cierta que en política no hay amigos. Sánchez de León era hijo de un sastre y se había educado con la Falange, con aquella Falange de banderas azules ya muy del final; sus amigos eran todos parecidos, su familia difícil; cuando llegué a Extremadura me di cuenta de que allí tenía un grupo de gente completamente conquistada que sentía verdadera adoración por él.

En la campaña me destinaron a los pueblos más lejanos y conocí sitios que no sabía que existían; en uno de los lugares adonde me enviaron los organizadores de la campaña vivía solo una persona, con la que estuve hablando. Me quedó claro que no querían que acudiera a los mítines en las grandes ciudades en los que intervenía Sánchez de León.

El primer sitio donde di un mitin fue Maguilla, un pueblo pequeño junto a Don Benito. En Don Benito nos instalamos Carmen y yo en una casa que había comprado el abuelo de ella, porque Carmen me acompañó durante toda la campaña. Vi que la sala estaba llena, unas cincuenta o sesenta personas, y los de UCD de Don Benito que me acompañaban me dijeron que era mucha gente.

Empecé mi intervención diciendo que me enorgullecía de estar en Maguilla porque allí había nacido mi bisabuelo, el señor Ruiz, que se casó con una mujer de Don Benito y que para mí como extremeño era un honor estar allí. Todos los asistentes me miraban fijamente. Días atrás había ocurrido un incidente en Los Santos de Maimona, cuando un grupo de veinte o treinta personas de UCD habían acosado al secretario general del PSOE de Extremadura, Juan Carlos Rodríguez Ibarra, amenazándolo con echarlo a la fuente de aquella población, y yo comencé diciendo que la democracia era incompatible con actuaciones como aquélla y que las personas merecían respeto, aunque pensaran de manera distinta a nosotros. Debíamos pensar de dónde habíamos venido y adónde podíamos llegar si recurríamos a la fuerza; que las personas eran intocables desde el momento en que eran personas, que si aparecían como políticos era para hablar de política. Era una vergüenza que la Policía Municipal de los Altos de Maimona no hubiera actuado inmediatamente contra los que estaban cometiendo ese acto violento contra la democracia que ya estaba establecida, aunque aún estuviéramos creándola.

A partir de ahí, y con gran sorpresa del auditorio, empecé a hablar sobre la situación en que estaba España y para decirlo con más fuerza, cité a Marx y Engels sobre el abuso del poder que suponían los bajos salarios. Expliqué el concepto de justicia distributiva y el de justicia relativa, que Marx había utilizado en la crítica al programa de Gotha contra los socialistas reformistas alemanes, que a su vez mantenían que habían conseguido grandes ventajas para el proletariado alemán sin necesidad de revolución. Añadí que aquello era aplicable a muchos otros lugares, partiendo de la base de que hubiera políticos como Bismark, que estableció por primera vez en Alemania los principios del Estado del bienestar, con una serie de concesiones sociales muy importantes.

Al acabar mi mitin no hubo aplausos, pero vinieron a saludarme una serie de personas que yo no conocía de nada para decirme que agradecían mucho, primero que hubiera empezado a hablar de mi bisabuelo y que hubiera dicho que estaba orgulloso de estar allí, y segundo, lo que había dicho sobre la justicia relativa y la distributiva. Al parecer, les había sorprendido que un futuro diputado de UCD conociera tan bien a Marx y Engels. Después, un miembro de mi campaña me explicó que prácticamente el 80 por ciento de los asistentes al acto eran del PCE o de la ORT o del PSOE.

—Estoy seguro de que tenían previsto hacer imposible el mitin gritándote cosas. Pero te los has llevado de calle. Dime, ¿vas a hacer los mítines citando a Marx?

—¿Por qué no? Se creerán que porque vienen comunistas voy a dejar de decir lo que pienso. No, diré lo mismo que he dicho aquí.

Ése fue el primer mitin, ésa fue mi entrada en la vida política de mi tierra.

En aquella campaña recorrí 11.000 kilómetros de la provincia de Badajoz y acudí a los lugares más recónditos de la provincia. Zahínos era para mí una referencia muy importante: en esa población había sido maestra la madre de la que fue mujer, ella con dieciocho años y él con más de cuarenta, de mi amigo Manolo Guillén. Su novia y mujer luego, Herminia, era una chica muy guapa, que se casó con él recién salida del instituto de Mérida. Fue el primer urólogo que tuvo Mérida. Allí llegó de Madrid, donde tenía un magnífico puesto en la universidad con un maestro que quiso trabajar con él. Se presentó y sacó la primera plaza para urología en el ambulatorio de Mérida a comienzos de los años cuarenta.

Conocí a Manolo Guillén nada más llegar a Mérida; yo tenía catorce años y él cuarenta. Construimos una buena amistad a pesar de la enorme diferencia de edad que había entre nosotros entre otras cosas porque en materia política le dije rápidamente que yo era demócrata y que no era partidario del Movimiento Nacional ni de lo que significaba.

Manolo Guillén había servido en la guerra en el Ejército republicano pasando por médico, aunque aún estaba en cuarto curso, dentro de la Brigada Anarquista. Me contaron que en el café del Casino de Mérida solían encontrarse los médicos importantes. Cuando éstos empezaban a alabar a Franco como genio de la táctica y la estrategia, él de pronto decía: «Pues será un genio, pero yo estaba metido en una brigada anarquista como médico, aunque no lo era, y les dimos buenas palizas más de una vez a las tropas de Franco», lo cual provocaba una mezcla de horror y escándalo, pero como era Manolo Guillén y era aragonés y decía las cosas como le salían, no pasaba nada.

En el mitin que pronuncié en Zahínos manifesté mi alegría por estar en ese pueblo, el último de la provincia de Badajoz, muy cerca ya de la frontera con Portugal; había unas siete u ocho personas, que solo aplaudieron cuando dije que conocía a Herminia, la maestra, de la que dije que era una gran mujer. Al final, un hombre me preguntó si podía darle la mano, «Claro», le dije; «Es que nunca había dado la mano a un ministro». Ése era el interés que tenía para asistir al mitin. ¿Entendió lo que dije o le importó? No creo. Desde el punto de vista político, no fue precisamente importante, sino todo lo contrario, pero humanamente fue un éxito.

Me inquietaba cada vez más que la organización de mi campaña política estuviera diseñada para alejarme de todas las medianas y grandes asambleas y mandarme a lugares difíciles. Me prepararon un mitin con Antonio Uribarri Murillo, del que me hice íntimo amigo. Era un hombre muy religioso y un auténtico demócrata, que fue director de Universidades en la predemocracia y un gran defensor de que Extremadura tuviera universidad propia para que los estudiantes no tuvieran que irse a Sevilla o Salamanca. Fuimos amigos hasta su muerte, y sigue vivo en mí y en mi mujer. Estaba casado con Aurora Chacón, hija de un capitán del Ejército que había metido mucho miedo en Mérida en la época de la represión y del franquismo, era un capitán que luego ascendió hasta coronel como jefe de los Servicios de Información de la Guardia Civil. Un día cogió a Chano Pérez Galdós, lo metió en su portal y le dijo:

—Levante la mano y diga: «Viva España y viva Franco».

El pobre Chano, sabiendo que iba armado, claro, dijo viva España, viva Franco..., lo que fuera, muerto de miedo como debía de estar, porque decían del guardia civil cosas terribles. Ese mismo coronel, cuando se enteró de la sublevación de Tejero y de que yo, siendo ya amigo de Antonio y de su hija, estaba encerrado en el Congreso, se vistió de uniforme a pesar de estar ya jubilado, se colocó la pistola reglamentaria, se acercó a Aurora y le anunció:

—Me voy a Madrid, le voy a pegar un tiro a Tejero; ha cogido a Alberto Oliart, estoy dispuesto a pegarle un tiro; ya veremos si a mí me amenaza.

En vez del Liceo de Mérida, donde cabían dos mil o tres mil personas, organizaron el mitin en una sala de baile, donde apenas cabían unas trescientas. No esperaban que, por haber sido director general adjunto al presidente y director general de Renfe con asiento en su Consejo de Administración, la tribuna alta se llenara de ferroviarios. Y no solo eso, estaban allí los mandos ferroviarios de Mérida y mucha gente de otros grupos de ferroviarios, recuerdo haber visto a un gran tipo que fue muy amigo mío y que se llamaba Julián Pérez, que tenía el puesto de mayor categoría, porque era ingeniero de caminos y tenía a su cargo el mantenimiento de las vías de Renfe; estaban allí mis amigos de niñez y nietos del ama de mi madre, Fernando y Juan; sobre todo había trabajadores de las más variadas profesiones y ocupaciones, pero el peso más grande era el de los ferroviarios, que eran fogoneros y conductores de máquina. Para los ferroviarios yo era algo especial, por haber tenido un alto cargo en Renfe, me apreciaban. En la calle, los ferroviarios colocaron dos altavoces para que la gente pudiera oír desde allí mis palabras. Al final se reunieron entre la calle y el edificio cerca de dos mil asistentes; los coches tenían que desviarse. La gente fue allí para escuchar a Antonio Uribarri y Alberto Oliart porque sabían que éramos de Mérida, había en la calle incluso señoritos bien y empresarios que, no habiendo llegado a tiempo, decidieron quedarse. Fue tan grande el éxito que, por primera vez, dos de los diputados que salieron en Mérida ganaron por mayoría clarísima.

Se acabó el mitin de Mérida y Sánchez de León tuvo que llevarme con él a Badajoz. En el mitin me presentó con gran elogio, comentando mi forma de hablar serena, tranquila y transparente como un cristal. Yo di un discurso distinto a lo previsto, defendí la tesis de que Extremadura era el farolillo de cola de España en la renta por habitante y que para mí el porvenir estaba basado en las riquezas naturales, que éstas dependían en un 50 por ciento de nuestro campo y los regadíos, pero que lo más importante de todo era la educación, con el esfuerzo que hiciera falta. Hablé de un amigo de la Organización Revolucionaria de Trabajadores (ORT), catedrático de instituto y que su padre era un hombre campo, que era el único hijo que tenía y que él y su mujer habían trabajado para que el hijo pudiera estudiar; dije que era básico para el desarrollo de Extremadura que los padres se obsesionaran con mandar a sus hijos a escuelas; que no podíamos seguir teniendo, como todavía existía de forma mayoritaria entre la gente de los pueblos que trabajaba en el campo, analfabetismo. El Gobierno que saliera vencedor en la democracia debía tener como prioridad la creación, a ser posible en cada pueblo que superara los quinientos habitantes, de la mayor cantidad posible de escuelas públicas; les dije que los niños tienen derecho a aprender a leer y que si no se hacía eso, debía establecerse un sistema de transporte a cargo del Gobierno para que los niños pudieran desplazarse; que debían abrirse institutos de segunda enseñanza, cosa fundamental para el desarrollo de Extremadura. Después de la educación elemental hablé de la universitaria; les dije que se debía crear alguna facultad, como defendía mi amigo y compañero de partido Antonio Uribarri y otros con él, pero que había que tener cuidado y elegir tres o cuatro especialidades, las que mejor pudieran funcionar en Extremadura; defendí que había que hacer un verdadero esfuerzo de tipo hacendístico y de gasto público por el principio de solidaridad con el dinero que se repartiera entre las autonomías, que en todas partes, pero en particular en Extremadura, debía tenerse cuidado en el manejo de los fondos, procurando evitar gobiernos demasiado caros y que estos esfuerzos debían ir dirigidos a fomentar la investigación, básica en España, y que si se fundaba alguna facultad, dentro de la Universidad podría organizarse un cuerpo de investigación, como podría también hacerse en los hospitales de Badajoz, por ejemplo, el nuevo de Mérida (que no se puso en funcionamiento hasta que yo fui ministro de Sanidad en el año 79). Sánchez de León cerró el acto exagerando: «Hay que enseñarles a los extremeños que los hombres nos vestimos por los pies», brindándoles esas frases de tinte machista que tantos aplausos arrancaban en la época. Yo entonces le recordaba que había que defender la igualdad entre hombres y mujeres recogida en la Constitución del 78.

Diputado en el Congreso

Se celebraron las elecciones generales y UCD ganó sin mayoría absoluta. Al entrar ya como diputado en el Congreso, José Pedro Pérez-Llorca me dijo que yo tenía que presidir la Comisión de Defensa.

En la crisis de 1979, antes de la convocatoria de elecciones, salieron de sus ministerios Paco Fernández Ordóñez, Martín Villa, Sánchez de León y Pío Cabanillas. La salida de los dos primeros me pareció un error. No dije nada entonces, pero me encontré después con Paco en los pasillos del Congreso y le comenté mi extrañeza de que prescindieran de él. «Yo no planteo problemas», me contestó. Yo sabía que no era verdad, porque Paco era un político nato y naturalmente haría todo lo posible por volver a ser ministro; no se iba a conformar con ser diputado. Paco añadió a continuación:

—Martín Villa en cambio es un kamikaze y no perdona a Suárez que le haya dejado fuera, toda su vida ha sido político y encontrarse de pronto con que es diputado como tú y como yo...; ¡mal le va a ir a Suárez si no lo arregla pronto!

No se equivocaba, pero se presentaba a sí mismo como no era, porque Paco estaba intrigando también desde el primer momento; no engañaba a nadie que lo conociera, se había rodeado de un grupo de socialdemócratas, los había conquistado porque era muy listo, muy simpático, y muy culto y, en apariencia, permitía que cada uno pensara lo que quisiera, pero resultaba que tenían que ser leales a lo que él dijera; era el clásico líder político a la italiana, como Pío Cabanillas, pero Pío no tenía tanta capacidad de grupo, sino una enorme capacidad personal.

Me encontré siendo presidente de la Comisión de Defensa; García Añoveros, ministro de Hacienda, me pidió:

—Alberto, hay que sacar el presupuesto del año y solo hay una persona a la que yo creo capaz de hacerlo y que yo estaría dispuesto a nombrar portavoz de Hacienda y ése eres tú. Acéptalo, te lo pido por favor, porque no encuentro entre los diputados a ningún otro con tu capacidad dialéctica y tu forma de hablar, que eres capaz de dar hierro con una educación inmensa y tan bien que no pueden enfadarse contigo.

Como presidente de la Comisión de Defensa, tras tomar posesión y una vez que se nombró vicepresidente a Enrique Múgica, diputado del Partido Socialista por ser el principal partido de la oposición, lo primero que hice fue decirle al jefe de la Junta del Estado Mayor que quería conocer la opinión de los militares acerca de ese comandante que había sido detenido por formar parte de la Unión Militar Democrática, Julio Busquets, al que el PSOE había insistido en nombrar portavoz de la comisión. Gracias a amigos catalanes, entre ellos Juan Reventós, yo sabía que era un buen sociólogo, que había estudiado la carrera de sociología siendo ya ingeniero militar y que gozaba de una gran reputación entre sus compañeros de la universidad. Después de saber que había sido detenido y que el Ejército lo había readmitido porque era muy tratable e inteligente, me pareció importante saber qué opinión tenían de él en el Ejército; el presidente, un Alfaro, me dijo que era mejor que preguntara en el cuerpo de Ingenieros y que el director de la Guardia Civil, Aramburu Topete, también me podía hablar de él. Busquets dejó la política y se dedicó a la universidad después de sacar la cátedra de Ciencias Políticas en la Universidad Autónoma de Barcelona. Demostró una gran valía. A Felipe González, una vez que me preguntó por él, le dije que Busquets era muy inteligente, un estudioso y que no era un militar al uso, «si lo que estás buscando es un militar, éste no es uno de ellos».

Al mes de ser nombrado presidente de la Comisión de Defensa fui a ver al ministro de Defensa, Agustín Rodríguez Sahagún, para decirle que yo creía que era oportuno que un grupo escogido de la comisión del que yo quería formar parte, visitara algunos de los centros militares; me sorprendió su respuesta:

—Verás, Alberto, ése es un asunto delicado, a los militares hay que conocerlos para tratarlos..., que aparezcan por allí diputados..., no lo sé, déjame que lo piense, que lo hable con Adolfo y con Gutiérrez Mellado y te diré lo que sea, pero de momento deja ese tema tranquilo.

El primer día que se constituyó la Comisión de Presupuestos hablé con su presidente, que era Francisco Fernández Ordóñez porque UCD tenía mayoría en todas las comisiones por ser el partido mayoritario con diferencia respecto al siguiente, que era el PSOE. Le di mis argumentos fiscales y económicos, quedamos de acuerdo en eso y empezó la discusión artículo por artículo del presupuesto. Íbamos aprobando concepto por concepto, la oposición iba preparada y todo lo discutía; eran sesiones interminables de mañana y tarde; yo despachaba todo lo rápido que podía, y de pronto exclamaba:

—Señor presidente, como necesitamos esto antes de finales del mes que viene y nos han dado muy poco tiempo para discutirlo, le pido que termine con estas intervenciones que no tienen otro objeto que el de impedir que se apruebe el presupuesto y que pase a la votación.

Como yo decidía, se me acercaban diputados para hacerme peticiones. El primero fue el que había sido presidente de las

Cortes, Fernando Álvarez de Miranda, que era siempre equilibrado y centrado, pero que en este caso venía encendido por el resto de sus compañeros católicos. Me dijo que lo sentía mucho pero no se podían quitar las subvenciones de las escuelas católicas y que tenía que darle la cifra que él quería:

—Necesito ocho mil millones.

—Como mucho puedo darte cinco mil quinientos —le expliqué más detalladamente—, haciendo verdaderos esfuerzos y solo quitándoselos a Fernando Abril, cosa que puede costarme un disgusto con él y quizá con el que ahora discute todo, que es Alfonso Guerra.

Ya se me había acercado el portavoz del PCE, al que me había comprometido a dar 1 000 millones; me lo agradeció muchísimo:

—No sabes lo que significa para nosotros y aunque querrían más, si llego con mil millones va a ser todo un éxito.

Esto no se discutió en la comisión, salió de los fondos que Fernando Abril había reservado, sobre todo para la negociación con Cataluña y que yo podía manejar.

En tercer lugar, tuve que negociar su partida con los catalanes. Llegó Roca en nombre de CiU:

—Ya sabes que tenemos acordados catorce mil millones.

—Pues estará acordado, pero solo me quedan diez mil; no me queda para lo que tú me pides, tendría que empezar a quitar de otras partes, y comprenderás que no vamos a bajar los sueldos del personal para que tengas cuatro mil millones más. Roca, tú que eres catalán sabes lo que es una negociación, llévate contento esos diez mil, que es una cantidad muy grande en el presupuesto de un país que tiene que luchar contra el paro; además, el dinero que gastaremos en medidas anticrisis os beneficiará también a vosotros, que además sois los que más tienen a excepción del País Vasco y Navarra...; diez mil es un buen bocado.

Roca se echó a reír y continué:

—Puedes pensar lo que quieras, pero no olvides que me eduqué en Cataluña, y que mi abuelo era catalán y de una familia muy antigua de Girona, no olvides que soy Oliart Irla.

—¿Tu abuelo era Irla? —preguntó asombrado.

—Pues claro —respondí.

Josep Irla fue presidente de la Generalitat en el exilio y era pariente lejano de mi familia. Añadí:

—Los catalanes sabéis muy bien lo que es la pela y que valen más diez mil millones en mano que catorce volando.

En una de esas jornadas, un miembro de la comisión se me acercó para comentarme:

—Alberto, van a quitar la pensión a todos los exministros porque dicen que es franquista.

—¿Quién lo dice?

—Pues está Alfonso Guerra. Está dispuesto a quitarlo todo, Fernando Abril le da la razón.

Me acerqué a ellos muy indignado, preguntándoles al respecto; me contestó Guerra:

—Pues claro que es verdad. ¿Quieres tú también una pensión franquista?

Les miré muy enfadado:

—¿Sabéis cómo empezaron las pensiones de los ministros en este país que se llama España?

—Empezaron con Franco.

—¡Qué coño con Franco! —Estaba tan furioso que solté tacos, cosa que no suelo hacer—. Sois unos ignorantes. En pleno periodo de Cánovas del Castillo y Sagasta, en el siglo XIX, Emilio Castelar planteó la cuestión en nombre de los republicanos y los liberales, porque tenía pruebas fehacientes que demostraban que muchos de los exministros del Estado, de la monarquía pocos y de la república casi todos, sobrevivían a la sopa boba, iban a comer a los conventos porque estaban casi todos en la pobreza y que eso, defendía Castelar, era una vergüenza para el Estado español; fue entonces cuando se aprobó por primera vez una cantidad suficiente y se solucionó el problema. En 1912 entró la Ley de Funcionarios, que regulaba lo que se daba a los ministros por haberlo sido y se decidió en Cortes con don Antonio Maura, del Partido Conservador; con Canalejas se mantuvo, y no hablo de cualquiera, era un hombre muy progre, tú, Alfonso Guerra, supongo que lo sabes... Pero aquí parece que os habéis olvidado de todo; quitar las pensiones a los ministros sería un disparate.

Llegó junio y yo ya era el diputado al que más acudían Leopoldo y Suárez para que interviniera en diferentes asuntos importantes. Se creó una Comisión de Investigación de RTVE, promovida por el grupo Socialista y apoyada por el resto de la oposición; Fernando Abril y Suárez llegaron a la conclusión de que era mejor permitir que se formara y me llamaron para que fuera portavoz. Se trataba de examinar las cuentas y la actuación de los directores de TVE; había acusaciones de que gastaban el dinero en lo que querían, de alguno decían que se había llevado dinero, que algunos se habían hecho ricos, lo clásico; compareció Fernando Arias-Salgado; me pareció buena persona y me entendí con él muy bien desde el primer momento, también le defendí; compareció Rafael Ansón, mi primo; al ver que algo no me cuadraba, pedí que se investigara, dije que había que nombrar para esto a alguien que fuera capaz de llegar al fondo del asunto y que entendiera de números y televisión.

A mediados de junio, Suárez me explicó que iban a sacarme de la comisión porque me necesitaban en cosas importantes, pero no me dijo qué cosas eran; antes del final de ese mes, se acercó a mí en un pasillo del Congreso y me dijo que iban a empezar a trabajar en la redacción de un proyecto de Estatuto del País Vasco y que yo tenía que estar en la comisión que se iba a crear, que ya me llamaría José Pedro Pérez-Llorca porque era ministro de la Presidencia e iba a ser quien la presidiera. De este modo salí de la Comisión de Investigación de RTVE. Creo que Adolfo me quiso fuera porque le preocupó que yo pidiera que se investigaran determinados gastos, aunque Ansón fuera mi primo; esto impresionó a todos mucho, pero los del PSOE estaban en realidad presionando porque perseguían a Adolfo y a éste, que seguramente lo sabía, debió de preocuparle que yo no tuviera ningún reparo en pedir que se investigara la actuación de mi pariente; Adolfo decidió sacarme de allí porque si era capaz de investigar a mi primo, qué haría con los demás.

Efectivamente, Pérez-Llorca me pidió que estuviera presente en las reuniones del Estatuto Vasco, «por el peso que tienes como exministro, también está Martín Villa, Chano Martín Retortillo», entre otros, «en cuanto llegue te voy a mandar el proyecto de ellos para que sepas también qué plantean». Los vascos ya tenían uno redactado y se habían juramentado ante el árbol de Guernica. Me advirtió que Abril había insistido mucho en que las reuniones no fueran de día, que las empezáramos a última hora de la tarde «y que duren lo que tengan que durar, que la gente cede más cuando tiene sueño».

El Estatuto vasco

Se firmó el 21 de julio de 1979, después de un mes de reuniones en la Comisión Constitucional, formada por treinta y tres miembros, y con una delegación integrada por catorce personas de PNV, EE y PSE como representantes vascos.

José Pedro Pérez-Llorca convocó a los participantes de la Comisión Constitucional y la delegación de representantes vascos para decir que el día 1 empezarían las reuniones para llegar a un acuerdo para el Estatuto. La reunión la presidiría, por el PNV, Xabier Arzalluz, y las sesiones empezarían a partir de las nueve y media de la noche; me dijo que el presidente Suárez quería que yo fuera ponente de la defensa de los artículos que ya estaban aprobados y que me encargara de la coordinación de los miembros, con un poder especial que me permitía prescindir de cualquiera que no votara de acuerdo conmigo en la Comisión Constitucional, a la que yo no pertenecía; me designaron también para coordinar el grupo de UCD.

Repartieron ejemplares del Estatuto que los vascos habían mandado para que lo fuéramos estudiando, que había sido aprobado por todas las fuerzas políticas vascas, algunas con votos reservados. Siendo ministro de Industria había conocido a Marcos Vizcaya, que también iba a participar en las reuniones y era diputado, y que estaba metido en el mundo industrial y de comerciantes vascos; vino a verme muchas veces al ministerio y después, en las Cortes, llegamos a tener buena amistad. Como yo iba a ser el ponente extraordinario, quise hablar con los del PNV y con los que Marcos Vizcaya me indicó como más oportunos; a nadie más se lo dije, porque era una invitación a mi casa. Le dije que tenía mucho interés en que viniera Arzalluz y que, en cuanto a los demás, eligiera él a los diputados del PNV, aunque lo que más me interesaba era conocer a los que no había tratado antes. Marcos vino a mi casa con Emilio Guevara y Xabier Arzalluz, del PNV. Creo que por Euskadiko Ezkerra: Maturana y Aguiriano y Xabier Garaialde, que debía ser diputado en Cortes; con ellos vinieron otros dos en representación de sus partidos. A mí me interesaba hablar con los del PNV y de paso con los partidos de izquierdas como EE y PSE; cenamos con mi mujer, Carmen, como presidenta de la mesa.

La reunión fue bastante duradera entre comida, cafés, puros, copas y conversaciones. Me sorprendió que Arzalluz no se sentara ni por un momento; algunas veces se acercó a los que hablábamos para, aún de pie, decir alguna cosa sin importancia; cuando, antes de que ocurriera, hablé sobre la cena con él, me dijo: «Quizá has hecho bien, pero yo es que no me fío de los que sois del centro de España», a lo que contesté que aunque me había educado en Barcelona, era extremeño y nacido en Extremadura:

—No, si de ti a lo mejor me fío; pero hay algunas cosas de las que preferiré no hablar.

De todos modos, se despidió dándome las gracias y diciendo que la cena había sido espléndida y que la merluza estaba frita como se fríe en los mejores sitios de San Sebastián; alabó el detalle de los pimientos. Dijo que le había caído muy bien mi mujer, «y es muy guapa», y se despidió diciendo: «Ya nos veremos cuando tengamos que confrontar las opiniones».

Le conté a Adolfo acerca de la cena:

—La he celebrado porque quería conocer a la gente con la que voy a pasar largas horas de negociaciones.

Me dijo que le parecía muy bien:

—Sí, tú eres el mejor para hacer esto; conviene una presencia tranquila como la tuya, que diga las cosas como las dices tú.

—Si quieres dame tu teléfono para que te llame por si hay algo que debamos consultar contigo o por si tienes que intervenir.

—Claro, claro, te lo doy ahora mismo —me dijo, pero de pronto cogió el teléfono, lo volteó y dijo—: no lo tengo, no está apuntado aquí; ya le diré a mi secretaria que te lo dé.

Comprendí que no quería darme el número, que desde el momento que me dijo que sí hasta que cogió el teléfono le entró algo que en esta segunda etapa de Adolfo se fue acentuando más y más: la desconfianza; una súbita desconfianza hacia mí que no salía de él, de pronto recordaba que no podía dar más bula a nadie de la que debía dar; no quiso darme el número: lo vi; era ridículo que un hombre como él dijera que no se lo sabía.

El 1 de julio empezamos las sesiones de la Comisión Constitucional; de entrada, el presidente de la Comisión, Pérez-Llorca, expuso los artículos que le parecía que había que suprimir del Estatuto de Guernika. Pensaba, con bastante razón, que bastaba con hacer lo que la Constitución decía sobre la estructura jurídica del Parlamento vasco, lo que pasaba con las tres diputaciones y el ejecutivo tal y como venía diseñado en la Constitución; que lo importante era que el lehendakari nombraba a los consejeros y tenía libertad para hacerlo.

Daba la casualidad que mi opositor a las preguntas era Emilio Guevara, que se explicaba de una manera muy hábil pero me daba la impresión de ocultar algo; medirse con él era casi un reto: ambos tuvimos innumerables veces ocasión de discutir en las sesiones nocturnas y vespertinas, porque de pronto decidieron que había que empezar por la tarde porque aquello iba muy despacio y se sumaron las comidas y posteriores paseos por el jardín.

Tengo grabado en la memoria y me parece digno de ser mencionado, que en al menos dos ocasiones en esas comidas, Arzalluz se sentó frente a mí. Para comer solían darnos unas paellas estupendas, algún plato de carne o pescado y postre; había vino, pero Arzalluz era ajeno, no así yo, que tomaba vino tinto a diario como había hecho desde niño por prescripción facultativa. Dirigiéndose a mí, dijo:

—Quiero proponer, y quiero saber tu opinión, que tuviéramos un banco emisor de pesetas.

—Mira, eso es muy difícil de admitir, por no decir imposible —respondí yo.

Le hablé de las razones monetarias para que hubiera un solo banco central en un país como España, que éste tenía que ser responsable de la inspección de todos los bancos de emisión de moneda y, sobre todo, controlar la cantidad de dinero circulante, no solo del efectivo, sino el flujo monetario total, que se componía no solo de los créditos que los bancos daban, sino también de la emisión de bonos, los préstamos entre empresas, etcétera. La única manera de regular la cantidad de dinero circulante, es tener la producción de moneda en una sola mano. Le dije que, si albergaba el pensamiento de crear en el futuro una moneda vasca, sería imposible aceptarlo constitucionalmente y desde el punto de vista de la política monetaria, porque ese banco podía desatar en un momento determinado gran inflación emitiendo más moneda de la necesaria en el País Vasco o deflación, provocando que tuvieran forzosamente que intervenir el Banco Central o el Ministerio de Hacienda del Gobierno central.

No sé si a Xabier Arzalluz le bastaron mis explicaciones, pero no volvió a hablar de aquel asunto. En otra comida, quiso saber por qué siendo una autonomía tan industrializada no podía haber un Instituto Vasco de la Industria. Fui muy claro y le expliqué que jamás podrían pagar las subvenciones que estábamos pagando a las grandes empresas siderúrgicas vascas desde el Estado español para evitar que quebraran debido al precio del petróleo. No hizo ningún comentario ni volvió a insistir sobre el asunto en la comisión ni en ningún otro sitio. Saqué entonces la conclusión de que nunca me iba a decir que estaba de acuerdo, pero que yo le había convencido con mis argumentos en ambos casos.

Recuerdo especialmente una de las discusiones durante las sesiones. Discutimos acerca de un artículo que daba a los vascos total control sobre las «aguas interiores». Guevara, tan listo que era, nos dijo que había grandes lagos en el País Vasco y nos habló de una laguna importante; defendió ese artículo insistentemente, dijo que tenía que pasar porque era su derecho regular esas aguas. El artículo, tal como lo defendió, era incontestable, pero a mí me extrañó mucho la habilidad con que él insistía tozudamente, y la misma tozudez al decir una y otra vez «no nos lo podéis negar, nos interesa mucho». Pedí un receso para estudiar la cuestión. Como no sabía lo que encerraba aquel empeño, conseguí un diccionario con la definición de aguas interiores; encontré una muy sospechosa, debía ser el principio de la noche, porque llamé a uno de los capitanes de navío que había asistido a la Comisión permanente de Defensa y con el que había trabado amistad. Le llamé:

—¿Qué son para vosotros las aguas interiores?

—Pues el agua interpuntas.

—¿La bahía de San Sebastián sería entonces un mar interior?

Me contestó afirmativamente y le expliqué que los vascos proponían un artículo para controlar la gestión de las aguas interiores. Él me explicó que lo más importante que tenían era el agua interior de San Sebastián. Emilio había hecho una total descripción de su derecho a gobernar sobre las aguas interiores, que estaba en los códigos civiles..., era listísimo.

—Has estado a punto de convencerme. Me he enterado gracias a un diccionario de que las aguas interiores son también los mares interpuntas, así que si os diéramos su control, podríais regular la navegación de entrada y salida de San Sebastián. Por eso no podemos poner «aguas interiores»; sí lagos y lagunas, eso lo cedo entero, pero el mar interior no.

Emilio replicó:

—Ah, bueno, pues ponemos: «lagos y lagunas todos rodeados por tierra».

En otra ocasión, recuerdo que salí furioso por la concesión hecha. Óscar Alzaga y yo estuvimos discutiendo desde que se planteó el tema. A las cuatro de la mañana, nos mandaron a otra habitación para ver si podíamos llegar a un acuerdo; fuimos nosotros dos de UCD, algunos de EE y dos hombres a quienes Arzalluz designó en representación de PNV. El tema era la educación y la lengua; hablaban del derecho a tener ikastolas, que pasó con la condición de que obligaran a incluir horas lectivas en castellano o que se establecieran academias particulares donde se pudiera estudiar español. Alzaga y yo nos mantuvimos firmes en la posición de no aceptar que solo se hablara euskera en la enseñanza media y universitaria; que aceptábamos que ellos decidieran qué institutos públicos se abrirían, pero que tenían que tener horas lectivas en español; así también en la universidad; que si había una en que se hablara euskara, muy bien, pero que tenía que haber una en castellano. A las siete de la mañana habíamos terminado de redactar el artículo. Les habíamos convencido de que tampoco era democrático, aunque fuera desde el interés porque su lengua se estudiara y conociera, negar el derecho de estudiar en castellano a los que estudiaran o nacieran en el País Vasco.

Eran las siete de la mañana, ya habíamos acordado que hubiera universidad en euskera y castellano y estábamos a punto de firmar cuando entró Otero Navas con un papel en la mano que le habían entregado Suárez y el lehendakari Garaicoechea que, al parecer, estaba reunido con Suárez desde las seis, posiblemente porque alguien del PNV le había dado la voz de alarma al saber que nosotros íbamos a imponer que la universidad en español tuviera representación en Euskadi junto a la vasca. Otero Novas traía una nota redactada a partir de un acuerdo entre Suárez y Garaicoechea; Otero Novas redactó el acuerdo lo mejor que pudo desde el punto de vista jurídico; el Estado español cedía al Gobierno vasco su derecho a regular la enseñanza universitaria, con lo que se eliminaban las horas lectivas en castellano. Óscar y yo nos indignamos; aunque él disimuló más que yo, pues le espeté a Otero Novas:

—Dile a Suárez de mi parte que esto que acaba él de conceder es a la larga un disparate, que yo dimito y no vuelvo a la comisión, y que me voy a mi casa a dormir tranquilamente en vez de ir a las Cortes.

Me fui a casa; nada más llegar, me llamó Adolfo y tuve que ponerme.

—Alberto, de veras lo lamento, pero piensa en todo lo que hay alrededor de una cesión de este tipo, piénsalo bien; más aún, ven inmediatamente, perdóname si he tenido que tomar la decisión así, no sabía que Alzaga y tú estabais negociando...

—Pero sí lo sabía Garaicoechea... —le interrumpí muy enfadado.

—Date cuenta de que quizá consigamos que todo el mundo en Euskadi se crea que esto es una democracia y que se atiende a las peticiones vascas, incluso una tan extrema como ésta.

Alguien me dijo que Adolfo tendía a hacer continuamente lo que fuera para que ETA, y sobre todo las personas que la apoyaban en el País Vasco, se convencieran de que estaban cometiendo un disparate con ello. Por esta razón, decidí volver a la comisión, porque comprendí por qué lo había hecho, pero sabiendo que se había equivocado y que la cesión sería inútil.

Cuando terminamos la redacción del Estatuto, Arzalluz me dio un abrazo. Ambos estábamos emocionados. Guerra me dijo que yo era un parlamentario destacable.

Durante la redacción del Estatuto me pusieron escolta, dos coches; uno detrás, con tres policías, uno en cada ventanilla con las armas por fuera, y el mío, con un escolta también, yo iba siempre en el asiento del copiloto. ¿Por qué? Porque según me contó el jefe de esos cuatro escoltas que me acompañaban en esos momentos, la policía había tenido aviso de que estaba en el punto de mira de un comando de ETA; yo estaba señalado como exbanquero, exministro y como diputado de UCD participante en el Estatuto y, como recogió la prensa vasca, el duro de la comisión era yo; eso le convenía a Arzalluz, creo yo. Al poco de iniciarse las negociaciones sobre el Estatuto vasco, el 3 de julio, el comando de ETA que andaba por Madrid siguió a Gabriel Cisneros, diputado de UCD también, padre de la Constitución y miembro de la Comisión Constitucional, y atentó contra él; él, al ver a los terroristas, corrió y se metió entre unos coches, pero otro etarra le disparó y cuando iba a rematarlo, Cisneros gritó, la gente lo oyó, y varios salieron, momento en que el etarra que había disparado huyó. En cuanto me enteré, llamé para saber cómo estaba.

El Estatuto catalán

Sin interrupción, empezamos las discusiones relativas al Estatuto catalán y otra vez iba a ser yo ponente en la misma comisión. Este dio menos trabajo, aunque fue todo un mes, día a día, hasta su aprobación en la Comisión Constitucional el 13 de agosto de 1979. Empezamos el Estatuto; yo me sentaba frente a Juan Reventós, mi íntimo amigo desde los diecisiete años, representando al Partit Socialista de Catalunya. Con él estaba Josep Verde; estaba junto a Jordi Pujol, en nombre de Convergencia; también Heribert Barrera, de Esquerra Republicana de Catalunya; Alejandro Rojas Marcos, del Partido Socialista Andaluz, Blas Piñar, de Unión Nacional; Manuel Fraga, José María de Areilza y Antonio de Senillosa, de Coalición Democrática-Alianza Popular, Óscar Alzaga, Francisco Fernández Ordóñez y Rodolfo Martín Villa de UCD, Alfonso Guerra, en representación del PSOE. Por parte de Convergencia Democrática de Cataluña, Ramón Trías Fargas, Macià Alavedra y Miquel Roca y por parte de PNV, Julen Guimón.

Josep Tarradellas ya presidía entonces la restaurada Generalitat de Cataluña, tras su vuelta del exilio en 1977. Parece que él y Suárez habían mantenido un encuentro previo en el que éste le garantizó que habría un Estatuto. Es decir, que Tarradellas ya conocía el Estatuto del Parador de Sau.

Desde el principio hubo dos tendencias, la que representaba el PSC de Reventós, que intentaba llegar a acuerdos, y la personada en Pujol que, conseguido lo que políticamente quería, el Estatuto de Autonomía, centró sus afirmaciones ambiguas, su postura más crítica en la Hacienda y en el principio de subsidiariedad o solidaridad; quiso señalar la peculiaridad que Cataluña tiene por su lengua, derivada directamente del latín y su cultura, que arranca por lo menos de la época de Carlomagno. Pujol no cedía; Reventós y los representantes del PSC estaban más preocupados por sacar el Estatuto adelante que por plantear diferencias que pudieran llevar a enfrentamientos; decidieron reservar para el futuro el ir creando una legislación adecuada a la realidad catalana. Para mí era evidente que Pujol apuntaba más allá.

Tuvimos que defender, sobre todo yo como ponente, que se siguieran las mismas líneas que habían salido adelante en el Estatuto Vasco; fue Pujol quien más veces quiso saltárselas. Cataluña es una región con problemas distintos y una estructura económica y social diferente del País Vasco. Pujol luchó muchísimo por las comarcas e insistió en revisar el tema relacionado con el principio de subsidiariedad y solidaridad. Enseguida se estableció un fondo de solidaridad para que las regiones económicamente más débiles de España vieran compensada su falta de recursos por aquellas que tenían mayor desarrollo económico e industrial; era evidente que a Cataluña le iba a tocar pagar más. Ante esta amenaza, el partido de Pujol y, con menor pasión, el PSC de Reventós, trataron de desviar la regulación de Hacienda hacia algo parecido al consorcio, y pretendieron obtener acuerdos similares a los que en tiempos de Cánovas tenían los vascos y los navarros. Al final de discusiones interminables, llegamos a un acuerdo; conseguimos que admitieran el principio de solidaridad con algunas condiciones: que se tendría en cuenta la situación económica y fiscal y su presupuesto para fijar la cantidad que le correspondiera a Cataluña, aunque ésta sería fijada por el Gobierno central, y que ese principio se mantendría con las regiones más atrasadas. Apuntaron incluso la posibilidad de cobrar ellos algunos impuestos y se hizo alguna concesión en cuanto a los recargos que pudieran imponer y cobrar.

Desde el principio los políticos catalanes libraron la verdadera batalla con respecto a la enseñanza: pedían que fuera en catalán. En un aparte de pasillo, cogí a Juan Reventós y, dejando a un lado mi papel de ponente, le dije:

—No cedáis en eso porque se lo han concedido a los vascos y vosotros tenéis el mismo derecho a tener universidad y escuelas catalanas. Ahora bien, tendréis que aceptar, como han aceptado ellos, que haya horas lectivas en español.

Ante la insistencia de los representantes catalanes, convencí a Pérez-Llorca y a Adolfo Suárez de que habiéndoselo dado a los vascos no teníamos ningún argumento para no concedérselo también a ellos y que, puesto que no habíamos cedido con las comarcas, ni en lo económico, ni en lo fiscal, sería bueno ceder en algo; les dije que yo estaba convencido de que Cataluña seguiría siendo bilingüe (incluso entre los separatistas, que utilizan a menudo muy buen castellano). Concedido este punto, tuvimos algunos problemas más, especialmente con Pujol, pero al final salió el proyecto de Estatuto catalán. En los periódicos catalanes apareció Alberto Oliart como el más duro de la plantilla, como había ocurrido con el Estatuto vasco. Al salir de la comisión el día de la despedida de las Cortes, Juan me dijo en un aparte:

—Alberto, hemos conseguido lo que nunca imaginamos, la consigna que había era no obtener menos que en el Estatuto del 34, y hemos conseguido mucho más; por cierto, que aunque la prensa te ponga como el hombre duro, ya he hecho saber al PSC y amigos que has sido decisivo en muchas cosas que han ayudado a Cataluña, que has vivido allí y nos conoces muy bien.

Es curioso, el sitio donde mejor me reciben aún hoy es Cataluña. Tarradellas me invitó una vez a verle en Barcelona. Él era demasiado inteligente para decir lo que pensaba, pero en las ocasiones en que estuve con él me dio la impresión de que se entendía un poco mejor con los socialistas que con los convergentes; respetaba bastante a los de Unió Democrática. Juan, que siguió siendo muy amigo mío, perdió ante Pujol en las elecciones siguientes.

La llamada del rey

En abril de 1980 yo estaba muy preocupado por los ataques de los barones del partido a Adolfo Suárez y también porque éste había prescindido, en una dimisión rápida, de Fernando Abril. No podía entenderlo. Me enteré de que algunos diputados de UCD habían intentado desprestigiarle ante la opinión pública. Fernando era demasiado mandón, pero absolutamente honesto y un trabajador como yo no he conocido. Y sobre todo, me parecía el más seguro sostén de Adolfo Suárez.

Aquel mismo mes el rey me llamó:

—Estoy muy preocupado, Alberto. Yo le he tomado verdadero cariño a Adolfo Suárez. Piensa que le nombré en cuanto pude hacer las cosas como yo quería hacerlas, le nombré y lo ha hecho muy bien; pero es que lleva unos meses que está como esos boxeadores estupendos que, de pronto le dan unos golpes y dices si éste se cae sobre la lona ya no se puede levantar, pues le pasa algo parecido, yo no sé qué le ocurre, no sé por qué, pero mira, le he pedido a Landelino Lavilla, y te pido a ti, que hagáis todo lo posible por ayudarle y por que salga adelante, porque en este momento es una persona que no sabe lo que quiere ni adónde va.

Yo ya me había dado cuenta de esa circunstancia. Le dije al rey que lo que se comentaba era que Suárez se estaba cambiando la dentadura, que aquello era muy doloroso, y que no dormía por las noches. El rey insistió:

—A Adolfo le pasa algo más. En fin, ayudadle.

Vi que la crisis de Adolfo era más alarmante cuando comenzaron las reuniones en lo que se llamaba la Casa de la Pradera, una casita de los ingenieros del Ministerio de Agricultura, cerca de Madrid; allí se reunían los barones contra Adolfo Suárez, encabezados por Martín Villa, y con la presencia de Fernández Ordóñez, Joaquín Garrigues, Landelino Lavilla y, en ocasiones, Pío Cabanillas, reuniones que eran, según ellos, para hacer un *caucus*.

Pío Cabanillas me preguntó un día qué haría yo si me pidieran presidir el Gobierno.

—En principio, desear que eso no ocurra, yo no estoy aquí para ser presidente, es una responsabilidad muy grande, además Adolfo lo hace divinamente y yo no tengo por qué ser presidente del país.

—Pero si te lo piden...

—Hombre, si el jefe del Estado me dice que tengo que serlo, pues tendré que serlo, pero que no es mi objetivo, que se te meta en la cabeza Pío, me has preguntado y no le des más vueltas, soy el que soy, yo soy muy claro, para mí ser lo que he sido ha sido un honor.

Unos meses después de esta conversación, Felipe González plantea la moción de censura, y vi clarísimo que el envite, el discurso de Adolfo, el de Felipe explicando los motivos, habían empezado antes de la moción de censura. Los rumores crecientes se referían a la constitución de un Gobierno de coalición formado por personas de UCD y del PSOE, y con un presidente o bien civil o bien militar. Como presidente de la Comisión de Defensa, yo había planteado la necesidad de visitar las bases militares, solo para saber qué se estaba haciendo. Por las fechas que cuento, entre abril y ya principios de otoño, visité Jaca acompañado por el vicepresidente de la Comisión, el socialista Enrique Múgica, para conocer algo que a mí me interesaba mucho, la preparación de las unidades especiales que se llamaban en lenguaje militar guerrilleros.

Allí me enteré de que la prueba final para entrar en el cuerpo de élite consistía en pasar un mes con la misma ropa y botas, equipados con una navaja de campo, comer como pudieran y presentarse en el sitio donde se les convocara en el tiempo establecido.

De vuelta en Madrid, Enrique me preguntó qué pensaba de la posibilidad de un Gobierno de coalición para salir de la crisis.

—Nunca he estado en contra, y menos si es con vosotros; estamos mejor de lo que estábamos en el 77, pero queda un camino por andar. No veo fácil lo del Gobierno de coalición.

—¿Y qué opinas de que entraran otros partidos y que el presidente no fuera civil ni fuera Adolfo?

—¿Quién? No sé de qué estás hablando.

—Un general.

—¿De qué me hablas?

—Uno de ellos es Armada.

—No, no creo que un militar tenga que ser presidente.

Creo que me tanteaba por si yo sabía algo, pero se dio cuenta de que no.

No pasó mucho tiempo antes de la moción de censura. Yo me enteré de que en Madrid corrían los rumores, y que Armada y dos compañeros míos de promoción, Alfonso Osorio y Federico Silva, habían acudido a algunas cenas que organizaba Jáudenes, un civil que también me invitó a mí, aunque yo no acepté. En esas cenas se habló no de un golpe, pero sí de un procedimiento constitucional para crear un Gobierno nuevo sin Suárez y con ministros de distintas procedencias, técnicos y algún militar. En esa cena estaba presente el general Armada, pero él no dijo nada de ser él; sí se lo dijeron, pero no se comprometió a nada. Luego me dijeron que esas cenas se habían repetido y que a muchas había asistido Armada, ya instalado en Madrid como segundo jefe del general jefe del Ejército de Tierra. Explico esta anécdota porque no sé si Enrique Múgica me estaba sondeando para saber qué sabía yo o para saber mi opinión.

En la moción de censura, Adolfo no estuvo nada bien porque Felipe utilizó mañas de político duro, y Adolfo contestó a medias, con un discurso escrito. Es verdad que Adolfo contraatacó con la cuestión de confianza, donde prescindió de papeles y estuvo francamente bien, hasta el punto de que pensé que la había ganado. En los pasillos le dije:

—Adolfo, has estado perfecto, no utilices más papeles, no tengas miedo; en un político no sirve de nada haber leído treinta y cinco mil libros, tú hablas muy bien, porque después de leer treinta y cinco mil libros o treinta y cinco bien leídos es lo mismo, uno aprende. Que no te acompleje.

Rodolfo Martín Villa, vicepresidente político, me visitó en mi despacho del Ministerio de Sanidad para preguntarme qué creía yo que iba a hacer Adolfo. Le contesté:

—O Adolfo dimite, cosa que me parece tremenda, o anuncia que no se va a presentar a las próximas elecciones.

Martin Villa sonrió, no dijo nada y se marchó.

Antes de eso yo había hablado claramente con Adolfo en los pasillos del Congreso:

—Estás viviendo una crisis y no soy capaz de callarme, pero el partido está en crisis y es incompatible con gobernar. Espero que no te moleste, si tú conduces esa crisis, haz lo que tengas que hacer, pero que no te la conduzcan, y si un día dimites y te vas a tu casa de Ávila, te van a ir a buscar en procesión en cuanto se convoquen elecciones porque el hombre de los votos eres tú.

Me escuchó y guardó silencio.

Cuando me dijeron que había dimitido, lo primero que me salió decir fue «Qué día tan triste». Me sentí profundamente triste por la crisis del partido provocada por Martín Villa, Ordóñez, y los cristianodemócratas que se reunían en la Casa de la Pradera haciendo publicidad de ello; poco después se convocó el congreso de UCD para elegir al presidente del partido y al presidente del Gobierno.

Antes, Rodríguez Sahagún me llevó a un apartado en La Moncloa y me preguntó:

—¿Te haría ilusión ser ministro de Defensa?

—Hombre, Agustín, no se puede hablar de ilusión: ser ministro de Defensa es un honor porque es política de Estado; si me llamaran lo aceptaría en función de las circunstancias, y sería un honor, pero ya estás tú en el cargo y lo haces muy bien.

La muerte de Carmela Teixeira

En el año 1980 alquilamos, en las cercanías de Bayona, una casa del tamaño que necesitaba para ir con mis hijos y mi madre. La casa, gallega y de piedra, estaba construida en un terreno de cuatro hectáreas, lo cual era bastante para la Galicia de aquella época. En aquella casa, en 1984, estuvo la pequeña María, que no llegaba a dos años, mi madre, y los hijos que cupieron. Para los demás, alquilé un piso cercano, sobre todo para los que tenían que estudiar.

Normalmente me levantaba temprano para poder llevar a

la casa el desayuno, en forma de trenzas de pastelería que han sido parte esencial en la dieta de mi casa. Intentaba despertar a los que estaban acostados, aunque muchas veces parece que estaban acostados vestidos y se levantaban rápidamente cuando yo me daba la vuelta, pues habían estado de juerga hasta poco antes de mi llegada.

Aquel invierno de 1982, cuando cesé como ministro de Defensa, el dueño de la finca me llamó para pedirme que la dejáramos libre para su hija, que se iba a casar el año siguiente. Empecé entonces la búsqueda de una casa nueva de las dimensiones necesarias para una familia como la mía y porque venían con nosotros ese verano no solamente Áurea, mi suegra, sino también mi madre, aunque también comían con nosotros mis hermanas Pilar y Nuria. Encontramos casa para el año siguiente, el año de la muerte de Carmela.

Mi madre me llamó a Nigrán para decirme que Carmela estaba enferma. Me contó que tenía una enfermedad en la médula espinal. Fui a ver a mi madre inmediatamente, después a Carmela. Informado por mi madre de la enfermedad de mi amiga y «madre» de Alberto Oliart abogado del Estado, casi todos los días iba por su casa; a la hora de comer a menudo la encontraba junto a Ramira frente al televisor.

Llegó el día en que Carmen y yo teníamos que salir hacia Nigrán, en Galicia, y quise antes ir a ver a Carmela, que no mejoraba y estaba en el hospital. Mi madre no se separaba de su lado. Al llegar, yo me quedé a solas con Carmela y viví uno de los momentos más emocionantes de mi vida. Hablamos de las preocupaciones cotidianas, de mi madre, de mis hijos..., de pronto me dijo:

—Alberto, ahora no puedo dejar de pensar que esta enfermedad acabará con mi vida, sin embargo la pasada noche tuve un sueño delicioso en el que me dormía debajo de un árbol frondoso y con grandes hojas que me cubrían con su sombra y que me llenaban a mí de paz profunda, amor a la vida y felicidad, descanso y sosiego. —Hizo una pausa y continuó—: Y ese árbol, Alberto, eras tú.

Yo le contesté que no era ese árbol, pero aquí iba a seguir

para ella. Le conté que tenía que ir a Galicia para ver al dueño de la casa que iba a intentar arrendar para el veraneo, puesto que él había insistido en conocerme y que volvería esa misma tarde para verla. Me despedí de ella.

Cuando llegamos a Nigrán fuimos directamente a la casa. Rápidamente comprendí que el dueño y el que lo acompañaba eran dos homosexuales. Él me impresionó porque tenía modos protocolarios de mayordomo de una gran fortuna, que era su oficio y su realidad en aquel momento, puesto que existía el señor de tan gran fortuna, que vivía en Biarritz y para quien él trabajaba. Llegamos a un acuerdo por el que yo podía utilizar la casa todo el verano desde mayo y hasta el primero de noviembre por un precio no exagerado para un arreglo de ese tipo. Nos invitó a tomar algo y quedó encantado con nosotros. Nos dimos la mano y nos marchamos, pues queríamos volver a Madrid para ver a Carmela.

Comimos por el camino y llegamos a Madrid, para recibir yo uno de los más duros golpes de mi vida. Cuando la subieron a quirófano, nos contaba mi madre, le había dicho que tenía miedo porque sentía que de ésa no iba a salir. Mi madre le hizo saber que no estaba sola. «No sabes, Matilde, la soledad que se siente», replicó. La subieron a quirófano y antes de una hora bajó el médico que la llevaba para anunciarle a mi madre que Carmela había muerto. Mi madre, a pesar de la fortaleza de ánimo que tienen los Saussol, se conmovió profundamente.

En Madrid Carmen y yo fuimos a la que había sido la casa de Eusebio y Carmela. Al llegar, Ramira vino hasta mí:

—Qué bien habéis hecho en venir aquí. Carmela me había dado un papel para ti.

Su papel era un testamento escrito a mano. Me dejaba a mí de contador-partidor de la herencia y con unas facultades tan grandes en la partición de los bienes que yo podía dejar fuera de la herencia al que se opusiera a mi voluntad.

Carmela me había explicado a mí, al morir Eusebio, que en la casa tenían cosas de gran valor, como un dibujo de Picasso y de otros artistas cotizados, regalos de sus pacientes para Eusebio, y que ella quería que aquellas cosas fueran para los Oliver, mientras que las cosas de ella tenían que ser para los Teixeira. Así que me encontré con la tarea de hacer más de veinte lotes de la herencia para unos y otros.

En el despacho y estudiando el tema llegué a la conclusión de que los que más experiencia tenían en valoración eran los empleados y directivos de lo que era todavía el Monte de Piedad y Caja de Ahorros de Madrid, y hablé con el director, que me presentó un grupo de expertos en valoraciones. Les dije que necesitaba sus servicios. Resultó que uno de ellos había sido paciente de Eusebio Oliver, al que puso por las nubes. Yo le expliqué que no quería llegar a intervenir en la atribución de los lotes, que prefería que la partición la hicieran ellos. A partir de aquel momento trabajé permanentemente con la gente de la Caja de Ahorros y Monte Piedad de Madrid, siempre ante notario, al que había llevado para que hiciera constar en acta todo lo que se hacía y lo que estaba pensado hacerse. Ordenamos los bienes en lotes, introduciendo después al azar números que se correspondían con los herederos. Terminado esto, se procedió a la identificación de cada lote con una persona ante notario. Llamábamos después a los interesados, también ante notario, para que fueran a buscar sus correspondientes lotes.

Aquella tarea no fue grata.

Primero vino el choque con Adria, que se negó a ir a por su lote, que se había autoadjudicado y que era el más importante, cosa que dejé pasar porque las joyas eran de Carmela y de sus ascendentes y Adria era la única hermana viva de Carmela, que se había presentado antes de acabar la ceremonia de cremación para llevarse todas las joyas que había en casa de Carmela y Eusebio, algunas de mucha antigüedad. Al acabar, y cuando todos se hubieron llevado su parte, solo dos personas se acercaron a darme las gracias. Una de ellas era hija del hermano de Carmela Teixeira, que vino a decirme: «Si me ha dado alegría venir a recibir algunas cosas de mis tíos, ha sido gracias a tu intervención, si no, no habría visto nada de esto».

Carmela tenía en el Banco Urquijo cinco millones de pesetas que no estaban en el testamento. No dudé ni un momento sobre lo que debía hacer con el dinero. Mi hijo me dijo que tenía opción de hacer un cheque nominativo para quien yo quisiera, así que lo puse a nombre de Ramira. Cuando se lo di, se echó a mis brazos diciendo: «Solo gracias a ti». Le pregunté qué iba a hacer y me dijo que se iría con unos sobrinos. Ella era burgalesa, y estos sobrinos vivían en el pueblo en el que había nacido ella; me dijo que quedarse en Madrid no tenía sentido para ella sin Carmela.

Terminó entonces mi trabajo de particiones y reparticiones y acabé de cumplir la promesa que le había hecho a Eusebio: había cuidado de Carmela. Cuando yo, con las llaves de la casa que iba a entregar después, cerré aquella puerta por última vez, aquella puerta que tanto tiempo había usado cuando estudiaba la oposición en aquella casa de mis otros padres, sin los que yo no habría podido hacer la oposición de abogado del Estado; los padres de Alberto Oliart abogado del Estado fueron ellos, me fui a mi despacho caminando, todavía palpitando en mí una sensación extraña porque ésta iba a ser la última vez que había estado en «mi» casa de Madrid.

Ministro de Sanidad y Seguridad Social (9 de septiembre de 1980-26 de febrero de 1981)

Estaba en Galicia con mi familia cuando, a finales de agosto, en Bayona, alguien me dijo que estaba en marcha una crisis de Gobierno; volví a casa y le dije a mi mujer:

—Carmen, tenemos que dejar esta casa porque tengo un noventa por ciento de probabilidades de que me llamen, así que nos vamos al piso de los chicos, porque Adolfo no ha dejado de ofrecerme cosas, entre ellas la de ministro de Trabajo. Corro grave peligro de que me nombren ministro y no quiero volver a serlo.

Obedecía eso a que Felipe González, un día, por las buenas, se me acercó en los pasillos del Congreso:

—Alberto, no aceptes nada de lo que te ofrezcan, tú eres en estos momentos más importante que todos los ministros que hay y de los que pueda haber, mucho más importante, te lo digo yo, que comprenderás que soy de la oposición pero sé que eres una persona que estás por encima de muchas otras, para bien o para mal, eso lo saben ellos y nosotros y mucha gente más de la política.

—No exageres, no es para tanto, Felipe. Que me defienda bien como diputado es una obligación como la vuestra era oponeros aunque sabías que estaba haciendo lo que había que hacer —respondí.

Nos fuimos al piso que había alquilado en Nigrán para mis hijos, que entonces estaban estudiando, y yo no cogía el teléfono; respondía Carmen a las llamadas, pero cambiando la voz y diciendo: «Don Alberto no está». Además ordené en casa que no dieran a nadie ese número de teléfono.

¿Por qué, para mi mal, descubre dónde estoy Eduardo Punset? Lo descubre porque llama y no pregunta por mí, sino por mis hijas; ellas se ponen y él les dice: «Tengo que hablar con tu padre porque es muy importante, si no lo fuera no insistiría, pero para mí es vital hablar con tu padre»; y yo tengo un defecto que me ha durado toda mi vida y que seguirá durando hasta mi muerte y es que por gente que ha sido muy amiga mía no tengo fuerza de voluntad de decir que no estoy si me llaman y además pone como excusa que es algo vital para él, porque pasan por mi mente problemas graves personales; así que me puse al teléfono. La voz de Punset repetía:

—Si tú quieres, yo soy ministro, para mí eso es importante; tú puedes seguir escondido, Alberto, pero necesito ese cargo, estoy en un momento difícil.

En el Gobierno previo a la Generalitat, él era consejero de Economía, o sea que Eduardo salía por todas partes y por arriba siempre. Yo le dije:

—¿Por qué dices eso? Mira, Eduardo, es una idiotez que quieras ser ministro, yo lo he sido y no quiero volver a serlo, eso no es nada contra lo que tú puedas creer, no es nada; decir que has sido exministro no sirve para nada en una democracia, a ver cuándo se te mete en la cabeza.

Él seguía insistiendo:

—Alberto, para mí es esencial, yo sé que simplemente una llamada tuya a Leopoldo Calvo-Sotelo, lo haría, sería ministro, ministro sin cartera para Europa, pero necesito su aprobación y no me la da; tendría la de Adolfo y lo sé, pero no tengo la suya.

Harto de los gemidos y las imploraciones de Punset, le digo:

—Está bien, llamaré a Leopoldo, pero no debiera hacerlo, Eduardo. Además, considero que es una estupidez que quieras ser ministro; tú te montas algo como economista independiente y sabes que hay gente del Consejo de Administración del Hispano que dijo que si tú eras independiente te iban a llamar para estar en sus empresas.

Me despido de Eduardo y hablo con Carmen y le pregunto que qué hago y me dice:

—Hombre, si tú le dices a Leopoldo que no diga nada no creo que te vaya a vender; Leopoldo es amigo, yo lo conozco desde niña y no creo que te haga la faena.

Así que llamo a Leopoldo, eran ya las once de la noche aproximadamente, y se pone:

—Alberto, ¿dónde estás, que te ando buscando por todas partes?

—¿Y por qué me andas buscando por todas partes? —le pregunto, temiéndome lo peor.

—Porque quiero que seas ministro de Sanidad y Seguridad Social.

—Mira, Leopoldo, ya he sido ministro y no quiero ser además de Sanidad y Seguridad Social. ¿Por qué tengo que ser yo ministro de Sanidad y Seguridad Social?

La discusión con Leopoldo duró casi un cuarto de hora y al final le digo:

—Mira, si quieres que sea ministro ofréceme Hacienda, anda, y a lo mejor lo acepto. —Todo para no serlo, claro, y me contesta que era imposible, que ya estaba decidido. Yo le vuelvo a decir que no y ya al final acepta:

—Muy bien, admito que no quieres ser ministro pero necesito que vengas a Madrid porque me tienes que ayudar para discutir contigo la gente que va a ser ministro; Adolfo me da cierta prioridad en el nombramiento de los ministros económicos y ya contaba contigo y yo también, y estaba entusiasmado con que volvieras a serlo, pero ya me has dicho que no y lo admito pero, por favor, ven.

Como he dicho que tengo la debilidad que tengo por mis amigos, se lo comenté a Carmen y ella me dijo:

—Si Leopoldo te lo pide y dice que es para eso solo, tampoco veo ninguna razón para seguir en este piso escondidos porque ya sabe dónde estamos y ya lo van a saber los demás; dile que sí, que vas y ya está, no creo que, después de lo que le has dicho, te ofrezca ser ministro.

Nada más entrar en casa desde Galicia, mi hijo Alberto me dijo: «Han llamado ya dos veces preguntando si has llegado»; pregunté quién había llamado y me dijo: «No lo sé, no me han querido decir». Subo y cuando salgo de la ducha y ya me había vestido Alberto me dice: «Padre, que ahora es Adolfo Suárez»; eran exactamente las once de la mañana, y me puse al teléfono; y ya Adolfo se puso a la carga para que aceptara ser ministro.

Me tuve que poner catorce veces en aquellas horas que van desde las once de la mañana hasta la diez de la noche con Adolfo; el doble de veces que con las llamadas de Leopoldo, que después de Adolfo fue el más insistente; de Pío Cabanillas movido por Leopoldo, de Pérez-Llorca, en fin, compañeros del Gobierno anterior o que habían estado en las Cortes conmigo. Llegó un momento en que decidí no ponerme más al teléfono excepto con Adolfo y Leopoldo por respeto y a las diez de la noche le dije a Suárez que ya no podía más, y me responde:

—Alberto, si aceptas, Punset es ministro para las Relaciones con las Comunidades Europeas y tú eres ministro de Sanidad y Seguridad Social, pero, además, acepto las condiciones que me quieras poner.

—Yo ya no puedo más de llamadas, tú has llamado catorce o quince veces, Leopoldo casi igual que tú, y luego todos los que habéis movido para que me llamaran, ya no puedo más, me voy a la cama, descuelgo los teléfonos, y no me pongo más, únicamente espero que hayas encontrado ministro de Sanidad antes de levantarme por la mañana porque me levanto muy temprano.

Y temprano estaba desayunando, debían de ser las ocho, y me llama y me dice:

—Alberto, que ya eres ministro de Sanidad y Seguridad Social, he hablado con el rey, y está encantado de que lo seas, me lo ha dicho expresamente.

Leopoldo me llamó a continuación:

—Gracias, Alberto, estábamos pendientes de tu nombramiento, yo no estaba dispuesto a aceptar a otro.

—Pero Leopoldo, ¿a qué viene eso? ¿Qué gracia tengo yo especial para ser ministro de Sanidad y Seguridad Social?

—Pues entre las gracias que tienes es que como ministro tendrás que gestionar un presupuesto de dos mil cuatrocientos millones de pesetas y que yo me fío de ti y no de otras personas, ¿comprendes ahora?

—Comprendo para mal, pero, en fin, ya me habéis cazado, dejadme que acabe de desayunar y me voy para allá, supongo que no será cosa de jurar ahora mismo.

—No, no, estábamos pendientes de cerrar esta crisis, de ti y de algún otro.

Adolfo Suárez me recibió en La Moncloa con un abrazo:

—Alberto, cómo esperaba este momento, estaba deseando que volvieras y sentí mucho cesarte cuando tuve que hacerlo porque, claro, peleado con Fuentes Quintana, la única salida era esa, que salierais los dos; malo que saliera Fuentes, que me había presentado su dimisión bastantes veces, pero luego la retiraba, y malo que salieras tú pero te habías enfadado con él públicamente y no había otra salida.

—No, que quede claro: el que se enfrentó conmigo fue él, haciendo salir en la prensa, él o quien le diera la noticia a los medios, de que siendo yo ministro de Industria y sin saber nada del tema se iba a nacionalizar la línea de alta tensión en toda España, que es un tema que política y económicamente era difícil y hacerlo por las buenas, mucho más, pero en fin, yo no debía de estar de acuerdo con eso ni creo que nuestro Gobierno debiera hacerlo; eso los socialistas lo harán y espero que lo estudien antes porque eso va a costar dinero y es muy complicado llevarlo a cabo.

Adolfo entonces me preguntó por las condiciones que ponía para ser de nuevo ministro:

—Que yo nombre a la gente que va a trabajar conmigo y ni te metes tú ni se mete nadie; no me volvéis a hacer lo que me pasó con el INI, ahí me equivoqué y tendría que haber presentado la dimisión en ese momento, cuando yo creí que debía haber cesado su presidente, que era un político hábil pero no era el hombre que necesitaba el INI en plena crisis como estábamos; y ahora voy a nombrar a los que yo crea y no te aceptaré ni a ti ni a nadie que me impongáis ningún nombre porque en ese mismo momento dimito y ya sabéis que cuando yo me voy, me voy de verdad.

Desde el primer momento, en lo que respecta a la sanidad pública, lo primero que pedí a Manolo Varela, cuando aceptó ser secretario de Estado, fue examinar los gastos más relevantes, entre ellos el de farmacia, generado fundamentalmente por las grandes empresas farmacéuticas extranjeras y españolas. En segundo lugar, él me advirtió de la necesidad de ver cómo funcionaban las plantillas de los principales hospitales públicos, muy concretamente el Ramón y Cajal, que se había creado como una réplica al hospital de especialidades ya existente, el Puerta de Hierro, así como la asistencia de los médicos y los que no cumplen, y para ello lo que hicimos fue visitas. En tercer lugar, quería conocer a las personas que me rodeaban y la necesidad de un secretario general técnico. Nombré jefe de mi gabinete al abogado laboralista Javier Ruiz de Asín.

Muy pronto comenzamos la visita de hospitales y ambulatorios —antecesores de los actuales centros de salud—; debido a la rapidez con que se estaba expandiendo la medicina hospitalaria pública, los ambulatorios no habían recibido una atención adecuada. Estos ambulatorios habían sido los primeros centros que prestaron un servicio público de sanidad, ya a partir del año 1943 o 1944, incluso con especialidades como neurología, urología o ginecología. Manolo y yo trazamos el plan de visitar aquellos ambulatorios dotados de suficientes aparatos médicos, y con capacidad de realizar primeros análisis y radiografías, antes de hacer un expediente preparatorio para los hospitales de referencia por su ubicación. No entraba en este plan el hospital de Puerta de Hierro, que se había creado como un hospital de altas especialidades y al que se mandaba a los enfermos de toda España; allí trabajaban mis amigos el doctor Figuera y el doctor Letona, catedrático de la Universidad Autónoma.

Mi primera visita fuera de Madrid fue al hospital de Mérida, pues creí que era obligatorio que el ministro de Sanidad emeritense fuera a Mérida; en Mérida tuve la sorpresa de encontrar un hospital perfectamente construido, con quirófanos, con su entrada de urgencias, pero en el que no había ni camas ni ningún equipamiento hospitalario.

Manolo venía conmigo y le pedí que, aparte de ponerme a mí con el director nacional de Salud, él controlara que allí se nombrara todo lo que faltaba; había sido ya inaugurado pero no había llegado el menaje necesario para ponerlo en marcha; tuve la suerte en esa visita de que entre los médicos que estaban esperándome, y que esperaban que pusiera el hospital en marcha, hubiera un médico que provenía del hospital más importante del País Vasco y que estaba allí porque él decía que quería que sus hijas se educaran en un ambiente distinto al que estaban viviendo, libre de amenazas, aunque no sé si él estaba amenazado por ETA. Él fue quien nos advirtió nada más llegar de que aquel hospital ya inaugurado carecía de lo que se llama zona sucia; en urgencias de todo hospital tiene que haber una entrada y una subida al hospital completamente aparte del resto del hospital, totalmente aislada para evitar que personas que pudieran llegar a urgencias —la mayoría debido a accidentes y por tanto con heridas sangrantes, o gente portadora de virus— se cruzara con más enfermos de los debidos, así que ese mismo día se tuvo que ordenar que se iniciaran inmediatamente las obras para crear la zona sucia. Dos o tres meses después, cuando volví, el hospital ya estaba acabado y con los oportunos concursos hechos por el Instituto Nacional de Salud, se habían nombrado a médicos. El hospital estaba en funcionamiento antes de que yo cesara como ministro de Sanidad.

También me encontré el mismo fenómeno de un hospital totalmente construido pero sin capacidad de funcionar en Almería. Allí incluso me enfadé con las autoridades que me acompañaban porque lo que faltaba para que se pusiera en marcha, debido a problemas con la diputación, con el ayuntamiento y con todas las autoridades, era la acometida al alcantarillado. Ahí sí había utillaje e incluso estaban guardadas cuidadosamente las camas, todo; cuando dejé el ministerio, estaba acabándose la obra de la acometida al alcantarillado; y ya fuera del ministerio pregunté un día y me dijeron que sí, que ya funcionaba el hospital.

Al volver a Madrid, inmediatamente me fui a la sección de arquitectura que había dentro del ministerio, para la creación de hospitales, nuevas obras y mantenimiento, y cuyo arquitecto jefe era el que cobraba por las obras, y las decisiones de crear nuevos hospitales procedían de los ministros que habían pasado por allí. Le dije a Manolo Varela que mientras yo estuviera de ministro no se haría ningún hospital, que muchos por las prisas de inaugurarlos y otros por las prisas de hacerlos, no los habían completado, que no se podía empezar un nuevo hospital sin tener la seguridad de que todas las obras para que funcionaran estaban hechas; es verdad que también tuve ocasión de ver buenos hospitales como uno cerca de Ávila, entre otros, y antes de irme, en los pocos meses que estuve en el cargo, pude visitar todos los hospitales de Madrid.

Cuando cerré el presupuesto con Barea y su equipo, el ministro de Hacienda me advirtió que necesitaba recortar 200 millones. Le dije que no se preocupara, que lo sacaría; me dio algunas indicaciones y le dije: «Mira, eso déjalo en mis manos y en las de Barea, que de esto sabe, y lo haremos». Mis objetivos eran, primero, no crear ningún hospital que no tuviera las condiciones y la infraestructura previas para que pudiera funcionar en cuanto estuviera construido, y por otra parte, pensar a medio plazo en conseguir que los ambulatorios fueran lo suficientemente autónomos y preparados en capacidad y utillaje para hacer primeros análisis y, sobre todo, que pudieran funcionar como servicios de urgencias nocturnos para evitar lo que me parece que sigue pasando en la sanidad pública, y es que los servicios de urgencia de los hospitales por la noche se llenaban de madres que llegaban con niños con fiebres altas o que presentaban síntomas de alguna enfermedad, o así lo creían ellas, y que era realmente agobiante para esos servicios de urgencia atender todos los casos, que llegaban a colapsar el servicio, sobre todo, los fines de semana, con los inevitables accidentes de circulación.

También formé, como siempre, un equipo de gobierno que incluyera a Barea, a Manolo Varela, a sus respectivos segundos, y teníamos reuniones fuera de Madrid porque llegó un momento en que era imposible reunirse en el ministerio sin que se enterase todo el mundo de lo que estábamos hablando, y nos reuníamos en la misma edificación en la que celebraban las reuniones los barones de UCD, en la Casa de la Pradera, o en cualquier otro sitio parecido de Patrimonio; en algunas de esas reuniones Barea se encolerizaba y exclamaba que él no admitía que le impusieran nada y yo le decía:

—Pepe, tal vez tengas razón en decir que la sanidad y la Seguridad Social están mal, pero ya no podrás seguir diciéndolo, porque nuestra intención es intentar que sobreviva.

—Yo creo que esto se hunde —replicaba, pero luego se le pasaba y se ponía a trabajar intensamente.

En aquellos cinco meses y medio que estuve de ministro pusimos muy en claro las cuentas de la sanidad, se impuso el orden que el secretario de Estado de Sanidad, Manolo Varela, tenía en todo, y también dio lugar a dos sucesos: en uno, me sorprendió Manolo quizá por la parte de gallego que tiene. Cuando estábamos en el despacho, él me llamaba siempre «ministro», y yo le decía:

—Bueno, Manolo, llámame como quieras, pero me perdonarás que yo te llame Manolo y no señor secretario de Estado, y si quieres, llámame Alberto como siempre has hecho.

—No, tú aquí eres ministro. —Y siempre me llamó así.

Yo estaba cada vez más empeñado en hacer las reformas que mejorasen la sanidad pública. No inauguré ningún hospital nuevo, sí visité los que pude por España, y los de Madrid todos, incluido el hospital infantil del Niño Jesús, que también me impresionó mucho y que estaba en el programa que tracé con Manolo de mejorar instalaciones; ya eran muy buenas, pero se podía hacer más, me lo dijeron los médicos que, como otros tantos de la sanidad pública, me impresionaron por su enorme vocación, y lo mismo el cuerpo de enfermeras.

Siendo ministro de Sanidad se produjo la entrevista con Rodolfo Martín Villa, aumentaron los rumores de crisis de Adolfo Suárez en UCD y del golpe de Estado; para entonces, como ya he contado, yo había mantenido una conversación con Adolfo en los pasillos del Congreso en la que le hablaba de la necesidad de afrontar su crisis, y había recibido en mi despacho del Ministerio de Sanidad la visita de Martín Villa. Los medios de comunicación, sobre todo los del Movimiento, alimentaban este clima, mientras que *El País* trataba de contrarrestarlo. Los artículos del Colectivo Almendros aumentaban la presión y resultaban ya amenazantes.

Dimisión y sucesión de Adolfo Suárez

Se ha sugerido que Suárez dimitió por miedo a un golpe militar; yo no lo creo, pero se vio solo en contra de toda la confusión que había entre militares, crisis económica y política, divisiones en el partido... Además, los barones se enfrentaban a él, y él no estaba acostumbrado; como he contado, yo había tenido la mala idea de decirle en un pasillo que no aguantaba bien los ataques de Felipe González, y que debía leer menos, porque cuando contestó a sus ataques más espontáneamente estuvo mejor que nunca; le dije también que debía ser él quien condujera su crisis, «porque estás en crisis con tu partido»; le dije que si él dimitía y se iba a su casa en Ávila iban a ir en procesión a buscarlo «porque el hombre a quien siempre recordarán los electores eres tú por la importancia de tu papel, por lo tanto, mi consejo es que pienses bien lo que haces, que no te impongan la crisis a ti, que seas tú quien la conduzca». Debió de molestarle, sin duda, aunque no creo que su dimisión tuviera que ver con eso.

El rey y Suárez acordaron previamente su dimisión y la persona que debía sucederle. Tiempo antes, tuve una conversación con Paco Fernández Ordóñez cuando Leopoldo era portavoz del grupo en el Congreso; le dije:

—Paco, si Suárez está en crisis como tú dices, yo creo que el mejor para sustituirle será Leopoldo, porque Landelino está muy bien y sabe muchísimo, pero representa a la democracia cristiana y aquí hay gente que no es cristianodemócrata ni lo va a ser, entre ellos todos los que te siguen a ti, que son socialdemócratas; no digo que no seáis cristianos, eso no lo sé, pero desde luego no sois cristianodemócratas.

—A mí me importa poco quién sea presidente —me contestó—, además yo no voy a hacer nada, aquí el kamikaze es Martín Villa, porque le han quitado de la política y eso no se puede hacer con un hombre como él; es él el que va a por Suárez.

Eso me dijo Paco, a pesar de que yo le hubiera advertido de vez en cuando:

—Paco, cuidado, que os vais a meter en un lío y vete a saber cómo acaba esto; como presidente de la Comisión de Defensa te puedo decir que ya hay rumores de posibles gobiernos de coalición, dicen que tú estás en unos..., que estás en otros..., tened cuidado, que esto puede acabar como el rosario de la aurora, que los militares están ahí parados pero, ¡ojo!, que no están parados..., conmigo están muy bien cuando voy a visitarles a los cuarteles pero me cuentan que hay malestar entre ellos y sé que tienen una permanente campaña contra Adolfo.

Poco antes de la dimisión de Suárez se presentaron como candidatos dentro de UCD un chico mallorquín que era estupendo y Miguel Herrero de Miñón; nos llegó orden de Suárez a través de su gente de votar al que había propuesto Paco Fernández Ordóñez, que era el primero, resultando que mucha gente votó a Miguel Herrero de Miñón. Yo le voté y por una única razón: que al otro no le conocía, me parecía buen chico, buena persona, pero Miguel era un número uno como diputado, hablando y como persona. En definitiva, se produjo una escisión.

En medio de todo aquello, dimitió Adolfo y empezaron los cuentos: que si se había ido por la presión de los generales, que uno de los generales había sacado una pistola y la había puesto sobre la mesa y que le había dicho que dimitía o le pegaba un tiro y muchos más; sobre este último rumor expliqué:

—Hay que conocer a Suárez, y yo le conozco, para saber que todo eso es mentira; los generales no se reunieron con él para pedirle que dimitiera, y si hubiera uno sacado una pistola, habría tenido que acabar eligiendo entre pegar un tiro a Suárez o tragarse la pistola.

Suárez fue siempre un tipo echado para delante hasta que murió su mujer. Cambió radicalmente a partir de ese momento. Se hundió.

Adolfo iba a unas cenas que organizaba Martín Villa con los exministros de UCD; en la última estuvo muy bien, habló muy bien, en cambio cuando después le dieron la Gran Medalla, que le impusieron el presidente de Castilla y León y un político del PP, lo encontré peor. Nos invitaron a Carmen y a mí y fuimos juntos. Faltaron bastantes exministros que debían haber estado. Cuando nos vio, nos abrazó y me dijo:

—Claro, tú siempre serás el mismo, no cambies, unos hablan mal de ti y otros bien, pero yo sé que siempre has sido claro.

Estuvo cariñosísimo y me agradeció que estuviéramos allí. Había otros cuatro o cinco ministros, nada más, cosa que me impresionó. ¡Cómo se olvida la gente de lo que acaba de pasar! Cómo se pudieron olvidar de que habían sido ministros con Adolfo, del cometido que tuvo Suárez en la democracia, en los Pactos de La Moncloa, en la Constitución..., se olvidaron de que Suárez se había comportado extraordinariamente.

Congreso de UCD

En febrero de 1981 se celebró el congreso de UCD, presentada ya la dimisión de Suárez (el 29 de enero) e informados de su decisión en un Consejo de Ministros en el que, como he dicho, sentí mucha pena por lo que estaba ocurriendo. Landelino Lavilla se presentaba como posible presidente del partido que quería un cambio en nombre de la democracia cristiana a la que pertenecía. Suárez, que aún mandaba mucho, propuso como presidente del partido a Agustín Rodríguez Sahagún, y así fue.

Aunque era difícil hablar en esos momentos con Leopoldo, yo le preguntaba:

—Leopoldo, me están dando la lata con que tengo que ocuparme de los sables. ¿Qué hay de eso? ¿A qué viene eso, si yo soy ministro de Sanidad?

—Mira, Alberto, aquí no se habla, es mejor esperar a Madrid, en tu casa, entonces hablamos, pero aquí no.

Se celebraron las votaciones en un Comité Ejecutivo celebrado en Moncloa tras la dimisión de Suárez y éste logró mayoría para que Leopoldo Calvo-Sotelo fuera el candidato de UCD a presidente del Gobierno. Tanto Landelino Lavilla como Rodolfo Martín Villa presionaron mucho, pero el presidente decidió y al final todos estuvieron de acuerdo, porque nadie estaba en contra de Leopoldo y todos pensaban que tenía méritos suficientes. Otros creían que iba a ser fácil de manejar, equivocándose como casi siempre, porque uno era el Leopoldo que estaba callado y otro el Leopoldo que actuaba, mucho más firme de lo que la gente creía; yo le conocía hacía mucho tiempo y lo sabía. Yo me alegré de que saliera Leopoldo como sustituto de Adolfo, propuesto como presidente del Gobierno.

5
El golpe de Estado

Juan Carlos I estaba enterado, como no podía ser menos, de todos los rumores que en torno a un golpe corrían en todo Madrid, y también en nuestras reuniones de Gobierno y Consejos de Ministros, así como en las conversaciones de pasillo; se hablaba de un posible golpe de coroneles, aunque se sospechaba también que sus autores fueran de mayor categoría militar. Los rumores hablaban, por una parte, de quienes simplemente querían acabar con una democracia tan completa y abierta a partidos tan distintos (de Alianza Popular al Comunista). Eran los que, antes de hacerse y aprobarse la Constitución, pretendían convertir al rey en una figura decorativa y dejar que el Gobierno correspondiera a militares que respondieran directamente ante el rey. Pero, por la otra, estaban los que pretendían un golpe militar puro y duro, entre estos últimos, el sector más extremista, siempre republicano, de la Falange.

La actual crítica a la Transición política y, sobre todo, la petición de un referéndum entre monarquía o república no deja de tener un parentesco, lejano o cercano, con la situación en que se encontraba España cuando la Ley de la Reforma Política estaba ya aprobada, se habían convocado elecciones libres con todos los partidos políticos legalizados y se caminaba, por lo tanto, hacia la monarquía constitucional demócrata, pero de una democracia representativa con el Congreso y el Senado convertidos en cámaras constituyentes, pues serían ellas las que aprobarían la Constitución después de que el referéndum hubiera aprobado la reforma política.

Solo mi mujer, mis hijos y mis amigos íntimos, Manolo Varela y Pablo García Arenal, conocían mi intención de no seguir en política tras la designación de Leopoldo Calvo-Sotelo como candidato a presidente del Gobierno, una designación que, como he señalado, me había encantado. Con ese ánimo llegué a las votaciones en el Congreso de la investidura de Leopoldo. Andaban por la N y estaba cantando los nombres el secretario de Estado, Víctor Manuel Carrascal Felgueroso, a quien yo conocía mucho, democristiano y el primer abogado del bufete de Melchor de las Heras, e iba a votar el socialista Manuel Núñez Encabo, así que la O llegaría pronto; yo estaba sentado en el banco azul, era el penúltimo por la derecha. Suena el nombre de Núñez Encabo cuando también se oyen gritos, voces y uno o dos disparos, no de fusil sino de pistola, y de pronto, veo aparecer al teniente coronel Tejero gritando «¡Quieto todo el mundo!» con una pistola en alto; no dudé ni un momento. Era un golpe de Estado.

Tejero era el teniente coronel de la provincia de Badajoz y naturalmente yo sabía quién era; ya lo conocía, lo había visto con su bigote, además de conocerlo de Extremadura, había sido ya detenido y condenado a seis meses (aunque en realidad no llegó a entrar en prisión) por la Operación Galaxia, que estalló unos meses antes de este suceso; como después tuve que saber, era una persona vigilada por los Servicios de Involución, y no dudé: lo que estaba ocurriendo era el intento de un golpe de Estado; Tejero, que llega gritando, se sitúa después en la tribuna donde el secretario se queda aterrorizado; Gutiérrez Mellado sale de su escaño, va hacia el teniente coronel, le abronca y le ordena que se ponga firme; Tejero lo zarandea e intenta tirarlo y Gutiérrez Mellado se apoya contra el banco azul junto a Adolfo y resiste la zancadilla; al ver la escena, Adolfo rápidamente acude en su auxilio; Tejero se ha retirado y ha subido donde está el presidente del Congreso, Landelino Lavilla; han entrado ya dos o tres capitanes de la Guardia Civil con metralletas, y dando la espalda a Gutiérrez Mellado y a Adolfo, que permanecen de pie, empiezan a disparar con las metralletas al techo mientras Tejero grita: «Todo el mundo al suelo», y nos tiramos; en mi caso se me tiró encima nada menos que Íñigo Cavero, que debía de pesar más de cien kilos. Yo me ahogaba y le dije:

—Mira, Íñigo, prefiero morir de un disparo que morir asfixiado. —Y él hizo un esfuerzo por echarse un poco hacia un lado.

Yo pongo las manos en el pretil y me empiezo a levantar y lo primero que hago es mirar hacia la tribuna de invitados donde estaba Carmen, mi mujer, y Manolo Varela, mi amigo y secretario de Estado de Sanidad, pero la línea de mi mirada con lo primero que tropieza es con Santiago Carrillo, sentado en su escaño con un cigarrillo colgando de la boca, porque él no se había tirado al suelo; sigo con la mirada y ya veo a mi mujer y a Manolo, y yo ya me he alzado y en ese momento cesan los disparos, porque veo cómo Suárez ha cogido a Gutiérrez Mellado, que se resistía a volver a su escaño, y se lo lleva con él; ya levantado veo cómo se sientan ambos; los disparos terminan y Tejero dice a uno de los capitanes:

—Tú que eres el pico de oro, sube y háblales y diles que esto está hecho y que estamos esperando a quien va a mandar.

El capitán sube a la tribuna y proclama:

—Señores, siéntense y esperen. Va a llegar el «Elefante Blanco», que dirá qué es lo que va a pasar con el Gobierno de España pero, mientras, estén tranquilos, que aquí no pasa nada; el Ejército ha tomado el poder.

Tejero sube también y dice que están esperando al regimiento de Pavía, y empieza a dar nombres de unidades militares que se van a sumar al golpe de Estado.

Nos sentamos todos, yo ya más tranquilo porque había visto que Carmen estaba bien; a mí, cuando me tiré al suelo, se me clavó en una nalga una esquirla de rebote de una de las balas tiradas al techo; me la saqué y la guardé en una cajita que llevaba con unas pastillas que me había dado Diego Figuera que eran tranquilizantes y que a lo largo de la noche me vinieron muy bien.

Apagaron la calefacción y salió Tejero diciendo que si intentaban el asalto al Congreso iba a prenderle fuego, para demostrarlo cogió un sillón, rajó el cojín y toda la paja que sacó la amontonó, después cogió otro y más, hasta que tuvo un montón enorme de paja y algodón «para que se ahúmen bien todos ustedes», y yo le digo a Íñigo:

—Pues yo no me quedo aquí si enciende y hay fuego, porque no voy a esperar a que el humo me ahogue, que tengo una respuesta muy mala al humo.

Esta amenaza la profirió porque el Congreso estaba rodeado de policías y estaban ya en el Ritz el general Aramburu Topete, de la Guardia Civil, y el general de división que mandaba a la Policía Armada, José Antonio Sáenz de Santamaría, que ordenó a la Policía Nacional rodear el Congreso de los Diputados para evitar que otras fuerzas de la Guardia Civil pudieran solidarizarse con las del interior. A Sáenz de Santamaría lo ascendí, y me costó muchas llamadas, a teniente general, lo mandé a Cataluña y después, con el PSOE, fue nombrado director general de la Guardia Civil.

Lo que más pensé en esta primera parte de la noche era la triste impresión que tuve de que España caía una y otra vez en golpes de Estado militares. Recibíamos las noticias que con radios pequeñas estaban escuchando algunos de los que estaban sentados en los escaños por encima de nosotros. Hacia la una de la noche, me llega la noticia de que el rey había hablado y que había salido en televisión para desautorizar la intentona militar; había dicho que él iba a permanecer en su puesto, que no se iba a ir de España y que tuvieran los españoles la seguridad de que se iba a restaurar el orden y, con el orden, la democracia; yo oí esto y dije: «Pues no os preocupéis, porque estos ya están perdidos». Ya había visto también que Carmen y Manolo se habían ido.

Poco antes habían entrado soldados y oficiales de la Acorazada y pensé: «¿Qué golpe de Estado es éste? Ya no es». Vi a un soldadito con un ejemplar abierto de *El País,* que había tirado una edición especial con este titular: «Fuerzas de la Guardia Civil ocupan el Congreso. Golpe de Estado». Se nos quedó mirando con cara de asombro y de susto.

Antes de eso el que apareció fue un marino que se sentó en el sillón contiguo al de Tejero, con el tiempo supe que ese marino que se había quedado en capitán de navío, se apellidaba Serra y era tío de Eduardo Serra. Los dos parecían contentos y al cabo de un rato Tejero se marchó y dejó a otro a cargo; éste era un teniente que nos dijo que levantáramos la mano si queríamos ir a los servicios; llegó luego la ya mencionada entrada del soldado con *El País* y después de lo que el rey había dicho por radio quedaba claro que era un golpe fallido y que el Ejército no se sublevaba. Nos llegó entonces también otra noticia: que se había formado una especie de Gobierno civil con secretarios de Estado y subsecretarios y todo indicaba que en cuestión de horas aquella situación iba a terminar.

Estando ya tranquilo, pero antes de conocer el mensaje del rey, se me había acercado un policía armado que había estado de escolta en mi casa durante unos meses; se acercó para decirme que había querido llegar hasta mí mi hijo Antonio, que tenía veinticuatro años, que no le habían podido parar porque había dicho que se llamaba Antonio Oliart, que su padre era ministro, que él venía a decirme en nombre de los hijos y la mujer que estaban todos bien, y quería preguntarme si necesitaba algo; debió de impresionarles tanto que le dejaron llegar hasta el Congreso, aunque desde la puerta le tomó el relevo este policía nacional.

—Lo único que necesito es mi abrigo loden, porque aquí hace frío; y dile que hoy es el hombre de la casa y que ha de cuidar de sus hermanos y su madre.

El policía me trajo el abrigo y me dijo que mi hijo se volvía a casa. Mientras, en el hemiciclo, el teniente que se había quedado al mando decía de vez en cuando que no se levantase nadie.

Sí me preocupó mucho que poco antes de todo lo que he contado fueran llamando por sus nombres y llevándose del hemiciclo a Santiago Carrillo, Adolfo Suárez, Gutiérrez Mellado, Rodríguez Sahagún, Felipe González y Alfonso Guerra; pensé en si serían capaces de matar a algunos, sobre todo a Carrillo, después supimos que estaban aislados en diferentes salas. Dejaron salir a la diputada Ana Balletbó, del PSOE, que estaba en avanzado estado de gestación y esperaba gemelos. Y después a otra diputada que se había indispuesto.

Con el paso de las horas vimos cómo los guardias civiles y militares que habían entrado iban dejando el hemiciclo y decaía el ambiente; al amanecer cada vez había menos guardias civiles, que ya habían empezado a saltar por las ventanas para unirse a los de fuera y contar que habían entrado engañados en el Congreso.

Aramburu Topete, director general de la Guardia Civil, entró en el patio del Congreso dispuesto a arrestar a Tejero; éste salió con la pistola en la mano y Aramburu le dijo que entregara el arma, que sería lo mejor para él; Tejero dice entonces que no entrega la pistola, que tiene a todo el Gobierno secuestrado y que ésa es su baza; Aramburu, en un arranque, va a sacar su pistola y el que va con él le da fuerte en la mano para que no lo haga porque teme que Tejero le dispare; furioso, Aramburu le dice a Tejero:

—Estás perdido, aquí no va a venir nadie, estás sitiado y tendrás que rendirte.

Tejero se marcha.

Por la noche, cuando los soldados a los que Pardo Zancada dejó salir después del discurso del rey comenzaron a marcharse, yo me levanté, porque el teniente ya nos dejaba movernos; yo ya sabía que el golpe había fracasado, salí y fui hacia Leopoldo, que estaba muy serio, puse mi mano sobre las suyas y le dije:

—Leopoldo, ánimo, esto ha fracasado.

—Sí, pero hay que ver qué cosas hay que vivir para ser presidente del Gobierno.

Fui andando por el banco azul y me encontré con Paco Fernández Ordóñez, descompuesto y enloquecido:

—Hay que irse de este país, esto no hay quien lo aguante, yo me voy de España.

—Anda, Paco, que tú te quedas, que eres un político de primera y vas a seguir ayudando a mantener la democracia. ¿No ves que esto ha fracasado y se están yendo todos? Esto está ganado y ahora lo que hay que hacer es esperar tranquilos para salir.

Regresé a mi escaño y hablé con Cavero y con José Luis Álvarez, sentado al otro lado. Y también con el que era presidente del Senado Cecilio Valverde, que estaba sentado en una de las escaleras, que estuvo muy valiente y entró para sumarse a los diputados.

Cuando estábamos sentados y todo era cuestión de ver cuándo íbamos a salir, de pronto, se oyen los gritos de Fraga diciendo: «Dispárenme a mí», luego de Alzaga, de un tercero y un cuarto.

A primera hora de la mañana, cuando definitivamente el golpe había fracasado, nos dejaron salir. Landelino Lavilla volvió al sitial, como presidente del Congreso que era, y se dirigió a todos nosotros para decirnos que íbamos a salir con el orden que en un caso como éste más que nunca había que demostrar que éramos capaces de seguir; que empezaría por salir el Gobierno, pero de uno en uno según fuéramos nombrados por él y los dos o tres secretarios que había con él, y después saldrían los diputados.

Al abandonar el hemiciclo, el teniente nos decía que nos había tratado lo mejor posible, «yo solo cumplía órdenes». Y cuando llegué yo, se acercó para decirme: «Y usted, por favor, no se olvide de que tengo una niña de dos años»; efectivamente, no me olvidé, le condenaron a un año, pero no entró en prisión y siguió en la Guardia Civil. Yo pregunté por él y ordené a Aramburu Topete que se asegurara de que no les faltara nada a su mujer y su niña. En un recodo del pasillo vi a los oficiales, Pardo Zancada y los capitanes que habían entrado con él. Tejero me vio y me miró con insistencia, yo alcé los ojos y le miré, me saludó militarmente, yo seguí y me pregunté por qué me saludaba así; seguimos saliendo y ya en la calle, encima del capó de un coche, vi el acuerdo de rendición que Tejero había firmado y allí estaba Armada al otro lado del coche, firmando el documento. Vino hacia nosotros para preguntarnos qué tal estábamos, para decir que lamentaba lo que había pasado, y al verme me saludó militarmente; yo no sabía por qué aún, pero parece que a todos ellos les habían dicho que el siguiente ministro de Defensa iba a ser yo, incluso antes del golpe ya lo sabían.

Mucho tiempo después, incluso de dejar Defensa y la política, supe que el rey les había dicho a varios generales que lamentaba que hubiera habido un problema de comunicación entre el Gobierno y ellos y que el siguiente ministro de Defensa sería Alberto Oliart, que sabía que se entenderían mejor conmigo. Esto se lo dijo a todos los que más o menos podían mandar recado a los altos jefes militares, incluidos Armada y el coronel jefe de los servicios del Cesed, el Servicio Central de Documentación. Me contaron que de mí comentaban: «Ése es un caballero, es casi seguro que nos entenderemos, comprende al Ejército».

Volviendo a la mañana del 24 de febrero, salimos y el autobús nos llevó a La Moncloa; sentados ya en el Consejo de Ministros, nos dijeron que habían nombrado al juez del caso, José María García Escudero; que Milans del Bosch estaba detenido y arrestado, y ya en Madrid. También detenidos, pero en Valencia, el coronel jefe de su Estado Mayor y el segundo jefe, así como el comandante ayudante del general Milans del Bosch. Nos dijeron también en La Moncloa que Armada estaba detenido en el Cuartel General del Ejército y, eso fue más sorprendente, que estaba acusado de estar en la conspiración; después, toda la mañana se acumula en mi memoria, Suárez nos dice que conservemos la serenidad:

—Mañana se vota al presidente del Gobierno y todos tenéis que estar allí, os ruego que os vayáis a casa y descanséis.

Se despidió cariñosamente de todos en la puerta, y yo le dije:

—Lo que has pasado tú, Adolfo...

—No, enseguida me dejaron en una sala solo y sentado.

Hablamos de la intervención de Serra, de que Tejero había estado en conversación con Juan García Carrés, el único civil procesado y condenado, con el que coincidí en la universidad en Barcelona. Me fui a casa, allí estaban todos mis hijos y mi mujer, e hice vida normal con ellos.

Al día siguiente, en la sesión, se votó y se aprobó la investidura de Leopoldo en segunda votación. Obtuvo 186 votos a favor (UCD, Coalición Democrática, CiU y los diputados del grupo mixto Manuel Clavero Arévalo, Jesús Aizpún e Hipólito Gómez de las Roces), 158 votos en contra (PSOE, PCE, PNV, PSA y siete de los restantes diputados del mixto), ninguna abstención y seis ausencias.

El 26 de febrero juraba su cargo; yo estaba con Manolo Varela y José Barea en el Ministerio de Sanidad; poco después, cuando me quedo a solas con mi amigo Manolo, le comento que había hablado con mi hijo Alberto de la posibilidad de comprar una dehesa en Portugal de 700 hectáreas, los terrenos se vendían entonces muy baratos, para irme allí, desaparecer..., y estar entre esa finca y la de Extremadura; «dejo así mi vida de diputado y de político», le dije. En ese momento me llaman para decirme que el presidente del Gobierno quiere verme y he de estar en su despacho a las doce.

Entré en su despacho y Leopoldo me recibió de pie.

—Alberto, el rey y yo creemos que tú debes ser ministro de Defensa en estas circunstancias.

—Presidente, la verdad es que estaba dispuesto a dejar la política por la crisis de UCD, pero es cierto que en este momento, tal como están las cosas y el Ejército...; si estáis los dos de acuerdo en que yo debo ocupar ese puesto en este momento, estoy dispuesto a aceptarlo, por el honor que me hacéis os doy las gracias, pero sé que me mandáis como en la Guerra de Marruecos se enviaba a los tenientes jóvenes a un blocado diciéndoles: «Si tiene suerte, volverá usted con vida». Pero hoy estoy dispuesto a ir a cualquier sitio, incluso de ordenanza, pues hay que refundir la democracia.

La toma de posesión fue al día siguiente.

En casa, Carmen me dijo que me metía en un lío mayúsculo, y le contesté:

—Es posible, pero tengo las ideas muy claras sobre lo que hay que hacer; lo último en que pienso es en hacer una depuración, sería un error gravísimo, hay que ver quiénes estaban en el golpe, pero no haré una depuración aunque me lo pidan.

Ya había oído antes que algunos militares decían preocupados que iban a ser gobernados por socialistas y comunistas; yo sabía que la inmensa mayoría de los generales y oficiales del

Ejército había hecho la Guerra Civil, y al lado de Franco, así que lo tenía muy claro: lo primero que yo me proponía era ganar para la sociedad el que los militares comprendieran que iban a vivir en una democracia, en la que se iban a respetar sus ideas, que tendrían que convivir con ideas, convicciones y proyectos de vida distintos, siempre todos dentro del orden constitucional, pero también tenía que enterarme de qué había pasado de verdad el 23 de febrero, aunque imaginaba que había algunas raíces que posiblemente no saldrían, como así fue, ya que había una campaña de agitación en el Ejército muy profunda.

Antecedentes del 23-F

En los antecedentes del golpe hay dos sucesos importantes: el primero es la conspiración en la cafetería Galaxia, que se conoció como Operación Galaxia; en ella estaban el coronel Tejero y el capitán de la Policía Armada Ricardo Sáenz de Ynestrillas. En el juicio, ambos conspiradores, pese a las cintas en las que se los oía preparando un golpe de Estado, dijeron que habían actuado en defensa del país ante «los progresivos ataques a las Fuerzas Armadas por parte del terrorismo separatista», y que pensaron «en una discusión teórica» sobre la posibilidad de dar un golpe de Estado. El fiscal pidió seis años para Tejero y cinco para Ynestrillas, mientras que los abogados defensores —José María Stampa Braun y Enrique Alonso Yagüe— solicitaron la completa absolución de ambos imputados, acusando a la prensa de inventar la operación y de haber tenido acceso a información privilegiada. Sus argumentos para preparar un golpe de mano secuestrando al Gobierno en Moncloa para restablecer el orden les favorecieron, porque todos los demás militares decían que habían tratado de quitarles la idea; pero lo peor fue que el tribunal militar hiciera poco caso a las afirmaciones de los fiscales. Finalmente, las condenas fueron solo de siete meses para Tejero y de seis meses y un día para Ynestrillas, las penas mínimas. Ninguno de ellos perdió su rango militar e Ynestrillas fue incluso ascendido posteriormente a comandante.

El segundo precedente del 23-F es la serie de artículos que publica el Colectivo Almendros en el periódico ultraderechista *El Alcázar*. Se sabía que lo escribían capitanes y generales, especialmente el coronel de Infantería Marchante, que estaba vigilado. En los artículos se hablaba de la necesidad de sacar los tanques a la calle, porque la situación era insostenible ante la «llegada de los comunistas».

El Colectivo Almendros publica un artículo en el que habla de vacío de poder justo después de la dimisión de Suárez y sostiene que ante ese vacío las Fuerzas Armadas pueden verse obligadas quizá a cumplir la Constitución, en clara alusión al artículo 8, en relación con que ese vacío de poder atacaba el orden constitucional, aunque la verdad era que Suárez seguía siendo presidente en funciones.

Pudo haber cierta comunicación entre tenientes generales y capitanías sobre un movimiento en ese sentido. Milans del Bosch falló en su intento de ocupación de Valencia ese 23 de febrero, pero para el golpe había enviado a todas las capitanías generales un edicto de declaración del estado de guerra; no hay pruebas de que ninguno de los capitanes de éstas tomara medidas nada más recibirlo; por lo tanto, el llamado golpe de los generales se concentró en la actuación de Milans, porque los demás o recibieron noticias indirectamente o la llamada telefónica del rey en persona diciendo que él no tenía nada que ver, que estaba en contra —porque los sublevados decían que seguían las órdenes del rey—, que él ni iba a abdicar ni iba a irse de España, y que su orden era que acuartelaran las tropas pero que de ninguna manera las sacaran a la calle. El rey habló con los tenientes generales más importantes, entre ellos el de Canarias, que había sido contrincante de Milans para ser jefe del Ejército de Tierra, pero en tres votaciones habían quedado tan empatados que se deshizo el empate mediante el nombramiento de cinco generales de división como tenientes generales con puesto en el Consejo Superior del Ejército, entre ellos José Gabeiras; en el Ejército sentó mal y se habló del proceso del

Palmar de Troya (en alusión a Clemente Domínguez, que se nombró a sí mismo obispo y nombró a otros seguidores suyos obispos también tras crear una orden religiosa y otra Iglesia).

El otro golpe del que se habló mucho fue el de los coroneles. El entonces ministro de Defensa, Agustín Rodríguez Sahagún, me dijo que era el que más le preocupaba. Al parecer, el agregado militar en Ankara, el coronel Quintero, había mandado a varios compañeros suyos un estudio sobre cómo habían realizado el golpe los coroneles griegos contra el Gobierno democrático. El rey Constantino aceptó la dictadura de los militares; ello le costó la corona cuando ocho años después los militares golpistas fueron detenidos y encarcelados por el propio Ejército.

El tercer golpe, el constitucional, que no aparece en documentos y que sí conocí, no como golpe sino como una red de tenientes coroneles que se comunicaban entre ellos mediante unas cintas que al fracasar el golpe debieron de ser destruidas, porque nunca se consiguió obtener ninguna de ellas. Lo que yo logré saber de esto me lo dijo el teniente general de Zaragoza, con el que había hablado el rey: que sí, que un teniente coronel le había dicho que los sublevados tenían razón, que no se podía seguir con un Gobierno en funciones con ETA, que era insostenible el desorden público, el paro, y la presencia del Partido Comunista infiltrado en los sindicatos y la autonomía catalana; mezclaban todo para justificar la sublevación.

Mi amigo Casares, que se dedicó siempre a su trabajo de abogado laboralista y que defendía a los obreros porque era socialista, me dijo que en Comisiones Obreras podía haber gente del PCE pero que eran muy pocos, que abundaban más las ideas socialistas de izquierdas, socialistas-marxistas, como había ocurrido en la república y gente procedente de Acción Católica que se había radicalizado ante las injusticias que padecía la clase obrera; y la verdad es que ese amigo mío conocía muy bien a CC.OO., que eran clandestinas oficialmente, pero en realidad eran los que decidían en los convenios colectivos de las empresas. En cualquier caso, la infiltración de comunistas era menos importante de lo que pretendían los militares.

Sí se habló como rumor del golpe constitucional; hubo un golpe contra el Gobierno de Suárez y también contra la situación en que estaba la democracia y que se fraguó en esas cenas de Madrid que proliferaban y en las que se hablaba de todo. Tuve noticias de una, porque me la contó alguien que estaba presente, a la que acudió también el general Alfonso Armada. Había un exministro de Franco, Federico Silva, y un exvicepresidente del Gobierno de Suárez, Alfonso Osorio. Al parecer se desarrolló un proyecto de golpe constitucional y, dada la crisis de Adolfo Suárez, en 1980, antes de ser yo ministro de Sanidad, éste reunió al parecer a un sector del PSOE y otro de UCD; si estaban o no el PCE y otros partidos, no lo sé. Lo que querían era que ante una moción de censura del PSOE se uniera esa parte descontenta de UCD contra Suárez en la votación, con lo cual tenía que haber alguien que sustituyera a Suárez y ése era Felipe o quien eligieran, dado que Suárez habría perdido la moción; es cierto que el rey tendría que entrar en consulta con los líderes de los partidos y de lo que quedara de UCD para ver quién podía ser presidente. En esa cena, estando presente Alfonso Armada, alguno dijo, según me contaron: «General, también podías ser tú el presidente de un Gobierno de coalición, y eso estaría muy bien, porque tranquilizaría a los militares, que están muy intranquilos»; «Bueno, bueno», sonrió Armada, pero se evadió de la cuestión.

Estoy en condiciones de asegurar que al menos en el caso de Felipe se había hecho llegar al rey una lista de tres nombres, todos civiles, con los que el PSOE estaría dispuesto a gobernar en coalición con UCD en el caso de que se produjera el cese de Adolfo. La crisis de Suárez era real, y hablábamos todos de ello; no podía seguir reuniéndose con los barones todas las semanas en la Casita del Pedregal, cerca de Madrid, porque no se sabía quién gobernaba. Inmediatamente después de la dimisión de Suárez apareció el artículo del Colectivo Almendros, la prensa de ultraderecha aumentó su presión por el vacío de poder y, en enero de 1981, con la elección de Leopoldo Calvo-Sotelo como candidato de UCD a la Presidencia del Gobierno. El entusiasmo por un golpe o la inclinación a decir que había que detener la crisis política se apoyaba en «la ruptura del orden público», del «orden moral» por los desnudos en el cine, en las revistas y en el teatro que escandalizaban a las mujeres de los militares. También se criticaba la España de las autonomías, los atentados de ETA y el posible crecimiento del comunismo (Milans hizo detener a los comunistas en Valencia). La verdad es que la inquietud ante un posible triunfo del PSOE hacía que ciertas clases sociales repitieran, a los generales y militares amigos, que la esperanza estaba en el Ejército si las cosas se iban de las manos. Si esto era así en casi toda España, era aún más cierto en Valencia.

Como presidente de la Comisión de Defensa asistí al desfile militar del día de las Fuerzas Armadas, creado por Gutiérrez Mellado como una jornada de puertas abiertas para el mutuo conocimiento de la sociedad y el Ejército. Allí se puso de manifiesto la inquina que Milans tenía con Gabeiras, jefe del Estado Mayor. Protocolariamente tenía que pedirle permiso a él para iniciar el desfile. Pero Milans, cuadrándose, se lo pidió directamente al rey, y sin esperar respuesta, dio la orden de comenzar. En realidad, Milans estaba dispuesto a llevar adelante el golpe de cualquier manera, pensando que si él se lanzaba, los demás generales con los que había hablado le seguirían.

6
Ministro de Defensa
(Febrero de 1981-diciembre de 1982)

Mi despacho en el Ministerio de Defensa era histórico. En la sala de reuniones había una mesa redonda, que no servía para reuniones, en la que se había sentado Felipe V con sus secretarios; a la mesa alta de mi despacho se habían sentado los grandes generales y ministros de la Guerra desde el siglo XIX. Los sillones eran también altos; menos mal que había una especie de tresillo más cómodo y también antiguo. Además, había varios relojes antiguos especiales; era una habitación museo en la que no se podía tocar nada; la mesa era preciosa, pero muy incómoda. Observé que el despacho era muy oscuro y eso me disgustó. Pregunté si podía abrir la ventana para que entrara la luz y me dijeron que siempre era peligroso abrir las ventanas allí, aunque dieran a un jardín. Incluso abriéndolas, mucha luz no iba a tener, e iba a necesitar luz eléctrica.

Me acompañaron inmediatamente el jefe del gabinete y los militares que rodeaban al ministro de Defensa; había uno de Infantería, otro de Infantería de Marina, otro de Aviación, uno de Caballería, un total de siete u ocho, porque el jefe del gabinete, el general Aguilar, era aparte. Entre ellos, estaba el capitán que había venido a verme a casa tiempo antes y que ya era comandante, Monzón Altolaguirre, al que Rodríguez Sahagún había asignado para las relaciones con la prensa. Les saludé a todos y les dije que ya les iría llamando para ir conociéndoles y ya nos veríamos con tranquilidad.

—No voy a hacer declaraciones a la prensa hasta que no esté enterado de cuál es la situación actual —añadí.

Entonces, alguno de ellos me dijo:

—Mire: lo primero es que ha entrado usted por un patio en el que en un lado está arrestado el general Milans de Bosch y en el otro lado acaba de entrar arrestado el general Armada.

Agradecí la información y a Monzón, en particular, le comenté:

—Quiero enterarme de qué pasó aquí de verdad la noche del 23-F.

Se fueron todos, cogí mi cuaderno de notas y pedí que pasara el presidente de la Junta de Jefes de Estado Mayor (JUJEM), el teniente general Ignacio Alfaro, al que inquirí:

—Quiero saber qué pasó la noche del 23 de febrero dentro del ámbito que usted conoce, ¿había tenido usted noticias de que algo se estuviera preparando?, ¿conocía algún rumor?

Me contestó que no había sabido nada en absoluto, que cuando no estaba trabajando, iba a su casa con su mujer e hijos y que no podía decirme nada, porque nada sabía. Por el tono en que lo dijo podía yo haber sospechado que me estaba engañando, que algo sabía, pero la verdad es que preferí pensar que me decía la verdad; además, me pareció que, en cualquier caso, su verdad probablemente estaría muy cerca de lo que me había contado. Esa opinión mía no hizo más que reafirmarse en otros momentos. No se había enterado de nada; supe después que solo había sabido algo cuando le llegó la orden de reunir en Vitruvio, sede de la JUJEM, a los otros tres jefes del Alto Estado Mayor y esperar allí órdenes de Zarzuela. Quedamos en seguir viéndonos y en seguir informándonos. Antes de que se marchara, le dije que en mi actuación como ministro no iba a condenar, ni iba a proceder contra nadie por lo que pensara, que únicamente aquellos que hubieran actuado o después actuaran en contra de la ley, infringiéndola, serían investigados por los órganos del Ministerio de Defensa, porque mi obligación como ministro era hacer cumplir la ley. Le dije que debían estar tranquilos porque yo, pensara lo que pensara, respetaba que alguien pensara de otra manera. Además, comprendía que el Ejército había ganado la Guerra Civil y que los que participaron aún ocupaban puestos importantes.

—Ya sé que participó usted en la Guerra Civil, que era

aviador, y comprendo que tendrá un recuerdo de esa parte de su vida y de quién dependía, que era el anterior jefe del Estado, el general Franco, comprendo que tenga un recuerdo positivo de aquello en lo que participó; yo soy demócrata pero usted puede pensar lo que quiera.

—No, no, yo he jurado lealtad al rey y estoy con él —me contestó.

A continuación se sentó ante mí José Gabeiras. Extrajo de su bolsillo media cuartilla y la leyó entera; le escuché con toda mi atención. En ese papel aparecía descrito con todo lujo de detalle lo que había hecho y dicho el 23 de febrero. Cuando acabó de leer, me pasó el papel y pude ver que estaba descrito lo que había hecho ¡cada cuarto de hora! Comprendí que no era verdad, que aquel papel tan bien escrito le estaba sirviendo de excusa de algo que no había dicho y que era además muy distinto de lo que sí decía, porque era imposible que un general en jefe del Ejército de Tierra, con todo lo que eso supone, tome detallada nota de lo que está haciendo una mañana cualquiera, porque los sucesos fueron a las seis menos cuarto de la tarde.

—Me han dicho que Armada ha sido detenido; estoy seguro de que antes de ir a las Cortes fue a hablar con usted; cuénteme qué pasó en esa reunión.

—Nada, es verdad que habló de un posible Gobierno de coalición y dijo que él se atrevía a ir a las Cortes sacrificándose (porque no quería hacerlo), pero que se presentaría como presidente y que procuraría que no ocurriera nada.

Ante mi insistencia, prosiguió:

—Nada, que como estaba de segundo mío, le dije que se fuera a su despacho; al rato volvió a acercarse para decirme: «Voy a ir, porque se han oído tiros, estoy muy nervioso, voy a ver si paro esto».

Apenas comentamos nada más, pero me dejó la cuartilla (que desapareció después de mi cartera personal). Yo tuve claro que la había escrito el día antes o en el momento en que se enteró de que había un nuevo ministro de Defensa.

Vino entonces Luis Arévalo Pelluz, almirante jefe del Estado Mayor de la Armada, que solo me dijo una cosa: como jefe de la Armada, el 23-F llamó a todos los almirantes con mando en zonas de barcos de guerra y les dio orden de que se mantuvieran, como había ordenado el rey, preparados para cualquier acontecimiento, pero que no se moviera nadie sin que él les transmitiera antes la orden. Le pregunté si estaba seguro de que todos los almirantes, jefes y oficiales de la marinería habían obedecido esas órdenes y estaban en la misma línea que él, y me dijo que sí: «La disciplina militar de los marinos está fuera de duda».

Tenía citado a las cuatro de la tarde a Guillermo Quintana Lacaci, capitán general de Madrid. Al recibirlo le pedí que se sentase y él me contestó:

—No, ministro, no me siento, tengo que decirle antes lo que tengo que decirle y si después sigue queriendo que me siente, lo haré.

Quería hablar en posición de firmes, aunque logré finalmente que bajara la mano.

—Tengo que decirle que adoro la memoria de Franco, que he sido jefe de su guardia durante ocho años, pero Franco me ordenó ponerme a las órdenes del rey en un testamento escrito que nos leyó su presidente del Gobierno, Arias Navarro; el rey me mandó detener el golpe militar en Madrid y lo detuve, pero quiero que sepa que si me hubiera ordenado asaltar las Cortes en lugar de Tejero, lo hubiera hecho.

—Después de lo que me ha dicho, sé dos cosas: que no me va a mentir y que no me va a contar todo. Ahora, siéntese y cuénteme lo que pasó el 23-F.

Ya sentado, me contó que lo primero que hizo después de recibir la llamada del rey, fue llamar a Juste. Se puso al teléfono Torres Rojas, general de la división de Galicia. Quintana Lacaci le preguntó qué hacía allí: «Mi general, estaba aquí porque he venido a una celebración de la Brigada Paracaidista». «Váyase de inmediato a su destino, estamos en una situación de emergencia y usted no hace nada ahí.» El general Rojas salió hacia el aeropuerto rápidamente.

Al general Juste, que debía estar al mando de la División Acorazada, no pudo localizarlo en ese momento. Cuando consiguió hablar con él, le dijo que no había sacado las tropas, que había permanecido acuartelado. Juste había salido por la mañana al campo de maniobras de San Gregorio con el coronel jefe del Estado Mayor de la Acorazada; comieron en un restaurante que estaba delante del Monasterio de Piedra. El coronel en cuestión, seguro de que el golpe se daría y creyendo que el rey estaba de acuerdo con él, se inquietó; si el golpe triunfaba, cosa de la que seguramente tenía la certeza, el nombramiento de ministros del nuevo Gobierno se haría ese mismo día, y si él no estaba, aspirando como aspiraba al Ministerio del Interior, no sería nombrado por estar ausente. Tras tantear las opiniones de Juste, se dio cuenta de que le preocupaban las mismas cuestiones que el general Milans del Bosch hacía patentes en el escrito que había mandado a las capitanías generales y algunos jefes de las fuerzas con el grado de coronel, así que decidió contarle a Juste todo lo que estaba en marcha desde el viernes anterior. El coronel llegó a decirle al general Juste incluso la consigna: había que llamar a Zarzuela y preguntar si estaba el general Armada; si estaba, el golpe seguía adelante. El coronel, en vez de cumplir la misión que tenía encomendada, que era llevar a Juste a San Gregorio a pasar ahí la noche para unas maniobras militares en las que participaba parte de la Acorazada, se lo llevó a comer y se lo contó todo para tratar de ponerle de su parte. Al poco tiempo de haberse ido Torres Rojas, Juste llamó a Zarzuela y preguntó por Armada; se puso Sabino Fernández Campo, que le dijo la frase que le hizo famoso: «Armada no está, ni se le espera». Quintana había llamado ya a todos los cuarteles y dispuesto que volviera inmediatamente la unidad de Caballería que había ocupado TVE y otras tropas que habían ocupado las emisoras de radio.

Mi relación con Quintana llegó a ser, con el tiempo, de plena confianza mutua. Me contó incluso la conversación que había tenido con Milans; sus carreras militares habían corrido en paralelo, pero Milans había ascendido más deprisa porque, de artillería, había ganado su medalla al mérito individual en la Guerra Civil; Quintana Lacaci la ganó en Rusia, en la División Azul. Pardo Zancada, cuando vio que le paralizaban las tropas en todos los sitios, llamó al jefe del Estado Mayor de Milans para decirle que Quintana estaba parando el golpe. Nada más saber que había tiros en las Cortes, el rey llamó a Quintana:

—Quintana, cuidado con la División Acorazada. Que se queden acuartelados y no se muevan. Usted espere mis órdenes.

Milans del Bosch, me contó Quintana, le llamó inmediatamente:

—Pero, Guillermo, ¿qué estás haciendo? Estás parando la salvación de España.

—Jaime, ¿tú qué te propones?

—Mira, de momento organizamos una junta militar que gobierne, después ya veremos.

—Jaime, tú y yo hemos hecho la Guerra Civil, sabemos lo que es eso. Lo que me estás proponiendo sería otra vez la Guerra Civil. —Y le colgó.

Una de las primeras cosas que supe del 23-F fue que, al salir los carros de combate a las calles de Valencia —Milans siempre dijo que era una maniobra nocturna no habitual, pero que ya se había producido otras veces—, tres de esos carros comenzaron a dirigirse a Manises, a la base aérea de los cazabombarderos Mirage, de fabricación francesa, que yo conocía bien, porque siendo ministro de Industria había sido responsable del contrato de compra a petición de Gutiérrez Mellado. El coronel de la base, al que llamaban «el Chato», telefoneó al jefe del Estado Mayor de la capitanía general de Milans del Bosch para advertirle de que tenía un cazabombardero con misiles aire-tierra y que estaba dispuesto a impedir que aquellos carros llegaran al aeropuerto; que si seguían avanzado, aunque fuera un solo kilómetro más, los iba a destruir. Según me contaron después, el coronel jefe de Milans le dijo que los carros iban para proteger el aeropuerto de cualquier posible ataque, y le contestó el de Manises que él tenía fuerzas suficientes para defender el aeropuerto sin necesitad de carros, ni de que ellos intervinieran. Quiso asimismo que Milans supiera que tenía otros dos Mirage preparados para destruir carros en las calles si estos no se retiraban a tiempo. El golpe en Valencia empezaba así a fracasar.

También en Valencia, el coronel jefe de Ingenieros de Milans comunicó al jefe del Estado Mayor que él no estaba dispuesto a sublevarse:

—Esto es una sedición y yo acuartelo las tropas, pero no van a salir a sublevarse ni a cometer semejante locura; no me sublevo ni contra el rey, ni contra la Constitución.

En Alcalá de Henares, la Brigada Paracaidista (BRIPAC) al mando del teniente coronel jefe del Estado Mayor, Emilio Alonso Manglano, había llamado a capitanía general para decir que estaba acuartelada y armada con el equipo de combate, preparada para salir en cuanto recibiera la orden, y defender a la monarquía y el orden constitucional frente a cualquier enemigo. Como el coronel estaba hospitalizado con un tobillo roto y el general estaba en Madrid, pero no lo había localizado, había tomado él el mando de la BRIPAC. Quintana habló con el teniente coronel y le dijo que la tuviera acuartelada pero que no hiciera nada hasta nueva orden, suya o de Zarzuela.

El general Lago, al frente de la Bridot le hizo saber a Quintana que los trescientos hombres de su brigada en Madrid eran boinas verdes; es decir, guerrilleros más que preparados para maniobras especiales:

—Mi general, en las calles de Madrid, esta tropa es más eficaz que la acorazada. Los hombres están ya acuartelados y listos para salir a defender el orden constitucional en cuanto se dé la orden.

También Íñiguez, coronel jefe del Regimiento de Ingenieros y Comunicaciones, que estaba en el Pardo, había llamado para decir que estaba acuartelado y dispuesto a salir para mantener la monarquía constitucional y defender la Constitución aunque fuera a tiros.

Hubo otros casos que apuntaron a una posible contienda civil, como el del capitán general de la región militar de Castilla y León, con centro en Valladolid, Campano, quc cra franquista y que al recibir el escrito que Milans del Bosch había mandado a todos los capitanes generales a primera hora de la tarde, llamó a su asesor jurídico, un coronel, que tras leerlo explicó:

—Lo que te proponen es sedición. Si haces caso y fracasa, y creo que fracasará, tú serás reo de un delito de sedición, perderás la carrera y te meterán en la cárcel.

Campano no dudó ni un momento y replicó que no se iba a jugar su carrera:

—Os podéis ir tranquilos; y da las órdenes precisas al jefe del Estado Mayor para que nadie se mueva de los cuarteles y que esperen mis órdenes. Que eso incluya a la Escuela Oficial de Caballería.

Armada se proponía un golpe bastante pacífico. Que al Congreso fuera vestido de media gala un oficial de alta graduación de la División Acorazada y entrara a decirnos a los diputados: «Padres de la Patria, tenéis que decidir constituir un Gobierno que saque al país de la situación en la que está. El Ejército, en cuyo nombre hablo, prefiere que su nuevo presidente sea un general». El propio Armada esperaba ser el nuevo presidente.

Al ver a Gabeiras, Armada le dice que va a ir al Congreso para ver si es capaz de parar el golpe y que va a proponer la formación de un Gobierno de concentración con todos los partidos políticos excepto los comunistas, con técnicos y militares, y con él como presidente; que Comisiones Obreras probablemente tampoco subsistiría. Gabeiras salió al patio impresionado por lo que le había dicho Armada, que le aseguró que lo había hablado con el rey en la visita que le hizo en la estación de esquí de Baqueira. Después me enteré por Sabino que Gabeiras estaba dispuesto a acompañar a Armada al Congreso. Gabeiras no fue porque llamó a Zarzuela para contar sus planes: que va a acompañar a Armada para evitar que haya sangre y formar un Gobierno de coalición con Armada de presidente y que Sabino le había dicho: «De ninguna manera vayas, que comprometes al Ejército entero; que vaya Armada si quiere, pero tú vete al Alto Estado Mayor, donde está el presidente y os quedáis todos allí. Ya os iremos diciendo».

Escribano y Bardají, mis asistentes como ministro de Defensa, me contaron que la noche del 23-F estaban en el Palacio de Buenavista y Gabeiras les dijo que fueran a ver qué pasaba en el Congreso. Me comentaron que lo que más les preocupó fue ver a civiles armados que bajaban a las Cortes, a los que la Guardia Civil paró y echó de allí. «Ésos eran capaces de matar», me dijeron.

Gabeiras me preguntó uno de aquellos primeros días en el ministerio si me parecía bien que a los dos detenidos, Armada y Milans, les visitaran sus familias. Tenía que decidirlo yo, aunque él, adelantándose al día de mi nombramiento, ya les había dejado pasar. Le dije que desde luego que sí, que dejaba a su juicio decidir qué familiares podrían pasar.

—¿Y a otros jefes militares que vengan?

—Mire, general, en cambio, en ese caso, quiero saber el nombre de los que van; aunque son muy distintos el caso de Armada y el de Milans, quiero que se me informe —contesté.

El Cesid

A las nueve de la mañana vino a verme el coronel jefe de Infantería de Marina en la reserva, Narciso Carreras, director interino del Centro Superior de Información de la Defensa (Cesid). Era un hombre de gran amabilidad, muy dispuesto a todo, a cumplir en el acto las órdenes que recibía. Pero del golpe no sabía absolutamente nada:

—Mire usted, he tenido la información que me han dado los servicios secretos. Según esta información, el golpe fue muy improvisado, por eso nos pilló por sorpresa; como venía a verle, he preguntado a la Unidad de Operaciones Especiales y me han contado que uno de los capitanes de la Guardia Civil que está ahora detenido, como había pertenecido a esa unidad, fue a pedir que le dejaran unos teléfonos, los necesitaba para vigilar sospechas involucionistas, les dijo; le dejaron los aparatos con la condición de que los devolviera; ese hombre había sido detenido por participar en el golpe. Esto nos cogió por sorpresa, como todo lo demás. A mí y creo que también a toda la plana mayor del Cesid.

Hablé con el coronel Javier Calderón, que era *de facto* el director de los distintos sectores de los servicios secretos y secretario general del Cesid. Me aseguró que no tenían ninguna noticia cierta, pero el rumor del golpe estaba en todas partes ya desde mucho tiempo antes. Los rumores hablaban de un golpe de coroneles, de generales..., pero noticias precisas no había, a pesar de que, en general, los temas de involución los llevaban muy bien, según me dijo. Supieron que en los cuarteles sí se hablaba de lo que iba a pasar. Me dijo que una de las preocupaciones de la Unidad de Involución estaba en José Luis Cortina y en uno de los generales que estaba por encima de él, pero no era demostrable; ese general era uno de los tipos, me dijo Calderón, que tiene puerta abierta con el rey y si hace falta con el presidente del Gobierno, pero que apenas se mueve. A este general nadie lo pudo inculpar nunca de nada. Sobre Cortina, quedó claro que sabía muchas cosas, aunque no me las dijera todas; si hubo algún coche siguiendo a los autobuses que habían salido para el Congreso es porque estaban vigilándolos; había una sección que vigilaba, pero no lo contaba, ni siquiera dentro del Cesid. Yo quería entrevistarme con Cortina, pero no pude llamarle.

En fin, concluí que el Cesid no tenía una organización ni un mando claros. Me di cuenta de que era una organización en estrella en torno al secretario general. Cada uno de ellos mandaba un poco, previa reunión con el propio ministro de Defensa; al final dependían todos del ministro salvo que pudieran actuar por su cuenta, como era el caso del coronel jefe de los Servicios de Involución. Comprendí que tendría que hacer algunos cambios en el funcionamiento de la organización.

Juez instructor del proceso del 23-F

El que pidió verme enseguida fue el juez instructor, y yo le recibí inmediatamente. Me contó que el proceso había empezado, que las pruebas que tenía estaban derivadas de lo que le había contado Tejero, que tenía tal memoria gráfica y respecto de las conversaciones que había sostenido, que cuando hablaba de escenas del pasado, hacía reconstrucciones detalladas de los ambientes: muebles, paredes, colores, personas presentes y ausentes, temas de conversación..., lo recordaba todo. El proceso se basaba en los testimonios de Tejero. Éste cometió una equivocación con respecto a dónde se había reunido con Cortina. El juez me dijo que a Cortina «no le puedo procesar de momento; lo tengo imputado, le he pedido que venga a declarar, pero no tengo pruebas para procesarlo».

El juez instructor me planteó lo siguiente: se puede procesar a toda la División Acorazada y a toda la División del Maestrazgo, un total de unos ocho mil hombres o se puede procesar a unos treinta y siete jefes, oficiales y altos mandos, que realmente actuaron ese día. Sin dudar le respondí:

—Mire usted, señor juez, lo que hay que hacer es procesar a la jefatura solamente, porque si no, este juicio acabaría por no realizarse. Bajo mi responsabilidad, tome esto como una orden. No se procesa a nadie más.

Le expliqué el dilema a Calvo-Sotelo: o procesar a los treinta y tres de la cabeza o podríamos llegar a ocho mil hombres. El presidente contestó:

—Alberto, has hecho muy bien. Ánimo. Vas a ir a ver al rey, ¿verdad? Pues vete ya.

Al rey le expliqué lo mismo y también estuvo de acuerdo con la decisión que yo había tomado. Me agradeció que hubiera ido a decírselo en persona.

Recibí al capitán general de Canarias, Jesús González del Yerro, porque había venido a Madrid expresamente para conocerme, y ocurrió algo insólito. Nada más aparecer González del Yerro en mi despacho, entra Gabeiras y se sienta:

—Perdone, ministro, pero como me ha dicho que yo tengo la puerta abierta, he entrado para saber qué va a contar él. —Y señaló al general González del Yerro.

El capitán general de Canarias puso cara de sorpresa. Me dijo que había venido a Madrid para presentarse «para conocerle, ministro».

—Muchas gracias, yo también me alegro de conocerle. Con todos los militares que estoy viendo, estoy hablando sobre lo que pasó aquella noche.

Me contestó que a él le había llamado directamente el rey y al ver la cara de Gabeiras pensé: «Tengo que cortar esta entrevista, porque si no voy a tener que echar a Gabeiras y va a ser un poco duro», así que seguí hablando con el capitán general y le pregunté si estaba en Madrid y dónde pernoctaba.

—Espero que disfrute de su estancia, tendremos más ocasiones de hablar —le dije, levantándome.

Gabeiras se levantó también y cuando abandonó el despacho yo le dije a González del Yerro:

—Le voy a llamar para vernos a solas, pero vamos a quedar fuera de aquí, porque Gabeiras estaba demasiado interesado en lo que usted me decía, quizá para que no me entere de cosas de las que me voy a enterar, porque sentado en este sillón, sobra gente que te viene a contar cosas.

González del Yerro me respondió que le llamara un día para comer juntos. Le dije que le llamaría, «pero le invito yo y como Alberto Oliart, nada de como ministro y con cargo al ministerio. Le diré dónde cuando le llame al hotel».

En la comida, González del Yerro me contó lo que le convino, como los demás. Me dijo que había recibido el famoso escrito de Milans del Bosch —todos los generales lo recibieron antes—, que decía, sin mucho detalle, que era el momento de que todos se unieran para que las cosas puedan ir bien en España y que se haría lo que más conviniera al país.

—Desde el primer momento acuartelé las tropas, porque si había sublevaciones en la península nosotros debíamos estar preparados para mantener el orden, pero dije que de allí no se moviera nadie sin que yo diera las órdenes. Después, recibí la llamada de Zarzuela, hablé con el rey.

Poco después de nuestra comida, alguien me explicó que González del Yerro, cuando le llegó el famoso manifiesto de sublevación y después de que le llamara Milans para decirle que había sacado los carros de combate a la calle y que esperaba su apoyo, su ayudante le oyó decir: «Se va a creer Jaime que los demás nos vamos a sublevar para que sea él el que mande; pues no». El rey le llamó para decirle:

—Que sepas que yo no estoy en esto, que estoy en contra, que me voy a quedar aquí, y que los que se subleven cometerán un delito que puede ser perseguido por los tribunales militares. Espero que tú des ejemplo ahí, acuartelando a las tropas. Pero no te muevas sin recibir noticias directas de los generales del Alto Estado Mayor, que están todos reunidos en Vitruvio. A través del general Gabeiras sabrás lo que hay que hacer. Hay que parar este golpe, ya tiene órdenes Quintana Lacaci para que no salga la División Acorazada de Brunete.

Acudí al primer Consejo Superior del Ejército celebrado desde que yo era ministro; estaban allí todos los tenientes generales que lo formaban y Gabeiras como presidente. Allí me plantearon que la sedición no era admisible legalmente, el código de conducta militar es muy claro en ese aspecto, no faltaría más, pero insistieron mucho en hablar continuamente del desorden público, las huelgas, las publicaciones que ofenden la moral... Tomé la palabra para decir:

—Voy a hablarles muy claro. Yo soy demócrata y comprendo que ustedes han hecho la Guerra Civil y han estado a las órdenes de Franco, por lo tanto no les voy a pedir que sean demócratas como lo soy yo desde los doce años y por convicción.

»Ustedes saben tan bien como yo que a la muerte de Franco, ningún otro militar español podía sustituirle; su larga vida militar y su actuación tan larga como jefe del Estado se basaron precisamente en que era insustituible: nadie tenía su prestigio ni su pasado militar. En la actualidad no hay en el Ejército un general como era él, pero están ustedes hablando de huelgas, desorden público y moral... Pues les recomiendo que acudan a ver una obra de teatro: *El rinoceronte,* de Ionesco, en ella hay unas escenas en las que todo el mundo se va volviendo rinoceronte, pero como viven con las ventanas y puertas cerradas, no se enteran de que en la calle, el hombre o mujer que no se vuelve rinoceronte, regresa enamorado de la fuerza y la belleza que tiene el animal. Ustedes han vivido años y años y años con las ventanas cerradas, ustedes me están hablando a mí de huelgas... Y yo en 1971, que Franco vivía, a pesar de estar ya con la salud debilitada, sufrí una huelga en el Banco Hispano Americano que yo no he conocido cosa igual; me impresionó que se les ocurriera hacer algo tan silencioso pero terminante como la serpiente, ¿saben ustedes lo que es la serpiente?, pues es que una serie de huelguistas, hasta mil, subieron en silencioso orden al piso donde estaba el presidente, donde estaba el consejero delegado, el secretario general y donde estaba yo como director general y consejero. Abriendo puertas pasaban con el mismo impenetrable silencio y sin prisa por los despachos de cada uno de nosotros; ¿se enteró alguno de ustedes? ¿Se enteró alguno de que había ruidosas asambleas que yo he vivido en el banco continuamente y además a horas imprecisas? ¿Ustedes sabían eso, se enteró alguno?

Dijeron que no y yo proseguí:

—Pues eso es lo que pasó y ahora ustedes se quejan de las huelgas que hay en la calle porque siguen con las ventanas cerradas; ¡abran las ventanas y entérense de lo que realmente está pasando en la calle! Dense cuenta de que después del golpe del 23-F, cuarenta y ocho horas después, había una manifestación que yo salí a ver por la ventana y no pude incorporarme a ella. Pasaron cientos de miles de personas con velas encendidas, eso lo sabrán ustedes o ¿también tenían las ventanas cerradas para enterarse de que el pueblo de Madrid protestó contra el intento de golpe de Estado? Señores, empieza una democracia que ha querido el rey de España que hubiera, y que gracias a él ha sido posible, y ustedes han estado con las ventanas cerradas y siguen con las ventanas cerradas y, por favor, no me hablen de la moral pública, porque la diferencia entre lo que pasa ahora y lo que pasaba antes es que ahora la prensa es libre y por tanto publica lo que antes no podía, y además hay libertad, a nadie se fuerza a ver esas revistas con las mujeres medio desnudas o ir al teatro a ver a una magnífica actriz que sale completamente desnuda. Por favor, abran ustedes las ventanas, vean el mundo en que vivimos y verán como las cosas irán mejor para todos y, en especial, para la defensa nacional, y a eso sí están ustedes obligados. Los soldados de hoy tendrán ustedes que comprender que son jóvenes de hoy, que no son iguales que ustedes, que no han vivido la Guerra Civil y que si se la cuento a mis hijos, porque yo sí había nacido antes de la Guerra Civil y la viví hasta los diez años, es como si mi padre me contara la Guerra de Cuba.

Entonces, el teniente general de Zaragoza replicó:

—Me temo, queridos colegas, que el ministro de Defensa tiene razón, hemos vivido con las ventanas cerradas; tenemos que abrirlas y enterarnos de lo que pasa en la calle.

Gabeiras no dijo ni pío.

Pero el ambiente seguía siendo de mucha agitación entre el Gobierno Militar en el Ministerio de Defensa. Empecé a recibir de pronto, entre papeles y expedientes que me pasaban, algo que era expresamente una especie de manifiesto en el que decía: «Ojo, que el golpe no ha fallado tanto, que hay gente detenida que ya está fuera, que tenían razón»; alguien metía entre otros papeles una hoja para que yo la descubriera y supiera que las cosas estaban así, que había militares dispuestos a continuar, gente que estaba allí trabajando conmigo. Sistemáticamente, cada vez que recibía una advertencia o amenaza de este tipo, yo cogía el papel, lo leía, tenía delante a quienes me habían traído los documentos, no menos de un grado de capitán, y tranquilamente les decía:

—Miren qué papel me han metido entre los informes; curioso, ¿verdad? —Lo rompía delante del que estuviera en ese momento y lo tiraba a la papelera.

Aquellos primeros días después del 23-F el Ministerio de Defensa era un hervidero, con acosos a militares que no se habían sublevado. El 14 de mayo se suicidó en el piso de encima de mi despacho el general de división Marcelo Aramendi García, director general de Enseñanza Militar; según me contaron, fue tal el acoso que recibió, en forma de llamadas, insultos y amenazas a él y a su mujer, que ese día llegó a su despacho, cogió la pistola y se pegó un tiro en la cabeza. Tuve que presidir el funeral, oficiado por monseñor Benavent, general de división como jefe de sacerdotes castrenses, que hizo una homilía mientras yo permanecí firme. Me habían puesto una cosa para que yo me arrodillara en blando, pero vi que todos se arrodillaban en el suelo y retiré aquello, para arrodillarme en el suelo también, tenía cuidado para que no me distinguieran como ministro. Se dijo que Aramendi tenía una depresión muy fuerte, la verdad es que le habían hecho la vida imposible por no haberse sublevado en la noche aquella, porque era partidario del rey, de la Constitución y de seguir con la democracia.

Comprendí que tenía que buscar pronto un general que se hiciera cargo del Cesid. El general Gutiérrez Mellado, que fue el primer ministro de Defensa, había impuesto que fueran generales todos y cada uno de los directores generales. Era una manera de colocar a muchos generales, pues no había tropas suficientes para todos ellos. Yo no estaba de acuerdo con aquel sistema, pero en esos momentos y mientras no se dictara sentencia por el 23-F no estaba dispuesto a hacer ninguna modificación al respecto. Llamé al general jefe de Ceuta o Melilla y me dijo que él no quería ponerse al frente del Cesid, pero que si era ése mi deseo, lo aceptaría; yo no quería nombrar a alguien a disgusto, así que no insistí. Pero lo más importante en ese momento era nombrar al sucesor de Milans del Bosch; ese mismo mes de febrero se designó a Antonio Pascual Galmes.

Además, tuve que imponerme para trasladar a Barcelona y ascender a teniente general a José Antonio Sáenz de Santamaría, jefe de la Policía Armada, contra la oposición de muchos:

—Es una orden, Gabeiras, este nombramiento sale porque lo llevo yo y ya lo he hablado con el presidente y con el rey.

Sáenz de Santamaría tenía muchos contactos con los socialistas y eso les molestaba. No fue el único caso en el que me tuve que imponer.

Una de las primeras visitas a unidades militares que hice fue a la Brigada Paracaidista, de donde había salido Torres Rojas, que había estado al frente de la División Acorazada y al que Quintana encontró allí el 23 de febrero y mandó que se fuera inmediatamente a su destino en A Coruña; supe que la orden que él tenía era hacerse cargo de la Acorazada y contar que había ido a celebrar el aniversario de la creación de la Brigada Paracaidista.

Una de las primeras cosas que hice al llegar al Ministerio de Defensa fue decirle al teniente general a cargo de la capitanía general de Madrid, Quintana Lacaci, que iba a visitar la Brigada Paracaidista. No me acompañó Gabeiras, porque le dio una lipotimia —de miedo, de lo que podía pasar allí, de lo que podían contar—, y fui con Quintana Lacaci. Pasé revista yo primero e inmediatamente detrás el teniente general Lacaci. Saludé al general de Brigada que la noche del 23-F estaba en Madrid porque había ido con su mujer al cine —hubo mucho general en el cine esa noche— y detrás el teniente coronel jefe del Alto Estado Mayor en sustitución del coronel que estaba en el hospital porque había saltado como paracaidista, cayó en medio de piedras y se rompió un tobillo; ése sí que no podía estar en su puesto el 23-F. Comprendí que la excusa del cine estaba muy extendida.

En un momento dado, el teniente general Lacaci se adelantó y me dijo:

—¿Ves a ese teniente coronel? —Y me señaló al que estaba en el lugar del coronel porque éste se encontraba en el hospital—. Es una de las glorias del Ejército español.

Era Emilio Alonso Manglano. Me quedé con ese nombre. Luego me enteré de que Manglano, allí donde había tiros, estaba como voluntario. Si no tenía más medallas era porque le gustaba salir por las noches, tenía mucho éxito con las mujeres, era muy simpático y hablaba muy bien.

Nos dieron un vino español y después hubo un brindis. Emilio Alonso Manglano tenía una cara especial. Iniciamos una conversación y me di cuenta de que hablaba de una manera distinta a la de la mayoría de los militares, sonaba de otra manera lo que decía. Su manera de explicar las cosas revelaba una inteligencia poco corriente; lo percibí cuando le hice una pregunta sobre lo que estaban haciendo y me contestó que estaba preparando unos ejercicios con los franceses, contándomelo con mucho detalle. No era el lenguaje militar, era algo más. Tenía otro fondo. Yo necesitaba un director del Cesid, dos generales ya me habían dicho que no y me dije que tenía que hablar con aquel hombre. En ese momento se acercó el general de la Brigada y preguntó:

—¿Cuándo quiere que vayamos a verle?

—Mañana.

Yo no quería ver al general, realmente, pero decidí apretarle un poco, porque sabía que la noche del 23-F había ido al cine.

—Sí, con mi mujer, y cuando salimos del cine me enteré de todo, porque el rey había hablado por televisión y llamé, me dio la novedad el teniente coronel Manglano y me dijo que él se había hecho cargo, que estaba todo bien y las tropas acuarteladas, que no hacía falta que volviera a esas horas.

El general ya quedaba mal al contarme aquello. No me gustó que este también se fuera al cine, como otros altos mandos que, casualmente, esa noche del 23-F, no estaban con sus tropas.

Manglano, al frente del Cesid

Al comandante Jesús Bardají, que era uno de mis ayudantes, muy discreto, le dije: «Puedes llamar al teniente coronel Alonso Manglano y decirle que, sin decir nada a nadie, venga esta tarde a las cuatro y media a mi despacho del ministerio», me contestó que sin problema e insistí: «Piensa que nadie debe enterarse, dile que es una orden del ministro, que no lo sepa nadie, que me ajusto a su horario». Al poco, Bardají me dice que Manglano pregunta si puede ser a las cinco. Le dije que sí.

Preparé de la forma más secreta posible la visita de Manglano a mi despacho. A la hora acordada, éste apareció uniformado.

—Le voy a decir para qué le he llamado, y quiero que sepa que no es cuestión de que usted diga sí o no, es una orden que le voy a dar.

—¿Qué orden es, ministro? —preguntó.

—Le voy a nombrar a usted jefe del Cesid.

—Pero ministro, por Dios, ¿qué me dice? Si yo soy paracaidista, estoy preparando el Galia con los franceses y doy con ellos los saltos precisos para ascender.

—Mire usted, dará los saltos que quiera siendo director del Cesid, en este momento yo necesito un hombre como usted al frente del Cesid y creo que no me equivoco, y por lo tanto no admito un no.

—¿Me deja al menos veinticuatro horas para hablar con mi mujer? Estoy casado con una americana.

Le dije que ya había pedido hora para hablar con el presidente y con el rey, y si los dos me daban el visto bueno, él iba a ser el nuevo director del Cesid.

—Ministro, muchas gracias por haber pensado en mí, me voy aturdido.

Estoy convencido ahora de que al abandonar mi despacho llamó inmediatamente al rey. Yo, por mi parte, me dirigía a La Moncloa. Le dije a Leopoldo:

—Te he llamado con urgencia porque ya tengo al jefe del Cesid: Emilio Alonso Manglano, teniente coronel.

—Por Dios, Alberto, no me quites a Alonso Manglano que me lo quería traer aquí de jefe de Información.

—Mira, Leopoldo, podrás tener a Alonso Manglano de jefe de los servicios secretos igual que yo, o más aún, que para eso eres el presidente del Gobierno, pero soy yo quien está en el cráter del volcán, necesito una persona que me aclare las cosas y ese hombre lo va a hacer.

Le expliqué que me había llamado la atención por su inteligencia en mi visita a la BRIPAC.

—Desde luego, es muy inteligente, siempre sale el número uno, es un fuera de serie —me contestó. Después de esta conversación, me dio su beneplácito.

Estoy seguro de que cuando fui a ver al rey, éste ya sabía lo que le iba a proponer.

—Señor, he venido a hablarle de un militar, el presidente me ha dicho que le conocía de hace tiempo, yo lo he conocido recientemente. Después de haberme reunido con los altos mandos del Cesid, me ha quedado claro que hemos de nombrar y podemos, por decreto, si Su Majestad lo ratifica, a un nuevo jefe para la organización. Le traigo un nombre, es un teniente coronel, Emilio Alonso Manglano, de la Brigada Paracaidista, que se quedó de jefe el 23-F porque el general, qué curioso, estaba en el cine esa noche.

—Así que tú crees que lo debemos hacer por decreto. Y ¿cómo lo van a recibir en el Alto Estado Mayor?

—Señor, si yo lo decido, Gabeiras tendrá que aceptarlo.

Y entonces el rey me mira y me dice:

—Si tú eres capaz de hacer que Emilio Alonso Manglano sea el jefe del Cesid y ellos lo aceptan, entonces tú y yo, a dormir en Pikolín —lo dijo balanceándose en su sillón.

Con el tiempo me enteré de que ya en la Academia de Zaragoza como teniente recién nombrado también, se escapaba de incógnito, iba a Estoril y se ponía a las órdenes de don Juan; que conocía al rey desde que era un adolescente; que iba a Estoril sin que se supiera, porque si Franco se hubiera enterado lo habría expulsado de la carrera militar.

Después de mis entrevistas con Leopoldo y el rey, llamé a Gabeiras. Ahí el rey se me adelantó y debió de decirle a Sabino que llamara a Gabeiras como si fuera a título personal y que le dijera que se había enterado de que el ministro de Defensa quería poner a Manglano al frente del Cesid y que Zarzuela estaba muy a favor de ese nombramiento. Cuando lo localicé, le dije:

—Lo que te voy a decir no es una pregunta, es algo que se va a hacer, ya lo he hablado con el rey y el presidente.

Me preguntó con tono seco quién era.

—He encontrado al director del Cesid, Alonso Manglano, jefe del Estado Mayor de la Brigada Paracaidista, que se puso a disposición de Quintana y de Zarzuela el 23-F y estaba dispuesto a defender la Constitución y a la monarquía.

Se me quedó mirando y replicó:

—Si me hubieras dado otro nombre, quizá habría dicho que me oponía, pero con el nombre que me has dado, no puedo.

Yo tenía poca relación con la anterior dirección del Cesid, solo derivada de los breves despachos con el secretario general, el comandante Santiago Bastos, que me parecía que sabía mucho, o el de Operaciones Especiales. Cada vez que me reunía con uno de los miembros del Cesid, encontraba sobre mi mesa la preparación de un nuevo golpe de Estado. Había que poner orden.

Redacté el decreto con la secretaria delante y se lo llevé al presidente, quien lo ratificó y me dijo:

—Vaya faena me has hecho.

—Presidente, por favor, de veras necesito una cabeza como la de Manglano en Defensa; una de las cosas que espero es no tener cada día un golpe de Estado distinto preparándose, espero que esto lo termine.

Tras la entrada de Manglano en el Cesid, dejé de tener golpes de Estado sobre la mesa a diario. Fue un éxito.

Por lo demás, le dije a Gabeiras que quería irme de donde estaba porque no soportaba trabajar con luz eléctrica y en un museo (la habitación que estaba al lado de mi despacho era una habitación grande llena de relojes antiguos y con un sofá en el que agonizó y murió Prim). También se lo dije al presidente y al rey. Cuando visité el cuartel del Aire, en Moncloa, y vi que había luz por todas partes y que el piso que ocupaba el jefe del Estado Mayor del Aire, Alfaro, era soleado y que era mucho más moderno, incluso más que el de Marina, anuncié que me iba allí. Alfaro me había ofrecido el piso en el que él estaba; le dije que no, que me iba al de debajo, y también le dije que no lo ocuparía entero, sino solo la mitad que necesitaba. Aun así era un espacio enorme.

En la prensa, dijeron que yo me había alejado del ministerio donde se había cuajado el golpe del 23-F. Lo único que me permití fue un comentario con el que me trajo el periódico para que viera la noticia, quizá era todavía Monzón:

—Mira, Monzón, a quien te lo diga, dile que el golpe del 23-F se urdió en varios sitios... Te aseguro que los que estaban en el ministerio, del que me he ido debido a una falta de luz natural para trabajar, salvo los directamente involucrados en el golpe, no se enteraron de nada aquella noche.

Desde el principio, el presidente Leopoldo Calvo-Sotelo me dijo que no solo debía informarle a él de todos los asuntos importantes, sino también al jefe de la oposición, Felipe González (y que a él debía decirle antes lo que iba a contarle a Felipe). Salí del despacho de Leopoldo para ir a ver al rey, pues el presidente me había dicho que el rey quería verme «en cuanto acabes de hablar conmigo sobre los ascensos que quieres proponer y las informaciones de estos primeros días, así como de la sesión que dices que habremos de tener en las Cortes, que yo también creo como tú que nos debemos adelantar y celebrar una sesión a puerta cerrada para dar la información que tengamos sobre la noche del 23 de febrero».

Sesión a puerta cerrada en el Congreso sobre el 23-F (17 de marzo de 1981)

Al presidente Calvo-Sotelo y al rey les dije que pensaba que debía presentarme cuanto antes en las Cortes para informar sobre lo que sabíamos del 23-F antes de que se dispararan los rumores. Los dos estuvieron de acuerdo.

Hablé antes con el teniente coronel Monzón y con otros para aclarar algunas cosas de aquella noche. A Monzón le pedí que me redactara un informe detallado sobre los hechos del 23 de febrero. Cogí el papel que me entregó después y leí que Armada se había presentado ante Gabeiras para decirle que se iba al Congreso para detener lo que podía ser un baño de sangre y que después, estando todos los altos mandos reunidos en Vitruvio, había entrado Gabeiras en la sala y dicho: «No os preocupéis más, está todo arreglado; Armada irá al Congreso e intentará ser presidente de un Gobierno de coalición con el favor del rey». En su informe Monzón decía que los generales se habían quedado horrorizados; cambié «horrorizados» por «entusiasmados»; conociéndolos, los presentes debieron de aplaudir enloquecidos que un militar como Armada fuera a ser presidente del Gobierno.

Llevé a la sesión secreta la información que habíamos recabado hasta el momento, recogida en un informe en el que había estado trabajando de lleno y empecé diciendo: «Cuidado: el 99 por ciento de los militares estaba en contra del golpe, fueron leales y se pusieron a las órdenes del rey; las tropas permanecieron acuarteladas porque era necesario dado que no se sabía cómo iban a responder los sublevados. Sabemos, por ejemplo, que en Valencia, cuando se enteraron del golpe, un grupo de soldados trazó un plan para sabotear los carros de combate que iban a salir; estos soldados eran de una generación que no ha hecho la guerra, una generación entera con educación elemental, muchas personas con titulación media y bachillerato y mucho ingeniero y abogado».

Milans del Bosch decidió dar el golpe convencido de que le iban a seguir y que se pondrían de su lado al recibir el escrito de sublevación y sedición en el que se explicaba lo que se estaba haciendo en contra de España y lo que había que hacer para frenarlo; él mismo llamó personalmente a casi todos sus compañeros para saber si habían recibido el escrito y qué pensaban. La mayoría de las respuestas fueron a favor, decían que había que hacer cosas pero con cuidado; habló con el almirante jefe de la flota de Cartagena que lo era también de toda la zona del Mediterráneo y que aseguró no recibir órdenes sino de su jefe: el jefe del Alto Estado Mayor de la Armada; le dijo que iba a acuartelar a las tropas y preparar los barcos pero no a sublevarse. Cuando Milans mandó los carros de combate a ocupar la base de Manises, el coronel jefe de la base, al que llamaban «el Chato», llamó al coronel jefe del Estado Mayor de Milans y le dijo:

—Vienen varios carros de combate hacia aquí, yo tengo un avión caza F-16 con misiles aire-tierra que en este momento ya puede salir y otro preparándose; si tus carros avanzan un kilómetro más, los destruyo.

—¡Pero hombre, por Dios!, cómo vas a hacer eso..., van a protegeros.

—Aquí no necesito que nadie me proteja, tengo mi propia policía militar. No sigas, porque empiezo a destruir los carros de combate que has sacado en Valencia.

A Arenillas, coronel jefe de Manises, me lo traje a Madrid, era un hombre extraordinario.

Conté que el general Campano llamó al jefe de su Estado Mayor y a su asesor jurídico —eso no era verdad, entraron ellos en su despacho— y que este último le había dicho:

—Si sigues lo que dice el escrito —porque Campano había ordenado en un momento acuartelar a las tropas y estaba indeciso ante la proclama— y pierdes, pierdes la carrera y estás condenado, porque esto es sedición.

Entonces Campano preguntó si aquello era una sedición.

—Pues claro que es una sedición, si algo han querido transmitirnos desde la capitanía general es que el rey no está en esto y que está hablando con los generales.

—Entonces esto se ha acabado, no me sublevo —dijo Campano, entró en la habitación de al lado y se puso a tocar el violín. Estaba al final de su carrera y al año se jubiló.

El jefe del Estado Mayor y general de Brigada de Sevilla vio entrar a Merry Gordon vestido de legionario y con todas las condecoraciones, y le dijo:

—General, no se preocupe de nada, todo está bajo control, la tropa está acuartelada, los carros de combate preparados, todo está preparado y estamos esperando órdenes, mire, aquí tiene su botella de whisky.

La cogió, se metió en un cuarto y salió por la mañana, despejada la mente y medio vacía la botella; cuando llamó el rey al general en jefe del Estado Mayor le preguntó:

—¿Qué pasa ahí?

—Nada, señor, todo bajo control, el general duerme, le tenía preparado su whisky, ya sabe que tiene heridas desde la Guerra Civil y que solo se le calma el dolor si se toma unos whiskies... y está durmiendo.

No lo expuse en el informe, pero al día siguiente, en la calle, los amigos le dijeron: «Oye, Pedro, que tenías los carros de combate en la puerta del cuartel y luego no salieron, ¿qué pasó?», y respondió: «¿Qué pasó? Pues que me habían avisado de que subía la gasolina y los preparé para ir a cargarlos, pero después me dijeron que no subía y no salieron», contestó entre risas.

Antonio Pascual Galmes dijo que le había llamado Gabeiras; Luis Polanco también. Manuel Fernández Pose no estaba bien de la cabeza, soltó un discurso sobre lo que había y lo que no había que hacer; su obsesión era que en Vigo había dos millones de anarquistas y que necesitaba más fuerzas porque aquello iba a estallar en cualquier momento.

A uno de los que participaron no le pudieron procesar porque se retiró en cuanto le llamó su general; era el coronel jefe del Regimiento de Santiago (Regimiento de Caballería), que estaba en lo alto de la carretera de Campamento y que dio inmediata orden de cumplir los objetivos marcados por Pardo Zancada: ocupar la televisión y la radio públicas. En principio los implicados en esto eran procesables, pero su capitán se puso en contacto con el coronel jefe del Regimiento de Santiago y le ordenó parar la sedición a tiempo.

En el discurso dije que no solo había fracasado la sublevación, sino que había sido una improvisación. Pardo Zancada recibió el viernes una llamada para celebrar una reunión secreta el sábado; cuando llegó al lugar acordado, estaba esperando el general Milans del Bosch, que se bajó de un coche en el que acababa de llegar desde Valencia y le dio la orden de preparar el golpe, diciendo que él sacaría en Valencia los tanques a las calles el lunes. Pardo Zancada se puso en esta reunión a sus órdenes y le dijo que aunque fuera poco el tiempo, lo haría, poniendo en marcha un operativo que sustituyó a otro más pensado y que era improvisado: el coronel San Martín se llevaría lejos a Juste (general de división que mandaba la Acorazada) porque no sabían si respondería o no y no era cuestión de jugársela, al campo de San Gregorio donde iba a haber maniobras militares en las que iba a participar una brigada de la Acorazada con otras tropas y que le retendría allí el tiempo necesario para que se realizara el golpe, es decir, para que Tejero llevara a cabo la ocupación de las Cortes con guardias civiles, como muestra de que el golpe se podía dar, porque habían anulado al poder legislativo.

No puedo saber si hubo alguna orden sobre Zarzuela, pero estimo que debió de haber un contacto a ciertos niveles —esto no lo dije en mi discurso— porque no todos los militares que estaban en Zarzuela ni todos los ayudantes del rey eran partidarios absolutos de la democracia. Expliqué que el golpe se improvisó: Pardo Zancada redactó todas las órdenes previstas para que unidades del Ejército y concretamente del Batallón de Santiago, ocuparan la televisión y radio públicas; después, si las cosas se sucedían como esperaba, irían ocupando los demás medios de comunicación para tenerlos bajo su mando. Tenían orden de no permitir que se emitiera más que música. Por otro lado, el plan era que se hiciera cargo de la División Acorazada el general Torres Rojas, que precisamente iba a Madrid para celebrar con la Brigada Paracaidista, en la que había sido general de división antes de que le enviaran a A Coruña —porque sospechaban de él Gutiérrez Mellado y el ministro de Defensa Rodríguez Sahagún—; pero él pidió permiso para ir a Madrid y Manuel Fernández Pose, que era su capitán general, se lo concedió. Tejero improvisó también.

En Zarzuela estaba el rey jugando al squash y fueron a avisarle de que habían oído por la radio que había habido disparos en las Cortes, que se sabía que era un asalto de guardias civiles y nada más. El rey subió corriendo; entró la reina en el despacho y le dijo: «Juanito: Armada...», porque creyó enseguida que éste sabía qué estaba ocurriendo. En aquel momento estaban con ellos Nicolás Cotoner, marqués de Mondéjar y jefe de la casa del rey, el príncipe, Sabino Fernández Campo, secretario general de la casa del rey, y el jefe de escolta, un coronel con el que llegué a tener buena relación y que me dijo tiempo después que esa noche no se separó del monarca por temor a que hubiera un atentado contra su persona. El rey quiso que el príncipe estuviera presente, a pesar de su corta edad, para que fuera comprendiendo lo que suponía ser rey.

Según me contó Quintana Lacaci, el rey le llamó inmediatamente y le dijo:

—Quintana, la División Acorazada, actúa inmediatamente, que acuartelen las tropas y que no salgan, de momento ésta es la orden.

Quintana Lacaci, capitán general de Madrid, llamó a la Acorazada y se encontró con que Torres Rojas estaba ahí cuando no debía.

—He venido a saludar a los compañeros y me he encontrado con esto que está ocurriendo, ¿qué piensa que hay que hacer, mi general? —le contestó.

—El general lo que piensa es que tú te vas ahora mismo a La Coruña.

Torres Rojas se fue y dejó al frente de la situación a Pardo Zancada; éste llamó al teniente coronel jefe del Estado Mayor en Valencia y le dijo:

—Dile al general Milans del Bosch que Quintana Lacaci está parándolo todo, no solo ha llamado aquí y ha echado a Torres Rojas, sino que ha llamado también a los dos generales de la Brigada y les ha dicho que es él el que da las órdenes y que ninguno de ellos se mueva, que acuartelen a las tropas y que no salga nadie sin orden expresa del Alto Estado Mayor.

Milans del Bosch llamó a Quintana Lacaci y le dijo:

—Guillermo, estás parando la salvación de España.

—Pero tú, ¿qué te propones, Jaime?

—Hombre, pues de momento armar un Gobierno militar..., luego ya veremos.

—Tú has hecho conmigo la guerra, Jaime. Y estás proponiéndome otra Guerra Civil —replicó Quintana Lacaci y colgó el teléfono.

Quintana sabía lo que hacía por el número y fuerza de unidades que se habían puesto a sus órdenes y estaban listas para salir a defender la monarquía, la democracia y la Constitución.

En palacio, el rey y Sabino seguían llamando; el rey tenía interés en llamar a tres generales que conocía bien, sobre todo el jefe del Estado Mayor de Sevilla, porque le preocupaba Merry Gordon, que es el que le dice, cuando le llamó el rey, que todo está bajo control y el general está durmiendo; quiso hablar también personalmente con los de Canarias, Barcelona y Zaragoza; el de Canarias era estratégicamente fundamental, así que fue el primero a quien llamó.

El rey llamó a Milans, y éste le dijo que no le engañaran, que no era verdad lo que decían, que estaba haciendo maniobras nocturnas como otras veces; el rey le dijo que parara las maniobras y retirara las tropas porque en el Congreso estaba habiendo un intento de golpe, Milans le contestó que no tenía nada que ver con las maniobras en Valencia y el rey comprendió que Milans no estaba dispuesto a ceder; mientras, Sabino llamaba a otros generales.

Armada llamó al rey, que era lo natural, pues había sido su ayudante durante años, y le dijo:

—Señor, ¿no creéis que yo debo estar ahí y ayudaros en estos momentos tan peligrosos que ya os advertí que podían darse?

El rey contestó:

—No, tú eres el segundo jefe del Estado Mayor y lo que tienes que hacer es permanecer en tu puesto y ayudar a Gabeiras; no te preocupes que aquí somos suficientes y se está imponiendo la razón entre muchos generales.

Creo que el rey habló también con Elícegui y con Fernández Pose, quien le dijo que lo apoyaba a él, pero insistió en que tenía un grave problema con los anarquistas de Vigo.

Gabeiras salió a recibir a Armada, y éste le convenció de

que le dejara ir a las Cortes para impedir el derramamiento de sangre, como he contado. Armada salió y fue a las Cortes, adonde había llegado Aramburu Topete para hacerse cargo de la situación y para decirles a los guardias civiles que estaban fuera que el rey no estaba en el asunto, que les habían mentido y que tenían que formar un cordón alrededor del Parlamento para no dejar pasar ni salir a nadie. Aramburu habló también con Sáenz de Santamaría, que estaba al frente de la Policía Armada y se había situado enfrente mismo de la puerta de entrada, dispuesto a actuar en cualquier momento. Fue entonces, posiblemente, cuando pidió que fueran algunos GEOS, que no intervinieron.

Aramburu y Sáenz de Santamaría montaron el cuartel general en el hotel Palace. Cuando llegó a las Cortes, Aramburu Topete se enfrentó a Tejero; empuñando su pistola, hizo que saliera al patio y le conminó a que le diera de inmediato la pistola:

—Estás arrestado, esto es una sedición que estás encabezando tú y como pueden pasar cosas peores, lo mejor que puedes hacer es darme la pistola y acabar con este disparate.

Tejero le contestó:

—No te doy la pistola y te advierto que si intentas quitármela te dispararé, si tengo que matarte, te mato.

Aramburu, que en aquel momento era el general mejor condecorado del Ejército por su comportamiento en la División Azul y otros escenarios internacionales, ahora furioso, echó mano de su propia pistola. En ese momento, Tejero apoyó la suya en su pecho y fue el ayudante que llevaba Aramburu quien le dio un golpe en la mano para evitar que hubiera un enfrentamiento:

—General, conténgase que éste le pega un tiro sin pensarlo, ¿no le ve los ojos? Vámonos, éste no se va a escapar.

Cuando se fueron, Tejero volvió a su madriguera; Aramburu pidió a Sáenz de Santamaría que se fuera con él para informar al alto mando y Zarzuela de la situación. Los guardias civiles formaron un cerco alrededor del Congreso, ya con la tranquilidad de saber que la orden venía de su general jefe, que el rey no apoyaba el golpe y que los de dentro acabarían rindiéndose o cometerían alguna barbaridad y los del cerco tendrían que entrar a pararla.

Dentro, Tejero se marchó del hemiciclo y dejó un teniente vigilando. Hubo un momento en que pudimos todos sentir el peligro cuando se llevaron a Adolfo, a Gutiérrez Mellado, a Rodríguez Sahagún, a Felipe, a Guerra y a Carrillo.

Desde el mismo momento en que el rey habló por televisión, se sabía que el golpe estaba perdido. Ya reunido el Alto Estado Mayor, Gabeiras llamó a Milans para decirle que el golpe había fracasado, que retirara las tropas; Milans respondió que sí pero no las retiró. En Valencia, el general de división que era jefe de mando con Pizarro, fue a detener por orden de Milans al gobernador civil de Valencia, pero como era amigo de él y de su mujer, no lo detuvo sino que se quedó con ellos tomando una copa. Estando allí, le llamó el general Gabeiras y le dio la orden de detener a Milans. Según me contaron después, él entró y le dijo a Milans que por favor se diera por detenido, que seguía órdenes superiores; Milans sacó su pistola, la puso sobre la mesa y le dijo que a él no lo iban a detener; el otro le contestó:

—General, yo no me voy a liar a tiros aquí de ninguna manera, propongo que llames a todos los oficiales jefes de las tropas movilizadas esta noche para que vengan y te den su opinión porque el rey ha dicho que no está detrás del golpe y que no se va, que hay que terminar con esto... y estás detenido.

Milans ordenó a su ayudante y al comandante que iban con él que reunieran a los altos mandos de Valencia. Se reunieron todos, también el coronel Arenillas, que no se había sublevado, y todos dijeron a Milans que el rey había hablado en público en contra del golpe. El general Pizarro fue el único que dudó —en realidad no dudó, dijo que era partidario de seguir adelante con el golpe—, pero no lo dije en la sesión, porque solo me lo contó una persona y no había pruebas de ello.

Milans entonces se encerró en una habitación, dejando a los demás en posición de firmes porque al entrar en la habitación llevaba su arma en la mano; los presentes creyeron o temieron que se pegara un tiro y pasó el tiempo hasta que el coronel ayudante de Milans abrió la puerta y se encontraron con que estaba tumbado durmiendo. Algo increíble. Eso fue lo que me contaron.

Acabé mi intervención como había empezado, diciendo que el golpe era desde el principio imposible, no solo por la actuación improvisada del Milans, sino porque muchos militares de alto rango y el 99 por ciento de los soldados se habían opuesto a la sublevación; les dije que desde que habló el rey y se supo que no estaba dentro, no volvió a fallar el sentido de disciplina militar y el general Milans se encontró prácticamente solo; «ahora habrá un proceso contra los organizadores de la sublevación y los que ocuparon las Cortes pero sobre todo los jefes porque al no haber habido derramamiento de sangre, el Código Militar exculpa a la tropa».

Esto lo dije después de que hubiera venido a verme al ministerio el juez militar instructor del caso, que me había dicho que podía procesar a cuatro mil militares en virtud del código de justicia militar. Le contesté que no creía que aquello fuera tan fácil y le pregunté cuántos eran los cabecillas.

—Treinta y tres.

—Pues hay que procesar a ésos, de lo contrario convertiríamos esto en un juicio que no se puede celebrar y como no es posible, bajo mi responsabilidad, le digo que debe limitar usted el proceso a los cabecillas; si sacan lo que el Código Militar, que he estado estudiando estos días, prevé para estos casos, será más que suficiente siempre que el tribunal se comporte como debe: aplicando la ley con estudio y sin ira.

Cuando el juez se despidió y se fue llamé al rey y al presidente para contárselo. Ambos me dieron su apoyo y dijeron que había estado acertado. Tiempo después, Felipe González dijo: «Alberto vio desde el primer momento que no se podía hacer más que un proceso y que este habría acabado por no llevarse a cabo si hubieran empezado a meter brigadas y otros mandos inferiores y en vez de treinta y tres hubieran sido cuatro mil».

Sobre Francisco Laína, entonces secretario de Estado de Seguridad, todo lo que pude decir es que llamó a Zarzuela para saber qué podía hacer y le contestaron que quizá nada, que esperara.

¿Lloró el rey esa noche como se ha contado? No lo sé, pero es muy probable que llegara a emocionarse al ver que le habían fallado Armada o Milans del Bosch.

Cuando terminé mi intervención, me encontré con un silencio sepulcral; bajé del estrado para irme. El presidente de las Cortes me felicitó: «Has estado muy bien», pero nada más; Carrillo me estaba esperando, me acerqué a él:

—Santiago, he visto que algunos diputados vuestros han grabado la intervención. Esto es una reunión secreta; creo que debéis borrar las cintas.

—Voy a decir a los de mi partido que borren las cintas, pero quería hablarle de su intervención; no sé si todos se han dado cuenta de lo que usted ha dicho, ministro, pero yo sé lo que significa lo que ha contado; estoy asombrado de que en tan pocos días hayan contado todos tantas cosas y estoy seguro de que todo se ajusta a la verdad; ¡es increíble!

Tuve también conocimiento de algunos hechos previos que ayudan a entender el desarrollo de la intentona del 23-F.

Armada había ido a ver al rey y a la reina a Baqueira, cosa que era ya sabida, para tener con ellos una conversación muy a fondo sobre el momento que se estaba viviendo, el vacío de poder, el descontento creciente en el Ejército y el peligro de un golpe protagonizado por coroneles que podría ser sangriento, según todos los datos que él tenía y que llevaría a una situación insostenible a la corona. La reina intervino:

—Pero Armada, tú evitarás que eso ocurra.

Armada ya había salido de la Seo de Urgel y ya era segundo jefe del Estado Mayor de Madrid, y contestó:

—Sí, señora, haré todo lo que pueda, pero habrá que pensar qué se hace a otros niveles, porque tendremos que hacer algo.

El rey le escuchó, pero era tan desconfiado que se limitó a calmar a la reina; a Armada le dijo:

—Yo creo que tenemos razones para pensar que va a haber cambios de Gobierno, porque no veo a Suárez muy sólido.

Entretanto, el alcalde de Lérida quedó con Armada y avisó a Reventós y a alguno más por si querían ir a hablar con ellos. De esa conversación sé lo que me contó Juan, me tuve que fiar de él porque lo conocía hacía muchos años y era un buen amigo:

—Nosotros le llamamos porque él había hablado con el alcalde para tantear la posición que tendría el Partido Socialista en caso de que hubiera un descontento militar que llevara a una posición forzosa ante el rey y ante el Gobierno.

Ellos le dijeron a Armada que no entendían al país sin democracia. Juan me contó que fue a escuchar a Armada porque quería saber si había peligro de un golpe de Estado, como estaba diciendo todo el mundo, y Armada explicó:

—Yo no hablaría de golpe de Estado pero los militares podrían ir a ver al rey para decirle que las cosas no pueden seguir como están, os tenéis que dar cuenta de que hay cierto desgobierno.

Juan le dijo que no era el caso de Cataluña, que la Generalitat funcionaba normalmente y no tenían ningún problema. Juan me dijo que Armada les transmitió que iba a ser muy difícil que no se tuvieran que tomar medidas excepcionales.

Esa visita es casi anterior en el tiempo al suceso que cambiará todo: por un lado está el Colectivo Almendros, pero sobre todo la entrevista entre Armada y Jaime Milans, que no salió en la declaración de Tejero porque no la conocía, pero que estuvo en los archivos del Cesid a posteriori. En ella, Armada le dijo que el golpe constitucional que habían ideado para formar un Gobierno de coalición no podía prosperar; Jaime Milans del Bosch respondió que él estaba dispuesto a sublevarse pero que no estaba de acuerdo con que sea la División Acorazada la que lleve la iniciativa ni que un militar vestido de media gala rodee el Congreso —era el golpe anterior— y que mientras se celebra la votación para la investidura de Leopoldo aparezca y diga: «Padres de la patria, estamos en una situación insostenible. Os pedimos que permanezcáis reunidos hasta que de aquí salga un Gobierno de coalición que lleve a este país por la senda económica que necesita y corrija el sistema democrático, reexamine las legalizaciones de partidos que el Gobierno ha hecho y tranquilice al Ejército, que no sabe qué hacer; ésta es la opinión militar que vengo a exponer ante ustedes a petición de mis compañeros; puedo decirles que todas las capitanías generales están de acuerdo». Volvió Armada a decirle:

—Mira, Jaime, eso no se puede, queda ya solo el golpe de la Acorazada.

Milans dijo:

—No, si al final me la voy a tener que jugar sacando los carros a la calle y estableciendo el estado de excepción en Valencia, deteniendo a quien creo que hay que detener porque están fichados como comunistas.

Retuvieron desde el primer momento al hombre del Cesid en Valencia en la capitanía general para que no hubiera noticias en el resto de España de lo que estaba pasando allí. Le puso como condición a Armada que fuera Tejero, hombre de su confianza, quien entrara en el Parlamento.

Durante la investigación se desveló que Tejero tenía una memoria verdaderamente extraordinaria y describía con todo lujo de detalles los lugares en los que se celebraron las reuniones, los ambientes, quién estaba allí, las decoraciones y hasta las irrupciones eventuales.

Si buscamos antecedentes directos al golpe, tenemos que decir que se había cometido un grave error con Milans cuando le tocaba ascender por antigüedad; por su historia se sabía perfectamente que era contrario a la democracia, que era franquista, como otros; sin embargo, no lo nombraron cuando por Ley le correspondía y pusieron a Gabeiras, saltándose a cuatro que tenían preferencia sobre él. Eso Milans no lo perdonó, fue a ver al rey para quejarse por el trato que había recibido, el rey le preguntó qué quería y él contestó: «Quiero ser teniente general y quedarme en Madrid», el rey habló con Suárez y con Gutiérrez Mellado, les dijo que no se podía hacer lo que habían hecho con alguien como Milans, que tiene la Cruz Laureada en común con los defensores del Alcázar de

Toledo y la del Mérito Militar Individual por sus hazañas durante la Guerra Civil, como Franco, y que aunque fuera muy franquista de pensamiento, también era monárquico, como toda la familia Milans del Bosch; el rey les dijo que lo que había que hacer ahora era primero ascenderle a teniente general y segundo enviarle a Madrid, pero Gutiérrez Mellado y Suárez dijeron que Madrid significaría darle fuerza para planear la venganza contra ellos y contra el Gobierno democrático. Le mandaron a Valencia.

Partimos de eso para saber cómo fue Milans a Valencia, ya tenía guardado frente a Suárez y el resto todo lo que puede guardarse una persona que se siente ofendida en su orgullo militar; era un militar muy español, dicen..., yo se lo puedo ver en que, según cuentan, podía desvivirse por un soldado que se había roto un tobillo haciendo maniobras, cogerlo él en brazos, llevarlo al coche y ordenar que lo llevaran a un hospital para que lo trataran, pero al mismo tiempo podía hacer un arresto por estar fumando un cigarrillo.

En Valencia, rápidamente le rodeó la alta sociedad, industriales, terratenientes y personas pudientes en general, que le decían: «Si esto se pone peor, tú nos salvarás, ¿verdad, general?». Ciertas señoras de esa sociedad le insistían en que fuera su salvador y el general, que era muy hombre, se comprometía con ellas en lo que le pedían; se le atribuían ciertos éxitos con mujeres importantes de Valencia.

En la sesión a puerta cerrada del Congreso expliqué por qué el rey había tardado tanto en salir por televisión, hecho al que se le había dado mucha importancia. Sorprendió mucho en general que yo hubiera sido capaz de hacer un horario perfecto que confirmé mucho tiempo después, cuando lo conocí en la Cadena SER, con Iñaki Gabilondo.

Según supe, las cosas en el palacio se sucedieron así: llamó Sabino a Castedo, director general de Radiotelevisión Española. Castedo habló con él de tal forma que Sabino supo que no estaba solo; le preguntó si lo acompañaba alguien armado; este contestó que sí, a lo que Sabino dijo que le llamara en cuanto pudiera y colgó. Sabino habló con Quintana Lacaci y éste, imaginando quién estaba en televisión con Castedo, llamó a su coronel jefe y le ordenó que retirara a los soldados. Cuando pudieron hablar, Sabino dijo a Castedo que el rey iba a hacer una declaración por televisión y se decidió que debían enviar a dos equipos a palacio, porque estaba la Guardia Civil en la calle y las carreteras; uno debía dar la vuelta por arriba, por la carretera de La Coruña, y otro ir por abajo, directamente a Zarzuela; la Guardia Civil paró al equipo que iba directamente a Zarzuela, por abajo, pero a la vuelta, con el mensaje ya grabado; fue una escena cómico-dramática; los técnicos y el chófer pasaron miedo al ver temblar a los guardias civiles cuando les obligaron a sacar las cámaras y demás aparatos de televisión porque no sabían qué podían encontrarse en las maletas que llevaban. Muy nerviosos, les pidieron que las abrieran mientras preguntaban: «¡¿Qué es eso?, ¿qué llevan ahí?!».

La declaración que dio el rey por televisión fue redactada entre varias de las personas que estaban en el palacio, también por el propio Juan Carlos. Dijo que él no estaba dispuesto a irse de España y que los que habían actuado de ese modo tendrían que comparecer ante los tribunales militares. Parece que intervino Agustín Muñoz-Grandes Galilea, hijo de un general de Franco muy afecto al Movimiento Nacional, comandante del Ejército, compañero del rey y uno de sus ayudantes de campo, porque era número uno de su promoción; el rey lo tenía consigo porque era mejor tenerlo cerca; estaban escribiendo la declaración y el comandante le dijo al rey:

—Majestad, hay que pensar que hay muchos que no se han llegado a sublevar y que no piensan igual que éstos, hay que dejar algo para ellos.

Claro, entre ellos igual estaba él mismo, porque era, sobre todo, muy integrista, muy católico y muy inteligente, y logró que se incluyera en el documento una frase en la que se venía a decir que cualesquiera que fueran las circunstancias, se tenía la convicción de que muchos habían hecho el golpe creyendo que lo ordenaba el rey. Se hicieron varias correcciones entre los allí presentes. Cuando estaba ya todo listo, se dieron cuenta de que el rey seguía en chándal y tenía que ir a cambiarse. Cuando volvió lo hizo ya de capitán general de las Fuerzas Armadas. Hizo una primera toma y el rey se equivocó, y tuvieron que repetir; después el equipo hizo la copia para llevarla a la televisión y llegaron a las doce o algo más; habían llegado a Zarzuela a las diez.

¿Por qué se emitió más tarde? Iñaki Gabilondo me explicó después, cuando era jefe de informativos de la SER:

—Teníamos que ver cómo era y esperar a la segunda copia por si era mejor, y entre los visionados y el montaje no fue posible emitirlo antes de la una. Salió a la una y ocho minutos.

Pasada la una de la madrugada me llegó a mí la noticia porque se emitió por la radio y había gente con radios pequeñas en los pisos superiores del Congreso. Acabamos enterándonos todos.

Alrededor del golpe ocurrieron cosas..., en el País Vasco, por ejemplo, el lehendakari desapareció aquella noche, nadie sabía dónde estaba, no desde luego en el palacio de Ajuria Enea, desapareció, se escondió. Tres miembros de Herri Batasuna (Jon Idígoras, Iríbar y un tercero que no recuerdo) salieron a la mar en un bote con motor; allí los recogió, porque había tormenta, un barco de guerra que estaba operando en el mar interpuntas de San Sebastián; cuando los subieron al barco estaban convencidos de que los iban a fusilar; en lugar de eso, les dieron un caldo caliente y vino, con lo que se dieron cuenta de que no les iba a pasar nada. Les preguntaron cómo se les había ocurrido salir a la mar de noche en esas condiciones: «Pues ya ve, la locura de irnos a dar un paseo hasta Fuenterrabía para ver Hendaya». El teniente después me contó que para ellos «eran unos náufragos, si tardamos un poco más se ahogan, nos hicieron señas, les rescatamos, les atendimos y los llevamos de vuelta a San Sebastián, ya recompuestos porque habían tomado un caldo y un vaso del vino que teníamos a bordo; y se fueron a sus casas». En el País Vasco cundía el miedo más absoluto. Esto lo apunté, pero no lo precisé en la sesión secreta.

Hubo una reunión a puerta cerrada en La Moncloa en la que participaron Leopoldo —que por lo visto no habló—, Landelino Lavilla, Martín Villa y alguien de la máxima confianza de Suárez cuyo nombre no recuerdo. Por alguna razón yo me quedé fuera junto a Ignacio Aguirre con curiosidad por saber quién sería el sucesor de Adolfo; al salir nos dijeron que iba a ser Leopoldo. La dimisión de Suárez debió dejar sin razón a los que se iban a sublevar: ya no es un problema; Gutiérrez Mellado seguía siendo vicepresidente para asuntos de Defensa pero ya no tenía el poder e influencia que tuvo con Suárez, al que tomó un cariño paternal y al que defendía de forma incondicional; una vez nos reunió a los ministros y nos recriminó que algunos de nosotros estuviéramos conspirando y hablando contra Suárez cuando él había sido quien había hecho todo por la democracia. Tenía razón.

El Colectivo Almendros, echando más leña al fuego, publicó entonces un artículo que decía que la dimisión de Suárez creaba un vacío de poder que hacía más necesario aún que se tomaran medidas. Se decía que el coronel Marchante, que el 23-F no había salido con sus tropas pero sí las había acuartelado, era el miembro más inteligente del Colectivo Almendros.

Pero en líneas generales, se supone que se había agotado la excusa para la sublevación, porque iba a haber un nuevo presidente; para este papel ya se hablaba de Calvo-Sotelo y sublevarse contra Calvo-Sotelo, un apellido de tanto peso en la reciente historia de España por el asesinato de José Calvo-Sotelo, ministro de Primo de Rivera, y por el tío de Leopoldo, Joaquín, conocido por todos, monárquico y absolutamente de derechas, era mucho sublevarse.

Hay que recordar que no solo los militares estaban detrás de la trama, había también civiles y bastaba ver cómo daban las noticias el *Arriba* y demás periódicos del Movimiento Nacional y algún otro como el *Abc* cuando se enfureció con los Pactos de La Moncloa, diciendo que era un acuerdo socialista y que se había creado un impuesto contra los propietarios (inútil explicar que era un impuesto absolutamente mínimo). Cuando se hablaba de golpe, se referían siempre a los militares, pero no se referían a los civiles que estaban dale que te pego diciéndoles a ellos que tenían que hacer alguna cosa; estaban los falangistas de Girón y el propio José Antonio Girón, que afirmaba sin tapujos que se había faltado a la «herencia de Franco y estamos en un barco que va a la deriva y puede encallar»; Girón lo decía públicamente, pero nadie se atrevía a tocarle, menos aún los azules del Movimiento tipo Martín Villa o Rosón; muchos de ellos habían estado alrededor de la Falange de Girón, para muchos él había sido un líder, incluso el más importante; era un hombre al que Franco recibía, los famosos gironazos paraban cosas durante el franquismo. Paró la reforma de Arias Navarro de asociaciones políticas, fue a ver a Franco y le dijo que esa ley «nos lleva derechos a una democracia»; tonto no era. Fue tremendo durante la dictadura con los condenados a muerte. Más tarde, en 1957, acabó con las huelgas subiendo los sueldos, y provocando una tremenda inflación en España. Había un grupo de falangistas, sobre todo en Málaga, donde a Girón le llamaban el León de Fuengirola, que no ocultaban que el rey para ellos era un traidor, antes y después del golpe del 23-F. Los generales piensan más de lo que la gente cree y vieron que aquello de dar un golpe militar era cada vez más difícil, que el país estaba cambiando.

Supe a toro pasado que el rey les había dicho a los militares que no se preocuparan, que el siguiente ministro de Defensa iba a ser yo, porque parece que como presidente de la Comisión de Defensa me había ganado entre ellos la fama de ser persona muy seria y de comprender al Ejército, y que decían de mí: «Ése es un caballero».

Milans no acabó de estar conforme con la idea de esperar a ver qué Gobierno formaba Leopoldo Calvo-Sotelo, pero se puede decir que en este momento el Ejército se dividió; la noche del 23 de febrero había unidades militares y militares de aviación y marina dispuestos a impedir el paso a los sublevados a determinados lugares y hasta dispuestos a disparar, como el general Lagos o las Fuerzas Especiales. Era obsesión de Gutiérrez Mellado y siempre lo había sido, que no se dividiera el Ejército, porque si llegaba a haber muertos por tiros de gente de uniforme contra gente de uniforme se produciría una guerra entre militares y eso conducía a la Guerra Civil. Cuando yo afirmé que a los militares de la Unión Militar Democrática (UMD) había que reintegrarlos a sus puestos porque defendían un sistema democrático, me dijo:

—Sí, ministro, pero es mejor esperar a que se olvide dentro del ejército, no hay que hacer nada que lo divida por el riesgo que habría de Guerra Civil.

La experiencia me ha demostrado que estaba en lo cierto y aquella noche pendió de un hilo el que no hubiera muertos de uniforme a manos de personas vestidas de uniforme; si el teniente coronel Alonso Manglano hubiera sacado la Brigada Paracaidista y se hubiera liado a tiros con la brigada sublevada de la División Acorazada, ya estaría organizada; y si el de Manises estaba además preparado para destruir desde el aire los carros de combate, se arma una guerra. Si no pasó nada tan grave el 23 de febrero fue porque el Ejército no se dividió del todo.

Me propuse visitar todas las regiones militares, incluidas Tenerife y Gran Canaria y dentro de ellas las unidades más importantes; antes de dejar de ser ministro de Defensa lo había hecho; hablé más con los mandos y oficiales (a veces también con sargentos o cabos y soldados) en aquellas regiones que se habían distinguido la noche del 23-F por posicionarse a favor de la Constitución y del rey desde el principio y aquellas en las que los mandos habían dudado durante la noche hasta la emisión del discurso del rey. La primera que fui a visitar, como extremeño que soy, fue la de Extremadura.

Dormí en Mérida, en casa de mi madre, y Carmen vino conmigo; me levanté muy temprano para presidir el acto militar, que era a primera hora, porque después tenía que ir al campo de aviación militar cercano a Montijo y luego a Badajoz a otros actos militares de la Aviación y del Ejército de Tierra.

En Mérida todo fue muy bien, dije que de ninguna manera debía el Regimiento de Ingenieros estar formado desde las siete, que me parecía que sobraría tiempo si estaban a las ocho; yo llegué a las nueve menos cuarto. Subí a la tribuna, las tropas desfilaron y después fue mi intervención. Fue un éxito; a pesar de la hora, allí estaba todo el mundo; fue en la plaza, pusieron una tribuna delante del Palacio de los Pacheco y entre ambos pasó el Regimiento, que no era muy grande, después pronuncié unas palabras. «Como ministro de Defensa es para mí un orgullo y un honor estar aquí donde nací y pasé los primeros días de mi vida, que en cuanto engordé me llevaron al campo y a los seis meses, a Barcelona, donde vivían mis padres», dije también que había quedado unido para siempre a Mérida y al campo extremeño, que creía que Extremadura era una región que había sido muy importante en la historia y que era cuestión de que los extremeños quisieran que volviera a serlo, que la democracia había abierto un camino de libertad y de posibilidades muy grandes y tenían que aprovecharlo.

De ahí fuimos a Badajoz, donde había una unidad de 150 carros de combate, los mejor mantenidos de España, según me dijeron los estadounidenses posteriormente; me recibió el general de división, que era segundo jefe de la región militar de Andalucía y que venía de Sevilla, estaba allí parte de la tropa de la Brigada de Santiago; había hecho que mi primo hermano, Juan Saussol Palencia, fuera conmigo al campo de aviación y continuara conmigo hasta Badajoz. Él estaba en la reserva; era teniente coronel instructor de acrobacia y durante un ejercicio tuvo un accidente y quedó gravemente herido. Estuvo a mi lado durante el acto militar celebrado en el aeropuerto de Badajoz, como también el capitán general del Ejército del Aire. Hubo un desfile, los aviones volaron y dije una cosa que tenía en la cabeza sobre cómo debía ser el Ejército al jefe de la base y al general jefe de la Aviación: «La aviación es muy importante para nosotros, porque España entera es un portaaviones, incluidas Ceuta y Melilla», y que era una obsesión mía pensar que las herramientas armamentísticas esenciales para España eran la aviación y los misiles; dije que me iba a preocupar de comprar un avión nuevo y que teníamos que pensar en dos terrenos esenciales, Canarias y Baleares, que forzosamente nos hacían pensar en aviones especiales que tuvieran depósito suficiente para darnos tiempo de ir, combatir y volver a sus bases. Dije que la aviación debía ocupar el puesto que merecía y que el Ejército de Tierra había tenido un protagonismo y unos presupuestos que se llevaban parte de los que correspondían al Ejército de Aire.

Fuimos a Badajoz, donde me estaba esperando el general de división del Ejército de Tierra, Manuel Saavedra Palmeiro, que me contó que la noche del 23-F había ido al cine con su mujer. No era el primero que me decía eso, lo que me dio que pensar que algo sabía del golpe. Fue un desfile en toda regla y hubo aplausos a las tropas y a mí cuando dije que me sentía muy orgulloso de ser extremeño y cuando destaqué la importancia de Badajoz. Había una multitud, me dieron un ágape y después me llevaron a ver la maniobra de los carros de combate en una finca muy cercana ya a la frontera con Portugal; los carros salían y tiraban con mucho cuidado para no entrar en el país vecino; me di cuenta de que los ejercicios tácticos de nuestro Ejército allí eran disparatados; estoy seguro de que Franco escogió esa finca para defender a Oliveira Salazar; uno de los acuerdos a los que habían llegado Franco y Salazar era que en caso de estar en peligro, el portugués diría a sus ciudadanos que España iba a invadir el país vecino. Me di cuenta de que era una barbaridad tener al Ejército así y al llegar a Madrid di orden de que se buscaran terrenos más grandes y alejados de la frontera.

Todo el despliegue del Ejército durante el 23-F estaba hecho más para vigilar y proteger las ciudades que para su despliegue en combate; sobre todo en Madrid. Pensé en sacar de Madrid todos esos regimientos que se habían acuartelado, pero no pude hacerlo: me encontré con la oposición del Gobierno.

Quise volver a visitar, aprovechando un viaje del rey con el mismo propósito, la escuela de Boinas Verdes o guerrilleros de Jaca. El rey y yo llegamos en helicóptero desde Madrid, el rey a los mandos del helicóptero y yo en la parte de atrás, en la primera fila. Cuando llegamos, las tropas nos hicieron una demostración que yo ya había vivido; se tiraron en parapente desde quizá mil metros de altura y cayeron frente a nosotros, poniéndose firmes y saludándonos tanto al rey como a mí. Después de comer con los mandos, el rey quiso ir a ver la compañía de guerrilleros que habían hecho escalada y estaban colgando en una de las paredes del Pirineo, lejos de Jaca; para eso tuvimos que coger el helicóptero, en el que iba también con nosotros el coronel jefe de la unidad. Vimos a los integrantes de la unidad en un corte vertical de la montaña, colgando en una o dos cuerdas. Entonces oímos la voz del jefe de las unidades de helicópteros de salvamento y servicio al rey y los ministros:

—Señor, hay que volver rápidamente y dejar el temporal detrás del helicóptero; de lo contrario nos quedaremos atrapados en estas angosturas montañosas.

El rey viró el helicóptero y velozmente dejó atrás la tormenta; a lo largo de la navegación, a toda la velocidad que permitía el aparato para evitar tener que hacer un aterrizaje forzoso, se iban mandando recados para ver cómo estaban las compañías que habíamos dejado atrás; todos estaban bien; nosotros pudimos salir del terreno más peligroso y ascender lo suficiente para salir de las montañas y poner rumbo a Madrid. Realmente fue una experiencia impresionante. En mi recuerdo, esta experiencia militar solo puede compararse con la vez que fui a visitar la Base Naval de Cartagena.

Visité un campamento en Álava con motivo de la jura de bandera de los reclutas del tercer reemplazo, que se celebró un domingo en la localidad de Araca. Me llevé al lehendakari Carlos Garaikoetxea conmigo, era su primer acto castrense; advertí de su presencia a los altos mandos militares y les dije que no quería que pasara nada y que si ocurría tomaría medidas. No pasó nada. Desfiló la tropa, él bajó la cabeza ante la bandera como hice yo (le dije que era lo único que tenía que hacer), yo pasé revista. Tomamos un vino con el que nos agasajaron y después le dejé en el palacio de Ajuria Enea.

En Cartagena tuve la experiencia naval más emocionante, pues me invitaron a subir a uno de los submarinos Daphne, pequeños, que habíamos adquirido a la República Francesa. Me invitaron a comer a 300 metros de profundidad en uno de ellos. Les sorprendió a ellos y a mí que aguanté la bajada agarrado a una barra que había en el camarote en el que íbamos a comer; además de las raciones de comida, habituales en un submarino, llevaron una botella de vino para el ministro. Presidía el teniente de navío; estaban el almirante jefe de la Armada, que había venido para comer conmigo, y el jefe de la base de Cartagena, un contralmirante. Terminada la comida en el mismo elemento que la contenía cuando nos la llevaron y que era una caja y bebido algo de vino, me dijeron que era la primera vez que un civil ni se mareaba ni se quejaba al bajar en vertical para posarse en el lecho marino. Al revés, a mí me entró una suerte de asombro y emoción. Cuando acabamos de comer me pidieron que fuera al periscopio porque iba a tener el honor de ser el primero en disparar, porque si no la fragata que estaba esperando fuera, al ver el periscopio, nos vería y dispararía contra nosotros. Al verla, disparé el imaginario torpedo en cuanto vi la fragata y me felicitaron porque la había hundido (teóricamente, claro). Guardo en el recuerdo estas experiencias porque me impresionaron de veras. Comprendí entonces por qué los submarinistas tenían tanto afán en volver a serlo cuando lo dejaban. Sé que el almirante jefe de la flota de Estados Unidos en el Mediterráneo nos felicitó por esos pequeños submarinos, porque más de una vez les habían engañado en Gibraltar haciendo ejercicios de tiro. Al parecer nuestros navegantes submarinistas eran avezados en el manejo de estas naves. De las aventuras a las regiones militares, ésta es una de las más gratas.

Aproveché el verano para viajar a La Coruña, donde estaba el general Fernández Posse, que me habló de su obsesión, los anarquistas de Vigo; me aseguraba que había más de dos millones de anarquistas y que se podían apoderar de la ciudad. Yo creo que no estaba del todo bien de la cabeza... Le dije:

—General, tiene seis mil hombres del Ejército y unos cuatro mil de otros cuerpos armados a su disposición. ¿Cómo puede preocuparle este asunto de los anarquistas? Además, no pueden ser tantos, porque Vigo no tiene tanta población.

En Cataluña visité el cuartel de la Seo de Urgel y la ciudad de Lérida, donde quise ver al alcalde, pero no le dije nada de la conversación del 23-F que me había contado Juan Reventós.

El teniente general en Barcelona, que envié desde Madrid, me preparó una cena en la capitanía general con Carlos Barral y Antonio de Senillosa. Nos reímos durante toda la cena, lo pasamos muy bien los tres mientras el teniente general nos miraba, asombrado de la amistad y confianza que nosotros demostrábamos si se tenía en cuenta que Carlos Barral era senador del PSOE y Senillosa pertenecía a Alianza Popular; la cena fue de todo menos protocolaria, un reencuentro de amigos.

Los peores recuerdos que tengo como ministro de Defensa son de los entierros en el País Vasco, Navarra y otros lugares a los que tuve que ir una y otra vez. En uno de esos viajes me dijeron que había un comisario de Policía muy importante que preguntaba si podía subir conmigo en el helicóptero para regresar a Madrid, dije que sí. Se decía que era el que más sabía de ETA, y le apodaban Billy el Niño. Estaba encargado de la lucha contra la banda terrorista; le pregunté cómo trataban la información sobre aquélla, cómo lograban recabar los datos que pudieran llevar a conocer la organización, especialmente sus finanzas. Me miró y me dijo:

—Todo lo que sé de ETA lo llevo aquí. —Y se tocó la cabeza.

«Estamos buenos», pensé, «si el policía que tiene la Dirección General de Seguridad para luchar contra ETA no le dice nada a nadie para seguir siendo imprescindible». Cuando llegué a Madrid llamé inmediatamente a Alonso Manglano y se lo conté.

—Voy a hablar con Rosón pero tú dilo en la comisión a la que vas. —Era una comisión para hablar sobre los temas más importantes de seguridad y a la que asistía el propio jefe del Cesid—. Eso no puede ser, tienen que montar una unidad de información que esté en ordenadores, tiene que haber un grupo especializado en ETA, no puede ser que la información la tenga un solo policía en la cabeza.

Hablé con el ministro del Interior:

—Esto es impensable, el hombre será muy eficaz pero no nos sirve para nada tener así la información, tendremos que conocer lo que se sabe, solo así podemos acabar con ETA.

Se tomó nota, mejoraron los servicios de información y se dieron cuenta de que Billy el Niño lograba sus informaciones por cualquier medio, desde las torturas a la extorsión...

A lo largo de mis casi dos años en Defensa fui dándome cuenta de cuáles eran las reformas necesarias y vi cuáles eran las que más claramente condicionaban la buena marcha del Ejército. Las reformas se movían en el marco del proceso del 23-F, cualquier reforma debía esperar a la sentencia del tribunal militar del juicio; yo recordaba entonces una máxima de Ignacio de Loyola recogida en uno de sus escritos que dice más o menos que no deben hacerse cambios en tiempo de mudanza; recordarlo condicionó mucho que yo registrara las reformas que había que hacer e incluso que antes de irme aprobara algunas de esas reformas y dejara en marcha y planteadas las que yo creía que debían hacerse. Recordé un poema de Mao Zedong que, traducido, publicó mi primo Luis María Ansón, y según el cual uno debe ser como el junco cuando el viento es fuerte: no dejarse partir, sino flexibilizarse, doblarse y volver a elevarse; este recuerdo me ayudó a aguantar en mi actitud sin levantar una resistencia que podría causar malestar. Recordé la historia de Luis XI de Francia y sus victorias sobre el duque de Borgoña, más poderoso que el rey; el duque era más fuerte que él, tenía un Ejército más poderoso que el suyo, así que Luis XI se rindió ante él, como el junco; cuando el duque quedó debilitado en su lucha contra Maximiliano de Habsburgo, Luis XI, como el junco, se enderezó y acabó con el poder del duque para siempre. Esa unión del poema con el recuerdo histórico me permitió soportar algunas cosas, a contenerme, pensando que si el viento era más fuerte yo ya me enderezaría en el momento oportuno. El único periodista que se dio cuenta de por qué obraba yo como lo hacía, escribió: «Alberto Oliart, con la firmeza y fuerza de los aparentemente débiles...»; alguno debió de creer que yo era débil, no creo que los militares, quizá sí algunos miembros del Consejo de Ministros.

Desde el primer momento tuve en cuenta la lección que me había dado el general Díez Alegría, sobre que en el Ejército no se debían hacer o dejar de hacer ascensos por cuestiones políticas; dos veces tuve que imponerme para que se hicieran ascensos que podían tildarse de políticos pero tenían que hacerse; una provocó una discusión con Gabeiras y la otra con Ascanio; decidí la primera vez no ascender a teniente general a Juste, que según Gabeiras debía ser ascendido. En la segunda ocasión, en la Marina, tuve que discutir con Ascanio porque me proponían tres nombres para ascender a almirante; unos ascensos que, aunque merecidos, resultaban imposibles porque entonces no ascendería Liberal, que lo merecía y le correspondía por antigüedad... Eso yo no podía admitirlo, porque Liberal era un hombre validísimo y su conocimiento de los tratados hispanoamericanos y de cualquier asunto que yo le planteara como un problema era tan profundo que en pocas horas podía traerme un informe tan detallado que me dejaba admirado.

El primer caso fue, como he dicho, con el general Juste. Vino a mi despacho a contarme lo que había pasado el 23 de febrero; le pregunté por qué, cuando ya el general Torres Rojas había salido hacia La Coruña porque así se lo había ordenado el general Quintana, en vez de haber llamado a su capitán general como tendría que haber hecho, llamó a Zarzuela para preguntar si estaba Armada, que era, como he dicho, la consigna acordada para que la sublevación siguiera adelante; me dio una excusa que no creí. Luego, le pregunté por qué después de saber que Armada no estaba no hizo nada frente a Pardo Zancada, que le pedía que se sumara a la sublevación. El general Juste me dijo que no lo hizo porque en 1936, cuando un coronel pidió a un general que se sumara a la sublevación y éste se negó, el coronel sacó la pistola y lo mató, eso ocurrió en La Coruña...; así que no pude por menos que decirle:

—Si tú te hubieras puesto firme con Pardo Zancada, no creo que te hubiera desobedecido ni mucho menos que te hubiera pegado un tiro, la situación no era ni parecida a la del 36.

Acabó la conversación, quedé con la honda impresión de que aquel militar no podía ascender, porque un general que no cumple con su obligación y no es capaz de dar una orden a un comandante que le incita a faltar a su juramento primordial, no era hombre que debiera ser teniente general. Comuniqué al presidente del Gobierno y al rey que no debía ser ascendido, ninguno me dijo que me equivocaba.

El otro era un general que se había presentado en la boda de mi hijo Antonio; yo había decidido celebrar una boda íntima y sencilla en Sotosalvos; había pedido que nadie viniera, pero ese general vino a verme y estuvo muy amable, así que pedí un informe sobre él, que no fue bueno; me dijeron que sabían que había estado en reuniones donde se conspiraba entre los militares para presionar al rey por los atentados y otros temas.

En el primer caso, Gabeiras trató de defender a Juste; en el segundo, Ascanio intentó convencerme para que ascendiera a este general cuyo nombre prefiero no dar. Ocurrió más o menos así; el almirante jefe me dio tres nombres saltándose a Liberal, que era muy válido y un hombre extraordinario al que yo admiraba mucho por su eficacia y su vocación como marino; cuando me los trajeron dije que tenían que entender que no podía aprobar ese nombramiento porque cerraría para siempre la posibilidad de ascenso a almirante de Liberal. Le dije que le daba una hora para rehacer la lista e introducir en ella a Liberal; en la Armada se ascendía por antigüedad, no por méritos. En media hora se presentó con una nueva lista, en la que el único nombre era el de Liberal y me dijo:

Alberto Oliart conversa con Felipe González en el hemiciclo del Congreso de los Diputados. Archivo del autor.

Alberto, Carmen y su prima Inés Delgado de Torres con la tripulación del helicóptero en Extremadura (1981-1982). Archivo del autor.

Retratos del Rey con uniforme de Almirante durante la entrega de despachos a la 34.º Promoción de Diplomados en la Escuela Naval, con asistencia de Calvo-Sotelo, Alberto Oliart y altos mandos militares. © Europa Press /Contacto.

Alberto con la plana mayor de los militares: a su izquierda, José Gabeiras; a su derecha, Ignacio Alfaro Arregui (1981). Archivo del autor.

Leopoldo Calvo-Sotelo, Alberto y José Gabeiras a su izquierda; detrás Ignacio Alfaro. Funeral tras uno de los continuos atentados terroristas que ensombrecieron los primeros años ochenta. Archivo del autor.

Reunión de los ministros de Defensa en distintos gobiernos. De izquierda a derecha: Gustavo Suárez Pertierra, Alberto Oliart, Federico Trillo, Narcís Serra, Julián García Vargas y Eduardo Serra. Archivo del autor.

Escuela Naval de Guerra: entrega de despachos por el Rey el 3 de octubre de 1982. Asistieron Alberto Oliart y Calvo-Sotelo. © Europa Press /Contacto.

El rey Juan Carlos conversa con el presidente de la Corporación RTVE, Alberto Oliart, al inicio de la audiencia en el Palacio de la Zarzuela celebrada el 9 de diciembre de 2009. © Sergio Barrenechea / EFE.

Carmen y Alberto en San Rafael, Extremadura (1985-1987). Archivo del autor.

—Ministro, tienes toda la razón; me arrepiento de no haber puesto a Liberal; ha sido y es un gran marino que siempre ha defendido los intereses de la Armada.

No se lo dije, pero yo nunca hacía ascensos sin decírselo antes al rey y al presidente, iba siempre sobre seguro, y ambos me dijeron que estaban de acuerdo conmigo.

Di orden de hacer inventario de los bienes del patrimonio militar en tierra porque no sabíamos lo que teníamos; la información al respecto era muy confusa. No sé si llegó a hacerse porque en el tiempo en que estuve no tuvimos tiempo de repasarlo todo, pero sí sé que se puso en marcha seriamente.

Ordené revisar el Código Militar y modernizarlo de acuerdo con la Constitución. No podía ser que se mantuvieran los artículos que permitían la pena de muerte cuando la Constitución la había abolido expresamente. Luego, hubo que corregir las diferencias entre el Código Penal civil y el militar que había que justificar, así como especificar las competencias del Ejército. Empezó a trabajar en estas cosas una comisión y, cuando llegó Narcís Serra, se encontró que estaban terminados los trabajos.

Quise hacer un presupuesto especial, pero mientras Álvaro de Lacalle estuvo de director general no pude; cuando ascendió a teniente general, pude meter al primer civil como director de Asuntos Económicos, Jesús Palacios, que era discípulo de Barea y gran experto en presupuesto cero. Ascendí a Liberal a secretario de Estado, y nombré subsecretario a Eduardo Serra, al que saqué del INI para que se ocupara de la negociación de las compras de material.

Un día se acercó a mí un teniente general del Ejército del Aire para preguntarme si no había militares que pudieran hacer el trabajo de Eduardo Serra, y yo tuve que explicarle que lo había elegido a él para ese cargo porque Eduardo estaba muy preparado, que ya había estado conmigo en Industria y venía del INI, que hablaba inglés perfectamente y que había estado en negociaciones duras.

Esa reorganización sobre la base de dos civiles fue el principio; le dije a Manglano que aunque mientras estuviera Gabeiras no fuera posible, había que empezar a meter mujeres en Defensa y que él debía hacerlo en el Cesid; le dije que pensaba que si examinaba a la hija del general Lago le gustaría; le gustó y la contrató.

Me di cuenta de que el desplazamiento era un problema muy serio y muy caro, que había que estudiar, pero no pude crear un órgano concreto ni estaba dispuesto a hacerlo mientras estuviera Gabeiras, incluso Ascanio me puso alguna pega. Ascanio, aunque pusiera mala cara, fue encargado de estudiar, por orden mía, lo que llamamos Plan Meta. Este plan incluía lograr que en todos los almacenes del Ejército de Tierra se hiciera un inventario exacto de lo que había; descubrimos, por ejemplo, que sobraban tubos de cañón, que se compraban cada vez que Santa Bárbara estaba en problemas, o eso dijeron, aunque no me convencieron nada: ahí había negocios bajo cuerda, seguro.

Antes de dejar el ministerio creé la subdirección y al frente de ella, para que se encargara del Plan Meta, puse a un general de brigada, Íñiguez. Eso fue muy al final, firmé la orden a finales de agosto sabiendo que íbamos a ir a elecciones y a perderlas.

Había una distribución de la organización sobre el terreno de las unidades militares que más tenía que ver con la vigilancia de las grandes ciudades que con la defensa de España. Encontré en una caja fuerte secreta un documento que decía que las amenazas exteriores provenían del Magreb, citando Marruecos pero no Argelia, y que hablaba además del «enemigo interior»; le pregunté a Gabeiras, como si yo fuera tonto, quién era este enemigo, y me dijo «los anarquistas»; tuve que advertirle:

—El Ejército no se debe ocupar de eso, sino de la defensa nacional, eso es otro tema y es competencia de la Guardia Civil y la Policía, ¡a ver si empezáis a cambiar de ideas, que el 36 hace mucho que pasó!

Ése fue el único papel que encontré. Lo hice romper. Estaba escrito a máquina y nadie se responsabilizó de él.

Iba a casa de Gutiérrez Mellado siempre que podía para que me diera nombres de confianza que pudieran servirme para hacer lo que yo quería y para cambiar las cosas; yo le dije que tenía ya dos, que eran al teniente coronel de Ingenieros, José Escribano, que ascendió a coronel, y el comandante de Caballería, Jesús Bardají, que fue también ascendido a coronel cuando estaba ya enfermo.

Formé un grupo de tres asesores que me ayudarían a estudiar al personal del Ejército y el ministerio: en primer lugar, Emilio Alonso Manglano, que cuando fue director general del Cesid logró que yo no tuviera un golpe de Estado encima de mi mesa todos los días y que además daba una información veraz de las personas; el segundo asesor era Jaime Íñiguez Andrade, del que inmediatamente supe que era un líder del Ejército por lo que me había indicado un general importante tiempo antes: «Notarás que uno es un líder cuando en una reunión, un alto mando pregunte a uno de rango inferior su opinión sobre un tema militar»; el tercero era Juan Bautista Sánchez Bilbao, que en aquel momento era el jefe de las FMED.

Don Emilio Benavent, arzobispo castrense de Granada, influyó mucho en mí, como yo en él, y se convirtió en una permanente ayuda en los funerales de los asesinados por ETA. Don Emilio había hecho detenerse a un capitán de la Policía Armada y a los cincuenta policías con los que acudía a la catedral de Granada, en la que querían entrar para detener a los obreros huelguistas que se habían refugiado allí después de enfrentamientos serios con las fuerzas del orden durante los cuales habían muerto varios obreros a manos de las fuerzas armadas. Don Emilio, vestido como arzobispo que era, salió acompañado de varios clérigos, se plantó ante ellos y le dijo al teniente que mandaba la fuerza:

—Aquí no puede entrar usted.

—Señor arzobispo, no quisiera utilizar la fuerza para entrar, pero es la orden que tengo.

—Si cualquiera de ustedes entra en la catedral a la que les he prohibido entrar, quedan todos excomulgados, porque éste es mi terreno y soy yo quien elige la pena.

El capitán pidió hablar con sus superiores.

—Llame y diga que estoy dispuesto a hablar con ellos, y dígales también que examinaré, en el caso de que ustedes entren, si puedo excomulgarles a ellos también.

Se fueron. Los obreros pudieron parlamentar.

Me enteré de que se publicaba una revista llamada *Reconquista,* y de que en torno a ella había un grupo de tres oficiales: el coronel de Aviación Fernando Alcázar y los tenientes coroneles de Infantería Enrique Campiña y Eduardo Fuentes, apodado «Napo». En esa revista, según me contó Manolo Monzón, se reunían militares católicos que juraban con el sable desenvainado y puesto ante el altar defender a España y la religión católica hasta la muerte. Y rezaban. Cuando llamé a don Emilio, le dije:

—Lo siento, porque no quisiera hablar con usted por el tema por el que le llamo, pero estos señores que están alrededor de usted y de la revista *Reconquista* están conspirando a favor de los detenidos y de los que están procesados por el 23-F y esto es muy grave; no quiero tener que procesarlos a ellos también, porque usted está por medio.

—Pero hombre, si son unos católicos creyentes.

Le conté que yo no era creyente y a partir de ese momento mantuvimos innumerables e interesantes conversaciones y creció entre ambos una amistad que duró hasta la muerte de monseñor.

—No soy creyente, pero tengo gran respeto por los temas religiosos y comprendo a las personas que creen; yo he tenido mucha fe, pero dejé de tenerla cuando estudiaba, iba de camino al colegio y veía niños que pasaban hambre..., claro, llegaba siempre sin el bocadillo que mi madre me había preparado; el hambre de esos niños me quitó la fe, don Emilio.

Llegué a tener por él admiración profunda por su actuación tras el atentado que hubo en mayo de 1981 contra el teniente general Joaquín Valenzuela, del que se salvó, pero en el que murieron el escolta, el chófer y el ayudante. El teniente coronel quedó sordo tras el atentado.

Llamé al presidente del Gobierno para decirle que estaba en el hospital de la Princesa, que había ido a ver al superviviente; él me dijo que también quería acudir. Entramos en el hospital con cierta dificultad, la escolta del presidente tuvo que protegernos, porque había mucha gente gritando contra nosotros: «¡Este Gobierno no sabe gobernar!», «¡Etarras al paredón!». Nos insultaron mucho, sobre todo las mujeres; subimos a la habitación donde estaba ingresado el teniente general y allí nos recibió su mujer, que nos dijo que Valenzuela quería darnos la mano, que no podía hablar mucho y que tampoco nos iba a poder escuchar porque se había quedado sordo, yo comenté que conocía el lenguaje de signos, que había estudiado. El teniente general nos dio la mano, le obligamos a permanecer en la cama; su gran pesadumbre era haber sabido que sus acompañantes habían muerto: el teniente coronel Guillermo Tevar Seco, ayudante de Valenzuela, el suboficial de escolta Antonio Noguera García, y el soldado conductor Manuel Rodríguez Taboada. A la salida me encontré con un comandante de la Policía paseando nervioso delante de la puerta; allí estaban mis escoltas y los del presidente, nerviosos ante los gritos de la gente y allí también parte de la Policía Armada, inmutable. Le dije al policía militar que debía hacer algo para que la gente dejara libre la acera y nosotros pudiéramos acceder a los coches, me miró y preguntó:

—¿Qué quiere que haga, que me líe a tiros con esa gente?

Me enfadé, porque vi que estaba más inclinado a favorecer el escándalo que a preocuparse de nosotros, así que le miré seriamente y le dije:

—Mire, comandante, llevo un revólver en el bolsillo, no me haga sacarlo; si esa muchedumbre sigue avanzando, dispararé, pero a lo mejor el primer tiro es para usted.

Se quedó mirándome con cara de asombro:

—¡Pero, ministro, ¿qué dice?!

—Lo que ha oído, lo he dicho claro. Dé inmediatamente la orden de que nos dejen pasar, porque de lo contrario está usted en sedición y yo voy a defender al presidente del Gobierno, que debe poder salir de aquí tranquilamente.

Ese comandante comenzó a dar órdenes para que la Policía retirara a la gente que se arremolinaba en la calle, para que los coches oficiales pudieran avanzar y para que pudiéramos entrar en ellos. Salimos sin más problemas.

Fui después al funeral de los tres asesinados; llegué, vi a los militares con gesto contraído y descompuesto, me presenté y les dije:

—Señores, ahora vamos a oír la misa por los que han muerto, no quiero oír ni un susurro.

Me puse el primero, donde me correspondía, detrás de mí estaban todos los militares, unos doce o quince. Yo les oía mascullar, pero nada más. Don Emilio hizo la homilía, y ¡cómo habló! Del significado de la muerte, de morir en un atentado y de cómo ser militar; nos habló de la paz que habían ganado muriendo así. Me quedé impresionado al escuchar esa homilía, que no habiendo sido larga contenía tal hondura que provocó el silencio más absoluto detrás de mí. Acabaron los murmullos.

Al salir yo, dos militares, no recuerdo su rango, dijeron: «Ésta es la democracia negra», me volví a mirarles y les interpelé:

—Soy el ministro de Defensa y les voy a decir algo que ustedes van a tener que comprender; que ustedes protesten de la democracia y que estén dispuestos a decirlo es exactamente lo que quiere ETA; todos estos asesinatos que están cometiendo pretenden provocar la sublevación del Ejército y por la doctrina de acción reacción, que espero que ustedes ya conozcan y que es el lema de la ETA, cada reacción que tengamos de ese tipo hará que sus acciones sean más exitosas y encuentren más partidarios en el País Vasco y otras partes de España. Señores, a ver si se dan cuenta de lo que existe en la realidad de este país; que ustedes llevan todos uniforme y es muy fácil ponerles de acuerdo, pero hay mucha gente que no olvida el pasado, unos a favor y otros en contra de ustedes y con esto juega ETA. Cada vez que ustedes protestan por la muerte de un militar están haciendo el juego que ETA quiere que jueguen. Espero que, sabiendo esto, dejen de hacer este tipo de comentarios.

Se cuadraron y me dijeron:

—Ministro, comprenda cómo estamos...

—Claro que lo entiendo, pero también yo tengo que aguantarme, ¿o creen ustedes que a mí esto no me importa? Puede que me importe más que a ustedes, porque respondo por el Ejército y estoy amenazado y para mí esto es un ataque a mi gente.

Felicité a don Emilio por su homilía.

—A ver qué hace usted con mis chicos de la revista —me comentó, y le dije que ya lo había decidido.

—Usted les va a decir que me llamen o que vengan a mi casa, que les espero a los tres, si pueden, esta tarde a las ocho para entrevistarnos.

Don Emilio me dijo que no eran peligrosos, que eran buenos militares y muy católicos y le dije que me parecía muy bien, pero que como ministro de Defensa no podía permitir que hubiera tres jefes conspirando continuamente para ayudar a los detenidos por un golpe de Estado.

Don Emilio Benavent ofició los funerales de mis dos hijos y llegó a tener una entrañable relación conmigo y con toda mi familia; cada vez que cualquiera de mis hijas o mi hijo Alberto le veían, le daban un beso, fueran cuales fueran las creencias de ellos en aquella época turbulenta, y mi hijo Antonio estuvo hablando con él por teléfono el mismo día que murió. Cuando venía a comer, que si estaba en Madrid era todas las semanas, le llevaba siempre un ramo de rosas a Carmen y yo no dejaba que se empezara la comida sin que él hubiera bendecido la mesa.

La misma tarde del día en que yo hablé con don Emilio para pedirle que se comunicara con los del Colectivo Almendros, llegaron los tres a mi casa: el coronel Fernando Alcázar, y los tenientes coroneles Eduardo Fuentes el Napo y Enrique Campiña. Aparecieron vestidos de uniforme, me saludaron militarmente y les dije que aquello era una reunión privada y en mi casa, que no hacían falta protocolos. Se sentaron en el tresillo y yo en un sofá; les ofrecimos de beber y comer. Tomaron café y vino con algo para picar.

Les dije que sabía que estaban conspirando continuamente. Estaban siendo vigilados y, aunque no quisiera, iba a tenerles que procesar si aquellas conspiraciones no terminaban. Les pedí que pensaran en sus carreras y que el juicio iba a ser justo:

—Tejero me parece un poco extravagante por no decir otra cosa; realmente me sorprendió enterarme de que no puede tener la Cruz de San Hermenegildo porque no se han eliminado todas sus faltas, porque no ha terminado el plazo para eliminarlas, que saben ustedes que es de unos años..., por lo visto, ese hombre se ha pasado desobedeciendo en sedición permanente desde que es teniente, es curioso, y como lo sé se lo digo a ustedes. Por otra parte, yo comprendo que ustedes sean amigos de Pardo Zancada, lo comprendo muy bien, también yo soy amigo de gente que piensa muy distinto a mí, pero es verdad que no quisiera procesarles a ustedes, también es verdad que lo voy a hacer si siguen conspirando para sacar a este del aprieto o para cualquier otra cosa. De manera que díganme ustedes qué hacemos, quizá podamos arreglarlo amistosamente entre nosotros. Aquí no soy el ministro, sino Alberto Oliart, pero soy ministro en cuanto salga a la calle y actuaré como tal si no llegamos a un acuerdo.

Entonces habló uno de ellos:

—Comprenda usted, ministro, ya sabemos cómo es usted, he oído cosas muy buenas de don Emilio Benavent y otros compañeros, pero son nuestros amigos los que están detenidos, ¿cómo quiere que no nos preocupemos por ellos? Y ¡claro que nos gustaría que salieran todos absueltos!

—Miren, yo todo eso puedo comprenderlo, pero no puede ser que para eso conspiren, que vayan publicando artículos por si les pueden favorecer, o que tengan con ellos reuniones secretas en la cárcel, porque uno puede ir a ver a sus amigos a prisión, pero no es admisible que salgan ustedes de allí con encargos e instrucciones para intentar sacarlos, eso sí que no, así que tendré que prohibir las reuniones; están ustedes fastidiando a sus compañeros más que a mí. De verdad piensan ustedes como niños.

—Intentaremos llegar a un acuerdo con usted. ¿Qué podemos hacer?

—Podéis dejar de conspirar, para eso tendréis que advertirles a ellos de que están ustedes vigilados; yo deseo que ustedes puedan ascender, pero para eso es preciso que dejen de conspirar. Les hablo así porque me ha dicho don Emilio que son ustedes muy buenas personas. He tenido que ir a la cárcel a ver a mis propios amigos y entiendo muy bien la posición en la que están ustedes, así que no voy a prohibirles que vayan a verles a prisión, pero no permitiré que acepten encargos de ellos para conspirar.

La entrevista terminó ahí. Me estrecharon la mano y se despidieron diciéndome que Pardo Zancada era un amigo. Yo les emplacé a vernos más veces y uno me preguntó:

—¿Me disculpa que me adelante? Podríamos la próxima vez vernos en casa de uno de nosotros y podrían venir nuestras mujeres y don Emilio.

—Muy bien —les dije—. Me encantará ver a don Emilio, le estoy tomando verdadero cariño después de oírle en varias homilías. Ustedes tienen que pensar que tenemos un enemigo muy importante en ETA y dejaremos de tenerlo cuando el pueblo vasco nos dé la razón a nosotros y no a ellos; mientras, solo puedo decir una cosa: somos más y venceremos, pero no debemos perder la calma como la han perdido ustedes con el proceso del 23-F.

Pocos días después quedamos en casa del coronel Alcázar. Le dije a Carmen que fuera ella por su cuenta porque yo estaba ocupado en el ministerio. En la casa estaban las tres mujeres, los tres militares y don Emilio. Me abrió el teniente coronel al que llamaban Napo; al entrar oí música y me encontré a Carmen bailando con uno de los militares. Resultado de aquello, don Emilio dijo: «Yo he venido a cosas serias, pero me encanta verla bailar». «Monseñor, si quiere puedo bailar con usted», le dijo Carmen. «Gracias, Carmen, pero no bailo.»

El nombramiento de Benavent fue uno de los grandes aciertos de Gutiérrez Mellado. La conspiración terminó. Los conspiradores, por supuesto, mantuvieron sus ideas.

Quiero recordar en este momento, aunque sea muy doloroso para mí, que en el funeral por mi hijo Alberto, siendo yo ministro en funciones, la mitad del templo estaba ocupada por militares; a algunos los conocía mucho y tuve la alegría de ver que estaban estos tres; tuve la satisfacción de ver al Napo y a

Enrique Campiña ya como coroneles. También estuvieron presentes muchos altos mandos y ordenanzas del ministerio, escoltas, todos mis ayudantes.

Antes de que yo dejara de ser ministro, monseñor Benavent me pidió que le jubilara como general de división. Había visitado al papa Juan Pablo II y éste le había dicho que le gustaba mucho España porque nuestra situación era parecida a la de Polonia en lo que se refiere a la lucha contra los ateos y no creyentes; don Emilio tuvo que explicarle:

—Santidad, siento decirle que España ya no es eso, la revolución de ideas en materia sexual y en otros temas como la admisión del divorcio es tan grande que me temo que hay ya gran diferencia entre Polonia y la España en la que yo soy arzobispo.

Por otra parte, conociendo la pobreza en la que vivían algunas familias numerosas de los soldados y oficiales a los que visitaba, no podía prohibirles que utilizasen métodos anticonceptivos. Por eso, me pidió que le jubilara. Carmen y yo fuimos a verle una última vez cuando estaba muy enfermo y nos recibió emocionado. Yo ya no era ministro ni me dedicaba a la política.

7
Proceso y juicio del 23-F

El 24 de febrero de 1981 comenzó la instrucción por el intento de golpe de Estado que terminó en julio de 1981. En agosto o septiembre se inició la fase del plenario: nuevas diligencias con declaraciones de testigos que terminó el 27 de enero de 1982. El juicio se inició en Campamento a las diez y diez del 19 de febrero de 1982 y terminó el 24 de mayo (el 23 de febrero de 1982, en pleno juicio, la mayoría de los treinta y tres procesados se negaron a comparecer en la sala).

La instrucción sumarial (febrero de 1981)

El juicio del 23-F se inició realmente con la instrucción del sumario; por orden del entonces presidente en funciones Adolfo Suárez y el ministro Rodríguez Sahagún, se nombró al juez instructor José María García Escudero y al día siguiente se iniciaron las diligencias. Tomaron enseguida las primeras declaraciones del teniente coronel Tejero, que estaba, como Milans del Bosch, detenido.

El 27 de febrero me nombraron ministro y entré en el ministerio cuando estaba ya arrestado también el general Alfonso Armada, al que se pudo detener por las declaraciones que Tejero había hecho. Las detalladas declaraciones de Tejero fueron la base para la imputación y procesamiento de los generales y oficiales que fueron procesados.

No quiero continuar sin hablar del ambiente que se formó en torno al juicio en los medios de comunicación. Los procesados mostraron dentro de la sala del juicio actitudes curiosas que llamaban mucho la atención de los medios; además, los procesados tenían, tanto en Madrid como en otras partes de España, redes de comunicación con grupos organizados de civiles y militares dispuestos a apoyar a los sublevados y a ser posible, no solo convertir aquel juicio en un proceso político contra las instituciones democráticas y la Constitución, sino además hacerlo planteando la sospecha de que los sublevados habían infringido la ley en la convicción de que el rey estaba de acuerdo con el intento de golpe de Estado. Estos grupos de apoyo a los sublevados se hacían también eco en los medios de manera más o menos explícita pero permanente durante el desarrollo del proceso hasta que recayó la sentencia un año y cuatro meses después, el 3 de junio de 1982.

En el Gobierno recién estrenado, el presidente Calvo-Sotelo había organizado unas reuniones semanales con un grupo de ministros durante una hora o una hora y media; nos advirtió de que nos había invitado a nosotros por el ministerio que cada uno ocupaba. En mi recuerdo, el grupo estaba conformado por Rodolfo Martín Villa, vicepresidente político, Paco Fernández Ordóñez, ministro de Justicia; como ministro de Economía, Juan Antonio García Díez; el ministro de Presidencia, Pío Cabanillas; de Exteriores, Pérez-Llorca; de Interior, Juan José Rosón; el ministro de Hacienda, Jaime García Añoveros; y yo como ministro de Defensa.

Respecto al proceso del 23-F, enseguida hablamos de que tenía que celebrarse pronto el juicio y la sentencia recaer lo antes posible, si podía ser antes del verano; les advertí que no era fácil dado que cada encausado iba a nombrar un abogado distinto y que además todos ellos actuarían durante el juicio no solo en defensa de los imputados, sino también con la común intención de convertir las sesiones en un juicio político a la instituciones democráticas y de hacerlo difícilmente realizable; les advertí que podían llegar incluso más lejos, seguramente pretendían levantar nuevas sospechas en torno a actuaciones concretas de los que no estaban aún imputados; dije que de todos modos haría lo posible por acelerar la sentencia.

En el primer consejillo ya dije que podían imaginar la situación psicológica que había quedado en el Ejército de Tierra, especialmente entre generales, jefes y oficiales y que la situación política tras el 23-F no nos era favorable; les dije que debíamos intentar una alianza con el PSOE, que no desechaba tampoco la posibilidad de formar un Gobierno de coalición con el mismo partido; les dije que debíamos pensar también en acoger dentro de nuestro Gobierno a los miembros de AP que tras la intentona de golpe se habían mostrado dispuestos a sumarse a él bajo la presidencia de Leopoldo; se habían presentado algunos monárquicos como José María de Areilza, Antonio de Senillosa y otros como Alfonso Osorio para entrar en el Gobierno con el grupo que presidía Leopoldo. Como siempre, mi propuesta de Gobierno de coalición abierto a izquierda y derecha fue rechazada; todavía recuerdo perfectamente que Martín Villa, que habló inmediatamente después de mí, dijo: «Eso significaría perder las próximas elecciones». Creo que insistí diciendo que no iba a sernos fácil ganarlas si permanecíamos aislados. El recuerdo que me queda del silencio o expresión de los ministros, de acuerdo con Martín Villa, solo tiene una nota diferencial, Paco Fernández Ordóñez, que nos advirtió de que debíamos darnos cuenta de que la etapa política que teníamos por delante iba a ser muy dura.

Casi desde el principio tuve la intuición de que existía entre los procesados y el exterior una relación continua y permanente que se había formado a partir de las visitas de amigos y familiares a las que los presos tenían derecho; a medida que fueron pasando los meses, esa intuición se hizo en mí más sólida. Estaba seguro de que esas comunicaciones habían ocasionado la organización de grupos de hombres y mujeres civiles y militares en el exterior que iban a actuar de distintas maneras para favorecer a los procesados, pero no solo eso, existía la posibilidad de que esta misma red actuara también para llevar a las Fuerzas Armadas, sobre todo al Ejército de Tierra, de donde provenían casi todos los procesados (salvo el coronel de Infantería de Marina que se había presentado con Tejero en el Congreso), a querer dar un nuevo golpe de Estado, esta vez definitivo. Algunos meses después, yo ya tenía a través del nuevo Cesid, organizado por el teniente coronel Alonso Manglano, la noticia de que de forma persistente y a cualquier hora del día y de la noche, hombres y mujeres en Madrid llamaban a algunos generales y a sus mujeres para intentar convencerles de que se dispusieran de nuevo a acabar con una Constitución que estaba acabando con la España del régimen anterior, que según ellos se había construido en paz y orden. Según los propios oficiales, los que les llamaban llegaron a hacerles la vida imposible con insultos y amenazas; alguno de estos casos salió en los juicios.

El jefe en el Cesid de la Unidad de Vigilancia de la Involución estaba preocupado no ya por los generales, sino por unos jóvenes capitanes que no ocultaban su desafección a la democracia y no tenían problemas en afirmar su deseo de que los objetivos e ideas que, según ellos, habían presidido el 23-F llegaran a triunfar y que el mando del Gobierno democrático fuera sustituido por otro dispuesto a realizar la transformación de la Constitución.

Hablé con el presidente del Consejo del Poder Judicial, Federico Carlos Sainz de Robles, para decirle que creía que para el juicio había que nombrar a dos o tres jueces que pudieran sustituirse para agilizar los procesos cuando el órgano jurídico del Ministerio de Defensa tuviera que dirigirse a cualquier hora al juez que fuera pertinente (de acuerdo con la hora) y pedirle permiso para realizar escuchas u obtener otras órdenes judiciales. Convencido el presidente de las razones que yo le expuse, nombró un magistrado especialmente encargado de conceder las órdenes judiciales que nos fueran pertinentes para el juicio y que tenía la facultad de delegar en otro juez en el caso de que fuera de noche y tuviera que sustituirlo a él. A partir de entonces se nombró a tres personas en el Cesid que se pondrían en comunicación con quien correspondiera según la hora del día y pudimos tener escuchas generalizadas, gracias al sistema de barrido de ondas, que era el que se utilizaba entonces. En la mayoría de las escuchas aparecían personas de primera línea: civiles que hablaban con otros civiles o con militares; pudimos escuchar al exministro franquista José Antonio Girón en su convicción de que suponía un grave error para España y los españoles haber ido a elecciones libres con partidos de izquierdas como el comunista o el socialista. Otros, como Utrera Molina, expresaban también sus opiniones antidemocráticas. Era difícil que manifestaciones privadas como éstas tuvieran consecuencias jurídicas y procesales, pues Girón o Utrera Molina no tenían problema en expresarlas también en público. Yo había dado orden de que todo lo que se fuera sabiendo se comunicara inmediatamente al Ministerio del Interior. La campaña desarrollada por hombres y mujeres que escandalizaban, asustaban, amenazaban e insultaban a los generales que no se habían unido al golpe y a sus mujeres, fue muy dañina; la presión ejercida fue tal que el general Vega dimitió de su puesto como jefe del Ejército de Tierra y el general jefe de la enseñanza militar, Marcelo Aramendi, se suicidó. Estoy convencido de que no había jefe militar ni esposa que no recibiera ese tipo de llamadas; ocurría, eso sí, que muchas de las mujeres de los altos mandos militares de los tres Ejércitos eran más falangistas y se oponían más a los cambios que los que las llamaban por teléfono, así que en algunos casos resultaban inútiles.

Primera etapa del juicio

Fue en esa etapa cuando, viendo cómo podía contentar a las peticiones que me habían hecho de obtener brevedad en el proceso, me reuní con los miembros que componían el Tribunal Superior Militar, que tenían que instruir el procedimiento cuando éste se iniciara en sesión plenaria y juicio abierto. Pensé que cualquier abogado apreciaba la economía procesal y que ésta aumentaría notablemente si escindíamos los juicios en cuanto a los imputados. Los altos letrados de los cuerpos jurídicos, uno creo que de Aire y otro de Tierra, se opusieron rotundamente a separar el proceso de los tenientes y los demás oficiales. Mantener un solo juicio para todos los procesados haría que éste se alargara. Los que conspiraban a favor de los procesados y con ellos, como estos letrados, creían que si el juicio duraba mucho, en proporción directa crecerían las probabilidades de que se generalizaran las opiniones en contra del juicio, del sistema democrático e incluso de la Constitución. Esta etapa duró hasta principios del otoño de 1981. Desde el verano, conocíamos los movimientos de los antidemócratas; llevábamos la iniciativa y pudimos parar los golpes que organizaban.

Sería a finales de septiembre o principios de octubre cuando, ya prácticamente terminada la instrucción del sumario y fallados los recursos de los defensores, me visitó el teniente general de Canarias González del Yerro, al que le faltaba poco para jubilarse. Tras habernos saludado, de entrada, me dijo:

—Ministro, ¿no creerá que este proceso se va a celebrar?

Ante una frase con tal carga de contenido, tan grande y grave, le contesté:

—Mire, general, mientras yo esté sentado en esta silla se celebrará este proceso hasta el final, hasta obtener una sentencia ajustada a la ley y a la justicia, pronunciada con estudio y sin ira. Sepa, general, que yo llevo siempre un revólver en el bolsillo; naturalmente, si tú entras en este despacho con unos cuantos soldados para echarme, no voy a sacar el revólver contra ninguno de ustedes, ni contra nadie que vista el uniforme del Ejército español.

Cambiando completamente de tono, replicó:

—Por Dios, ministro, yo no pretendía decir nada que tú pudieras interpretar para contestarme como lo has hecho, yo comprendo que la ley debe aplicarse, quería decir que el juicio va a tener tantas dificultades que veo difícil que llegue al final sin que se produzcan sucesos e incidentes que no quisiera yo que se produjeran.

—Si lo que has querido decir es eso, te insisto en que repitas lo mismo que te he dicho, que mientras yo esté sentado aquí como ministro de Defensa, ese proceso seguirá adelante hasta su terminación con una sentencia que pido que sea justa.

Segunda etapa del juicio

Fue sorprendente el comportamiento de los procesados, con las únicas excepciones de Pardo Zancada, Armada y de su defensor, Ramón Hermosilla.

Empezaron entonces y duraron todo el proceso, no solo las contradicciones entre procesados, sino también los insultos en voz alta a los testigos. Hubo acusaciones del estilo de «tú estabas comprometido y te echaste atrás, eres un cobarde, un falso y ahora vienes aquí a testimoniar que estabas de acuerdo», a voz en grito; se dieron algunas disensiones entre ellos y faltas de respeto continuas al presidente del tribunal. Todo esto hizo que el mismo capitán general González del Yerro, que había llegado a decirme que no creía que se fuera a poder celebrar el juicio, viniera ahora a pedirme:

—¡Por Dios, ministro! Que se acabe esto cuanto antes porque la verdad, me cuesta decirlo pero lo tengo que decir, es que estos procesados, salvo Pardo Zancada y Armada, ¡¡¡nos están llenando de mierda!!! ¡Qué dañado va a salir el Ejército de todo esto viendo cómo se desmienten, unos dicen unas cosas y otros otras, se acusan entre sí...! Es un espectáculo desagradable, creo que voy a dejar de ir.

Yo le dije que debía seguir acudiendo a las sesiones y darme noticias de todo lo que se dijera. En España no había precedente de un juicio en el que se hubieran sentado juntos tantos altos mandos del Ejército, la categoría de jefe del Ejército iba desde comandante a coronel, y la de los altos mandos, de general de brigada a teniente general.

En la declaración que cada uno de los procesados, y a petición del juez, tuvieron que decir si se declaraban culpables o inocentes; Armada dijo que era inocente, los demás dijeron que habían obrado así en la creencia, promovida por Armada, de que el rey estaba comprometido en la intentona; solo Pardo Zancada confesó ser culpable; se levantó para decir que había infligido la ley por el bien de España, cosa que seguía pensando; que no se arrepentía de lo que había hecho y que si estuviera libre, volvería a intentarlo y admitía por tanto que le condenaran; quiso reafirmar que esa condena la recibiría como un jefe militar y se sentó.

Durante varios días recibí a varios generales que asistían a las sesiones para decirme que pasaban gran vergüenza viendo cómo se acusaban los testigos y cómo éstos se insubordinaban y se comportaban malamente (Milans del Bosch, por ejemplo, varias veces se retiró de la sala diciendo que no quería estar allí); menos mal, decían, que Pardo Zancada «ha levantado algo el honor militar haciendo lo que un militar debe hacer cuando ha hecho algo que infringe la ley ¡menos mal que está él!».

Para mí era cada vez más evidente que ese alargamiento del proceso desacreditaba de forma manifiesta a los procesados, con las excepciones de Pardo Zancada, que antes he narrado, Armada, que permanecía en silencio y seguía diciendo que él no había participado en nada, que era inocente, y de su defensor, que no actuaba como los otros abogados y procuraba dejar muy claro todo el tiempo que el rey no había participado. Los demás estaban favoreciendo que creciera entre la mayoría de los jefes y altos mandos del Ejército la vergüenza por lo que había pasado la noche del 23 de febrero; quedaban algunos que no pensaban así, claro, lo que más preocupaba al teniente coronel Bastos, de la Unidad de Involución del Cesid, era que aunque el ambiente del golpe se iba diluyendo, había algunos jóvenes capitanes, entre ellos el hijo del general Milans de Bosch, que seguían defendiendo a los golpistas activamente. Pero en general las cosas no eran tan desfavorables para nosotros; así se lo dije, como le dije todo lo demás, al presidente del Gobierno en la reunión pequeña que celebrábamos cada semana y que luego se convirtió en una especie de «Consejo de urgencia».

Por aquella época tuvimos que cambiar a más de uno del Tribunal, en algún caso ellos mismos eran los que pedían ser sustituidos porque les tocaba ascender o querían cambiar de destino.

En cada sustitución y en cada nombramiento de alguien que se incorporaba como letrado militar, empezaron los defensores a interponer querellas criminales ante el Supremo contra mí por motivo de alguna declaración pública mía o por algún cambio que tuve que hacer; al final del juicio y antes de la sentencia había sumado nueve querellas criminales. Nada más llegar una, aparecía en mi despacho Jesús del Olmo para contármelo; yo le decía: «Mira, comandante, no voy ni a leerla, que se haga cargo el general jefe del Gabinete Jurídico, vosotros me defendéis y si el Tribunal Supremo me condena y voy a la cárcel espero que me llevéis bocadillos y, por favor, pasad por casa para que me pongan una loncha de jamón ibérico del bueno, de cerdo del que se cría en la finca de mis tatarabuelos; con eso estaré más tranquilo y comeré bien». No miré ninguna.

En el mes de diciembre ya habían empezado los contactos con el general De Diego, que era consejero de Justicia Militar. Este había hecho la guerra del lado de los sublevados, como tantos otros; después fue gobernador civil de Zaragoza nombrado por Franco. Supe que como el teniente coronel Alonso Manglano, como jefe del Cesid, conocía a mucha gente, tomó contacto con De Diego y este le empezó a contar muchas cosas de las que estaban ocurriendo en las deliberaciones dentro del Consejo Judicial que juzgaba a los imputados por el 23-F; cuando me lo contó Manglano, le pedí que empezáramos a reunirnos periódicamente con De Diego para que nos informara de la marcha del juicio; entonces me enteré de que De Diego había pertenecido al Servicio de Inteligencia desde antes de la democracia.

Nos reuníamos para este propósito en un espacio construido casi enfrente del Ministerio del Interior, entonces sede de Rosón; para acceder a él, había que pasar por el medio del restaurante Jockey, considerado entonces uno de los mejores de Europa; llamaba la atención aquella construcción, que daba a un jardín interno y quedaba muy cerca de la antigua Presidencia del Gobierno; pensé la primera vez que fui que su posición entre ésta y el Ministerio del Interior probablemente no era casual. En esa primera reunión, De Diego me dijo desde el primer momento:

—Yo he sido franquista, pero Franco murió y nos dio orden explícita en su testamento, que leyó Arias Navarro, de que nos pusiéramos a las órdenes del rey y que le sirviéramos con la misma lealtad con que le habíamos servido a él. Y yo no solo he servido con lealtad al rey, sino que además he llegado a comprender, viendo cómo se han desarrollado las cosas, que la transición a una democracia con elecciones libres y la consecución de una Constitución eran necesarias para acercar España a Europa. Por lo tanto le informaré con el máximo secreto; y aquello de lo que no pueda informarle directamente por las obligaciones que por su cargo tiene, se lo diré a Alonso Manglano para que se lo traslade a usted.

Después, hizo una descripción de lo que pensaban todos los consejeros y del comportamiento del general Álvarez. Me dijo que los dos consejeros letrados, uno de Aire y otro de Tierra, buscaban favorecer en lo que podían a los sublevados buscando atenuantes o eximentes, pero que si él o alguno de los que componían el Consejo les llevaban la contraria y les mostraban las pruebas y declaraciones de Tejero, parece que enseguida decían querer también saber de verdad qué había pasado el 23 de febrero y que alguno de ellos decía entonces: «Yo recibí la orden de entrar en el Congreso y eso es lo que hice, logré llevar allí una tropa de un centenar de guardias civiles pero aún no sé qué se proponían los que me lo pidieron».

En esa primera cena, cuando llegó De Diego, nos saludamos y antes de empezar la conversación sobre el 23-F, le dije que había venido Gabeiras a hablarme de un general de Artillería, haciendo de él muchos halagos y diciéndome que era muy leal al rey y que trabajaba muy bien; por las alabanzas que de él me había hecho Gabeiras, lo hemos nombrado para sustituir en el Consejo Judicial Superior del Ejército a un general que se ha jubilado. Me dijo:

—Siento tener que decirle que ese general, nada más llegar a su nuevo cargo, nos reunió a unos cuantos para decirnos que no podíamos seguir adelante con el proceso sabiendo que los procesados no se habían sublevado, porque actuaban en la creencia de estar haciendo lo que el rey quería que hicieran y era evidente que habían actuado movidos por su patriotismo...

—No sigas —le dije—. Mañana lo cambio; ahora ayudadme a ver quién le puede suceder. Os diré que esto me costará una querella, pero ya llevo muchas...

Al principio del otoño entró en mi despacho un alborotado Rosón hablando alto y muy fuerte; le invité a sentarse y me dijo que prefería quedarse de pie, yo me senté.

—Creo que en este momento no puedes ser débil de ninguna manera. Has llegado aquí en un momento en que parte del Ejército se ha sublevado; al Ministerio de Interior nos han llegado noticias de que algunos visitan a los procesados y hablan entre sí conspirando otra vez; se está creando un ambiente que favorece que esto pueda volver a saltar por los aires; tienes que hacer lo que yo he hecho con la Guardia Civil: que los generales, tenientes, brigadas, coroneles..., todos, juren lealtad a la Constitución y al rey; tenemos que reafirmar que aunque sean militares dependen del Gobierno civil y que aquí mandamos nosotros.

Cuando Rosón acabó de gritarme, me quedé mirándolo y pensando que había venido para medir mi presunta debilidad, de la que algunos periodistas hablaban; decían que no sabía poner firmes a los militares. Supe entonces de dónde procedían esas noticias, porque sabía que una de las ventajas de tener a Rosón cerca era precisamente cómo manejaba la cuestión de las noticias, porque tenía periodistas pagados con los «fondos de reptiles», como se llama a ciertos fondos secretos, que daban las noticias como a él le convenía e información privilegiada cuando le interesaba, como ocurrió con la filtración a la prensa de una lista en la que aparecían los nombres de los involucionistas, que en un momento dado me dio Felipe González y de la que tenía copia también el presidente del Gobierno. Cuando se filtró, Calvo-Sotelo me llamó inmediatamente y coincidimos en que solo podía haberla filtrado Rosón. En el Consejo de Ministros, yo seguía siendo poco popular; no les gustaba mi planteamiento como política militar de un objetivo muy preciso: que nadie creyera que durante el juicio se estaba haciendo política.

Cuando se hubo tranquilizado, le dije a Rosón que tenía yo también un jefe de gabinete franquista, Liberal, y que aunque yo no lo fuera, comprendía que mi gabinete y mis ayudantes no podían ser más gratos ni estar más satisfechos con el almirante Liberal, ejemplo además de lealtad, veracidad y seriedad. Le dije que generales que pensaban totalmente distinto a mí me respetaban como yo a ellos y que no me parecía adecuado que se acercara a mí con ese tipo de comentarios.

No me cabe duda de que de esa reunión tuvieron noticia los azules, que debieron entonces declararme la guerra. Había tres ministros azules: Martín Villa, Rosón y Pío Cabanillas (que a tiempo desembarcó de todo viéndose venir el cambio), que estaban dentro de lo que el entonces general en jefe de la Guardia Civil Aramburu Topete llamaba el Grupo G del Movimiento Nacional; había en ese grupo algunos más. Los tenía en mi contra, comprendí, en parte debido a una reunión que había celebrado en mi casa y a la que había invitado a democristianos, liberales, independientes y socialdemócratas de UCD, pero no a los azules; fue una copa con 18 o 19 personas. Dejé fuera a los azules a propósito, quizá equivocándome, porque la verdad es que habían tenido un importante papel en la llegada de la democracia. Los invité en un intento por fortalecer la política del partido, porque pensaba que para apoyar a Leopoldo, que yo creía que podía ser un buen líder, teníamos que lograr mayor compenetración entre los grupos que le apoyaban. No funcionó.

Asalto al Banco Central en Barcelona

Por sorpresa nos pilló a todos, también a la Unidad Especial de Involución del Cesid, lo que ocurrió la mañana del 23 de mayo de 1981 en Barcelona. En la Rambla, el Banco Central de Barcelona estaba lleno de clientes, había en torno a trescientos; entraron entre doce y quince atracadores (según los medios eran once), con armas dispares, sobre todo pistolas y fusiles, gritando que aquello era un secuestro; obligaron a las personas que allí había a tirarse al suelo, desarmaron a los vigilantes, sacaron de sus puestos a los trabajadores del banco, subieron al primer piso e hicieron bajar al director. A alguno le dio tiempo de tocar la alarma o alguien desde fuera se dio cuenta y avisó, la cuestión es que al poco tiempo el edificio estaba rodeado de Policía Armada y la Policía Local.

Tras reunirme con Gabeiras y gente de mi gabinete, comuniqué que debían estar preparadas las tropas de las compañías de Pedralbes para actuar si fuera preciso. El Cuerpo Nacional de Policía destacó hasta el mismo edificio a dos policías con experiencia en negociaciones en casos de secuestros. Nos pasamos el día esperando sin éxito noticias del interior. Hablé con Manglano por si alguien del Cesid en Barcelona podía informarnos; mis comunicaciones con el presidente, con el rey y con el ministro del Interior eran continuas. A primera hora de la tarde supimos que los secuestradores pedían un avión en el aeropuerto del Prat para llevarles donde ellos dijeran y además querían dos autobuses porque se iban a ir con rehenes al aeropuerto; exigían que no hubiera policía en el aeropuerto; si la había, dijeron, matarían a alguno de los rehenes. La posible negociación estaba tomando mal cariz. Habían liberado a algunos rehenes, quizá para que contaran lo que habían visto, y éstos explicaron que los asaltantes llevaban pasamontañas y rodeaban al que parecía el cabecilla; que parecían formar parte de un cuerpo militar por su forma de actuar, de hablar y de moverse; el rumor más persistente apuntaba a que eran guardias civiles.

A mediodía se acercaron algunos vehículos de la Cruz Roja con sándwiches y refrescos para los que estaban dentro. Los asaltantes admitieron la entrada de dos personas de la Cruz Roja con comida y bebida. Dejaron salir a una persona porque había sufrido una angina de pecho; la Cruz Roja se pudo hacer cargo del caso. El hombre, que fue llevado al hospital con un amago de infarto, pudo contar que los asaltantes habían separado a hombres y mujeres y que les dejaban ir al servicio, pero que la situación era muy grave.

A las cinco de la tarde, el presidente convocó una reunión del gabinete de crisis del que yo formaba parte. Rosón nos dijo que había desplazado a Barcelona una unidad de los GEO, cuerpo especial de la Policía Armada preparado para este tipo de situaciones, que habían ocupado posiciones en los edificios de enfrente del banco e incluso en los tejados; algunos agentes estaban en los laterales del edificio y en las alcantarillas, de modo que el conjunto del edificio estaba rodeado por completo. La negociación seguía sin dar frutos. Antes de la reunión con Calvo-Sotelo en Consejo de urgencia, Alonso Manglano me dijo que un agente del Cesid había entrado en el banco y le había transmitido después sus impresiones: que los asaltantes no eran guardias civiles ni militares, que no lo parecían por el tipo de armamento que llevaban ni por la forma de agarrar las armas, saludar, ni comportarse en general; creía más bien que eran delincuentes que intentaban confundir la situación haciéndose pasar por militares.

En el gabinete de crisis, un Martín Villa descompuesto dijo que si eran guardias civiles había que fusilarles a todos. Yo había hablado con el director general de la Guardia Civil, Aramburu Topete, que me aseguró que en el cuerpo de Barcelona no les faltaban hombres. Sin embargo, el rumor se había extendido ya hasta los medios y para tranquilizar a los ministros tuve que explicarles lo que Manglano me había contado del agente del Cesid que había entrado. Rosón apoyó mi postura; parecía saber algo, pero no pudimos convencer a los demás.

Se acordó no ceder y seguir negociando; se les aseguró a los asaltantes que se los llevaría al aeropuerto, pero se les dijo que era difícil reunir en poco tiempo la cantidad de 300 millones de pesetas. El Banco Central pidió que se rebajara la cifra.

Fernández Ordóñez, que como era habitual no dejó de salir y entrar en el despacho aunque hubiéramos convenido que no se dijera nada, defendía que era otra intentona organizada por la extrema derecha. Estaba claro que la extrema derecha trataba de debilitar al Gobierno y provocar la intervención del Ejército, pero no lo hacían solo con respecto a la situación del Central en Barcelona, sino también pidiendo cambios en temas de política constitucional impulsaban que se generaran desórdenes con respecto al Gobierno, la Constitución, la democracia y la monarquía constitucional y parlamentaria.

Lo cierto es que los medios de comunicación decían que era la Guardia Civil; al día siguiente, el editorial de *El País* afirmó que no habría posibilidad de democracia mientras fuéramos ministros del Gobierno Rosón y yo, defendiendo como defendíamos que no eran guardias civiles cuando todo el mundo sabía que sí lo eran y que había soldados ayudándolos. Yo tenía la absoluta certeza de que no había soldados participando en el asalto. Es verdad que el hombre del Cesid que había dado testimonio de lo que había visto dentro había dicho también que la voz de uno de ellos le había recordado la de un militar paracaidista que ya no estaba en el Ejército.

A la mañana siguiente ocurrió lo que sería el principio del final del asalto. Uno de los secuestradores salió armado y utilizando a un rehén como escudo de protección; el mando de los GEO consideró la situación y dio orden de matar al secuestrador; a una distancia de más de cien metros le dispararon en la cabeza y cayó muerto al suelo.

Desde ese momento hasta el final, los policías no pudieron distinguir a unos de otros; de pronto se abrieron las puertas del banco y salieron mezclados rehenes y secuestradores. La Policía logró separar a varios de ellos; algunos eran asaltantes, así que los detuvieron.

Dada la noticia en todos los medios de esa tarde y al día siguiente de que se había tratado de vulgares ladrones, estuve esperando que *El País* rectificara la alusión a Rosón y a mí, pero no lo hicieron y cuando Monzón, que se ocupaba de la prensa en Defensa, preguntó al respecto, le contestaron que lo pensarían... Tanto lo pensaron que nunca llegaron a hacerlo.

Reuní a posteriori en el ministerio a mi gabinete y Manglano para esclarecer los hechos y llegamos a la conclusión de que la extrema derecha catalana, entre los que estaba el llamado Frente Nacional, que no aceptaba la democracia por la presencia de los sindicatos y del PCE y que habían quedado insatisfechos con el resultado del intento del 23-F, había contratado a un grupo del hampa del barrio chino barcelonés para que asaltaran el banco, asegurándoles que no les pasaría nada y que podrían quedarse el botín. El Banco Central confirmó que los que habían podido huir se habían llevado, efectivamente, dinero, pero en torno a 20.000 pesetas en lugar de los 300 millones.

Comuniqué nuestras conclusiones al presidente del Gobierno y al rey: que detrás del asalto estaba la extrema derecha catalana, pero que no teníamos pruebas, porque los detenidos decían no conocer a los organizadores del asalto, tal y como se explicó en el informe del general Bastos Urquijo.

Ese ambiente de presión del que he hablado seguía siendo permanente. Yo tenía noticia de que de pronto se repartían o lanzaban hojas a las puertas de los cuarteles que animaban a los militares a sublevarse para salvar a España. Sabíamos que en los cuartos de banderas se daban a menudo conversaciones en torno al 23-F, sobre por qué había fracasado o si el rey había o no apoyado a los golpistas al principio. Esto me obliga a volver sobre el análisis del golpe. No fue solo un golpe improvisado de Milans del Bosch, sino que también Tejero dio el suyo; supe por el Cesid de una conversación entre ambos en la que Milans del Bosch dijo a Tejero que debía ponerse a las órdenes de Armada cuando Tejero había ya echado a éste de las Cortes.

Manglano modificó la estructura del Cesid tras haber recibido mi aprobación; le hice una observación: que debía haber más mujeres. Por esas fechas empezaron a pedirme cita los jefes de los principales servicios secretos de inteligencia internacionales, incluso al final el jefe del Mossad, de Israel.

Todos me decían lo mismo: que el director de los servicios de inteligencia que yo había nombrado debía durar el mayor tiempo posible, porque si cada seis meses cambiaba, como había pasado hasta aquel momento, no les era posible llegar a desarrollar una comunicación fluida y coordinada con sus propios servicios secretos. Es verdad que anteriormente habían nombrado a un general cada seis meses, porque ninguno quería estar en ese puesto demasiado tiempo y aceptaban el cargo solo con esa condición.

El primero que me habló de ello fue el director de la CIA para Europa occidental. Cuando acabó su petición, le dije que mientras yo fuera ministro, Manglano continuaría en su puesto y que cuando cambiara el Gobierno, cosa que ya sospechaba que iba a pasar, creía que iba a tener suficientes bazas para que Manglano continuara al frente del Cesid, porque los servicios secretos eran una cuestión de Estado y no podían depender de los partidos políticos.

Vino después el director de los servicios secretos ingleses y me hizo el mismo planteamiento; una semana después vino el jefe del Deuxième Bureau francés para decirme lo mismo y que estaba encantado de despachar directamente con el teniente coronel Manglano, con el que se entendía muy bien. El jefe de los servicios alemanes también me comentó que tenía muy buena impresión de Manglano. A todos les pedí, después de ver su buena disposición, que hicieran todo el esfuerzo posible para enterarse de cómo funcionaba la organización y de quiénes eran importantes en ETA y que yo, a cambio, estaría dispuesto a continuar con el buen entendimiento entre los servicios secretos de España y los de los países que ellos representaban. Les dije que España entraría en la OTAN y en el Mercado Común y les pedí que ayudaran a que eso ocurriera lo antes posible; a la representación francesa le dije que sabíamos que tenían información detallada de los etarras que desde Francia entraban en España para cometer atentados y que nos pagaran igualmente con la moneda de la confianza. Estuvo muy amable pero no acabó de comprometerse, de lo que deduje que Francia, una vez más, vendía sus favores a cambio de que se les devolvieran comprando materiales de guerra que ellos querían.

Al final, creo que después del verano, vino a verme el director del Mossad. Manglano estuvo presente; era una reunión delicada, porque España no había reconocido a Israel, alegando que el mundo árabe estaba demasiado cerca y que reconocerlo podría comprometer la ayuda que recibía de los países del

Magreb. Yo recordaba que esa ayuda la recibían también otros países que sí habían reconocido al pueblo judío; pero me quedé solo, ni siquiera Calvo-Sotelo apoyó mi planteamiento.

No habría imaginado, si no me lo hubiera presentado Manglano, que aquel hombre era el director de los servicios secretos israelíes: era mayor, tenía pelo blanco y cara amable; luego supe que tenía cincuenta y tantos y que no era tan mayor como me había parecido. Me pidió, sobre todo, que les ayudáramos con una cosa: querían saber por qué algunos palestinos clasificados como terroristas entraban a España desde Túnez y preparaban secuestros e incluso asesinatos de israelíes prominentes que venían a España, o de miembros del colectivo judío que vivían en nuestro país. Le dije que haríamos lo que pudiéramos y más por prevenir cualquier atentado contra personas que vivieran o estuvieran aquí; como contrapartida, le pedí que nos ayudaran a recabar información sobre ETA y su organización para evitar atentados.

—Mire —me dijo—, nosotros llevamos tiempo estudiando a ETA y usted debe saber que tienen en España un problema más grave y serio del que tuvimos nosotros con el Ejército Rojo. He llegado a la conclusión de que ETA tiene una organización que, si bien tiene algo de primitiva, es de una eficacia enorme. Un terrorista en Francia no sabe quién es su enlace; puede haber una persona o un grupo de mando con las competencias repartidas al mando de un comando, que a su vez solo se conocen si se reúnen. Es una organización desordenada pero muy eficaz gracias a su descentralización; cuando ustedes cogen a una cúpula, inmediatamente ya hay otras; además, no están, por lo que sabemos, en un sitio concreto, sino que se mueven por el territorio ayudados por familiares y ciudadanos. Voy a seguir informándome todo lo que pueda al respecto, pero es dificilísimo llegar a saber lo que hace ETA.

Con el jefe de los servicios secretos italianos la conversación se desarrolló de manera parecida; ellos padecían aún las acciones de las Brigadas Rojas.

Después de una serie de graves atentados etarras en los que asesinaron a un general en San Sebastián, hirieron a un teniente coronel herido en Vitoria, escribí una orden dirigida a todos los jefes y oficiales y para que se leyera a la tropa, en la que sostenía que acabar con el terrorismo no sería fácil, que la lucha iba a ser larga, que debíamos llevarla de acuerdo con las normas de la Constitución y con la ley, que no podíamos utilizar sus métodos, que íbamos a ganar porque éramos más y que, sin embargo, ETA se terminaría en la práctica solo cuando la mayoría del pueblo vasco lo quisiera; que había que abandonar toda idea de venganza porque era la peor, era la provocación que ETA buscaba.

Cuando releo estas líneas esto ya se ha conseguido casi en su plenitud, el operativo de ETA ya no es lo que era y hace tiempo que han cesado los crímenes de sangre. Quedan pendientes asuntos por resolver por parte de los más extremistas y de aquellos que no pueden olvidar el daño que sus acciones han causado; cuándo llegará el final definitivo, no lo sé, pero ETA ya no tiene el apoyo que tuvo y ha visto que ciertos partidos han obtenido créditos electorales.

Quizá antes de escribir esa orden, en un despacho con el rey, le dije que nuestro servicio de información había sabido de un comando que había cruzado la frontera y que era muy peligroso. La información se la habían dado policías y gendarmes amigos, franceses, a algunos guardias civiles destacados en la frontera, porque se conocían bien, se veían todos los días y tomaban una copa juntos en Hendaya.

El rey decidió llamar a Giscard para pedirle los nombres del comando; descolgó el teléfono y pidió hablar con el presidente de la República Francesa. Es una de las pocas veces que he visto al rey contenerse mientras la cara hacía por no decir lo que pensaba la cabeza al escuchar al presidente. Colgó el teléfono. Me atreví a preguntarle:

—¿Qué le ha dicho? He visto que ha tenido que contenerse...

—Que muy bien, pero que qué pasaba entonces con esos aviones cazabombarderos Rafale y tanques franceses...

A mi juicio, como ministro de Defensa, aquellos aparatos eran bastante malos. Comprendí la indignación del rey. Le dije que se habían redoblado las medidas de seguridad pero que sabíamos que podía producirse un ataque por sorpresa con coche-bomba, porque la seguridad absoluta no existía. El rey no dijo nada. Muchas veces, los etarras que entraban clandestinamente en España vivían por un tiempo no corto en cualquiera de nuestros pueblos o ciudades como cualquier vecino, haciéndose pasar por estudiantes o trabajadores...; es verdad que algunos fueron detenidos, pero también lo es que cometieron muchos atentados y secuestros. Cuando el objetivo se ponía difícil, iban a por otro.

Crisis de UCD y dimisión de Paco

A mediados de otoño la acumulación de desórdenes provocados por los acusados, sobre todo Milans (no así por Armada ni Pardo Zancada) y los continuos actos de desacato al tribunal habían crecido en número e intensidad. Las reuniones nocturnas con De Diego hicieron que supiéramos cuanto necesitábamos sobre los miembros del tribunal para ir tomando las medidas necesarias. En esa situación de vigilante tranquilidad, llegó la crisis política y la remodelación del Gobierno el 1 de diciembre de 1981.

Antes del derrumbe de UCD, yo había hablado varias veces con el presidente; yo opinaba que era necesaria una crisis de Gobierno y que mi puesto estaba a su disposición; le dije que creía que para ganar las siguientes elecciones, cosa que él podía hacer, debía renovar UCD nombrando nuevos ministros que fueran buenos técnicos y de su confianza y que debía incluir en ese Gobierno a algunos políticos de la derecha (insistí en mi propuesta posterior al 23-F):

—Lo que observo es que el Gobierno no está unido porque no lo están los grupos a los que pertenecen sus miembros; tienes que nombrar un Gobierno nuevo y convocar nuevas elecciones; mi cargo está a tu disposición.

Yo animaba al presidente asegurándole que era el momento de tomar un serio riesgo político y que estaba seguro de que él había salido reforzado después del 23-F. A mi juicio tenía todas las posibilidades de obtener una mayoría superior a la que teníamos en ese momento. Tenía la seguridad de que la mayoría de los españoles pensaría que el Gobierno que él encabezara merecería confianza; yo le decía todo esto sin ambición personal alguna, porque estaba viéndose venir lo que después ocurrió. Creo que no me equivocaba.

Un día Leopoldo me contó que había recibido aquella mañana a Paco Fernández Ordóñez y que éste le había dado su carta de dimisión, en la que explicaba que siempre había sido más cercano a otras políticas y que ya no estaba en sintonía con la política de UCD. Leopoldo replicó que si se quería ir y era tan definitivo, que se fuera; es verdad, dijo Ordóñez, que se irían otros con él a un partido nuevo: Acción Democrática. Leopoldo le pidió 24 o 48 horas para sustituirle y Paco le contestó que por supuesto. Antes de irse, Paco aseguró que no iba a hacer pública la carta.

A mí no me extrañó la dimisión de Paco. En la primera reunión que habíamos tenido algunos ministros con Leopoldo, yo había propuesto que UCD diera un giro político para absorber a los de la derecha que quisieron irse de AP después del 23-F. Debíamos aspirar a formar un Gobierno de coalición con el PSOE y todos, especialmente Martín Villa, dijeron que aquello era un disparate porque perderíamos las elecciones. Sin embargo, Paco se acercó a mí y en un aparte me dijo:

—Lo que sí es verdad, Alberto, es que vamos a tener que realizar una política muy dura; el juicio, la entrada en la OTAN, llegar a un acuerdo para encauzar las ansias de poder de las comunidades, la ETA..., va a ser una política muy dura.

No lo decía como alguien que estuviera dispuesto a ello, sino en el tono de «a ver quién aguanta esto...».

Además, Paco había conseguido ya lo que se proponía, como la Ley de Divorcio, «con la que tú has sufrido un desgaste, Leopoldo, y Paco un triunfo», le dije entonces al presidente. Me despedí de él. Mientras yo salía del despacho del presidente del Gobierno, las agencias de noticias estaban comunicando su carta de dimisión. Paco era incontenible y tenía que dar sus propias noticias. Recuerdo perfectamente estar en un Consejo de Ministros con Suárez y que cuando Paco se disponía a salir, le dijo Suárez: «Ruego al ministro de Hacienda que espere a que termine el Consejo para contárselo a la prensa». Ordóñez dijo que iba al servicio, Suárez decidió interrumpir el Consejo y cuando salimos, vimos que Paco estaba al teléfono.

Quisiera añadir que en el año 1989, cuando Felipe González volvió a ser elegido secretario general del PSOE, Fernández Ordóñez me invitó a comer:

—Felipe nos ha engañado, ya no podemos ser socialistas tú y yo, Alberto.

—Claro que sí, en muchas cosas pienso como un socialdemócrata, pero Felipe no nos ha engañado, se ha dado cuenta de que nunca va a sacar adelante al PSOE si el partido mantiene el marxismo y la nacionalización.

El 1 de septiembre, al ver que Paco se había ido, insistí ante Leopoldo:

—Todavía puedes hacerlo, no solo reformar el partido, sino crear uno nuevo y ganar las elecciones con una mayoría que no ha tenido UCD; te lo dije antes pero ahora con más razón..., has elegido a Pío Cabanillas para sustituir a Paco con demasiada rapidez.

Quizá yo era un poco aventurero, o quizá un político deba arriesgar. Metió en Presidencia a Matías Rodríguez Inciarte, lo que fue a mi entender un acierto; era un hombre de plena confianza, inteligente, creo que leal a Leopoldo y lo hizo bien.

Pero era evidente que tenía que hacer una reforma más profunda y ahí fue donde insistí.

Llegué a decirle al presidente:

—Mira, Leopoldo, te presentas, incluso con algún azul, pero sobre todo con gente nueva, de prestigio, y estoy convencido de que ganarías..., o al menos construirías un aparato político duradero y fuerte; debes hacer un partido centrista; si has sido capaz, siendo católico, de sacar adelante el divorcio, porque, como dijiste, «yo soy el Gobierno de todos los españoles y la mayoría me pide el divorcio», serás capaz de ganar otra vez las elecciones.

Me di cuenta de por qué no se hacía esa gran reforma que hacía falta en UCD; Martín Villa, que era el peso pesado de los azules, le amenazaba con que si nombraba nuevos ministros liberales, cristianodemócratas, socialdemócratas y progresistas, él y los suyos se retirarían del Gobierno. Los suyos se calculaba que eran entre veinticinco y treinta diputados de UCD, de modo que toda la reforma se limitó a unos cuantos nombramientos de personas reconocidas, como Mayor Zaragoza, pero todos los demás procedían de la misma UCD.

Me puse furioso por un caso. Leopoldo quería ofrecerle un ministerio a una persona en concreto, un técnico ajeno a los movimientos políticos que era muy adecuado para ese cargo por la profesión que practicaba. Pero no pudo nombrarle ministro porque Martín Villa se negó de plano amenazando con irse. Se sentía amenazado por mí, parece, porque yo pudiera formar un grupo fuerte y de prestigio en torno a Leopoldo. Me contó Sabino después que Leopoldo había ido a ver al rey para decirle que había personas en el Gobierno que creían que Alberto Oliart no debía ser ministro, a lo que el rey contestó: «A Alberto Oliart no se le puede tocar de donde está, lo hace muy bien»; no sé si esta frase es del rey, pero lo cierto es que seguí al frente de Defensa. Lo que más temían los que querían que me marchara era precisamente el apoyo que yo tenía del rey, del que yo entonces no era consciente; ellos, sin embargo, temían que yo acabara estando por encima en importancia. Cuando ya UCD había perdido las elecciones, el propio Leopoldo me contó esto.

En la remodelación del 1 de diciembre entraron caras nuevas: Federico Mayor Zaragoza, Santiago Rodríguez Miranda, un socialdemócrata de los de Fernández Ordóñez; Soledad Becerril, la primera mujer ministra, que era liberal y venía del grupo de Joaquín Garrigues.

Al poco de la crisis, como podía hablar con Leopoldo con total franqueza le dije, enfadado:

—Has firmado un final desastroso para ti y los que te acompañamos; vamos a perder desastrosamente, no has sido capaz de aguantar el pulso a Martín Villa y no me has hecho caso y vamos a perder las elecciones inútilmente, así que este fin de semana me voy a Ibiza a descansar y presento mi dimisión; lo he escrito en esta carta, haz uso de ella como quieras.

Nunca había visto a Leopoldo tan tenso, pero me aguantó todo lo que le dije.

El Manifiesto de los Cien

Me fui a Ibiza con Carmen, Manolo Varela y Cruci, su mujer. Aquel día aprovechamos para recorrer la isla que se puede ver en un día y por la noche fuimos a cenar a un restaurante que nos habían recomendado. Estábamos allí como turistas más o menos clandestinos, la voz del camarero de pronto gritó: «Alberto Oliart, Alberto Oliart, el presidente del Gobierno al teléfono». Así que todos mis esfuerzos por pasar inadvertido quedaron en nada. Leopoldo me dijo:

—El artículo que tú y Manglano creíais controlado ha acabado dándolo Europa Press; parece que hay tropas acuarteladas y no sabemos qué va a pasar ni qué está ocurriendo en las capitanías generales.

—No te preocupes, me pongo en marcha —respondí.

Regresé a la mesa y anuncié a mis amigos que tenía que irme inmediatamente al hotel.

El día que por la tarde volé a Ibiza era la fiesta por la patrona de la Artillería y por la mañana había ido con Carmen a visitar la Brigada de Artillería del Goloso, donde estaba detenido Milans, siendo tratado como un teniente general. Al acabar la misa religiosa y el desfile ante el general jefe de la brigada y el general jefe de la división, rendidos los honores, tanto entre los generales como entre los demás, los brindis fueron continuos; allí les dejé, disculpándome porque volaba a Ibiza ese mismo día.

Al llegar al hotel llamé a Emilio Alonso Manglano, que me dio toda la información que ya conocía; me dijo que el día de la patrona, los oficiales de artillería siguieron bebiendo..., algunos de los sargentos y oficiales de la División de El Goloso decidieron ir a un bar muy conocido en Torrejón de Ardoz; el alcohol siguió corriendo toda la tarde y lanzaron unas proclamas en las que hubo de todo... «Lo que hay que conseguir es que el Ejército ponga orden, ¡viva Franco!» y frases similares. Al día siguiente, *Diario 16* salió con gran titular: «"Tejerazo" en una bodega de Torrejón». Aquello indignó a tirios y troyanos en el Ejército y en esa Brigada de El Goloso alguien, que forzosamente tenía que pertenecer a la red de personas que seguían en contacto con los detenidos y que querían que el Ejército se impusiera, sacó el escrito de la caja fuerte en la que estaba siendo custodiado. Lo pusieron a la entrada del cuartel y a todo el que entraba le pedían la firma, argumentando que era una forma de protestar contra la prensa que estaba manchando la dignidad de los militares. Lograron cerca de doscientas firmas, muchas de las cuales eran de los que venían de la juerga, la mayoría sargentos. Europa Press publicó el escrito con las firmas, que se conoció como el Manifiesto de los Cien; el asunto era muy grave, me dijo Manglano, y había que impedir que se extendiera a otros regimientos.

Pedí a Alfaro, de la Junta de Estado Mayor del Aire, un avión para ir cuanto antes a Madrid, cosa que comuniqué a mi mujer y amigos; me dijo que tardaría unas horas, porque tenían que preparar el avión y buscarle tripulación.

Empecé a llamar uno a uno a todos los generales de cada una de las regiones militares; hablé con los tenientes generales de todas las capitanías antes de volver a Madrid. Imagino la cara que puso la telefonista del hotel, porque se turnaban para llamar. Me mostré terminante y rígido en que debían detener a cualquiera que hablara del escrito, todos me aseguraron que todo estaba en orden. Álvaro de Lacalle Leloup, de Valladolid, me dijo que un teniente coronel había sido arrestado.

Volé en un cazabombardero, salimos de Ibiza a las cuatro de la mañana. Le pregunté a Manglano si el rey estaba informado y me respondió que no, que estaba en Jordania; le pedí que le llamara. Cuando llegamos a Madrid, Carmen y nuestros amigos se fueron; en el aeropuerto me esperaban los jefes del Estado Mayor; me di cuenta de que estaban todos de color gris, Gabeiras y los demás altos mandos; la noticia les había superado. Nos reunimos en una sala; alguien dijo tímidamente que realmente el escrito estaba muy bien elaborado y que una parte del Ejército estaba soliviantada por cómo estaba tratando la prensa el tema pero que eso no era excusa para un movimiento semejante. Nadie me dijo que a la vista de la situación habían decidido acuartelar las tropas en Madrid, pero lo mencionó Manglano delante de ellos. Enfadado, les dije que lo que habían hecho era inadmisible, que no entendía con qué autoridad daban una orden como ésa, que lo que hacía era envenenar la situación y que dieran inmediatamente la contraorden; los de aviación dijeron que no habían acuartelado a las tropas, así que era cosa de Gabeiras; comprendí que la situación era realmente grave. Le exigí a Gabeiras que levantase la orden de inmediato. En ausencia del rey y sin mi permiso, lo que había hecho era muy grave. Gabeiras me preguntó de qué forma íbamos a satisfacer a los militares, y que estaban todos muy excitados: «De ninguna», contesté tajante. Me despedí de ellos diciéndoles que me iba con Manglano y que al día siguiente vería a Gabeiras y a Quintana Lacaci.

A las seis de la mañana le dije a Manglano que aquella noche no íbamos a dormir. Me fui a casa, me duché, me vestí, desayuné y entré en el ministerio. Me reuní con Manglano y le expliqué:

—Estos están en que no terminaron lo que empezaron, lo que han hecho Quintana y Gabeiras es sedición; no quiero decírselo aún a nadie más porque habría que tomar medidas drásticas si decidimos que sea tratado como tal; en ese caso, tenemos que convocar un Consejo de Ministros de urgencia para buscar sustitutos.

Le pregunté asimismo quién nos podía ayudar con Gabeiras.

—Él tiene un gran respeto por Cano Hevia.

Éste era el general jefe de la escuela del Estado Mayor, muy bien considerado por el generalato y muy preparado. No era simpático, pero tenía ideas muy claras en enseñanza militar y por qué debía haber oficiales del Estado Mayor.

—Localízame a Cano Hevia y que venga, dile que hay una situación que puede ser grave y que el ministro necesita su ayuda.

Emilio me dio la razón en que no debíamos llevar el tema al extremo. Leopoldo estaba informado; a mí se me había olvidado que había dimitido y estaba dispuesto a jugármela.

Cuando localizaron al general Cano Hevia, le dije que quería hablar con él urgentemente, aunque ya por teléfono le informé brevemente de lo que estaba pasando; le expliqué que lo que habían hecho Gabeiras al dar la orden de acuartelar las tropas y Lacaci al cumplirla era sedición:

—Quiero evitar lo peor, pero lo que han hecho es sobre la base de un escrito firmado mayoritariamente por sargentos; usted que está bien informado, dígame, ¿cómo esta gente no se da cuenta de que los sargentos pueden volver a crear problemas como a finales del siglo pasado o como a principios de este...? Esto es más grave de lo que parece.

Cano me contestó:

—Voy para allá, pero no llegaré antes de la tarde porque estoy lejos, lo que puedo hacer con Gabeiras será mañana y personalmente con él.

A mí me pareció bien y se lo dije:

—Por mi parte, tendré que enfrentarme con Gabeiras y Quintana Lacaci hoy mismo; es increíble lo que han provocado... Lo del *Diario 16* es lo más difícil de tratar, porque hay libertad de prensa, pero hablaré con el presidente.

Hablé por teléfono con Manolo Varela y le conté todo lo que había pasado. Organizamos el plan: exigir que levantaran el acuartelamiento y no hacer uso por el momento del delito de sedición. Se lo comuniqué a mi gabinete, reunido. Yo había hablado con todos los generales y solo Gabeiras, por primera vez, parecía tener la actitud de alguien que tiene el mando de la situación. Durante todo este proceso tuve cuidado de insistir en la importancia que tenía que echáramos tierra sobre el tema y en que no se dijera que yo estaba en el ministerio.

A Gabeiras le dije:

—Habéis cometido un error tremendo, no quiero meterme en tipificación de lo que habéis hecho tú y Lacaci, pero que esta tarde no estén acuarteladas las tropas. Quitadle importancia, que no se hable de esto.

A mediodía Gabeiras, a regañadientes, dijo a las tropas que ya no estaban acuarteladas.

—Me doy cuenta de que os habéis dejado llevar por la ira de un titular; eso es el final del Ejército —le comenté.

El general trató de disculparse. Cuando le comenté que aún faltaba dar la orden de arresto de los firmantes, me contestó: «No, ministro; muchos de ellos habían bebido...», pero insistí:

—Hay que arrestarles por firmar el escrito. Espero que no se impongan los sargentos sobre los oficiales, que no se repita la historia de finales del siglo pasado como se repitió a principios de éste.

Le hablé sobre el manifiesto para dejarle claro que estaba perfectamente informado:

—Las personas que forman parte de la organización clandestina que hay detrás de los detenidos por el 23-F son los que han sacado este escrito, como hacen tantas otras cosas conspirando, además sé quiénes lo han escrito y con ellos hablaremos, pero eso no es de tu incumbencia porque depende del presidente del tribunal militar y de mí. Esta tarde a la seis te quiero aquí para llegar a un acuerdo sobre lo que hay que hacer y espero que no tengamos que tomar medidas más drásticas, aunque estoy dispuesto a ello.

—Estaré a las seis, pero espero que no haya que castigar a nadie.

—Háblame de disciplina —le respondí yo.

Fue durísimo. Por la tarde, Manglano volvió a decirme: «Esto es ellos o nosotros», y yo le dije que no pasaba nada. Pudo haber sido muy grave, pero no pasó nada gracias en buena medida al general Cano Hevia.

Aproveché algo más de una hora para descansar. Me quedé dormido.

A las cinco ya estábamos trabajando en la redacción de las órdenes que cumplir para cada una de las capitanías generales, como se hace en el Ejército. Estuvo presente Quintana Lacaci.

Se trataba de establecer las medidas que tomar con respecto a los firmantes, con respecto a la persona o personas que hubieran extraído el documento de la caja fuerte del coronel del regimiento de donde salió y con respecto al general y el general de brigada que tenían el deber de custodiarlo; como ya había salido en la prensa, analizamos el trato que habían dado al tema en los medios. En algún momento, paré para llamar al presidente y le conté lo que estábamos haciendo y lo que íbamos a hacer.

Veo en mi memoria cómo dan las seis de la tarde y veo primero las luces encendidas de la sala de reuniones del ministerio, para inmediatamente notar que está totalmente ocupado por mis asesores, algunos generales rodeando a Gabeiras y Quintana Lacaci con cara de pocos amigos. Los saludé a todos y pedí permiso para ir un momento a mi despacho con Manglano, que me traía una nota urgente; me dijo lo que había sabido por Bastos y otros informadores: la situación era tensa y difícil; me dijo que había mucha gente dentro del Ejército que decía que la prensa solo se metía con ellos, que no había derecho que tuvieran que sentirse mancillados de esa manera; era evidente que el ambiente seguía mal entre los militares. Manglano me repitió:

—Ministro, tienes que volcarte; si esto lo ganan ellos, es el final de lo que hemos conseguido después del 23-F.

—No te preocupes, estoy dispuesto a ganar.

—Estoy a tu lado, ministro —dijo Manglano.

Entramos en la inmensa sala; Gabeiras se había vuelto a crecer, Quintana Lacaci dijo que después de decirles que podían salir del cuartel, algunos se habían quedado y yo le dije que debía ordenar que salieran todos. Les dije en tono duro que el Alto Estado Mayor del Ejército, por ser yo ministro de Defensa, tenía que acatar mis órdenes; insistí en que quitaran importancia a los hechos cuando hablaran con sus subordinados, que atribuyeran lo ocurrido al efecto del buen vino español y que no se les ocurriera utilizar ninguna de las frases que aparecían en el escrito.

La persona que había sacado el escrito de la caja debía ser detenida, les comuniqué.

Les di orden de rechazar cualquier oferta para hacer entrevistas y hablar del asunto; expliqué que ya habíamos asignado a Monzón la labor de hablar con la prensa; tenía orden de comunicar que había total tranquilidad y que se aplicaría severamente la ley punitiva a los que fueran merecedores de ello.

Les dije que había que arrestar inmediatamente a todos y cada uno de los firmantes; una vez arrestados, separar a sargentos, brigadas y oficiales. Fue entonces cuando Lacaci mostró cierto malestar porque yo le dije que era él quien debía proceder a los arrestos.

—Eso no puede ser, me está ordenando, ministro, que me ponga delante de los carros de combate que ellos tienen; si lo hago, me dejarán como un sello.

Le miré seriamente y le pregunté por su medalla del Mérito Militar individual:

—Para quedarte como un sello si hace falta, para eso llevas esa medalla que te obliga a cumplir lo que te ordeno —le dije, sabiendo que me estaba excediendo, pero se puso firme y aseguró:

—Lo haré aunque me quede como un sello.

Se marcharon, aunque antes Gabeiras intentó disculpar a los firmantes, tratando de que no fueran arrestados y le advertí de que no cumplir mi orden tendría consecuencias. Se marchó.

Terminamos a las nueve de la noche; yo estaba reventado. Llevé a los miembros de mi gabinete a mi despacho. Manglano me dijo:

—El que estaba vestido de militar eras tú, ministro; el que ha dado órdenes aquí ha sido el civil.

—Tenía que hacerlo —contesté.

Ya algo más relajados, tomamos juntos una copa. Ya en casa, cenamos todos juntos: mi mujer, mis hijos y yo. Le dije a Carmen que me iba a la cama porque estaba agotado y subí a nuestra habitación. Ya había informado a Leopoldo de cómo había salido la reunión.

Hacia las dos sonó el teléfono rojo. Lo cogí. Era el rey:

—Alberto, oye, a ver, estoy en Jordania con la reina y creo que debo volver a España, pero me llama el ministro de Asuntos Exteriores y me dice que no, me llama el presidente y me dice que no, que está todo controlado. ¿Tú qué opinas, vuelvo o no vuelvo?

—Señor, vuelva sin prisa pero sin pausa, porque lo que ha pasado es suficientemente importante para que el señor esté aquí cuanto antes.

Y el monarca zanjó:

—Gracias, era lo que yo pensaba. Mañana estaré allí.

Al poco me llamó el presidente del Gobierno:

—Pero ¿cómo le dices al rey lo contrario de lo que yo he dicho? Le había comentado que se quedara porque Pérez-Llorca cree que no tiene que volver.

Le di mi opinión:

—Debe volver; se han tomado medidas y está bajo control, pero hay mucha inquietud. Además, debe volver porque hay cosas de las que tenemos que hablar.

Por la mañana llegué al aeropuerto para recibir a Juan Carlos. Al pie del avión estaban todos los jefes del Estado Mayor y cuando vi sus caras y cómo saludaron al rey, me volví hacia el presidente: «¿Has visto el efecto del rey?». Antes de dirigirse a la Zarzuela, el rey le dijo a Calvo-Sotelo que quería hablar con él y con el ministro de Defensa.

Inmediatamente después de las navidades, despaché con el presidente del Gobierno y le dije que era evidente que después de lo ocurrido en diciembre teníamos que cambiar a Gabeiras; se lo comuniqué también al rey. A ambos les dije que la cuestión que se nos planteaba era si debíamos cesar también a los otros jefes del Estado Mayor o si solo cambiábamos a Gabeiras, porque lo de éste ya empezaba a tomar carácter urgente. Era evidente que había cometido un grave error que nos permitía procesarlo por llevar una orden tan comprometedora política y socialmente como acuartelar las tropas en Madrid estando ausente el rey y yo mismo. Su actitud y la de Quintana Lacaci eran inadmisibles. En ambos casos nos abstuvimos de tomar medidas que hubiéramos tenido que tomar; convinimos con el presidente y con el rey en que era más importante seguir adelante con el juicio del 23-F y no generar el tremendo problema que habría supuesto el cese automático del jefe del Alto Estado Mayor y del capitán general de Madrid, Quintana Lacaci (del que se decía en la prensa que a nivel militar era quien había parado el golpe del 23-F).

Tanto el presidente como yo dudábamos de si debíamos significar a Gabeiras y sacarlo solo a él o si debían acompañarle el presidente de la Junta, que tenía edad suficiente para ser cesado y el jefe del Ejército del Aire, el de la Marina, y el de Tierra.

Me reuní con el rey, que opinaba que debíamos destituirlos a todos, que estaban en sus cargos desde la predemocracia y que sería mejor nombrar a otros nuevos. Así se lo dije al presidente, que estuvo de acuerdo.

Le conté a Calvo-Sotelo cómo creía yo que debían hacerse los cambios y me apoyó con su habitual confianza. Al día siguiente a media mañana, yo llamaría a los cuatro: al presidente Alfaro, al jefe de Tierra, al de Marina y a Emiliano Alfaro, del Ejército del Aire; uno por uno les haría pasar por una puerta y salir por la otra, pidiéndoles, además, que no contaran nada a sus compañeros y explicándoles que el rey había decidido su cese. A continuación, diría a cada uno de ellos que convocaran secretamente (y guardando la máxima discreción, según órdenes del rey) a sus respectivos Consejos de los tres Ejércitos para que cada uno de ellos me trajera antes de las cinco de la tarde los tres nombres que proponían para sustituirlos para que Su Majestad el rey, el presidente del Gobierno y yo pudiéramos elegir entre ellos. Le dije a Leopoldo que creía que la mejor forma de decidir los nombres definitivos sería reunirnos en el palacio de la Zarzuela nosotros dos con el rey y con Sabino Fernández Campo, secretario de la casa del rey para levantar acta; que en cuanto tuviéramos los nombres debíamos reunirnos en Consejo de Ministros de urgencia, estuvieran donde estuviesen los ministros, para lograr que salieran aprobados la propuesta de cese y los nuevos nombramientos; después, Ignacio Aguirre, encargado de las relaciones con la prensa y con las Cortes, debía hacer que la noticia saliera en la radio y en la prensa del día siguiente si llegaba a tiempo.

Llegó el día 15 de enero de 1982 y cité a todos por la mañana: al presidente de la JUJEM, Ignacio Alfaro, al teniente general del Ejército de Tierra, José Gabeiras Montero, al Almirante Luis Arévalo Pelluz y al teniente general del Aire Emiliano Alfaro Arregui.

Hablé primero con el presidente, Ignacio Alfaro, al que le comuniqué que el rey creía necesario su cese porque estaban en sus puestos desde la predemocracia; me dijo que estaba totalmente de acuerdo y que se iría completamente satisfecho si no hubiera sido por los movimientos del 23-F; me dijo que era probable que se retirara.

Gabeiras, cuando se lo dije, se quedó mirándome con cara de sorpresa y exclamó:

—¡¡Que me cesa el rey!! No sé, ministro, antes tengo que consultar con mi mujer si voy aceptarlo o no.

—Mira, general, consulta con tu mujer lo que quieras, la decisión está tomada y está tomada por el rey, así que está hecho.

Me pidió permiso para hablar con su mujer y unos minutos después vino para decirme que aceptaba el cese, pero que a cambio el rey tenía que darle algún título nobiliario de conde o de marqués. Le expliqué, y lo comprendió, que yo no podía dar los títulos nobiliarios, que era competencia directa y exclusiva del rey; que por lo tanto yo no podía asegurarle que se lo conseguiría.

El marino, Arévalo Pelluz, me dijo que estaba de acuerdo en que era un cambio necesario y que me traería la lista de tres nombres en cuanto la tuviera.

Emiliano Alfaro, al igual que su hermano, me comentó:

—Ministro, casi me quita usted un peso de encima..., porque hemos vivido unos sobresaltos... Me voy pensando que viviré más tranquilo.

No había pasado media hora, cuando me llamó Arévalo Pelluz, el almirante jefe del Estado Mayor de la Armada, y me dijo que el almirante Hermenegildo Franco había paralizado la posibilidad de hacer la lista de tres. Me fui inmediatamente al Consejo Superior de la Marina; una vez allí, directo al almirante jefe del Estrecho, y le dije:

—Almirante, usted como militar está en uno de los sitios de mayor importancia para este país. Pero, perdóneme, de derecho administrativo no tiene ni idea: los nombramientos los puedo hacer yo como ministro de Defensa mediante un decreto y les digo que si en media hora no me dan un nombre, yo mismo lo elegiré.

Me fui y de inmediato salieron tras de mí Suanzes y otro almirante:

—Por Dios, ministro, no haga usted caso de este almirante, que nos habla de leyes que no desconocemos, pero nosotros somos marinos y no sabemos contestarle como usted lo ha hecho.

Arévalo Pelluz me aseguró que en media hora tendría los nombres. Y, efectivamente, en media hora tuve el nombre de... Suanzes.

En la lista del Ejército de Tierra salieron Álvaro de Lacalle Leloup; otro cuyo nombre no recuerdo, de los que la noche del 23-F estaba «en el cine»; es decir, que no era un verdadero demócrata, y Ascanio, hombre muy prudente.

Leopoldo salió hacia las seis menos cuarto de palacio. El rey me pidió que me quedara un momento. En cuanto salió Leopoldo, me dio un abrazo y me dijo:

—¡Cómo nos ha salido esto!

En la reunión que acabábamos de tener, Leopoldo estaba empeñado en que el jefe del Ejército de Tierra debía ser el que saliera como número uno de la lista que nos habían dado; ése era Álvaro de Lacalle Leloup. El rey y yo habíamos hablado de ello y estábamos de acuerdo en que el elegido debía ser

Ascanio, ambos sabíamos que él defendería los intereses de todos.

Yo había hecho que Ascanio, antes de ser nombrado, fuera a ver al rey para darle las gracias como hacía un militar cuando llegaba a teniente general porque, en definitiva, el decreto estaba refrendado por el ministro y por el rey.

Todo se hizo discretamente, nadie se enteró de nada; cuando se supo ya estaba convocado de urgencia el Consejo de Ministros, en el que no estuvieron todos pero sí los suficientes para levantar acta y que se aprobaran los nombramientos: nadie discutió nada, es curioso, porque siempre lo discutían todo.

No lo supieron antes de tiempo porque nos adelantamos para hablar con los medios antes de que se filtrara. Cuando un secreto no es de uno ni de dos, sino de muchos, es muy difícil que la cosa no salga antes de tiempo, pero Ignacio Aguirre tenía orden de pasar a la radio y la prensa la noticia y cuando el Consejo de Ministros acabó a las nueve, salieron por radio los nuevos nombramientos.

Ese viernes, después del Consejo de Ministros, yo tenía una cena en el palacio de Liria con la duquesa de Alba. Llegué cerca de una hora tarde, hacia las diez de la noche y entré en un salón de grandes proporciones en el que estaban Carmen, Juan Benet, García Hortelano y los duques; ya había salido en las noticias el cambio de los jefes del Alto Estado Mayor y al llegar junto a los duques para saludarles, él me dijo con voz muy asustada:

—¿Qué es lo que pasa Alberto?, ¿qué pasa?

—Nada —le aseguré yo—, que se ha cambiado a la Jujem y contra lo que suele pasar en este país, que cuando va a pasar algo se dice por todas partes, hemos hecho las cosas de tal manera que no se ha sabido nada hasta que lo hemos notificado a la radio y la prensa. Todo ha funcionado muy bien.

Había conocido a Luis Álvarez al poco de entrar en el ministerio. Me dio una magnífica impresión de hombre serio y prudente, y además de un hombre que irradiaba una especie de bondad, de buen hacer y amabilidad. Le di la enhorabuena por el cargo ya que iba a ser jefe del Tribunal Superior de Justicia Militar, un cargo de gran responsabilidad; le dije que era verdad que el nombramiento se había hecho antes del juicio del 23-F; él dijo que el 23-F iba a ser una prueba muy importante y una gran responsabilidad. Recuerdo que le dije que le daría una fuerza especial el estricto cumplimiento de la ley. Fue una conversación cordial.

No podía saber que en el año 1981, después de los sucesos relacionados con el famoso escrito de diciembre, con los errores que cometieron Gabeiras y Lacaci acuartelando tropas, y todo lo demás, un día recibiría una llamada de Quintana Lacaci diciéndome que era muy urgente verme enseguida; como no era habitual en él pedir audiencia de esa forma, le dije que despejaría mi agenda para él y que no recibiría a nadie más. Llegó a mi despacho el teniente general Quintana Lacaci, que por su taconazo y saludo, volvió a recordarme la inútil advertencia de la prensa según la cual yo no sabía poner firmes a los militares; se cuadró, y me dijo: «Ministro, a tus órdenes». Le dije que me contara qué ocurría:

—He ido a visitar a mi gran amigo Luis Álvarez a su casa y lo he encontrado en tal estado de depresión y de angustia que le he quitado el revólver reglamentario que tenía en su dormitorio y otro que tenía de recuerdo, y me los he llevado porque te aseguro, ministro, que la situación le puede llevar a hacer un disparate; su mujer me ha dicho que estaba preocupadísima porque le había contado que algunos de los acusados como Milans y algún otro se metían con él.

Me contó asimismo que le afectaban mucho las continuas llamadas nocturnas de esa gente, que los insultaban a ambos diciéndoles que era una vergüenza que un militar como él estuviera presidiendo un tribunal para condenar a compañeros. La mujer se alegró de que le quitara las armas para evitar un suicidio como se produjeron otros de militares en situaciones similares.

Le dije a Quintana Lacaci que yo me ocuparía de todo. Llamé, estando él delante porque quería que escuchara lo que tenía que decirle, al teniente general en jefe del Cuerpo de Sanidad Militar. Me pusieron con él; le repetí las palabras de Quintana, «pero quiero que sea él personalmente quien le exponga sus impresiones». Después de que ellos hubieron hablado, volví a coger el teléfono:

—Vaya a ver a Luis Álvarez y dígame qué medidas cree que hay que tomar de forma inmediata.

No solo fue a ver a Álvarez y estuvo con él una o dos horas tranquilizándole, le recetó un fármaco para que se calmara porque lo encontró en plena crisis y rogó a su mujer que entre ella y su familia le vigilaran para que no se quedara solo. Cuando acabó, a la hora de comer, me dijo que a las cuatro estaría en mi despacho.

Apareció en mi despacho y me dijo que era necesario que lo viera un psiquiatra y que era imposible que continuara presidiendo el tribunal.

—Tendrá que verle el mejor psiquiatra militar que tenga usted —le dije.

Al día siguiente o día y medio después, me llamó el jefe de Sanidad Militar para comentarme que el psiquiatra que había mandado ya se ha entrevistado con Álvarez y lo había sometido a un nuevo tratamiento para mantenerlo en calma. Yo ya había dado orden al jefe de la Asesoría Jurídica para que suspendiera las sesiones del juicio porque Álvarez tenía una gripe muy fuerte. El psiquiatra me explicó que Álvarez tenía una depresión profunda, que debía ser ingresado en un sanatorio y que era esencial para que no se suicidara que no tuviera que sostener su actividad como presidente del tribunal; le pregunté si aquella circunstancia le podía llevar al suicidio y me contestó que sí. Eso fue por la mañana de un viernes; convoqué inmediatamente a la JUJEM ya renovada. Estaban presentes el jefe de la Sanidad Militar y el comandante psiquiatra. Les expuse claramente el caso y que había que tomar una decisión urgente y retirar a Álvarez de la presidencia del tribunal.

—Les he reunido para tomar una decisión. Podría tomarla yo, pero quiero contar con ustedes.

García-Conde afirmó que estaba de acuerdo en las medidas que tomar. La misma reacción tuvieron Suanzes y Ascanio; en cambio Lacalle Leloup dijo que había que reunir al Consejo Superior del Ejército. Yo me negué:

—No, eso no es posible. Lo siento, pero nos estamos jugando la vida de un hombre.

Ante la insistencia de Lacalle le dije más duramente:

—Estás equivocado, estás obsesionado y bajo mi responsabilidad como ministro de Defensa, ordeno que se haga inmediatamente lo que ha propuesto el psiquiatra; no podemos esperar, está en juego la vida de un hombre magnífico, parece mentira que no te des cuenta, Álvaro.

García-Conde, Suanzes y Ascanio dijeron que firmarían conmigo. Se aprobó el acta, que entonces firmó también Lacalle. Nos enfrentábamos a una organización de presiones y amenazas.

Necesitábamos el nombre de alguien que sustituyera inmediatamente a Álvarez y que se diera a conocer el mismo día de su cese por enfermedad, agradeciéndole antes los servicios prestados al Estado español, al Ejército y antes que nada, al rey y al Gobierno. Pedí a Lacalle y Ascanio que se reunieran y buscaran el nombre. Curiosamente todos, incluido Lacalle, estuvieron de acuerdo en la persona del teniente general en la reserva Federico Gómez de Salazar y Nieto, cuya hoja de servicios era impecable. El mismo día que me reuní con él, supe que fue él el oficial que durante la Marcha Verde marroquí no embarcó en su buque de guerra hasta que lo hubo hecho el último militar; él se quedó solo paseando por una playa, mientras frente a él una manifestación de cientos de miles de marroquíes se detenía a unos metros de aquella playa; paseaba arriba y abajo con su fusta sin mirarles hasta que vio alejarse en las embarcaciones a todo el destacamento; una lancha fue entonces a recogerle y se lo llevó.

—General, quiero que presidas el tribunal que hasta ahora presidía Álvarez. Sé que es una petición muy dura, que te saco de una labor más apacible —en aquel momento era presidente del Museo del Ejército—, pero en este momento el puesto es esencial para la monarquía constitucional y parlamentaria.

—Lo sé, he hablado con el rey y le he dicho que estoy a sus órdenes; me ha dicho que haga lo que tú me pidas —me contestó.

Le conté la situación: nos estábamos jugando el juicio..., el nuevo presidente tendría que imponerse a los insultos y el escándalo que los acusados habían montado contra Álvarez, presionándolo con llamadas que lo habían llevado a una situación límite. El rey y la JUJEM estaban al corriente.

El nombramiento de Gómez de Salazar como presidente del Consejo Supremo de Justicia Militar que juzgó a los militares que participaron en el intento de golpe de Estado en España de 1981 fue todo un acierto. Produjo un efecto tan rápido que cambió la manera en que se llevaba el proceso y el comportamiento de los procesados y sus abogados, incluidos los que habían organizado más encuentros contra Álvarez, que eran Milans del Bosch y Tejero. Reinó la tranquilidad, según me dijeron. Ellos querían convertir el juicio en un juicio político, diciendo que habían participado en el golpe porque seguían órdenes del rey cuando eso no era cierto; querían dejar en el aire la idea de que el rey tuvo participación en la intentona y que la responsabilidad era de él. Esa idea estuvo latente todo el tiempo que estuve de ministro y todavía sobrevuela las impresiones que se tienen del 23-F.

Tercera etapa del juicio

El juicio lo había organizado perfectamente el jefe del Estado Mayor de la capitanía de Sevilla, Urrutia, al ascender a general de división por su actuación durante el 23-F como ya se ha dicho. Tenía una carrera militar sin tacha. Lo trasladamos a Madrid como alto cargo del ministerio en especial dependencia del ministro; él tenía que mantener el orden y ocuparse de la seguridad y organización de todo el aparato logístico del juicio, en el que había treinta y tres procesados; cada región militar tenía derecho a asistir e hicieron uso de ese derecho a través de las comisiones delegadas de los regimientos y enviaron representantes de los suboficiales, de los oficiales y de los jefes. Las comisiones elevaban una nota diaria de cómo transcurría el juicio; de esas notas tenía conocimiento la JUJEM y ordené a Urrutia que me enviara una copia a mí; las primeras notas antes del nombramiento de Gómez de Salazar no dejaban de reflejar la negativa impresión que provocaba el comportamiento de los procesados (con la excepción de Armada, Pardo Zancada y sus respectivas defensas, actitud muy alabada). Encabezados por Milans, faltaron al respeto al tribunal y en particular al presidente Álvarez, al que Milans hablaba de tú y espetaba todo tipo de acusaciones; esas notas del principio del juicio daban una imagen de indisciplina intolerable.

Todo eso cambió radicalmente con Gómez de Salazar; me enteré no solo por el contacto con De Diego sino también por Urrutia, de que se había cercado el lugar del juicio, se había acondicionado el edificio que albergaba a mucha gente, entre militares, comisiones y prensa, y se había acondicionado un lugar separado del juicio, una cafetería grande, para que pudieran tomar algo los miembros de las comisiones delegadas, separados por rangos como se hace en el Ejército. Se habían montado también cocinas y acondicionado otra sala apartada en un edificio provisional para la prensa, incluso hizo un montaje la sanidad militar con construcciones portátiles para atender a cualquiera que se sintiera indispuesto o enfermo.

Urrutia, que me daba el parte diario, no pudo ser más amable, un hombre dedicado plenamente a la labor que se le ordenó y con una capacidad organizativa extraordinaria. *Diario 16* publicó un artículo firmado por Pedro J. Ramírez que fue considerado injurioso y el tribunal decidió expulsarlo de las sesiones. Miguel Ángel Aguilar se solidarizó con él; fueron ambos a la cantina y allí, donde había más gente, exclamaron: «¿Qué se han creído estos hijos de puta, que nos pueden echar...?»; sonó hijos de puta y se escandalizaron los militares; Gabeiras me dijo que iban a someter a un juicio sumarísimo a los dos periodistas.

—Cálmate, porque si haces eso, me veré obligado a procesar a todos por permitir los desórdenes que ha habido hasta ahora, desde el presidente del tribunal a todos los que forman parte del Consejo, incluyéndote a ti por haber hablado con el presidente para que echara a los dos periodistas.

Gabeiras no insistió más y quedó todo en una riña a los periodistas, logrando así que ninguno de ellos fuera a la cárcel. A Pedro J. lo echaron. A Miguel Ángel le tuve que decir un día que se quejaba del trato que recibían:

—No estás en la cárcel porque yo no lo he permitido.

Me decía que era intolerable cómo trataban a los periodistas y le dije que ellos habían tenido un comportamiento más que criticable. Pedro J. volvió a ser readmitido cuando llegó Gómez de Salazar.

Le pregunté cómo había logrado que se impusiera el orden en el proceso. Me dijo:

—Muy sencillo, no tiene importancia. Llamé a Milans, que era el que organizaba los desórdenes y le dije: «Me conoces muy bien, Jaime, tú has servido a mis órdenes hasta que me he ido del Ejército, sabes muy bien cómo soy yo, y sabes que lo que has hecho con Álvarez no lo puedes hacer conmigo. Jaimito, siento mucho ser el presidente del tribunal que te está procesando, pero ya me conoces, lo que has hecho hasta ahora alborotando las cosas alrededor del juicio no lo vas a repetir, porque si te permites cualquier indisciplina ya sabes lo que yo voy a hacer». Y no volvió a indisciplinarse.

Desde que entró Gómez de Salazar el juicio se desarrolló tranquilamente, lo demás funcionó a la perfección gracias al general Gustavo Urrutia, a su buen hacer, a su dedicación y capacidad organizativa.

Entrada inminente en la OTAN (31 de mayo de 1982)

Al poco tiempo de entrar en el Ministerio de Defensa, reuní a los Consejos del Ejército para informarles de que entraríamos en la OTAN de forma inminente. Me encontré con el apoyo del Consejo de Marina al completo, porque la Armada había incorporado ya los protocolos de la OTAN; encontré una respuesta afirmativa del Consejo del Aire, porque los pilotos habían estado entrenando con fuerzas aéreas de la organización atlántica. En cambio, encontré reticencias en el Ejército de Tierra. Las encabezaba Gabeiras, como casi siempre, que decía que solo se podría entrar en la OTAN si el Ejército tenía armamento moderno; pidió que se armara a cuenta de la OTAN de veinte a treinta divisiones, una cifra disparatada porque las levas que teníamos no nos permitían llegar a ese número; además pedía que nos devolvieran Gibraltar y entrar en la Unión Europea. Le dije que si se aprobaba la entrada en la OTAN, tendríamos asegurado el ingreso en la Unión Europea y que no creía que fuera a producirse la devolución del Peñón, sino que creía que entrando en la OTAN el tema mejoraría, pero personalmente veía el acuerdo sobre Gibraltar en el marco de un mismo acuerdo sobre el Estrecho, Ceuta, Melilla, Tánger y todas las plazas que dominaban el Estrecho. Le dije que tropezaríamos siempre con los ingleses pero que si contábamos con los demás países y lográbamos un pacto general sobre el Estrecho podríamos llegar a algo. Hicimos caso omiso a esas peticiones de Gabeiras, por supuesto.

Pedí al ministro de Asuntos Exteriores, Pérez-Llorca, que explicara a los Consejos militares la entrada en la OTAN y tuvimos unas reuniones muy positivas. En esos momentos, recordaba que en la noche del 23-F el secretario de Estado de Estados Unidos, Alexander Haig, había dicho que eso era asunto interno de los españoles, declaración que yo le afeé mucho cuando le conocí. En mi caso había comentado con el presidente y el rey que yo creía que la entrada en la OTAN iba a acabar con el tema de dónde se situaba España en política internacional, y que si queríamos tener un apoyo de los países de la OTAN, si estábamos a las maduras para entrar en la Comunidad Europea, también debíamos estarlo a las duras en la OTAN. Como seguí dando prisa a esto, Pérez-Llorca me dijo ásperamente: «Parece que te vas a hacer cargo tú del tema cuando me corresponde a mí». Le respondí que en principio no era partidario ni del Pacto de Varsovia ni del de la OTAN, él me dijo que tampoco y entonces le comenté:

—No pretendo quitarte nada, sé que la negociación es de Exteriores; estoy metiendo prisas porque con la entrada en la OTAN se producirá una transformación profunda en el Ejército de Tierra y se acabará también la posibilidad de que un secretario de Estado de Estados Unidos vuelva a decir, si hay un asalto al Congreso como el que padecimos con Tejero, que era un tema interno de la política de España.

Le noté molesto por el protagonismo que yo tenía al haber dicho al presidente que había que acelerar las gestiones.

El día de la votación, la cuestión era saber cómo iba a votar el PSOE, aunque teníamos la mayoría absoluta asegurada, porque votarían con nosotros CiU, PNV y AP. Se produjo la votación y Felipe González dijo que votaban que no porque creían que nos habíamos precipitado. Luego anunció que si ganaba las elecciones, sometería a referéndum la permanencia de España en la OTAN. Cuando acabaron las votaciones yo, que veía mucho a González, me levanté y al pasar junto a él, le dije:

—Felipe, se te ha calentado la boca, has creado para ti un problema innecesario.

—No me habéis dejado manera de evitarlo.

—Comprendo que son cuestiones internas de tu partido, pero el referéndum te va a dar problemas.

Nos despedimos y no hablamos más del tema.

Cuando en 1982 el PSOE ganó las elecciones y tuvieron que hacer el referéndum pasaron cosas extraordinarias; tanto CiU y su presidente Jordi Pujol como la Alianza Popular de Manuel Fraga incitaron a los suyos a que votaran no. De eso no solo nos enteramos el presidente, el rey, yo..., sino también el Gobierno de Estados Unidos, senadores, congresistas e importantes empresarios. Digo esto porque en un viaje a Nueva York, después de dejar el cargo, lo primero que me decían mis amigos de los bancos americanos cuando les llamaba era: «No podemos entender a la derecha de vuestro país; votaron a favor de la entrada en la OTAN y en el referéndum hicieron campaña para salir de ella para que no prosperara la propuesta de Felipe González». Yo les dije que no se inquietaran, que a la derecha no le había sentado nada bien que el PSOE hubiera ganado las elecciones y que estuviera gobernando. Yo pensaba que era una suerte que estuviera gobernando el partido socialista, y así se lo dije al rey, porque ese Gobierno de la monarquía junto a los socialistas llevaba a una verdadera consolidación de la democracia y de la monarquía parlamentaria.

Efectivamente, Felipe convocó el referéndum para el 12 de marzo de 1986. En febrero de aquel año, antes de que se celebrara la consulta, vino a comer a casa por primera vez, donde habíamos invitado a varios amigos suyos, como Javier Pradera o Juan Benet y algunos de los míos, como Manolo Varela.

Felipe se quedó después y mis hijas pequeñas, Carmen y Soledad, le acusaron de haberlas engañado con el primer programa del PSOE. Al cabo de dos horas, cansado y agotado, dijo:

—Mirad, niñas, votad a quien queráis, pero votad.

No sé si se fue encantado de la comida o harto de mis hijas, pero sí me dijo:

—Veo que en tu casa hay división de opiniones.

Yo, riendo, le contesté:

—Sí, y no voy a ir en contra de ellas porque me pasaría como a ti, serían dos años de discusión.

—Es la juventud, claro —comentó.

Yo había escrito un artículo, publicado en la tercera página del *Abc,* explicando por qué era bueno que España entrara y permaneciera en la OTAN. Impresionó mucho, por lo visto.

Por la tarde, después de la comida, me llamó Juan Benet para leerme un artículo que iba aparecer en *El País* y que estaba suscrito por medio centenar de firmas a favor del voto afirmativo sobre la permanencia en la Alianza. Benet me lo leyó y me preguntó qué me parecía; le hice solo una puntualización que no recogieron. Sin embargo, tanto desde el PSOE como desde otras fuerzas políticas, creyeron que yo había tenido una influencia importante en el escrito de *El País* cuando lo cierto fue que no tuve nada que ver; un miembro de la familia Fernández Ordóñez incluso me dijo:

—Alberto, qué barbaridad lo que has conseguido.

—No, no tengo nada que ver, solo escribí un artículo de opinión antes y celebré una comida en casa con Felipe, pero a mí me leyeron el escrito, no tuve nada que ver.

Salió el sí y llamé a Felipe para darle la enhorabuena. Me permití reprocharle a alguien del PP:

—¡¿Cómo habéis podido mantener esa consigna con lo importante que es permanecer en la OTAN?! Vosotros sois la derecha y tenéis que apoyar la permanencia; habéis hecho política de partidos y quedarnos en la OTAN es política de Estado. Dile a Fraga que me han preguntado en Nueva York qué pasaba con nuestra derecha.

Antes, en 1981, el Congreso de los Diputados aprobó la propuesta del Gobierno de Leopoldo de entrar en la OTAN; no hubo inconveniente. Una vez aprobado en las Cortes, Pérez-Llorca y yo viajamos a Bruselas para izar la bandera de España entre todas las de los países que formaban la OTAN.

Leopoldo me contó antes, y es relevante para que se entienda cómo se jugaba «al tú estás invitado y tú no», que el ministro de Exteriores ruso, Gromiko, le había dicho que si entrábamos en la OTAN no le extrañara que aumentara el terrorismo interno, lo que suponía toda una amenaza. Leopoldo le contestó:

—Tenemos un terrorismo interno que vamos desgastando y acabaremos ganándoles.

Gromiko y el presidente se despidieron de forma seca.

En Bruselas yo me iba a quedar con el comandante supremo de las fuerzas de la OTAN, Bernard Rogers. Muy amable, me dijo que me sentara con él y con Joseph Luns, secretario general de la OTAN, para decirme que para él era una alegría que España se convirtiera en un miembro más, porque era muy importante la entrada de nuestro Ejército.

—Se lo agradezco, pero sabe que tenemos un Ejército de Tierra con un armamento no muy bueno.

—No nos importa, su Ejército es muy importante, es de los cuatro más importantes de Europa.

Como la apreciación me pareció exagerada le dije:

—General, para estar a favor de la entrada en la OTAN no necesito que me diga cosas que parecen más halagos que verdad.

—En Europa hay cuatro ejércitos importantes: el primero, el inglés, el segundo, el alemán, el tercero, el francés. El cuarto es el suyo.

—Exagera usted —insistí yo—. Está aquí el representante holandés, que siempre ha sido un Ejército muy serio.

—*The Dutch army is a funny army* —me contestó él.

Cuando pregunté por qué era tan importante nuestro Ejército, me dijo, señalándome con el dedo:

—Porque los soldados españoles saben morir. Por cierto, me interesa muchísimo la Brigada de Montaña que tienen ustedes, tienen algo impagable: han conservado las mulas y éstas suben sin importar la climatología.

—En eso le doy la razón, que las mulas llegan hasta arriba con mal tiempo y los helicópteros no.

El general prosiguió con su idea añadiendo:

—Me gustaría que me la enviaran a Turquía.

Yo me sonreí y le contesté:

—No se lo voy a conceder, porque la necesito para proteger la frontera; lo que más me interesa de verdad es mandar una brigada completa del Ejército español con una condición: que el coste y mantenimiento de esa brigada corra a cargo de la OTAN y la mando donde usted diga; le pediría como favor particular, para que la oficialidad española se acostumbre a luchar codo con codo con tropas oficiales de democracias europeas, que tuvieran una formación de varios meses que ya acordaremos usted y yo; desplegaríamos también nuestros helicópteros de tierra y los aviones españoles, los Mirage.

Él me contestó:

—Hombre, es difícil porque el dinero nos falta a todos.

—Sí, y a mí, pero ya que somos un solo Ejército, ayúdeme a que los oficiales se acostumbren.

—Lo estudiaremos.

Él lo que quería era el batallón de montaña, pero yo lo necesitaba. En caso de un ataque proveniente del Pacto de

Varsovia, ese batallón sería esencial para defender nuestro territorio.

La entrada en la OTAN se había consumado y nuestra bandera ondeaba caída la tarde. Allí quedaron también soldados españoles. Leopoldo había nombrado embajador a Javier Rupérez, que había sido secuestrado por ETA.

La sentencia

La sentencia estaba prácticamente hecha cuando me llamó Emilio Alonso Manglano para decirme que los dos consejeros togados, Justo Carrero y José Barcina, habían colado en la sentencia, con abundantes razonamientos jurídicos, atenuantes por motivos patrióticos, e incluso decía el texto (que enseguida tuve en mis manos) que el Gobierno debía tener en cuenta esa motivación patriótica, desautorizando así al Gobierno y a la opinión pública y dejando en el aire otra vez la insinuación de que el rey había estado comprometido en la intentona. Todo esto acababa poniendo en la calle a todos los tenientes, porque tenían dos años de condena, de la que solo tendrían que cumplir seis meses y dado el tiempo que llevaban detenidos no iban a entrar en la cárcel, lo que les permitía no perder la carrera. Hablé con Gómez de Salazar y le advertí:

—Estos dos juristas nos crean un problema muy gordo; esto no es serio, poner atenuantes por motivos patrióticos. Cuando uno se subleva, se subleva. Esto es un torpedo de carácter político y tiene como objetivo al rey; tome las medidas necesarias para que no se produzca.

Dos días después, Gómez de Salazar reunió al tribunal para leer la sentencia y les dijo que no podía incluir las apreciaciones de los motivos patrióticos.

Los dos togados que habían defendido este final, alterados y en pie, expusieron motivos jurídicos para defender su postura. El general Salazar también se puso en pie y les dijo:

—Señores, ustedes sabrán mucho de leyes, yo no sé nada de

todos esos artículos que han dicho ustedes de memoria, pero sé contar y en la bocamanga de cada uno de ustedes cuento dos estrellas —eran generales de división— y en la mía cuento tres, así que esto es una insubordinación y ustedes tienen dos opciones: o se van arrestados a sus casas sin que puedan salir hasta que yo lo ordene, o les arresto aquí mismo para que entren en la prevención y allí queden hasta que yo disponga otra cosa.

Hubo protestas, pero acabaron yéndose a sus casas seguidos por la Policía Militar para que se cumpliera la orden.

Se dictó por fin sentencia. A los tenientes les caía un año; un capitán prácticamente no tuvo pena, Armada quedó con tres años y un día...

Todo esto debió de pasar por la mañana; al mediodía, cuando estaba acabando de despachar con Toquero, general de división y sustituto de Monzón, me avisó mi secretaria de que el general Gómez de Salazar estaba en el ministerio y quería hablar conmigo. Entró en mi despacho vestido de deporte:

—Perdona que me presente aquí así, pero después me voy directo al golf. Te traigo la sentencia que se ha dictado de acuerdo con la ponencia de Diego, que es un militar serio y merece todos mis respetos porque ha cumplido siempre con su deber. Su ponencia se ha aprobado por unanimidad. Yo solo he dicho que se dictara sentencia a partir de la ponencia y que a los tenientes les caerá poco porque mandan de generales para arriba.

Sacó un papel doblado y me lo dio:

—Ésta es la sentencia —me dijo—. Las penas máximas son para Tejero y Milans. Siento lo de Jaime, pero le caen treinta años, los demás pierden la carrera, puede que también Armada. No se la he enseñado a nadie y prefiero que seas tú el que se la dé al rey.

—Enhorabuena —le dije, y antes de que se marchara añadí:

—Seguro que vas sin escolta.

—¿Y para qué voy a ir a jugar al golf con escolta? Si me quieren matar, prefiero que sea a mí solo y no a otro hombre, así que no me lo mandes.

Salió de mi despacho. Entró después la secretaria para decirme que ya no tenía previsto recibir a nadie más y añadió:

—Por cierto, ministro, ¡cómo iba vestido este general!

—Sabe mandar y eso es lo que hace falta —respondí yo.

Cerré la puerta y le pedí que llamara al director de *El País,* Juan Luis Cebrián.

—Ministro, ¿qué pasa? —preguntó.

—Que ya tengo la sentencia y no la conoce nadie.

—¿Cuántas penas máximas hay? Dime solo eso.

—Dos, de treinta años: una para Milans y otra para Tejero, pero sus defensores las van a recurrir.

—Es suficiente, eso está bien, gracias por decírmelo.

Era la primera vez que hacía algo semejante; lo hice porque pensaba que, dada la audiencia que tenía *El País,* sobre todo en Madrid y Barcelona, si el diario apoyaba la sentencia desde el principio, se reduciría el problema frente a los detractores dentro de UCD y frente a las presiones que el partido sufría desde que Paco se hubo ido con una docena de «los suyos». Quise también ver la reacción de Cebrián, que me pareció buena.

Llamé al presidente para decirle que tenía que verle cuanto antes; estaba comiendo y me dijo que me devolvería la llamada. Llamé también al rey, al que adelanté que tenía la sentencia y que iba a ser yo quien se la llevara porque Gómez de Salazar me había dicho que él se movía torpemente en términos jurídicos y que creía que sería mejor que se la leyera yo.

Leopoldo me esperaba en su despacho después de comer; comí deprisa y cogí la sentencia. Cuando llegué, me encontré que el presidente estaba acompañado de Felipe González. Les expliqué la sentencia. Tenía penas de entre seis y ocho años para los de alta graduación excepto Milans y Tejero, que recibían la pena máxima, y Armada, que tenía tres años y un día (y cuya defensa había consistido en declararse siempre inocente). Los delitos de conspiración son difíciles de probar y en el caso de Armada también de tipificar, porque además el golpe final había acabado por convertirse en varios golpes dentro del ya fracasado antes de empezar el de Armada.

Felipe, porque lo creía o le convenía, dijo que era una vergüenza inadmisible la condena de tan solo un año para los tenientes. Yo le respondía que no lo creía así y le recordé que todo había acabado sin derramamiento de sangre y que el delito de verdad lo habían cometido quienes querían acabar con la democracia. Vi que no lo convencía, pero pensé que Felipe no podía estar completamente de acuerdo con la sentencia porque le interesaba combatir al Gobierno, que estaba ya tocado. Mantuvo una postura política ante las previsibles elecciones, que supondrían sendas derrotas para Alianza Popular y UCD y la victoria del PSOE. Se fue Felipe y me quedé con Leopoldo. Insistí en que si condenábamos a más años a los tenientes, habría recursos en el Ejército.

Fui a la Zarzuela y le conté al rey lo que había ocurrido: lo que dictaba la sentencia final, la reunión con Felipe y el presidente, la primera sentencia que recibí, a la que yo me había opuesto, la actitud que Salazar había tenido, la detención que se había producido de dos militares juristas por insubordinación.

—Por fortuna la Constitución ha abolido la pena de muerte, o esa insubordinación habría llevado a dos defunciones —me dijo el rey.

—Yo le hubiera traído dos decretos para conmutar las condenas, el señor tiene la potestad de gracia y justicia. También le digo que Milans quedará en libertad en unos pocos años por su edad y que Tejero tampoco cumplirá íntegramente su condena; se pasará diez o doce años, no más.

El rey quedó conforme con la sentencia.

—Con esto se acaba el juicio; ahora podré dedicarme a otras cosas hasta las elecciones, que anticipo que no ganaremos porque la UCD está dividida —le comenté al rey, que me preguntó por qué no me unía a otro partido.

Le contesté que no lo sabía, aunque en mi fuero interno sí sabía ya que no iba a cambiar de partido para continuar en política; para mí, con UCD acababa una etapa de mi vida.

Supe tras salir de palacio que el presidente del Gobierno había convocado una reunión con carácter urgente para que los ministros conocieran la sentencia, guardando siempre el mayor secreto, aunque yo sabía que los secretos eran relativos y que en el ambiente que nos rodeaba era verdad aquello de que las paredes oyen.

Cuando llegué a La Moncloa estaban ya allí los demás ministros. Otra vez fui objeto de ataque por el resultado, sobre todo por parte de Martín Villa, que me dijo que tenía que redactar un nuevo código de justicia militar, porque no debíamos presentar una sentencia con penas tan leves. Le dije que lo de los tenientes no era importante y que la elaboración de un nuevo código estaba en marcha, pero evidentemente no se podría concluir a tiempo; me opuse radicalmente a favorecer que el juicio se alargara más.

No fue el único, otros hablaron de que era una vergüenza, hablaron de una manera descompuesta; estábamos discutiendo y yo cada vez más molesto cuando Leopoldo dijo que había que empezar a redactar los recursos. Entonces entró Ignacio Aguirre y anunció:

—Presidente, *El País* ha publicado la sentencia.

Leopoldo preguntó contrariado:

—¿Cómo se han enterado?

Aguirre leyó lo que publicaba el periódico: «Con dos sentencias máximas, el Tribunal ha cumplido». Entonces se produjo algo increíble; los ministros se callaron y comenzaron a irse uno tras otro. Nos quedamos Leopoldo, Ignacio Aguirre y yo. Leopoldo dijo que convendría que nuestro recurso estuviera preparado cuanto antes. Le respondí que me ocuparía de ello. Leopoldo se fue, y nos quedamos a solas Aguirre y yo. Sentados ante una ventana Ignacio me miraba sonriente y me dijo:

—¿Qué te parece, ministro, si nos tomamos un whisky?

—Me parece bien —contesté y nos tomamos una copa.

—Realmente la escena ha sido increíble. Estaban absolutamente furiosos y al saber que a *El País* le parecía bien la sentencia, se han callado y se han ido de golpe. —Me preguntó—: ¿Cómo crees que se han enterado?

—*El País* se entera de todo —dije.

Los dos nos quedamos sonrientes. La reflexión final fue que era más importante tener a favor a *El País* que al Consejo de Ministros.

Llegué al ministerio. Al principio el fiscal militar se opuso a presentar un recurso:

—Lo que me pides es que recurra contra mí mismo. ¿Para qué?

—Porque los militares van a recurrir por su lado y sería bueno que se vieran los recursos de ellos compensados con los nuestros. Puedes hacer dos cosas —añadí—: aceptar el recurso que yo voy a preparar y firmarlo, o presentar tu dimisión, porque lo ha pedido el presidente del Gobierno.

—Hombre, pues si nos ponemos en esas, veré con el comandante jurídico el texto que preparéis.

Allí terminó mi tarde y mi agotamiento, llamé al comandante Del Olmo para darle las líneas a seguir en el recurso y al día siguiente estaban ya presentados los recursos contra la sentencia por la totalidad de las defensas, incluida la de Armada. El nuestro quedó hecho y presentado después de los suyos.

Dos días después asistí con Carmen a una cena bastante numerosa que había organizado un amigo. Para que nos viéramos, colocaron las mesas en U. Carmen estaba a mi lado, y junto a ella, la mujer del dueño de la casa. Estaban presentes Miguel Boyer y el presidente de *Diario 16*, Juan Tomás de Salas. Durante más de media hora, estuvieron atacándome porque la sentencia solo condenaba a un año a los tenientes de la Guardia Civil que nos habían estado vigilando y que habían tratado de forma despectiva a algunos diputados, entre los que estaba Boyer, pero no De Salas. Era imposible hacerles reaccionar. Les dije que ya habíamos presentado recursos; ellos seguían criticando la sentencia; destacaban que no hubiera condenado a ninguno por debajo de los tenientes. Les expliqué que el tribunal había acordado por unanimidad que habría dos penas máximas contra los que habían organizado el golpe.

Estaban descompuestos, chillaban, no atendían a razones..., hasta que se levantaron de la mesa y abandonaron la casa. Al resto les dije que lamentaba lo ocurrido. Dije que a mí me habían sorprendido las condenas a Milans y Tejero, y menos la que recibió Armada, pues los servicios jurídicos consideraron que contra él tenían pruebas débiles.

El final de UCD

Antes de irme a Ibiza, estaba furioso porque Leopoldo hubiera cedido a las presiones de Martín Villa y el grupo de los azules, pensando que acabarían mandando en UCD. Tras la marcha de Paco Fernández Ordóñez, se celebró un extraño congreso de UCD al que fui invitado en primera fila, no como miembro del partido (al que nunca pertenecí), sino para ir de segundo en las listas de Extremadura por un profundo sentimiento que tenía yo de hacer lo que fuera por mi tierra, la de mi madre, la de mi abuelo Juan, la de mi abuela Fernanda, la de mis antepasados maternos.

En ese congreso se habló de cómo fortalecer el porvenir de UCD. Intervino Suárez, que seguía siendo clave para el partido. Dijo que éste le gustaba cada vez menos, que estaba dejando de ser un partido de centro para transformarse en una mezcla entre una socialdemocracia muy desdibujada y una derecha con la que él no podía coincidir. Había un grupo de democracia cristiana con Alzaga como líder y con Miguel Herrero de Miñón, amigo mío como lo fue Alzaga. Otro grupúsculo contaba con personas como Landelino Lavilla, que quizá era el más fuerte dentro de la democracia cristiana de UCD. Había otras facciones más de derechas, de centro y centro izquierda, que tenían por líder a Álvarez de Miranda, expresidente de las Cortes.

La UCD había servido de puente de transición entre el régimen de Franco y la monarquía constitucional y democrática. Entonces ya estaba en marcha el proceso que llevó a la disolución del partido. La procedencia dispar de los grupos que formaban los que trabajaban en el partido, que fue probablemente clave para que este funcionara como lo hizo durante la Transición, había acabado por dividirlo.

Dimitió José Luis Álvarez, que era ministro de Agricultura y se marchó al PP porque, según le dijo a Leopoldo, no se sentía de UCD. Eso dio lugar a que se nombrara ministro al subsecretario del ministerio, García Ferrero, que ojalá hubiera sido desde el principio ministro, porque ejerció el cargo de forma extraordinaria. Conservo un gran recuerdo de él. No digo que Álvarez no fuera buen ministro, pero no sabía tanto de agricultura y ganadería como sabía García Ferrero.

Poco después de haberse ido Álvarez, el que se marchó fue el propio Adolfo Suárez, ya duque de Suárez. Entre los entendidos, en Zarzuela corría la voz de que el rey le había dicho a Adolfo que le daría un título si dejaba la política, porque ser duque y dedicarse a la vida política no le parecía lo mejor. Contaban que Adolfo le había dicho al rey que tenía dudas y que el rey le había contestado con naturalidad: «Sé que llevas la política en la sangre». Lo cierto es que salió de UCD y creó, en su obsesión por contar con un partido de centroderecha, el Centro Democrático y Social.

Vino Herrero de Miñón a verme para decirme que Alzaga quería crear otro partido de derechas pero que él se iría a AP. Me sorprendió su decisión, porque creía que era, como yo, «un monoplaza que va por libre», como me dijo un día mi amiga Carmela Teixeira. Sigo pensando que Herrero era un monoplaza; era buen abogado y muy inteligente, pero no era un hombre que pudiera estar continuamente en la disciplina de partido.

Durante los meses de febrero y marzo, a todas estas, Miguel Doménech, «casado con la hermana pequeña de Leopoldo», ya decía que lo que Leopoldo tenía que hacer era crear «El Gran Partido de Derechas» y dejarse de lo demás y que ese partido podría tragarse a AP llegando a un acuerdo con Fraga. Yo le contestaba:

—Mira, Miguel, todo es posible, pero pensar que puede haber una cohabitación política normal entre Leopoldo y Fraga... no sería fácil, Fraga querrá siempre ser el que lleve la voz cantante.

Tras las elecciones andaluzas, la continuidad se hizo imposible para UCD. Perdió de manera visible; el triunfo fue sobrado para el PSOE.

Ya en la primavera nos había advertido Rosón que las encuestas daban que no sacaríamos más de sesenta diputados, aunque él creía que eran pesimistas y que si hacíamos bien las cosas podíamos alcanzar los setenta. Yo sabía desde la primavera, como he ido contando, que íbamos a perder las elecciones y que sería el PSOE quien las ganara.

Tras la salida de Adolfo se produjo la desbandada generalizada; Leopoldo fue a ver al rey y le dijo que aunque siguiera siendo presidente del Gobierno, no quería serlo ya del partido. El rey me preguntó acerca de esto si yo me iba a ir en el caso de que UCD se deshiciera:

—No, señor, seguiré en mi puesto en el Ministerio de Defensa, pero no me voy a pasar a AP ni al PSOE, ni estoy comprometido con el proyecto nuevo de Adolfo..., que sí, el centro está bien, pero es difícil ser de centro, aunque en política está bien ser centrado. Después de las elecciones me retiraré de la vida política, me dedicaré a otra cosa, pero siempre estaré a su disposición si las fuerzas no me fallan. En cuanto al triunfo del PSOE..., dicen que puede ser por mayoría absoluta; si se diera este caso, me preocupa cómo reaccionarán los militares, porque algunos lo verían mal. Pero mientras usted esté en su sitio no pasará nada grave.

—Me dicen que igual deberíais pasaros todos a AP con Fraga.

—No, señor, Fraga está dedicado a la política y creo que seguirá haciéndola mientras viva; tiene apoyos entre los empresarios y financieros, cosa que no tuvo Adolfo, y eso le permitirá durar. Yo volveré al despacho de abogado que dejé cuando me nombraron ministro de Industria, esa es la única idea que tengo ahora clara, me ocuparé de la finca que ahora es mía, a la que voy los fines de semana.

El rey me escuchó con afecto, me dijo que, después de dejar el ministerio podía llamarlo para hablar con él cuando quisiera.

Monzón después del 23-F

Como he contado, cuando llegué al Ministerio de Defensa, el teniente coronel Manuel Fernández-Monzón Altolaguirre era director del gabinete y portavoz del ministro de Defensa (lo había sido ya con Rodríguez Sahagún). Se encargaba de las relaciones con la prensa y con el público en general. Era el mismo que había venido a verme a mi casa con el capitán Peñaranda para preguntarme qué pensaba que debía pasar cuando muriera Franco.

Manglano me hizo llegar un informe sobre él muy al principio que me sorprendió gratamente, pero tenía una red sólida de contactos en el Ejército y yo no sabía si él era discreto como para poder hablarle con confianza. Comprobé con el tiempo que la primera sospecha, de desconfianza, que tenía de él no era del todo errada. Conmigo se portaba al final muy bien.

Monzón editaba una hoja de información. Cuando le pregunté sobre ella, me dijo que me la enviaría; empecé a recibir la nota amarilla, por la que supe que cobraba, aunque a mí me enviaba gratis y que contenía toda clase de dimes y diretes de gentes de la alta sociedad (políticos, financieros...).

A Avinareta, como llegué a llamarle, le encargué, ya lo he contado, que hiciera para mí un informe sobre el 23-F. Quería saber qué escribía, de qué pie cojeaba. Monzón escribió que Armada y Gabeiras se habían reunido durante el golpe de Tejero para idear cómo frenarlo y que cuando Gabeiras habló poco después con los generales y coroneles y les explicó que Armada iba a ir a las Cortes (en medio del golpe) para intentar que le nombraran presidente de un Gobierno de coalición, los militares habían quedado «horrorizados» (en mi posterior informe sobre esto, cambié «horrorizados» por «entusiasmados») y comprendí que si usaba ese adjetivo era por precaución, por si el documento caía en manos de Gabeiras (o de algún otro) y que las cosas no habían ocurrido así.

Vi que tenía verdadera ambición por ascender en el Ejército; no quería que la caída de UCD le perjudicara, así que después de un año con él, le dije que debía volver a las armas o no le sería fácil ascender; le animé a que se trasladara a una unidad militar para que pudiera llegar al generalato.

Aceptó y en noviembre de 1982 estaba oficialmente incorporado al Regimiento Wad-Ras n.º 55, en Campamento. Su superior tuvo la amabilidad de llamarme unos meses después para decirme que Monzón había reaccionado bien al cambio; tan bien había reaccionado, que cuando yo ya no era ministro, el oficial jefe de la brigada me invitó a una comida en agradecimiento por lo que había hecho el coronel: «El informe del teniente coronel Monzón es absolutamente positivo, se ha portado excelentemente bien, manda muy bien; comprendo que el mundo de la prensa se mete y uno entra en dimes y diretes, pero las cuestiones de defensa son cuestiones de Estado y Monzón se ha portado muy bien; no tardará mucho en ascender a coronel», me dijo. La comida fue en honor a Monzón, que iba a ascender a coronel poco después (antes de irme del ministerio, había hablado ya con Ascanio sobre su ascenso). Cuando le tocó hablar, Monzón declaró:

—Todo se lo debo a este ministro, que me ha demostrado que aparte de ser más fuerte de lo que creíamos es profundamente humano y se ocupa de cualquiera que trabaje con él.

En esa comida me regalaron una bandeja de plata con una dedicatoria de lo más amable y elogiosa, hice entonces algunas declaraciones, les dije lo que pensaba sobre los militares y que si había podido hacer mi trabajo en el ministerio, por mi parte, había sido gracias a varios apoyos clave, pero que el más importante, desde el principio, había sido el de los militares. Esos hombres que me habían rodeado habían sido para mí apoyos a diario; me movía en un ambiente de confianza sin que ello significara que ellos pensaban como yo. Les dije que yo quedaba obligado con todos ellos. A mis noventa y un años lo sigo pensando, en estos momentos en que vivimos fraccionamientos graves (aunque saldremos adelante).

Tuve un pequeño triunfo en lo que se refiere a los militares que pensaban distinto a mí. Me impactó que el general Aguilar, que estaba en mi gabinete, se despidiera de mí el día anterior a su pase a la reserva y me dijera que aunque pensaba distinto, en el año y medio que habíamos trabajado juntos había comprendido la democracia:

—Usted decía la verdad cuando al llegar dijo que jamás juzgaría las convicciones, pero sí los actos, y que si alguien actuaba fuera de la ley, pondría en marcha los mecanismos militares necesarios para que se respetara su cumplimiento. Todo esto y ver cómo ha tratado usted con los militares, me llevó a pensar que con la democracia podíamos convivir todos en paz.

Me emocioné y él también. Le aseguré que no olvidaría sus palabras. Nos dimos un abrazo. En cierto modo fue un triunfo para mí, pero melancólico, porque ese hombre extraordinario pasaba a la reserva.

Necesitaba cubrir el puesto de Monzón y tuve que nombrar a otro militar. Ante mi sorpresa, no había manera de encontrar a uno que quisiera el puesto, hasta que apareció un general de división llamado Toquero. Me dijo que estaba encantado de llevar la propaganda y la prensa del ministerio. Yo le dije que «propaganda» no, salvo que quisiera decir «información», y que mi idea era mejorar las relaciones del ministerio con la prensa. Con una colaboración entre Paco Bustelo, rector de la Universidad Complutense de Madrid, y Defensa, pusimos en marcha un seminario en el que Toquero se volcó. Antes de dejar Defensa impuse la medalla del gran mérito militar a Bustelo, que era socialista. Lo primero que organizó Toquero fue un encuentro entre militares y prensa en el hotel militar de Velázquez con Núñez de Balboa. Allí tomaron la palabra militares y periodistas. La impresión general era que todo había salido bien.

Pero no todo salió a pedir de boca. Hubo una reunión, la primera con la prensa, para hablar de temas que no fueran cuestiones de Estado, donde tuve un enfrentamiento con José Oneto. Por lo que fuera, me preguntó de forma impertinente por qué no podían preguntar sobre todos los temas:

—Porque hay asuntos de Estado y nos los callamos, porque deben mantenerse secretos. Pero eso no ocurre solo en

España, sino también en todas las democracias europeas; hay secretos militares de los que no se habla públicamente.

Insistió con impertinencia; le dije que lo dejara ya. Contestó que había militares a los que no se entendía lo que decían y que no sabían hablar, respondí que él también había cometido fallos al hablar y se puso nervioso:

—¿Cree que por ser ministro puede decir lo que quiera?

—Para defenderme, sí.

Al final tuve que echarle y le aclaré:

—Mientras sea ministro, no volverás.

Se fue enfadadísimo. Pasados los años me lo encontré y pensé que se habría olvidado, me miró muy altanero y me dijo:

—Yo cada año indulto a alguien, y éste, te voy a indultar a ti.

—Pues gracias —repliqué.

Tras la casi desaparición de la UCD y el PCE y la mayoría absoluta obtenida por el PSOE, supe por Manglano que entre un 25 y un 35 por ciento del cuerpo de oficiales había votado al PSOE. La mayoría de ellos vivía con dificultades, sobre todo los capitanes, sargentos y algunos generales. Me parecía admirable esa lección de austeridad frente a quienes vivían con lujos (los ricos acostumbrados a serlo son discretos, como fue mi amigo José Bultó, asesinado posteriormente en un atentado). Quintana Lacaci me contó en alguna ocasión que no podía hacer una vida normal, que lo máximo que podía hacer con su mujer era llevarla al club militar, porque no tenía medios para nada más y que a menudo en su casa se comía rancho de cuartel. Muchos de ellos me parecieron siempre un ejemplo en eso.

Una vez deshecha la UCD tras las sucesivas dimisiones y el fracaso en Andalucía, convocamos elecciones en octubre. Me esperaba otra sorpresa. Leopoldo me dijo en un encuentro en su casa al que fui con mi mujer:

—Bueno, Alberto, ya te habrás imaginado que tenemos que salir convocando las elecciones, porque nuestro partido se va a quedar reducido a setenta diputados.

—Sí, pero ya se sabe que cuando se hunde un barco el capitán no debe abandonar y yo como ministro de Defensa no puedo abandonar el barco.

Cuando llegó el momento de las elecciones, yo le ofrecí de todo a Enrique Sánchez de León con tal de presentarme de segundo detrás de él. Fue en una comida con Martín Villa. Sánchez de León se negó a lo que le ofrecía, aunque Martín Villa en esa comida intentó hacerle recapacitar. O fingió que lo intentaba. Cuando se planteó la última imposición de Martín Villa de llevar a Sánchez de León de número uno en Badajoz y de número dos a Juan Ortega y Díaz-Ambrona, que era de la socialdemocracia cristiana y que estaba muy unido a Landelino Lavilla, me planté ante Leopoldo, y le dije:

—Da igual quién vaya porque no va a salir nadie, pero si Díaz-Ambrona va de número dos, yo renuncio y en cuanto pase un año regreso a mi vida anterior, voy a salir con deudas, pero es ya una cuestión de principios.

Leopoldo me dijo:

—Ya lo imaginaba. Le diré a Martín Villa que tú vas de número dos.

Yo suponía que no iba a salir, que UCD obtendría como mucho un escaño por Badajoz, como así ocurrió. Las elecciones se habían convocado para el 28 de octubre. No sabía entonces la sorpresa que me esperaba ese mes de octubre.

Hacía tiempo que nuestros servicios de información seguían a dos hermanos: uno coronel y el otro comandante y a un grupito de militares y civiles que se reunía con ellos, porque tenían, por escuchas de conversaciones captadas por los servicios de información con buen oído y mejores aparatos, la sospecha de que se estaba conspirando, que se estaba preparando un nuevo golpe; no como el 23-F, uno menor que se iba a centrar en Madrid, donde contaban con más gente. Eran los hermanos Cuspinera. Durante parte del mes de septiembre parecía que todo quedaba en reuniones y conversaciones; de momento, nuestros servicios creían que alguna vez, en las escuchas, se había hablado de algunos civiles, pero se aludía a ellos utilizando perífrasis difíciles de descifrar. Sospechaban que en la trama había también civiles.

Un día como tantos otros en el ministerio convoqué una discreta reunión con un grupo formado por Manglano y compuesto por varios profesionales, algunos de las cuales yo conocía. Por la parte jurídica, estaba el fiscal que en aquel momento iba a ascender a fiscal de la Audiencia Provincial de Madrid, una periodista —Rosa, muy amiga del ministro de Obras Públicas—, un economista a quien yo conocía, un experto en temas sociales, un profesor y alguien más que no recuerdo.

Acabó la reunión, era tarde y le dije a Emilio que se quedara para cenar conmigo al lado del ministerio. Fuimos a cenar y se nos unieron Carmen y nuestros hijos Isabel y Alberto, que se apuntaba siempre porque le divertía todo aquello. Estábamos cenando, había acabado de hablar sobre la reunión con los asesores, cuando se le acercó un camarero a Emilio: «Le llaman al teléfono», al volver me dijo que no era nada. Seguimos cenando entre bromas con mis hijos y mi mujer. Al terminar, Alberto dijo que se iba por su cuenta, y Emilio me preguntó si me iba a ir a casa directamente.

—Sí, claro.

—Lo digo por si te tengo que llamar para algo... —me dijo.

—Si es así, hazlo pronto; porque me quiero ir a dormir temprano, que madrugo.

Nos despedimos. Más tarde, ya en casa, estaba a punto de acostarme cuando sonó el teléfono en mi habitación. Era Manglano: tenía que verme con urgencia. Me volví a abrochar la camisa, me puse la corbata y bajé. Llegó Emilio y nos explicó:

—Lo que tengo que decirle a Alberto es algo muy secreto.

Traía una cartera. Carmen se fue al cuarto de la televisión. Ni ella ni yo sabíamos entonces que se iba a acostar ella antes que yo.

Cuando nos quedamos solos, me contó que su gente de operaciones especiales había logrado fotocopiar los documentos que habían llevado los hermanos Cuspinera a una cena que se había celebrado esa noche temprano en un restaurante de Madrid. Se fotografió también a los asistentes. Era la preparación de un golpe civil y militar con instrucciones detalladas y tremendamente duras. Incluían planes para bombardear Zarzuela y La Moncloa, comentaban que liberarían a Milans y a algunos más. Había una lista. La recuerdo perfectamente. Estaba hecha con mucha habilidad; al lado de los nombres de los que serían objeto del golpe (que tenían asignado un comando civil y uno militar), había tres cruces. Entre esos nombres figuraban Gutiérrez Mellado, Suárez, Leopoldo o Sahagún. Tuve el honor de ver el mío entre ellos y, algunos otros que no eran conocidos por su significación civil ni militar o lo eran muy poco. La lista se prestaba a interpretaciones ciertamente poco agradables y yo le dije a Manglano que aquello en el fondo nos honraba: éramos enemigos de los no demócratas. Emilio me dijo:

—Tú verás qué hacemos, porque la acción está preparada para el 27, un día antes de las elecciones; si te fijas, todos los que están marcados con dos cruces son subsecretarios o políticos de la derecha que ya no están en activo. Es un golpe muy duro. Estamos siguiendo a los Cuspinera, uno ha ido a un chalé y el otro está en un piso en Madrid; los demás también están vigilados, pero en cuanto a los Cuspinera, me he permitido avisar al comisario de policía para que pueda detenerlos, porque nosotros no podemos solos. El coronel se ha ido a su casa y tendrá que esperar para que militares superiores puedan detenerlo cuando se les ordene, es decir, cuando tú lo ordenes. No sé si tienen que saberlo el presidente del Gobierno o Rosón.

Le contesté que iba a llamar de inmediato al presidente y después a Rosón.

Emilio me dijo que era el día del Ángel de la Guarda y el ministro José Rosón estaría por las comisarías. Yo quise llamar primero a Leopoldo, porque intuí que Rosón se iba a negar a hacer detenciones al tratarse de una investigación de los servicios secretos y porque el documento podía ser interpretado de distintas maneras. Le expliqué a Leopoldo lo que se había descubierto, y me dijo que llamara a Rosón y que fuéramos los dos con Manglano a La Moncloa. Le dije que ya estábamos tratando de contactar con Rosón. Lo encontraron y le dije que tenía unos documentos que él tenía que ver y que viniera a mi casa, que además había hablado con Leopoldo y me había dicho que fuéramos a La Moncloa. No le gustó mucho que Leopoldo ya estuviera al tanto, pero aun así vino. Entró Rosón en casa con todo su equipo, empezando por su secretario de Estado, Laína, y el resto. Le enseñé el documento y le invité a que lo leyera para que pudiera comprobar que se trataba de comandos civiles y militares y que entre los que teníamos tres cruces estaba él también. La idea era visitarnos de madrugada en nuestras casas en la jornada de reflexión para que no nos diera tiempo a reaccionar. Le contamos cómo los servicios secretos se habían hecho con la documentación. Al principio Rosón pretendió quitarle importancia al tema, diciendo que era un golpe irrealizable y yo le dije que no creía que fuera tan en broma, que la fecha era muy oportuna. Rosón dijo a sus hombres que se fueran y nosotros nos dirigimos a La Moncloa; Manglano nos siguió en su coche. En medio de esa reunión en mi casa, de pronto se abrió la puerta que cerraba el salón y asomó la cabeza mi hija Soledad, tan asustada al ver a esos hombres tan altos, que volvió a cerrar la puerta y subió con su madre.

Al montarnos en el coche, Rosón me dijo:

—Alberto, ¿te das cuenta de que, si esto sale a la luz, porque hay que detener a los conspiradores, la derrota que nos espera no es que vaya a ser mala, sino que será desastrosa?

—Sí, Juan José, tienes toda la razón —le dije yo—. Pero la verdadera cuestión no está en eso, porque nos jugamos un golpe sangriento y habrá que hacer lo que corresponda, sino en si se detiene a los hermanos y al resto, o no. Cuando hay militares y civiles conspirando juntos ya sabemos lo que pasa..., los primeros hacen la tarea sucia que no quieren los segundos. Yo soy partidario de detenerlos, pero a ver qué dice el presidente.

En La Moncloa estaba esperando Leopoldo, que vio las fotografías, los documentos con los planes para bombardear Zarzuela y la lista de nombres. Nos preguntó luego nuestra opinión; primero a Rosón, que repitió que le parecía irrealizable. Yo dije:

Yo no me jugaría ni siquiera el intento, ni siquiera la posibilidad de que vengan a buscarnos. En esa lista estamos todos, incluso Quintana Lacaci, que ya no es capitán general; si no está en la lista el de Madrid es posiblemente porque no se ven con fuerzas, pero aparecen las señas de su domicilio. En cualquier caso, eres tú quien debe decidir si debemos o no detener a los hermanos Cuspinera y a los demás. Quizá algún comando llegue a actuar por su cuenta y haya sangre de por medio; no sabemos qué efecto podría causar una conmoción de ese tipo, yo actuaría de inmediato.

Leopoldo guardó silencio un rato. A las dos y cuarto de la mañana, dijo:

—Juan José, que la policía proceda a hacer las detenciones y que investiguen a los civiles sospechosos. Alberto, que se detenga al coronel Cuspinera. Cuando estén detenidos, que el general Ascanio tome el mando. Vamos a actuar con discreción.

Salimos de La Moncloa y le dije a Rosón que me iba con Manglano.

A primera hora de la mañana, el coronel Cuspinera fue detenido por un superior. Mostró extrañeza, pero no se opuso. Dije a Ascanio que hablara con De Diego para que nombrara al juez militar de los hermanos y de los que habían entrado en el cuartel, que había que cerciorarse de que eran todos militares, y en caso contrario que fueran llevados a comisaría. Manglano me dijo que Leopoldo había estado rotundo. Yo añadí:

—No falla nunca a la hora de decidir lo que conviene más, es esencialmente honesto, aunque las consecuencias no sean las deseadas para sus intereses personales.

Así fue hasta su muerte. Yo asistí a su entierro en Ribadeo.

El rey se encontraba en Oviedo y regresó a Madrid antes de lo previsto. Le llamé esa noche para decirle que no había que exponerse a que algún grupo de exaltados actuara por su cuenta. Una vez más Interior no supo quiénes eran los civiles, el único proceso que hubo (y fue muy duro) fue contra los hermanos Cuspinera y el coronel Muñoz Gutiérrez, condenados a doce y diez años. Y los cumplieron.

El 28 de octubre se celebraron las elecciones generales con total normalidad.

Se empezaba a hablar de Cuspinera y de por qué había sido detenido. Antes de que se extendieran más los rumores y nos acusaran de haber ocultado información, acordamos la celebración de la comisión permanente del Congreso el 11 de octubre.

Expliqué exactamente lo que había pasado. Cuando el presidente y los jueces comprendieron que había que permitir escuchas, porque el Cesid ya llevaba tiempo espiando a los hermanos Cuspinera y se sospechaba poderosamente de ellos, se montó una red para descubrir también a los civiles de la trama y a otros militares, entre ellos los detenidos en el chalé cerca de Sevilla la Nueva, seguidos también por nuestros servicios. El 2 de octubre se detuvo a dos coroneles y un teniente coronel del arma de Artillería en Madrid. A los tres detenidos se les aplicó la Ley Antiterrorista, por lo que se los colocó en celdas incomunicadas en diferentes centros castrenses. Se aisló también a algunos de los implicados y encarcelados por el caso del 23-F, como Milans del Bosch, Pardo Zancada o Torres Rojas...

La trama de los conspiradores planeaba un golpe para la jornada de reflexión por las elecciones, el 27 de octubre; habíamos llegado a obtener esa información después de una compleja operación del Cesid, que llevaba ya tiempo vigilándolos.

Expliqué cómo se había actuado. El coronel Luis Muñoz Gutiérrez visitó a Milans del Bosch en prisión el día 1 de octubre. Temerosos de que hubiera micros ocultos, se enfrascaron en una amistosa charla sobre temas intrascendentes. Milans contestaba con monosílabos, dedicando su atención a los papeles que el coronel había extraído de una cartera de mano. Después de esta visita, el coronel marchó a una cena a la que asistía también Blas Piñar y los hermanos Cuspinera, y guardó la cartera en el maletero de su coche. Espías del Cesid que le seguían los pasos abrieron el coche, sacaron la cartera, fotografiaron los papeles y devolvieron el maletín antes de acabada la cena.

En los papeles se describían los pasos que dar en una operación «algo cruenta», una expresión clave para que se decidiera actuar rápidamente. Se preveía que contarían con 82 comandos «de obediencia ciega», una mixtura de civiles y militares para «inutilizarnos»; hablé en las Cortes de la lista de nombres con tres cruces, destinados a ser «anulados»: Fraga, Suárez, Sahagún, Leopoldo, yo... y algunos nombres que ni el Cesid conocía.

Los papeles detallaban también planes de abrir fuego artillero sobre Zarzuela, La Moncloa y los centros de mando militar «en caso de ser necesario». Todo esto a las órdenes de un general en jefe de cuya identidad solo había sospechas, y organizado para que ocurriera el 27 de octubre, durante la jornada de reflexión de las siguientes elecciones.

Varios inspectores de policía y jefes militares se presentaron a la mañana siguiente en los domicilios de cada uno de los tres militares que sabíamos seguro que estaban en la intentona (el teniente coronel José Crespo Cuspinera y los coroneles Jesús Crespo Cuspinera y Luis Muñoz Gutiérrez), quienes no opusieron resistencia; los detuvieron y registraron minuciosamente sus domicilios, de donde pudieron sacar otras copias de los planes, esta vez con orden judicial y, por lo tanto, serían válidas como pruebas en un proceso legal. Hubo otras detenciones.

Los detenidos aseguraron no formar parte de plan alguno. Se sabía que el fiscal iba a pedir penas muy altas para aquellos de los que teníamos pruebas suficientes. Sabíamos que habían hablado con otros generales o coroneles, pero no teníamos pruebas para imputarlos.

Al acabar mi intervención pidió la palabra Javier Moscoso en nombre del PSOE, que inició una especie de ataque contra mí, exigiendo que le dijera todos los nombres de la lista. Le dije la verdad, que no tenía conmigo copia del documento y que solo recordaba los que ya había dicho. Moscoso dijo que yo parecía estar ocultando algo. Le contesté:

—Señoría, le recuerdo que usted fue fiscal antes de ser diputado y no creo que haga falta recordarle también que existe el secreto del sumario.

Miró a Felipe, que le hizo un gesto, y Moscoso no siguió adelante.

Pidió la palabra Fraga:

—Quiero felicitar al ministro de Defensa por dos cosas, la primera, convocar la diputación permanente de las Cortes, porque este tema es grave, aunque quede en intentona nada más;

además hay que felicitarle porque el Ejército no había estado nunca tan tranquilo como ahora mismo.

Elecciones

Llegaron las elecciones del 28 de octubre. Tal y como había predicho Rosón, el resultado de UCD fue catastrófico: 11 diputados, es decir, que se había deshecho. La verdad es que antes de las elecciones yo había escrito al secretario general de UCD para informarle de que después de las elecciones, pasara lo que pasara, dejaba la política y volvía a la vida privada.

A Leopoldo, después de las elecciones, le dije:

—Supongo que tomarás posesión de tu cargo como presidente de UCD, y yo actuaré como ministro en funciones; tendremos que hacer una vez más, juntos tú y yo, frente al desastre.

Me faltaban todavía otros desastres que vivir.

El sábado por la mañana mataron al general Lago, que iba camino del ministerio para reunirse conmigo porque yo le había citado en vista de su ascenso a general de división. Viajaba en su coche sin más escolta que el chófer. Una moto de gran cilindrada se puso detrás de su coche y desde ella le dispararon cinco tiros, de los que al menos dos le alcanzaron en la cabeza. Estaba en el ministerio esperándole y me llamó Manglano para darme la triste noticia. Llamé al presidente y al rey, que ya lo sabía, y de inmediato fui hacia el hospital adonde lo habían llevado; allí estaba su mujer, llorando:

—¡Esos ojos tan azules que tenías..., te los han arrancado!

El desconsuelo de aquella mujer era terrible. Me emocioné muchísimo, más de lo normal en mí. Cuando vi a Lacaci fui a abrazarle, pero él me dio la mano:

—Ministro, esto es así todos los días.

El motorista se dio a la fuga. En fin, un desastre. Era el día 2 de noviembre.

Le dije a Manglano, que había estado hablando conmigo en el hospital, que el general Lago no llevaba escolta precisamente porque no quería que muriera nadie con él si sufría un atentado; era un gran militar. En casa, mi hijo Alberto me preguntó si iba a ir al campo; le dije que no podría, que Manglano esperaba que hubiera otro atentado en Madrid. Mi hijo se empeñó; se había comprado un coche nuevo. Yo le había animado a que se lo comprara para que no tuviera que andar pidiéndole el suyo a su madre. Al recordarlo, me doy cuenta de cómo el destino rueda ante lo imprevisible. Me quedé en casa esa tarde, Carmen salió con su madre y su hermana. Estaba en el cuarto de la televisión, con la idea de intentar distraerme de los negros pensamientos que venían a mi cabeza sobre el asesinato de Lago y encendí la televisión. Vi sin poder prestarle mucha atención una película del Oeste. Entró Alberto en la salita y me dijo que por qué no íbamos a San Rafael en helicóptero «y nos llevas a Félix y a mí»:

—Hijo, Manglano me ha dicho que podría haber otro atentado, tengo que quedarme.

Mi hijo hizo un gesto de contrariedad, me dio un beso y se marchó, se iría en coche con Félix. Esa noche cenamos las tres chicas, Carmen y yo. Antonio estaba en su casa, Pablo estudiaba en Oxford y ese fin de semana iba a estar en una granja de Delfina Entrecanales. Después de cenar sonó el teléfono. Lo cogió una de mis hijas; me dijo que llamaban desde Extremadura y que querían hablar conmigo. Me puse; era el gobernador civil de Badajoz, que nos conocía. Me dijo que mi hijo Alberto había tenido un accidente a la altura de Jaraicejo y que fuera para allá. Manglano se presentó en mi casa, me dijo que se había enterado y que se venía conmigo. Mis hijas, alarmadas, salieron también; Carmen quiso que viniera el doctor Figuera Aymerich por si se podía hacer algo. Cuando nos disponíamos a salir, llamaron al teléfono otra vez. Era la Guardia Civil. Me puse:

—Ministro, cómo sentimos lo que ha pasado, no iba a gran velocidad, ha frenado y se ha chocado contra un puente y él y su amigo han caído; no sabe cómo sentimos todos tener que darle la noticia. Su hijo ha fallecido.

Me cayó un gran peso en el estómago. Al salir, le pedí a Luis Luca de Tena:

—No se lo digas aún a las chicas, pero Alberto ha muerto.

Me subí al coche con Carmen, Diego Figuera y Emilio. Yo, con la mano de Carmen cogida. Le decía:

—Ánimo, Carmen, vamos a ver, esperemos lo mejor y lo peor.

Recordé el pasaje del padre nuestro que dice «hágase tu voluntad».

Pensé que yo había podido ir con él, aunque la tormenta era tal que no sé si hubiéramos podido ir en helicóptero; o me hubiera ido con él y no sé si habría muerto también. Me quedaban cinco hijos, tenía que ser fuerte. Con la muerte de mi hijo me vi abatido no por la tristeza sino por algo mucho peor: un desgarro del cuerpo, de la mente, del alma. La vida nunca volvería a ser igual. La falta de Alberto abriría un hueco sin remedio en nuestras vidas, pero yo tenía que ser fuerte.

La Guardia Civil nos esperaba en la carretera. Nos pararon en Jaraicejo, donde habían llevado a Alberto y a su amigo Félix. Allí estaban todas las fuerzas vivas de Badajoz y de Cáceres, mi primo Alfonso, su mujer, que cuando escribo esto acaba de fallecer; también Antonio Uribarri con su mujer, el jefe militar de Badajoz, el de Cáceres, los alcaldes de Mérida, Cáceres, Badajoz, el presidente de la Diputación. Rogué a algún guardia civil que llevara a Carmen donde estaba el cuerpo de Alberto; poco antes de llegar le había dicho la verdad. Yo me quedé saludando a las autoridades abrazado a Aurora, la mujer de Antonio. La gente me decía: «Qué pena, Alberto era el mejor, tan divertido». Tanta gente... Hasta que Carmen me dijo:

—Ven a verle, parece que está dormido.

Entré en la sala donde estaba y pude besarle. Diego dispuso que se preparara una ambulancia para llevar los dos cuerpos al hospital Puerta de Hierro, en Madrid. Me contaron cómo había ocurrido el accidente, el coche había derrapado y había caído al fondo. Vi el dibujo hecho por la guardia civil para explicarlo.

Diego nos acompañó a casa, también Manglano; a las tres entramos en casa. Llamó el rey:

—Alberto, la reina y yo estamos desolados con la muerte

de tu hijo. Un abrazo muy fuerte y que tengas fuerza suficiente para afrontar esto.

—Procuraré tenerla, es mi obligación. Gracias, déselas también a la reina de mi parte.

Subí a mi habitación con Carmen. Diego nos había dado unas pastillas. Mis hijas estaban allí, les conté como pude lo ocurrido. Era una pesadilla dormir. Era una pesadilla quedarse despierto. Me desperté de madrugada y Carmen estaba despierta; se me saltaron las lágrimas. Alberto se había convertido en mi mano derecha, ocupándose del campo. Recordé todas sus ocurrencias; como si fuera una película. Le dije a Carmen que la esperaba para ir al tanatorio. Allí entré en una habitación donde mi cuñado Juan Antonio estaba sentado al lado de Alberto, descompuesto; no podía hablar; Concha, su mujer, nos besó. Otra vez tuve que salir. Otra vez ministros, autoridades, todos me daban el pésame. Me había puesto una corbata negra que llevé mucho tiempo. Dos años después casi acababa de quitármela cuando tuve que ponérmela otra vez por Antonio.

Volver a Extremadura fue lo más duro. No quería ir, no quería pasar por el lugar del accidente, pero Carmen me dijo que sí, que teníamos que volver.

El entierro fue la tarde del domingo; yo había comprado dos tumbas en San Justo pensando en Carmen y en mí y resulta que estaba enterrando a mi hijo. Alberto iba a cumplir veinticinco años. Allí estaba el Alto Estado Mayor, Leopoldo, toda UCD, el presidente electo Felipe González, Alfonso Guerra, mi amigo de tantos años Juan Reventós, Casares, que me dijo que iba a dejar pasar un tiempo para venir a verme. Cuando pienso en la vuelta a casa..., tras esa despedida tan larga, tan lenta.

El lunes fui al ministerio a las nueve de la mañana, porque las normas de seguridad ya no me importaban nada. Muchos de los que iban a despachar conmigo fueron al cementerio y a los Jerónimos, a la misa que ofició el domingo nuestro amigo Emilio Benavent, que ya no era obispo castrense. Se confunden en mi memoria más entierros, más pésames, y el horror que dejó en todos que Alberto hubiera muerto a los veinticuatro años y en un accidente.

El domingo por la tarde la casa estaba llena de gente. Mi madre estaba sentada junto a Carmen, me dio un beso y me dijo:

—Es lo peor que puede pasar. Tu padre tenía debilidad por él.

—Madre, todos hemos llorado, mis hijos siguen llorando. Carmen no llora mucho ni yo tampoco porque ni fuerzas nos quedan, pero seguiremos adelante por nuestros cinco hijos, que lloran por nosotros porque sí pueden.

Nuestro hijo Antonio estaba allí; la muerte de su hermano supuso para él otra catástrofe física y moral.

Tenía que cumplir con mi deber como ministro, aunque lo fuera en funciones pasara lo que pasara. Cuando llegaban al despacho, me daban el pésame y pasábamos para trabajar. Ese primer lunes despaché con los del tema FACA. Me dijeron que había que hablar con los socialistas; les preocupaba que Luis Solana persistiera en su idea de no comprar cazabombarderos. Dejé hecha una ley, acordada con la casa McDonnell Douglas para la compra de armas y mantenimiento, ley que expliqué a todos los partidos políticos. Lo más importante era que se daban cuatro años para el sistema de pagos. Después de esta reunión, encargué a mi secretaria que citara dos días después a los representantes socialistas, a uno o dos de cada uno de los otros partidos políticos y a los militares adscritos a esta comisión.

8
Traspaso de carteras

Llamé a Felipe por teléfono. Antes del accidente habíamos quedado en que aquel día nos reuniríamos para organizar el traspaso de poderes. Se puso en el acto al teléfono y le dije que nos viéramos.

—No, hombre. Acabas de enterrar a tu hijo, es demasiado duro; nos reunimos otro día —me contestó.

—No. La muerte de mi hijo no tiene remedio; esta herida irá siempre conmigo, pero lo que tengo que hacer contigo hay que hacerlo, y trabajar no va a hacer para mí más dura la falta de mi hijo. Aparte del programa FACA, que ya he preparado la carta para que la firméis, tengo que hacerte algunas recomendaciones de personas que han trabajado conmigo en Defensa.

—Ven a las dos a mi despacho, comeremos solos —zanjó Felipe.

A las dos en punto entraba en el número 37 de la calle Santa Engracia, entonces sede del PSOE. Me llevó el coche oficial, y dije a la escolta que se fueran y que vinieran a buscarme en torno a las cuatro o las cinco. El escolta me preguntó si quería que llevaran algún recado a mi casa; le dije que Carmen sabía que comería con Felipe y se quedaron mirándome sorprendidos.

Entré en el edificio y en el despacho del presidente del Gobierno electo, Felipe González. Recuerdo muy bien, entre otras cosas, que le dije:

—Mira, el Ejército en este momento está tranquilo. Los militares están tranquilos por la sentencia del tribunal militar, con las tres sentencias máximas y las penas impuestas a capitanes y tenientes y están tranquilos por la entrada en la OTAN, no podemos olvidarlo... Enviamos a Lacalle a la OTAN y volvió en estado de gracia por cómo le habían recibido los jefes, convencido de que la OTAN tiene al Ejército español por uno de los más importantes de Europa (probablemente piensan que nuestro Ejército les sirve en el caso de una guerra de los Pirineos para abajo, porque España es la base de partida para la reconquista de Europa desde el sur). Además, si está tranquilo el Ejército es también porque a pesar de que han votado contra mí muchos de mis compañeros, he llevado una política de no juzgar las convicciones (menos aún las de un Ejército que está en gran parte formado por excombatientes de la Guerra Civil que lucharon del lado de los sublevados)..., es verdad que un veinticinco por ciento o más de militares han votado al PSOE en las elecciones, como ya sabrás también. Lo de la OTAN te lo digo porque ahora tendrás que hacer el referéndum que prometiste, no te faltará mi ayuda para que salga el sí. Ya te comenté lo que dijo el secretario de Estado de Estados Unidos, que le daba tranquilidad que España estuviera vestida de los colores de la OTAN y no de gris; aquí hay que estar a las duras y a las maduras y aunque no suele atraerme participar en organismos, vi claro que era necesario formar parte de la Alianza.

También le dije que el resultado que había tenido al final el 23-F se lo debíamos al rey y que cualquier comentario que insinuara que el rey había estado en el complot era falso; a Lacaci lo había cuadrado el rey. Le conté que me había sorprendido al saber que Aramburu Topete no quería ser general jefe porque no quería tener un puesto político; se lo dije para que tuviera una idea más clara de cómo estaban las cosas en el Ejército y del impacto que había tenido en él el 23-F. Quise darle una clave más:

—Realmente, Felipe, cuando hablas a un militar cara a cara, de hombre a hombre, con veracidad, enseñándole que lo entiendes, que conoces sus opiniones y su historia militar, y le dices que tienes que pedirle su palabra de honor a cambio de depositar en él cierta confianza (cuando efectúas un nuevo nombramiento, por ejemplo), raro será que te salga el tiro por la culata. Los militares dan mucha importancia a su honor (si te muestras digno depositario de su confianza). Para mí el resultado siempre ha sido bueno hablándoles así; les dije que habían vivido con las ventanas cerradas y que ahora tenían que abrirlas, que no podían hacer ojos ciegos a los cambios de las sociedades europeas y española, les expliqué que la democracia permite que ellos tengan sus ideas, las que quieran, siempre que actúen dentro de la legalidad y sean leales a la Constitución y al rey, como permite que coexistan con las suyas ideas diferentes. Para facilitarte el trabajo en Defensa, te traigo una lista con los nombres de las personas de las que seguro puedes fiarte. Emilio Alonso Manglano es el primero de la lista y tiene un puesto esencial; desde que está él en el Cesid se acabaron los golpes de Estado diarios. Ha seguido habiendo constantes rumores. Los jefes de los servicios secretos occidentales me han felicitado una y otra vez por el nombramiento de Manglano y el buen funcionamiento de nuestros servicios de Información.

Le hablé de Sequeiros, que ya estaba en la OTAN, «no solo es una persona extraordinaria, es que es un demócrata de verdad. En aviación», añadí, «te vas a encontrar con pocos problemas, en general son bastante liberales, fíjate en cómo reaccionaron el 23-F; allí no se movió nadie».

—Te quiero preguntar una cosa —me dijo cuando terminé—. ¿A quién de mi partido nombrarías ministro de Defensa?

—No elegiría ninguno de los nombres que están sonando para el puesto. Boyer es muy inteligente y un hombre rotundo en sus convicciones, creo que te puedes fiar de él ahora que habéis sacado el marxismo de los planes del PSOE, aunque tiene un defecto como ministro de Defensa, es tímido y tiene a veces reacciones típicas de la timidez: por exceso podría enfadarse y yo creo que un ministro de Defensa no debería gritar a los militares, aunque yo mismo tuviera que hacerlo una vez. Yo no le nombraría. Se ha hablado de Luis Solana, no tiene la experiencia..., éste es un puesto para alguien más maduro, a él le falta carácter, puede ser muy bueno para otras cosas, pero no para ocupar la cartera de Defensa; hablan también de Peces-Barba, que es muy inteligente pero no creo que tenga las características de un ministro de Defensa. Pero hay una cosa importantísima en el Ejército: la relación personal... Sáenz de Santamaría me ha hablado muy bien de alguien de tu partido que creo que podría ser un buen ministro: Narcís Serra.

Cuando acabé de decir esto, me dijo:

—Mira, el primero que se va a enterar de quién será ministro de Defensa vas a ser tú.

Fue una conversación larga. Hablamos de servicios, de compra de material, de cómo funcionaba el Ejército, de las regiones militares y la necesidad de reducir su número, le expliqué el golpe que algunos militares y civiles habían previsto para el 27-O, le expliqué que en la lista había nombres mezclados con cruces, al estilo Girón.

Cuando nos despedimos, Felipe me preguntó cómo estaba Carmen:

—Te puedes figurar, ahora hay que sacarla del pozo donde ha caído; además a mi hijo Antonio hay que operarle.

No habían pasado tres días y me llamó Felipe para preguntarme si podía recibir en casa a Narcís Serra. Quería que le ayudara con la hora para que la llegada del alcalde de Barcelona pudiera pasar desapercibida en Madrid. Comprendí que iba a ser el siguiente ministro de Defensa y le respondí que por supuesto podía venir cuando quisiera.

Narcís llegó el día señalado a las siete de la tarde. Nos saludamos. Apenas le conocía.

—Me han contado mucho de ti, tienes en el PSC más amigos que yo —me dijo.

Me demostraba así que entraba como un amigo y yo lo recibí como tal. Subió conmigo y estuvimos hablando. Me preguntó si el chalé era mío: «No te has cambiado de casa», apreció. Me preguntó si el coche era del ministerio; le expliqué que como el ministerio me había asignado un Fiat al que se le rompía la dirección y cada poco estaba averiado, había cogido un 1500. Me preguntó por mi sueldo, si se podía vivir con él. Bajamos, salió Carmen. Narcís me dijo: «Alberto, ¡eres muy austero!», a lo que repliqué entre risas: «Ya te invitaré a comer y verás que en eso no soy nada austero». Cuando salía, mi chófer señaló el Mercedes de Serra:

—Don Alberto, si vuelve a ser ministro, a ver si aprende usted a tener coches.

Dos días más tarde Felipe me comentó que le parecía buena idea que Narcís tuviera cuanto antes despacho en el ministerio. Yo estaba de acuerdo. En esa conversación me anunció que yo iba a recibir una llamada de Boyer.

Arreglé las cosas para que Narcís tuviera despacho en el ministerio. Me lo agradeció muchísimo. Me explicó que no había hecho el servicio militar; resultó estar ocho años como ministro, lo que le permitió hacer muchas cosas. Me llamó Boyer para invitarme a cenar en su casa con su mujer; me dijo que vendría Felipe y que tenía interés en que fuera Manglano. Llamé a Emilio, le conté mi reunión con Felipe, que le había dicho que no debían prescindir de él porque no encontrarían a nadie mejor para dirigir el Cesid y le pasé la invitación para cenar. Vino conmigo a la cena. Llegamos a casa de Boyer, estaba su mujer, Elena Arnedo. Felipe llamó para decir que no llegaría a tiempo para cenar, y nosotros empezamos la comida. No habíamos terminado y llegó Felipe; se sentó con nosotros, estuvimos hablando y enseguida nos dijo que quería hablar a solas con Emilio. Se marcharon a otra habitación; alrededor de una hora después salieron; consideré que no debía ir con Emilio en el mismo coche, así que nos despedimos en la puerta. Antes de irme, felicité a Elena por la cena, que fue estupenda.

Emilio llegó a ser muy importante como hombre de información; no solo en España, también en el exterior. Cuando en 1991 Sadam Hussein invadió Kuwait, durante la que luego se llamó Guerra del Golfo, antes de que Estados Unidos declarara la guerra a Sadam Hussein y avanzaran sobre Irak, supongo que por acuerdo de la OTAN, fue Emilio Alonso Manglano a quien enviaron para hablar con Hussein.

Hussein le recibió y le advirtió Manglano que los americanos iban en serio. Parece que Sadam le dijo que él no temía nada: «Si los yanquis quieren entrar, ¡que entren! Si hay algo que no aguantan ellos, son los ataúdes».

Años después se produjo la caza contra Manglano y aún hoy me pregunto por qué. Antes de salir del ministerio, ascendió a coronel; pedí al presidente del Gobierno y al rey que le concedieran la medalla al Mérito Militar.

Como ministro de Defensa, acudí el 30 de mayo de 1982 al desfile por el día de las Fuerzas Armadas en Zaragoza, pero fuimos un día antes porque Carmen y yo queríamos ver el montaje.

El 29 fui a ver el sitio por el que iba a pasar; me esperaba el general Luis Caruana, con quien estuve en la capitanía general. Estaba todo colocado: los sillones del Gobierno, las sillas plegables, la tarima grande destinada (en principio) al rey, el presidente y el ministro de Defensa.

Por primera vez iban a volar los aviones Mirage, en cuya compra yo había intervenido; también iban a desfilar el cuerpo de Jaca y otras compañías. Recomendé al general que no hicieran exhibiciones de la sociedad civil.

Esa noche hubo una tormenta de agua endemoniada; como consecuencia, al día siguiente no quedaba ni un solo sillón para el Gobierno, se habían mojado y no daba tiempo a secarlos ni a encontrar sillones nuevos para todos, así que pusieron sillas iguales a las del resto del público. Pensé que era lo mejor, que en democracia debíamos sentarnos todos en las mismas sillas. El presidente lo entendió igual que yo.

Estaba a los pies de la tribuna esperando al presidente cuando llegó el rey y nos saludó a todos. Subimos. Álvaro de Lacalle se acercó y me dijo:

—Tú puedes quedarte, pero el presidente no.

El rey me dijo que lo dejara como estaba; le contesté irritado que yo me iba abajo junto al presidente, y sin despedirme de Lacalle, bajé. Lacalle había adoptado una postura inadmisible ante Leopoldo, pero el rey no le corrigió..., me preguntaba por qué. Los militares no aceptaban a Leopoldo, y la verdad es que para entonces, el presidente había mantenido una conversación con el rey en la que entró en temas privados, cosa que había molestado mucho a este último.

Decidí hablar después en Madrid con Ascanio y con Lacalle. En el desfile me senté al lado de Leopoldo; al otro lado estaba el vicepresidente Martín Villa. Les conté lo que había visto el día anterior, que todo estaba organizado de otra manera, pero la tormenta había arruinado los planes. Martín Villa me preguntó si realmente creía que solo era por la tormenta; «sin duda; estuve aquí». Pero me quedé con la reacción de Lacalle y la situación de Leopoldo con el Ejército.

Años después, visité a Jordi Pujol cuando era ya presidente de la Generalitat. Yo ya no era ministro. Me habló de golpes de Estado; yo le dije que era difícil que hubiera nuevas intentonas, aunque sí conspiraciones, y ante mi sorpresa, me confesó:

—Hubo una cosa que no me gustó nada; las sillas de Zaragoza. Creo que los militares hicieron eso para despreciar al Gobierno y no debisteis aceptarlo.

—Jordi —le contesté—, está claro que tenemos visiones diferentes sobre la política y la democracia; no sé por qué iba el Gobierno a tener que sentarse en sillones y no sillas; soy más igualitario que tú.

Esto demuestra las identificaciones de aquello que es ornamento y símbolo del poder. También en la comida cambió todo; en su mesa, con el rey, estábamos Carmen y yo, pero no el jefe del Alto Estado Mayor, Álvaro de Lacalle; sí el presidente de la Comunidad y el alcalde de Zaragoza, a un lado, y el Gobierno central al otro. Fue todo muy bien.

Fue más simpático el día de las Fuerzas Armadas de Barcelona en 1981. No vino mi madre, pero sí Carmela. Esa vez no pasó nada. Estuvimos en la tribuna el rey y la reina, el presidente y yo. Y detrás el capitán general; estaban el alcalde, el presidente de la Generalitat... Fue un desfile muy bueno, lleno de aplausos del público. A pesar de que triunfó el socialismo en la alcaldía, en la Generalitat ya gobernaba CiU. La Guardia Civil fue recibida con aplausos. La comida también se desarrolló muy bien. Así que este desfile fue diferente, alegre, hizo buen día. Las sillas de la tribuna fueron más cómodas, pero sillas. Narcís entró bastante en la organización, como también la Generalitat.

Despedida del ministerio

Cuando Felipe González me pidió que le habilitara un despacho a Narcís Serra porque pensaba que debía empezar a despachar y a informarse sobre los temas de Defensa, le pregunté a García-Conde dónde le poníamos un despacho al que iba a ser ministro. Le conté que conocía a Serra de cuando era alcalde. Hicimos después buena amistad; cuando no venían él y su mujer a cenar a casa, íbamos nosotros a la de ellos, un chalé que alquiló en Madrid. Le pusimos el despacho un piso por encima del mío.

Di una comida en casa a mis asistentes, que estaban siempre en la puerta haciéndole el corro a la secretaria. Estuvieron muy cariñosos y me hicieron algunos regalos.

La etapa final de mi estancia en el ministerio consistió en despachar los asuntos de trámite e ir celebrando reuniones con Narcís. Felipe me había pedido que no firmara la carta de compromiso de la compra del F18, que era de 75 aviones y no lo firmé; si hubiera sabido que lo iban a bajar a 68, lo habría hecho.

Presenté a Narcís a la gente con la que yo trabajaba, entre ellos Eduardo Serra, que se quedó con él. Hablé a Narcís del documento anónimo que había encontrado en la caja fuerte del despacho, en el que se decía que el verdadero enemigo estaba dentro.

Quiero destacar la visita de García-Conde. Me dijo que quería hablar conmigo:

—Se están acabando los días para que dejes de ser ministro, pero quiero decirte que mientras que tú, en el tiempo que has estado, te has ganado el afecto y el respeto de las Fuerzas Armadas, tu antecesor...

Le corté y le dije que no siguiera, «comparaciones, no». El siguió hablando:

—Lo que te quería decir es que si te has ganado el aprecio de todas las Fuerzas Armadas ha sido porque te has dedicado íntegramente a ser ministro, preocupándote por nuestros problemas, no has hecho política, te has dedicado a trabajar por nosotros y te estamos muy agradecidos; no te olvidaremos nunca.

—Hombre, tú que eres amigo del rey has visto que entre él y yo ha habido una relación buena.

—Sí, el rey te aprecia muchísimo.

—Yo, que era republicano, tengo debilidad por él, porque sé lo que ha hecho por este país.

Hablamos de más cosas y antes de irme me dijo que aún no se iba a despedir, que hasta el último día no se despediría. Le dije que me quedaban unos días y que después me iría a Hanover, donde mi hijo Antonio iba a ser operado.

Llegó el momento de irme. Le dije a Narcís que tenía que marcharme antes de tiempo; me contestó que no había problema:

—Ya has hecho el traspaso de poderes con Felipe y sabemos que no te has llevado nada, no como otros, que no han querido darnos ni un papel...

Mientras iba al aeropuerto tomó posesión de su cargo Narcís Serra diciendo de mí:

—Quiero aprovechar para rendir un homenaje a Alberto Oliart, que ha sido un gran ministro y es un caballero de los pies a la cabeza y no hace distinción.

Yo volaba hacia Hanover. En el avión resultó que también viajaba el presidente de Banesto y de Agromán, José María Aguirre. Al verme con una mujer —Cruz Entrecanales, mujer de Manolo Varela—, me miró, pero pasó de largo y le dije a Cruci que Aguirre debía de pensar que ella era mi amante. Al llegar a Hanover saludé a Aguirre y le presenté a Cruci. Se azoró mucho, porque conocía a don José Entrecanales. Nos esperaba el embajador Juan Durán-Lóriga y el agregado militar de la embajada, que habían querido ir para saludarme. El embajador nos conocía mucho a Carmen y a mí.

Estábamos en un hotel elegido por Manolo Varela, que hablaba alemán perfectamente (cosa necesaria en ese hotel, porque estaba a las afueras de Hanover). La primera noche cenamos con Juan como habíamos acordado. Fuimos al hospital donde estaban Manolo y Carmen y pude ver a mi hijo, al que ya habían operado. El cirujano me dijo que se había hecho todo lo posible y que, si bien no iba a poder mover el brazo con normalidad, podría subirlo hasta media altura.

Después nos fuimos a cenar con el embajador y el médico iraní, y sus respectivas mujeres, y el médico nos contó cómo Antonio había soportado sin quejarse la operación a pesar de los grandes dolores que causaba. Era un hospital municipal; comenté con Manolo las diferencias con los hospitales públicos españoles; al médico iraní le permitían tener clientes privados, porque su presencia en el hospital resaltaba su importancia. En ese mismo momento, estaba ingresado en el hospital el segundo presidente de Egipto, Anwar el-Sadat, que había sufrido un atentado; hablé con el ministro de Defensa egipcio.

Al día siguiente, alquilé un Seat Panda y en él nos desplazamos Carmen y yo por todas partes.

Volví a Madrid unos días después y dije que volvía al Consejo de la Abogacía del Estado, pero sin cobrar, porque quise ceder mi sueldo: la mitad a la mutualidad de Abogados del Estado y la otra mitad a la de Huérfanos de Hacienda hasta que me dieron la excedencia. Sí permití que me pagaran las clases pasivas, que tenía muy bien ganadas y muy bien pagadas.

Consejo del banco

Alejandro Albert, en nombre de Luis Usera, y en una reunión privada, me dijo como la última vez que los consejeros no me darían la mano y que no me convendría volver al Consejo. Sin embargo, el día que acudí, Luis estuvo muy amable y todos los consejeros me dieron la mano. Volví a hablar con ellos de los cambios que había vivido España, igual que la vez que me reincorporé después de salir del Ministerio de Sanidad.

—Gracias al rey y a Adolfo fue posible para España llegar a la democracia; ahora tenemos una Constitución y la democracia está bastante asentada mientras siga el rey. Quiero decirles también que no me arrepiento de nada de lo que he hecho como ministro, que no he hecho nada de lo que pueda arrepentirme y eso me satisface mucho y que si entré en el mundo político fue porque me llamaron a participar en un proceso que llevaría a España a la democracia. Gracias, presidente, por dejarme hablar.

Cuando terminó el Consejo me fui a casa. Me llamó Antonio Barrera para decirme que creía que debía seguir en el Consejo. Con él mantuve siempre buena relación.

—Al final van a tener que hacer lo que yo estoy preconizando, que los presidentes, consejeros y directores generales tengan una pensión.

Aquello influyó para que me quedara un tiempo más como consejero; a Pedro Gamero le pregunté sobre mi posible pensión y me dijo que la tendría, pero que ese momento era un poco crítico, que habían absorbido un banco, el Urquijo, que no iba bien, y todo eso había desencadenado una crisis. Mariano Rubio, el gobernador del Banco de España, pensó que el Hispano debía absorber al Urquijo (y sus deudas), que atravesaba un momento de apuro.

Más grave fue cuando Pedro Gamero me llamó y me dijo que Albert había ido al Banco de España y que le había dicho a Usera que tenía que dimitir como presidente del BHA.

—¿Yo dimitir? ¿Y quién es el nuevo presidente?

Y Albert le contestó:

—Yo. Me ha dicho el gobernador que me haga cargo yo de la presidencia.

Con esa crisis ya me tuve que quedar, porque empezaron los tejemanejes; vinieron a verme varios consejeros a mi despacho de Alfonso XIII para decirme que me apoyaban si yo quería ser presidente. Les respondí que no, que me parecía bien que Albert fuera el presidente.

Es decir, a mi regreso a la vida privada me vi cogido en las distintas crisis del banco, porque aquélla no iba a ser la última.

A modo de epílogo

En primer lugar, a la edad que redacto estas memorias, me reafirmo en algo que me pareció evidente desde el principio, como he dicho antes, al hablar de la proclamación del rey Juan Carlos I en las Cortes franquistas. Era evidente para cualquiera que oyera o leyera el discurso, que el monarca se proponía traer la democracia a España. No se puede olvidar que al morir Franco, el rey hereda sus plenos poderes y entre ellos el de convertirse automáticamente en capitán general y, por tanto, en cabeza de las Fuerzas Armadas españolas, lo que era básico para que se pudiera producir el cambio «con la ley y desde la ley para pasar a la ley», es decir, a la reforma de las instituciones básicas del régimen anterior a la democracia.

Segundo, desde el punto de vista institucional, el rey, como jefe del Estado, era el que representaba a la nación y al Estado español ante los jefes de Estado de los países democráticos.

Tercero, el rey, junto con su esposa la reina Sofía, han visitado a lo largo de su reinado todas las provincias españolas, ciudades importantes e incluso pueblos, entre los aplausos, clamores y entusiasmos de grandes acumulaciones de gente que les aplaudían y les vitoreaban. En la biblioteca, como llaman en la televisión pública al archivo de imágenes de los informativos, puede todavía revisarse ese entusiasmo de hombres, mujeres y niños, que aplaudían al rey y a la reina, y cuántas veces ellos se detenían para hablar con ellos. La popularidad innegable del monarca hizo que muchos creyeran, y no precisamente los más monárquicos, que en aquellos años, incluso ya con la Constitución aprobada, si se hubiera presentado a unas elecciones, habría obtenido entre el 75 y el 80 por ciento de los votos.

Cuarto, olvidando que el rey utilizó el poder que tenía para instaurar la democracia en España, y olvidando la enorme popularidad que llegó a tener, hace ya algunos años que, a mi juicio, desde la derecha extrema hasta la izquierda, en cierto modo en este punto también extrema, comenzó un sistemático ataque contra su figura. En algunos casos, se llegó a atribuir a Adolfo Suárez el papel protagonista y central. Y aunque el «joven capitán», como le llamó el rey en unas declaraciones sobre la persona a la que él había nombrado presidente del Gobierno, hiciera una labor memorable hasta el año 1979 inclusive, hasta donde llega mi conocimiento, todo lo que hizo lo pudo hacer por tener permanentemente el consejo y el apoyo del monarca.

En estos tiempos de crisis y fraccionamiento social y político de las sociedades occidentales, en nuestro caso no deja de ser una ventaja, a mi juicio, que el jefe del Estado sea el rey (ahora Felipe VI, que tiene una gran formación personal y que ha asumido plenamente el tiempo en el que vive) y no esté sometido a un nombramiento partidista y temporal.

Por último, sigo creyendo que la democracia, en cuanto que asegura la libertad del ciudadano para expresar sus opiniones de palabra o por escrito y a través del voto, es el mejor sistema político posible todavía hoy, o si se quiere, como dijo Winston Churchill, la democracia es un mal sistema pero es el mejor de todos los sistemas políticos existentes. En mi caso personal, y que perdone el lector que haya llegado a este final, entre mis doce y trece años, al oír por la radio BBC, emitida desde Londres en español, la carta que el señor Castillejo dirigía a la juventud española, me convertí en un demócrata convencido. Convicción que no hizo más que crecer y que en cierto modo dominó y determinó toda mi vida, incluida mi dedicación durante cinco años a la política de una democracia que empezaba en España con el entusiasmo de muchos y con el mío como algo que consideraba esencial en mis convicciones y en mi vida personal y pública.

Apéndice

Índice onomástico

Abdulaziz bin Saúd, 157
Abril Martorell, Fernando, 132-133, 167-168, 184, 187-188, 193-194, 196-197, 206, 208, 225-228, 238
Aguilar, Miguel Ángel, 273, 370-371, 387
Aguiriano, José Antonio, 229
Aguirre de Cárcer, Nuño, 144
Aguirre, Ignacio, 310, 363, 365, 381
Aguirre, José María, 43-44, 46, 411
Aizpún, Jesús, 267
Ajuriaguerra, Juan de, 168, 197-198
Alavedra, Macià, 235
Alba, duquesa de, 365
Albert Solís, Alejandro, 34, 38, 40-41, 49, 56, 74, 81-82, 108, 211-212, 412-413
Alcázar, Fernando, 324, 327, 329
Alegre Marcet, Juan, 127
Aleixandre, Vicente, 43
Alfaro Arregui, Emiliano, 362-363
Alfaro Arregui, Ignacio (teniente general), 274, 293, 355, 362, 363
Alfonso XIII, 12
Alierta, César, 50
Alonso Manglano, Emilio (teniente coronel), 279, 289-293, 312, 317, 322-323, 334, 339, 340, 343-348, 354-360, 377, 386, 389, 391-394, 397-399, 405, 408
Altares, Pedro, 95
Álvarez, Luis (general), 340
Álvarez de Miranda, Fernando, 225, 383
Álvarez, José Luis, 265, 383-384
Álvarez, Luis, 365-367, 369-371
Álvarez, Nieves, 78, 108
Alzaga, Óscar, 232-235, 265, 383-384
Ángel (conductor), 109
Ansón, Luis María, 318
Ansón, Rafael, 102, 227
Anwar el-Sadat, 412
Aramburu Topete, José Luis, 223, 262, 264, 265, 301, 342, 344, 404
Aramendi García, Marcelo, 288, 335
Areilza, José María de, 82, 333
Arenillas (coronel jefe), 296, 302
Arévalo Pelluz, Luis, 275, 363-364
Arias Navarro, Carlos, 52, 71, 77, 82-83, 276, 311, 340
Arias, Juan, 34, 49
Arias-Salgado, Rafael, 207, 227
Armada, Alfonso, 240, 265-266, 271, 274, 277, 280-281, 295, 300-301, 304-306, 319-320, 331, 337-338, 346, 350, 370, 378-379, 383, 386
Arnedo, Elena, 407
Arteaga, Daniel, 47
Arzalluz, Xabier, 228-231, 233-234
Ascanio, Ramón, 319, 322, 364-365, 387, 394, 409
Asúa, Fernando, 214
Azcárate Flores, Justino, 67-69, 138
Azcárate, Carmen, 67
Azcárate, Cayo, 67

Azcárate, Juan Cayo, 67-68
Azcárate, María, 67
Azcárate, Teresa, 53
Aznar, José María, 206

Balletbó, Ana, 264
Barcina, José, 377
Bardají, Jesús, 281, 290-291, 323
Barea, José, 115, 252-253, 267, 321
Barral Agesta, Carlos, 17, 21, 29, 53, 123, 210, 317
Barrera de Irimo, Antonio, 17, 413
Barrera, Heribert, 235
Bastos Urquijo, Santiago, 293, 338, 346, 359
Bauluz, José Luis, 196
Becerril, Soledad, 353
Benavent, Emilio (arzobispo), 288, 323-324, 326-330, 400
Benegas, Txiki, 199
Benet, Juan, 22, 78, 365, 374
Bilbao, Esteban, 11
Billy el Niño (Antonio González Pacheco), 317-318
Bismarck, Otto von, 218
Bolívar, Simón, 141
Borbón Dampierre, Alfonso de, 12
Borbón Jaime de, 12
Borbón Juan Carlos de *véase* Juan Carlos I
Borbón Juan de (Conde de Barcelona), 12, 71
Borbón-Parma, Carlos Javier de, 12
Borbón-Parma, Hugo de, 12
Botín, Emilio, 43
Boyer, Miguel, 382, 405, 407
Brunner, Guido, 145
Buesa, Fernando, 199
Buesa, viuda de, 199
Buffett, Warren, 209
Bultó, José, 389
Busquets, Julio, 223-224
Bustelo, Paco, 388
Cabanillas Gayas, Pío, 83, 109, 121, 222-223, 238, 248, 332, 342, 352
Calderón, Javier, 282
Caleya, Carlos, 67
Calvo-Sotelo, Joaquín, 310
Calvo-Sotelo, José, 310
Calvo-Sotelo, Leopoldo, 11, 21, 81-82, 101, 129, 168, 198, 227, 247-249, 255, 257, 260, 264, 266-267, 271, 283, 291-294, 310-311, 332-333, 341, 344, 348, 351-354, 357, 361-362, 364, 375, 379-381, 383-385, 389-390, 392-394, 396-397, 400, 408-409
Campano, Ángel (capitán general), 279-280, 296
Campiña, Enrique (teniente coronel), 324, 327, 330
Camuñas Solís, Ignacio, 110
Canalejas y Méndez, José, 226
Cano Hevia, Juan Luis, 356-358
Cano Larrea, Elisa, 59, 61, 67
Cánovas del Castillo, Antonio, 226, 236
Carlomagno, 236
Carrascal Felgueroso, Víctor Manuel, 260
Carreras, Narciso, 281
Carrero Blanco, Luis, 11, 16, 18, 21, 24-25, 36, 48-49, 71
Carrero, Justo, 377
Carrillo, Santiago, 88, 95, 174-175, 186, 192, 198-199, 261, 263, 302, 304
Caruana, Luis (general), 408
Carvajal Urquijo, Jaime (marqués de Isasi), 49-50, 53, 84-85, 87, 109
Carvajal, José Federico de, 10
Casablancas, Fernando, 130
Casado, Segismundo (coronel), 60
Casals, Joan, 10
Casares Potau, Francesc, 89-90, 95, 104, 270, 400
Castedo Álvarez, Fernando, 307-308

Castelar, Emilio, 226
Castiella, Fernando María, 24, 48-49
Castillejo (señor), 69, 417
Castro Sanmartín, Víctor, 16-17
Castro, Fidel, 159
Cavero Lataillade, Íñigo, 10, 95, 109, 261-262, 265
Cebrián, Juan Luis, 379
Celada, Fermín, 71
Cervera (almirante), 22, 139
Chacón, Aurora, 219, 399
Churchill, Winston, 417
Cisneros, Gabriel, 234-235
Clavero Arévalo, Manuel, 110, 267
Comín, Alfonso Carlos, 103
Constantino de Grecia, 270
Cortina, José Luis, 282-283
Cossío, Francisco, 50
Cotoner, Nicolás (marqués de Mondéjar), 299
Crespo Cuspinera, Jesús, 392, 394-396
Crespo Cuspinera, José, 392, 394-396
Croissier, Luis Carlos, 194

De Diego (general), 339, 340, 350, 370, 378
De Gaulle, Charles, 11, 17
Delgado de Torres Flórez, Carmen, 22, 24, 38, 53-55, 59, 61, 64-65, 67, 73, 76, 89-92, 95, 102-104, 108, 138, 210-211, 213, 217, 229, 245, 247-248, 256, 261, 267, 354, 382, 398-401, 403, 406, 409
Delgado de Torres, María, 91
Delgado de Torres, Pilar, 91
De Santiago, Fernando (general), 86-87
Díaz-Ambrona, Adolfo, 390
Díez Alegría, Manuel, 87, 319
Doménech, Miguel, 384
Domínguez, Clemente, 270
Durán Farell, Pedro, 22, 53
Durán-Lóriga, Juan, 412

«el Chato» (coronel jefe), 296
Elícegui, Antonio, 300
Elorza y Echániz, Franciso Javier, 163
Engels, Friedrich, 217-218
Entrecanales, Cruz, 78, 102, 108, 213, 354, 411
Entrecanales, Delfina, 398
Entrecanales, José, 38, 411
Escámez, Alfonso, 43
Escribano, José, 281
Espinosa Sanmartín, Juan José, 15
Estrada, José María, 22
Etxebarrieta, Txabi, 14
Fahed bin Saúd, 156-158
Felipe V, 12
Felipe VI, 416
Fernández Bugallal, José Ramón, 17
Fernández Campo, Sabino, 277, 280, 292, 299-300, 307-308, 353
Fernández-Miranda, Torcuato, 16, 82-83, 86, 94, 100-101
Fernández-Monzón Altolaguirre, Manuel, 273-274, 324, 360, 378, 386-388
Fernández Ordóñez, Francisco, 81, 103, 109, 112-113, 115-117, 112, 119, 121-122, 163, 167-168, 184, 187-188, 198, 201, 222-224, 235, 238, 241, 255, 264, 332-333, 344, 351-353, 383
Fernández Pose, Manuel (general), 297, 300, 316
Fernández Sequeiros, Ramón, 405
Fernández, Justo, 36-38
Figuera Aymerich, Diego, 15, 75-76, 78, 108, 251, 261, 398-399
Flórez, Áurea, 53, 67
Folch Girona, Joaquín, 151
Folch Rusiñol, Alberto, 151-152
Folch Rusiñol, Jorge, 151-152, 203
Foncillas, Santiago, 80

Fraga Iribarne, Manuel, 10, 16, 46, 82, 100, 109, 168, 180, 187, 190, 192, 235, 265, 373, 375, 384-385, 396
Franco Polo, Carmen (marquesa de Villaverde), 12, 72, 76
Franco, Francisco, 11-12, 15-19, 21, 25, 31, 36, 45, 49, 51-54, 59-60, 67-68, 71-74, 76-78, 85, 90-91, 95-96, 120, 126, 166, 219-220, 226, 268, 271, 275-276, 285-286, 292, 307-308, 310, 314, 339-340, 383, 386
Franco, Hermenegildo, 364
Fuentes Quintana, Enrique, 105-107, 109-114, 116, 118-122, 124, 132, 148, 167-168, 170, 173, 175, 186-188, 194-195, 200, 204-205, 208, 249
Fuentes, Eduardo (Napo), 324, 327, 329

Gabeiras Montero, José (general), 269, 275, 280-281, 284-285, 287, 289, 292-293, 295, 297, 300, 302, 306, 319-320, 322, 340, 343, 356-363, 366, 370-372, 386
Gabilondo, Iñaki, 307, 309
Galán, Tomás, 15-16
Gálvez, Javier, 214
Gamero del Castillo, Pedro, 22, 31, 35-38, 41, 47-48, 54, 56, 79, 97-98, 107, 413
Garaialde, Xabier, 229
Garaicoechea, Carlos, 233-234, 315
García Añoveros, Jaime, 131, 223, 332
García Arenal, Pablo, 15, 23, 78, 83-84, 108, 260
García Carrés, Juan, 266
García Díez, Juan Antonio, 109, 112, 116, 332
García Escudero, José María, 266, 331
García Ferrero, José Luis, 384
García Hortelano, Juan, 365
García Moncó, Faustino, 15
García, Tomás, 53, 189
García-Conde, Emilio, 368, 410
Garicano Goñi, Tomás, 36
Garnica, Pablo, 43, 46
Garrigues Díaz-Cañabate, Antonio, 82
Garrigues Walker, Joaquín, 81, 105, 109, 112, 115, 119, 238, 353
Gastón, Emilio, 174
Gil Robles, José María, 10
Girón, José Antonio, 16, 311, 334
Giscard D'Estaing, Valéry, 17, 79, 85, 349
Gómez de las Roces, Hipólito, 267
Gómez de Salazar y Nieto, Federico, 368-371, 377-380
Gómez Orbaneja, Emilio, 43
Gómez, Tomás, 194
Gomis, Lorenzo, 103
González, Felipe, 75, 95, 99, 102, 107, 168, 183, 185-186, 188, 192-193, 198, 224, 239-240, 245-246, 254, 263, 271, 294, 302-303, 341, 352, 373-375, 379-380, 396, 400, 403-404, 406-407, 410-411
González del Yerro, Jesús, 283-285, 336-337
González Uña, Emilia, 67-68, 138
Goya y Lucientes, Francisco de, 166
Gris, Juan, 166
Gromiko, Andrei, 375
Güell, Carlos, 179, 191
Guerra, Alfonso, 88, 102, 206-207, 225-226, 234, 263, 302, 400
Guevara, Emilio, 199, 229-230, 232
Guillén, Manolo, 218-219
Guimón, Julen, 235
Gutiérrez Mellado, Manuel, 86-88, 109, 132, 201-202, 214, 224, 260-261, 263, 272, 278, 288, 298, 302, 306-307, 310, 312, 323, 329, 392

Haig, Alexander, 372
Hay, Jorge, 41-42, 57, 59
Heras, Melchor de las, 260
Hermosilla, Ramón, 337
Hernán Cortés, 65-66
Hernández Gil, Antonio, 100
Herrero y Rodríguez de Miñón, Miguel, 255, 383-384
Hitler, Adolf, 84
Hussein, Sadam, 407

Idígoras, Jon, 309
Íñiguez Andrade, Jaime, 279, 322-323
Ionesco, Eugène, 286
Iríbar, José Ángel, 309
Irla, Josep, 226
Iturralde, Javier, 21

Jálid bin Saúd, 156-158
Jáudenes, Luis, 240
Jessen, Ana, 95
Jiménez de Parga Cabrera, Manuel, 109, 114
Johnson, Mr., 55
Juan Carlos I, 11-12, 17, 51, 68, 74, 78, 83-86, 101, 123, 140, 142-143, 154, 156, 158-159, 161, 200, 259, 283, 308, 361, 415
Juan Pablo II, 330
Juste, José (general), 276-277, 319-320

Kindelán, Juan Manuel, 23

Lacalle Leloup, Álvaro de, 17, 321, 355, 364, 368, 404, 408-409
Lago, Víctor (general), 279, 397
Laína García, Francisco, 303, 393
Lauria, Carmelo, 138-143
Lavilla Alsina, Landelino, 109, 198, 238, 257, 260, 265, 310, 383, 390
Leal, José Luis, 119
Leguina, Joaquín, 188, 191
Letona (doctor), 251
Liberal, Ángel (almirante), 319-321
Llach, Lluís, 95
Lladó, José, 115-116, 190
Lladó, Juan, 43, 49-50, 211
Lluch, Ernest, 187
López Bravo, Gregorio, 17-18, 83, 126
López Chávez, 12
López de Letona, José Luis, 111-112, 117
López Rodó, Laureano, 72, 182-183, 188, 192
López Salinas, Armando, 53
Luca de Tena, Luis, 398
Luis XI de Francia, 318-319
Luns, Joseph, 375

M'Bow, Amadou-Mahtar, 166
Madariaga, Salvador de, 10
Madroñero, Ángel, 34, 47
Magaña, 120
Manzanas, Melitón, 14-15
Mao Zedong, 318
Marchante (coronel de Infantería), 269, 310
María Cristina de Habsburgo-Lorena, 12
Martín, Chano, 228
Martín Villa, Rodolfo, 81-82, 88, 109, 216, 222, 228, 235, 238, 240-241, 254-257, 310-311, 332-333, 342, 344, 351, 353, 381, 383, 390, 409
Martínez Genique, José Martínez, 110, 112
Martínez, Alonso, 54
Martínez-Bordiú Franco, Carmen, 12, 72
Martínez-Bordiú, Cristóbal (X marqués de Villaverde), 76
Marx, Karl, 217-218
Mata, Enrique de la, 86

Maturana, José Antonio, 229
Maura, Antonio, 226
Maximiliano de Habsburgo, 319
Mayor Zaragoza, Federico, 353
Melchor de Jovellanos, 124
Méndez, Teresa, 28-30, 36-38
Mendoza, Carlos, 67, 69
Menéndez Pidal, Jimena, 196
Merry Gordon, Pedro, 296, 300
Milans del Bosch, Jaime (general), 12, 266, 269, 272, 274, 277-279, 281, 284-285, 288, 295-297, 299-300, 302-303, 304-307, 331, 338, 346, 350, 354, 366, 369-371, 378-380, 392, 395
Miralles, Jaime,
Miró, Juan, 22
Mitterrand, François, 75
Mola Vidal, Emilio, 24
Mondejar, marqués de, 110
Monory, Rene, 163-164
Morán, Fernando, 173-174, 187, 190
Moreno, Andrés, 79
Moriyón, Pedro, 29, 32-33, 35, 39, 99
Moscoso, Javier, 396
Mouzo, Evaristo, 23
Múgica, Enrique, 223, 239-240
Muñoz Gutiérrez, Luis (coronel), 394-396
Muñoz Rojas, José Antonio, 43
Muñoz-Grandes Galilea, Agustín, 308
Myers, Robin, 54

Narváez, Juancho, 214
Natali, Lorenzo, 145
Navarro Rubio, Mariano, 15
Noguera García, Antonio, 325
Núñez Encabo, Manuel, 260

Obama, Barack, 209
Oliart Irla, Alberto (abuelo), 24, 29
Oliart, Alberto (hijo), 24, 101, 108, 248, 267, 327, 329, 391, 398-401
Oliart, Antonio (hijo), 24, 101, 108, 210-211, 213, 263, 320, 327, 398, 400-401, 403, 406, 411
Oliart, Antonio (padre), 29
Oliart, Carmen (hija), 374, 398, 400
Oliart, Isabel (hija), 24, 54-55, 95, 101, 108, 391, 398, 400
Oliart, Pablo (hijo), 398
Oliart, Soledad (hija), 374, 393, 398, 400
Oliveira Salazar, António de, 59, 314
Oliver, Eusebio, 43, 244
Ollero de la Rosa, Juan Antonio, 97
Olmo, Jesús del, 339
Oneto, José, 388
Ordovás González, Manuel, 14
Oreja Aguirre, Marcelino, 109, 137, 142-143, 156, 159, 163, 201
Oriol y Urquijo, José María de, 126-127
Ortega, Juan Antonio, 198, 390
Osorio, Alfonso, 45, 81, 208, 240, 271, 333
Otero Novas, José Manuel, 110, 201, 203, 233

Pablo VI, 15
Palacios, Jesús, 321
Pardines, José, 14-15
Pardo Zancada, Ricardo, 264-265, 277, 297-299, 320, 328-329, 337, 350, 370, 395
Pascual Galmes, Antonio, 288, 297
Patterson, 59-60
Peces-Barba, Gregorio, 405
Pelayo, marqués de, 35, 48, 97, 99
Peñaranda (capitán), 51
Pérez Bricio, Carlos, 110
Pérez Galdós, Chano, 220
Pérez Prat, José María, 15, 21
Pérez, Carlos Andrés, 139, 141-143
Pérez, Julián, 220
Pérez-Hernández, Raimundo, 163, 166

Pérez-Llorca, José Pedro, 222, 227-228, 230, 237, 248, 332, 361, 372, 375
Picasso, Pablo, 166, 243
Piñar, Blas, 100, 235, 395
Pizarro, José León (general), 302
Polanco, Luis, 297
Polo de Franco, Carmen, 12
Pompidou, Georges, 17
Pons, Félix, 10
Pradera, Javier, 374
Prados Arrarte, Jesús, 10
Primo de Rivera Orbaneja, Miguel, 83, 93, 310
Primo de Rivera Sáenz de Heredia, Miguel (duque), 83
Primo de Rivera y Urquijo, Miguel, 83
Primo de Rivera, José Antonio, 83
Pujol, Jordi, 177, 197, 235-237, 373, 409
Punset Casals, Eduardo, 40, 42-43, 59, 79, 112, 120, 200, 204, 213, 246-248

Quintana Lacaci, Guillermo, 276-277, 279, 285, 289, 299-300, 308, 356-360, 362, 366-367, 389, 394, 397, 404
Quintero, Federico (coronel), 270

Ramírez, Pedro J., 370-371
Redondo, Nicolás, 199
Reventós Carner, Juan, 89-93, 95, 104, 109, 168, 178, 182, 190, 197-198, 235-237, 305, 317, 400
Ridruejo, Dionisio, 10
Rivera, Diego, 62
Roca Junyent, Carmen, 89
Roca Junyent, Miquel, 127-128, 168, 190-191, 225, 235
Rockefeller, David, 59-60
Rockefeller, Nelson, 60
Rodríguez Arias, Juan, 74
Rodríguez Castelao, Alfonso Daniel, 23
Rodríguez de Valcárcel y Nebreda, Alejandro, 77
Rodríguez Ibarra, Juan Carlos, 217
Rodríguez Iniciarte, Matías, 352
Rodríguez Mellado, Teresa, 78, 108
Rodríguez Miranda, Santiago 353
Rodríguez Sahagún, Agustín, 224, 241, 257, 263, 270, 273, 298, 302, 331, 386, 392, 396
Rodríguez Salmones, Jesús, 32, 43
Rodríguez Taboada, Manuel, 325
Rogers, Bernard, 375
Rojas Marcos, Alejandro, 235
Rojo, Luís Ángel, 111-112, 115, 117-118
Rosón, Juan José, 134-136, 332, 339, 341-342, 344-345, 385, 392-394, 397
Rovira, Pepa, 89, 92
Ruano, Enrique, 13
Ruiz de Alda, Juan Antonio, 79
Ruiz de Asín, Javier, 250
Ruíz Jiménez, Joaquín, 81, 95
Rupérez, Javier, 377
Rusiñol, Alberto (senador), 151
Rusiñol, Rita, 151
Rusiñol, Santiago, 151
Russell, Bertrand, 54
Rubio, Mariano, 11, 58, 413

Saavedra Palmeiro, Manuel, 314
Sáenz de Santamaría, José Antonio, 262, 288-289, 301, 406
Sáenz de Ynestrillas, Ricardo, 268-269
Sagasta, Práxedes Mateo, 226
Salas, Juan Tomás de, 382
San José, Víctor Manuel, 88
Sainz de Robles, Federico Carlos, 334
San Martín López, José Ignacio, 50, 298

Sánchez Asiaín, José Ángel, 43, 45-46
Sánchez Bilbao, Juan Bautista, 323
Sánchez de León, Enrique, 110, 216, 222, 390
Sánchez, Manolo (guarda), 92-93
Sánchez, Narciso (guarda), 92
Satrústegui, Joaquín, 10, 95
Saussol Palencia, Juan, 313
Saussol, Miguel, 21
Sendagorta, Enrique, 43
Senillosa, Antonio de, 235, 317, 333
Sequeiros, 405
Serra Rexach, Eduardo, 120, 204, 263, 321, 410
Serra, Narcís, 321, 406-407, 410-411
Silva Muñoz, Federico, 51, 83, 185, 240, 271
Sofía, reina, 415
Solana, Isabel, 56, 211
Solana, Luis, 401
Solís Ruiz, José, 16
Soros, George, 209
Stampa Braun, José María, 268
Suanzes, Saturnino, 120, 364, 368
Suárez, Adolfo, 51, 82-84, 87-88, 94, 100-108, 110, 114-115, 119, 122-124, 129, 132, 134-135, 137, 140, 144, 162-163, 167-168, 173, 175, 181, 184-185, 187, 200-203, 205-208, 215-216, 222, 224, 227-230, 233-235, 237, 239-240, 245, 247, 249, 254-257, 260-261, 263, 266, 269, 271, 302, 306-307, 310, 331, 352, 383-384-385, 392, 396, 413, 416

Tamames, Ramón, 118, 176, 187-189, 194
Tarancón, cardenal, 77
Tarradellas, Josep, 198, 235, 237
Teixeira, Carmela, 43, 244-245, 384
Tejero Molina, Antonio, 220, 260-266, 268, 276, 298, 301, 302, 305-306, 328, 331, 334, 340, 346, 369, 378-380
Tejero, Julio, 29, 34
Tevar Seco, Guillermo, 325
Tierno Galván, Enrique, 168, 173, 186
Toquero (general de división), 378, 388
Torras Huguet, Francisco, 36, 38, 40-41, 56-57, 108
Torres Rojas (general), 276-277, 289, 298-299, 319, 395
Trías Fargas, Ramón, 188, 192, 235
Triginer, Josep Maria, 168

Uribarri Murillo, Antonio, 219-221, 399
Urquía, Francisco, 29, 34, 99
Urquijo, Jaime, 119
Urrutia, Gustavo (general), 371
Usera y López-González, Luis, 23, 30-32, 41-43, 45, 48-50, 54, 56, 59-61, 65-67, 76, 79-80, 96-99, 102, 107, 209, 412-413
Utrera Molina, José, 335

Valenzuela, Joaquín, 32-325
Valverde, Cecilio, 265
Varela, Manuel, 15, 18, 23, 72, 75, 78, 84, 102, 108, 250-254, 260-261, 354, 357, 411-412
Vega Rodríguez, José Miguel (general), 335
Verde, Josep, 235
Victoria Eugenia, reina, 12
Vilá Reyes, Juan, 15, 17
Villaverde, marqués de,
Vital Aza (doctor), 52
Vizcaya, Marcos, 228-229

Yagüe, Enrique Alonso, 268